PHILOGYNY

MISOGYNY

如何看穿這世界

拉攏與懲戒女人的兩手策略？

這是愛女，也是厭女

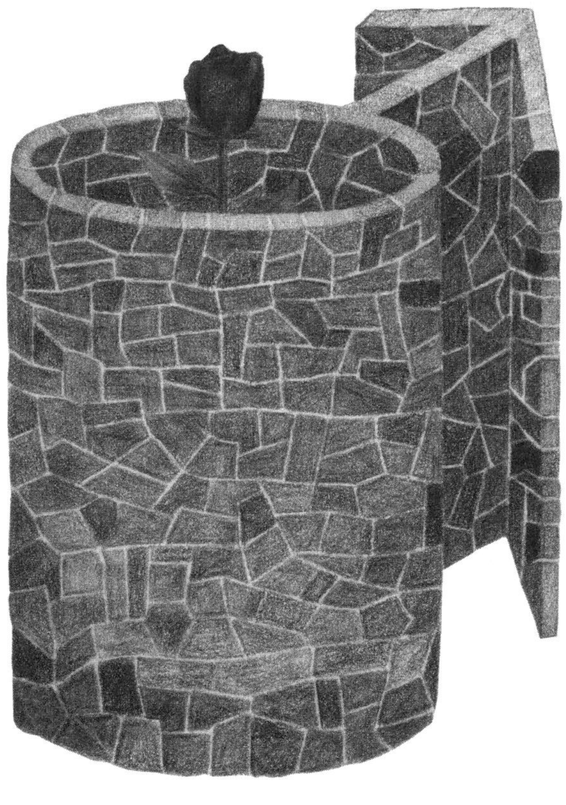

MISOGYNY

PHILOGYNY

王曉丹——主編

王曉丹．余貞誼．方念萱．姜貞吟

韓宜臻．胡錦媛．黃囇莉．楊婉瑩．孫嘉穗

陳惠馨．康庭瑜——著

目　錄

中篇 兩難困境

導論

告別厭女

在情感與關係中琢磨自我

作者｜王曉丹

嚮往兒時與表姊妹的鄉下生活，標準都市人，近來遷居山林。政治大學法律學系特聘教授，英國華威大學法學博士，紐約哥倫比亞大學訪問學者，女學會前任理事長。研究領域為法律、文化與性別。探索性別規範何以被遵守、何以形成系統、何以複製與延續，討論性別結構的法律化形態、法律的性別化特徵，也分析個人在其中的法意識包括建構自我認同與能動性。生活中驚嚇於愛女／厭女的一體兩面，學著面對它、接受它、處理它、放下它。在與受害者互動的經驗中，看見自己的生命課題，因此充滿了感激之情。深信性別研究能夠協助反思的深度與廣度，為了可以聆聽、可以理解、可以分享，活著，讀書，寫作。

我們很容易以為，厭女（misogyny）只是少數人的極端情緒，但過去的研究成果告訴我們，事實並非如此。本書要強調的是，厭女遠比我們想像的還要根深柢固，厭女早已滲透到我們的自我、關係與社會網絡之中。

日本社會學者上野千鶴子指出，厭女是一種症狀，除了憎恨、嫌惡女性的態度之外，也形成男性將女性當成客體的一套機制，例如：證明自己不是或不像女人，是「男同性社交」的前提，產生排除女人的效果。厭女也包含對於性的男女雙重標準，以及將女人區分為聖女與妓女，進行分化統治。[1]此種機制並且已經滲透到欲望之中，表現於外在社會現象，例如：在情感關係中將對方視為玩物、難以察覺的性騷擾與性侵害、色情影片中的性別暴力、意圖控制對方的恐怖情人等等，這些都是厭女症的外在表現。美國學者凱特・曼內（Kate Manne）以倫理學重新定義厭女，她主張厭女就是以倫理規範評價女人，形成類似警察的強制力，用來懲戒失格的女人。此種邏輯或系統的效果就是：合理化男人「獲取」，而女人「提供」的性別經濟，同時將厭女情緒正常化，將之稱為人性，並原諒男性加害者，懷疑女性被害者。[2]

上述兩本書分析了厭女的分化機制與倫理邏輯，並且呈現出這個世界的樣貌，但這些討論不足以捕捉厭女與內在自我的動態關係，尤其是厭女機制與邏輯如何滲透於性、身體與情感連結，同時造就了厭女網絡。

本書主張，厭女不只是分化機制或倫理邏輯，厭女是人際網絡中的陽剛控制，在厭女網絡中，具有厭女情結的人以陽剛之姿，將定義他人、決定他人事務視為理所當然，甚至會利用社會論述合理化其行為，聲稱這是在為對方著想。生活在厭女網絡的人，經常欠缺適當的語彙、理論以描繪自身經驗，於是，社會各界難以辨識權勢性侵、無法理解慰安婦的多元主體、欠缺反思社會汙名惡女的傷害，許多人被困在愛厭交織的控制與保護之中，欠缺能動性（agency）的資源與行動指引。此時，受困於厭女網絡的人，很容易會產生自我困惑，甚至折損，以至於無法做出突圍的思考與行動。這樣的厭女網絡並非某個個人「有意識」的策略，而是透過文化建構，在人們的自我認知層次產生影響，甚至滲透到自我與他人關係的界定。[3]為了抵抗此種厭女網絡，唯有釐清厭女網絡的社會過程，才有可能發展改變的行動與策略。

有趣的是，當代的厭女現象並未因為女性主義的崛起而停止，卻反而因為媒介、溝通與社群模式的轉變，被特定媒體建構而風行的女性主義（popular feminism），同時使得厭女現象因而風行起來（popular misogyny），二者都是搭著新自由主義的列車，彼此互相加乘。[4]如今台灣的網際網路上開始出現汙衊女性的流行語，包括：女權迫害男性的「女生不想當兵就是女權自助餐」、嘲笑女性總是破壞社會秩序安全的「馬路三寶」、諷刺女性只重錢財與外貌的「鮑鮑換包包」等。這些現象或許並不代表女性主義毫無進展，相反的，反而是女性主義已經具有影響力，引發厭女網絡的懲戒效果。

新的情況，需要新的應對方式。台灣的女性主義在新的情勢之下，應該開始論述早已存在於社會各個角落、各種近身搏鬥的抵抗與協商。事實上，已有越來越多女人採取不同的因應方式，或者不願被動接受統治內化厭女而自我嫌惡，或者不再默默服膺規範而懲戒其他失格女人；現今的受害者不同於以往全然失語，拒絕一聲不吭地隱身於社會角落；現在的男人也並非受制於陽剛氣概動彈不得，甚至開始挑戰主流對其人生的界定。換句話說，不管女人或男人，或多或少地，正在上演「告別厭女」的進行式。目前的新劇碼是，這些告別厭女的社會變化，並非僅僅是厭女的相對面，一如厭女也不只是女性主義的反挫而已。[5]事實上，社會變化與厭女網絡盤根錯節，彼此互相建構，厭女對不同人有不同的強制力，有些人受到較大壓制，另外一些人可能享受變化成果，但享有較大權力的同時，也可能受到更多的關注與制約，形成既被要求陰柔又必須陽剛、彼此矛盾、進退失據的雙重束縛。[6]

告別厭女網絡，最難的是對抗厭女的另外一面，也就是愛女。愛女是對於女人的愛的宣稱與行動。愛女具有我們嚮往的特質，溫暖、相互、成長、禮物，可以拉攏我們，讓我們卸下心防，用力付出。然而，厭女網絡經常以愛女的樣貌表現——「我是為妳好」、「我是因為太愛妳」、「我是不能沒有妳」、「我是為了我們的未來努力」、「我是⋯⋯」——要拆解這些以「我是」開頭的句子，絕非易事。愛女關係中經常帶著厭女的特質，兩者愛厭交織的網絡不易被揭露，個體也經常受苦於是否被背叛的感受，甚至進入一種自己與對方是否「病理化」的猜測。[7]其實，愛女／厭女是人我關係的反覆協商、定位自我認同的探問，是在情感中不斷反思、尋找適當位置的練習，是自我的持續琢磨、鍛鍊最佳能動性的旅程。

弱勢者（包括女人與男人）往往在愛女／厭女的雙面性中感到迷惑，經歷著感受與認知的新任務：何謂抵擋厭女歧視心理、拒絕厭女兩性二元體制、反抗厭女懲戒網絡？這本書就是要論述這些努力翻轉的足跡，研究個體在拉攏與懲戒之間的自我琢磨，如何在情感與關係中不斷進行主體建構，因此得以看穿這世界拉攏與懲戒女人的兩手策略。為了告別厭女，為了開拓改變的路徑，本書試圖揭露厭女網絡的單一結構，如何嚇阻、幽禁、挫傷與排除弱者（上篇），並指出在厭女網絡處境中的兩難困境，挖掘受困者的內在自我、失落綑綁、雙重束縛與愛厭情結（中篇），最終更探索各種可能的多元協商路徑，包括發聲、行動、連結與對話，試圖阻斷厭女網絡的運作（下篇）。

一、厭女，及其爭議：從街角、媒體到總統府

作家楊婕的一篇文章〈我的女性主義第一堂課，是大學時期男友教我的〉，以寫實而反諷的語調講述她的愛戀，似乎暗示著她對自己受困的認知與反思。故事中她的男友總是那個設定規範的人，由他決定正常／不正常的界線，決定如何評價她的行為，決定她應該對自己更有信心，而她的工作就是感謝與回報，努力擺脫從前的不好，變得更好。[8]這篇文章是這樣描述的：

> 看到他這麼努力接受我，我想這就是愛吧。那我也要回報他的愛：我告訴自己要努力變正常，變得像課本寫的那樣正常，變得跟奇摩新聞

> 下面的留言一樣正常，當個正常的好孩子。我好謝謝他願意忍耐我的髒，幫我清洗乾淨。他真愛我。

上面這段文字講述了控制者與受控者之間的「水乳交融」，彼此都在這個關係中建構著自我認同。敘述者在那段關係中作為受控者，她期許自己做個「好孩子」，而她的男友作為控制者，則被描繪為全心全意的關照、質問、除錯。

當關係變調時，尤其當控制者的權威被挑戰，再也無法取得之前的特權時，控制者的仇女情緒可能會傾洩而出。有「少年余光中」之稱的知名作家台北榮民總醫院眼科醫師陳克華，他在臉書上的情緒性發言可說是典型控制者的心聲。這位平日躲進醫師專業、以文雅筆調書寫人生的作家，竟然發表詆毀女性的言論，引起社會爭議：

> 最近門診肖查某破麻仔很多，而且有越來越多的趨勢。為什麼呢？？？是因為我們有個相同性別的總統？……雞公不啼，啼到雞母？[9]

事後醫院代為解釋，陳克華醫師是因為家人驟逝，憤怒的情緒無法化解才失言。然而，當醫生「個人情緒紓壓」時，為什麼會只針對女性病人，又為什麼會以貶低身分、地位，表示其智商很低、行為不正常的「肖查某」，以及暗示女性處女膜破掉的道德低下、有不屑、輕蔑意涵的「破麻仔」來汙衊女性呢？所謂「雞公不啼，啼到雞母」，早已經預設了男性才應該是取得權力者，而女性成為總統竟然可以使得瘋子與道德低賤的女人蔓延增生？行為異常、私德不檢的女人增多，為什麼和台灣的女總統有關呢？

而其實，厭女的言論也常常出自女性之口，歧視的程度比起男性可能有過之而無不及。資深女星張瑞竹在臉書上評論蔡英文總統的兩岸政策因為「恐懼而鎖國」，但卻接著諷刺蔡英文「長相抱歉、三八」，並且進一步以貶低、醜化、汙衊女性長相、身材與性的方式強化其論述：

> 我想到有女的長像（相）抱歉，身材抱歉～但每天都在嚷著擔心有人會強姦她……每天什麼事都不做，只會嚷著對面鄰居的帥哥要強姦她……[10]

厭女的言論將女人貶低為失格女人，而所謂失格女人在張瑞竹的定義就是：長相失格、身材失格、男人沒有興趣的單身女性。從厭女者的眼中看出去，街頭上失格的「肖查某」越來越多，各式媒體更經常羞辱女性為失格，而這一切竟然都跟總統府的主人是女人有關。如果真是如此，厭女的態度、作為、發言與對待方式等，從街角、媒體到總統府，可以說無所不在，籠罩著日常生活的每一個角落，也不斷引發爭議。

二、辨識厭女：拉攏與懲戒的兩手策略

厭女，是否意味著占一半人口的男性憎恨女性？答案是否定的。厭女並非所有男性的普遍特質，甚至，人們往往從反面認識厭女，例如，當一位男性被褒獎並不厭女時，厭女才似乎有可能被看見。厭女，遠比表面所呈現的更細緻、更幽微、更複雜。

曼內認為厭女不僅僅是一種憎厭的心理狀態，而是系統性現象背後的倫理邏輯。厭女的心理狀態就是因為對方是女人，社會不由自主貶抑她、覺得她是弱者、認為她就是不好——曼內稱之為天真（naive）的厭女概念。實際上，厭女的心理狀態，經過操作，構成了整體政治與社會結構。曼內將厭女的政治分配的社會功能，視為父權秩序的警察執法。她的貢獻在於，提出區別於性別歧視（sexism）的厭女概念，性別歧視比較接近意識形態，其功能在於正當化與理

性化父權的社會秩序；而厭女則比較是維護此社會秩序的強制力，其功能為懲戒失格女人。[11]

兩手策略就是厭女網絡的操作方式，區分「好」女人與「壞」女人的分而治之手法。這種區分源自於道德上的男女二分體制，也就是厭女邏輯中的「道德與社會勞動性別經濟」（gendered economy of moral and social labor）——女性提供順從、良善、關注、崇拜，而男性獲取榮譽、尊重、資源、權力。在此種提供者／獲取者動態（giver/taker dynamic）的邏輯下，男女分別承載各自的社會期待、分別扮演分化的社會角色，分別遵守不同的社會規範。[12]厭女成為系統的理由就是，這一套合格／不合格的道德透過強制力，強化了女性的被宰制，鞏固了男性霸權。

如果反過來指責此種兩手策略，厭女者會回覆，人的喜好或厭惡的情緒，出於自然情感，這是無法被強迫，也不可以用外力改變的。以下就是合理化憎厭情緒的說法：

> 我不喜歡吃甜食，就算端到我桌上我也不會吃。但我本身並沒有歧視甜食，而甜食也並沒有錯，所以在點菜時開宗明義就說了，我不吃甜食，難道錯了嗎？……我何德何能改變你的本質，我們井水不犯河水，我想也是我對交友和平的最大讓步了吧？[13]

然而，厭女不只是個人喜好而已，而是將部分女人切割為「比較不好的女人」的社會網絡，厭女網絡靠著拉攏「好」女人，同時懲戒「壞」女人的兩手策略，取得權力。凡是女人的行為不符合規範，她的「失敗」、「逃避」或「拒絕」都被賦予道德責難，或者輕忽，或者無情，或者背叛，都是失格女人。那些沒有被懲戒的女人，即可暗自欣喜，慶幸自己站在較佳的道德位置，比下其他人。這一切，因為被懲戒而神傷，或者因為被拉攏而得意，都鞏固了道德規範，以及設定道德規範的父權體制。就像是胡蘿蔔與棒子：「溫言在口，大棒在手，你可以走得更遠」（Speak softly and carry a big stick, and you will go far.）。

厭女的兩手策略，並非個人「有意識」的行為，不只是上野千鶴子或曼內所談的分而治之，還包括內外並進，尤其建構女性自我內在的機制——女性自我厭惡與自我客體化——而服膺於父權社會角色，在關係中產生既拉攏又懲戒的效果。[14]此種兩手策略通常潛藏在文化慣習，鑲嵌於女人與男人內在的自我認同，[15]甚至滲透至兩性互相吸引的通則之中，形成文化建構。女性的自我客體化表現為自尊低落、身體羞恥感、對外表感到焦慮等脫離現實的社會規範。[16]這反映在權勢性侵案件中，受害者在受到貶抑或責罰的同時，還可能渴望讚賞、回饋，甚至自以為的成長。

拉攏與懲戒有一種特殊的合作方式，產生互相加乘的效果。控制者會訴諸受控制者的心理恐懼、擔憂與孤單，使得控制者可以扮演保護者的角色，反之，受控制者則期待一個強而有力的領導。因為之前的拉攏，厭女者反而強化其強勢者的地位，使得懲戒成為自然且無法抵抗；另外一面，之前受過懲戒的弱勢者心理上害怕，讓厭女者反而變成弱勢者的渴望、甚至生存動力，期待得到讚賞。拉攏與懲戒二者互相加乘，構成一個讓人驚訝的結果——被懲戒者反而會渴望對方，因而努力改變自己，被懲戒者為了得到讚賞，可能會放棄自我，甚至更迎合對方。

如何突破拉攏與懲戒的加乘合作？為何厭女的兩手策略可以產生效果？厭女的父權秩序究竟何以形成、何以複製與延續？這三個問題的答案，都指向了同一個方向，就是強勢者／弱勢者、控制者／受控者、加害者／受害者的自我。

三、面對厭女：在臣服與自由間，不斷提問與定位自我

社會秩序之所以形成，除了規範、懲戒機制之外，人們願意遵守規範、接

受規範的合法正當性，也在其中扮演不可或缺的角色。

面對厭女網絡，方法不在於超越既有的厭女規範，也不在於回復厭女規範之前的原初狀態，任何超越都可能回過頭來肯定規範的正當性，最終只是逃避，仍可能陷入二元對立的性別體制。

朱蒂．巴特勒（Judith Butler）《權力的精神生活》（*The Psychic Life of Power*）這本書就處理了服從與秩序的議題，她否認有一個絕對外在場域，所有的抵抗都只能在既有權力與規範中進行，關鍵在於挖掘個體與規範之間另一種可能的關係。[17]

為了找出個體與規範的另一種可能，必須不斷提出問題，回應厭女規範所造成的主體效應，挖掘主體在臣服與自由之間的往返路徑。上述楊婕跟大學時男友間的厭女控制關係，除了提供者／獲取者動態邏輯、道德對錯是非觀念作祟之外，還包括兩人深刻的情愛連結，以及自我認同的追求。面對厭女的態度，不是在臣服或者自由二者選一，而是要不斷回到經驗本身，持續追問，在規範與權力的脈絡，尋求另一種關係，而這一個過程，正是不斷建構自我認同與主體的過程。

面對厭女網絡、面對自我認同的困境，個體要在不斷提出問題時，探問道德敘事、社會腳本、藝術作品、群體活動中的訊息，發掘這些論述在生活世界如何轉換為偏見、資源、方法與自我欺瞞。例如，陳克華的厭女汙衊言論，論者將之歸咎於他的身分認同，他在臉書上的其他發言中，透露其身為同志身分，卻反同志的矛盾心理；為了在臣服與自由之間不斷建構自我認同，他必須提出反身性問題，他自己如何一方面反抗陽剛文化規範，肯定「娘娘腔」陰柔特質，一方面又透過憎恨女人，強化陽剛規範的力道。厭女的故事就是自我認同的故事，面對這些故事，個體要有能力不斷反身思辨，看見其所依附的道德敘事與社會腳本，進而不斷探問，如何追求某種潛力與特質，為何渴望成為特定角色。

要改變厭女故事，就必須鬆動男／女、強勢／弱勢、陽剛／陰柔的二元結構，然而，現實中大多數的努力，還是停留在二元對立，最多只是兩者互換位置、在兩極間轉換而已。例如，許多防治性暴力的宣導，只是要求女性要學習陽剛、武術、強身，以便於應付突如其來的暴力攻擊，那就只是強化二元對立。造成的結果是，女性不是讓自己變成男性，就是躲在家裡不出門，以防遭遇不測。提倡男性扮演女性角色，或女性扮演男性角色，無法碰觸到問題的核心。個體的自我認同選項，不是全有或全無的二擇一，並非全盤接受整套陽剛／陰柔邏輯不可。張瑞竹的厭女道德貶低言論，透露出她將弱者與強者，比擬為弱者恐懼陽剛力量，期待強者降臨。她的憤怒交織於個人／集體、陽剛／陰柔與二元對立權力階層之中，淬鍊出與厭女網絡互動的特有型態。

除了強勢者或弱勢者之外，難道沒有別的選擇？主體在陽剛文化規範之外，難道沒有其他可能？如果要打破二元對立的厭女邏輯，個體在建構主體時，就必須在臣服與自由之間反覆議價。舉例而言，批評性暴力加害者的厭女邏輯固然容易，但是更重要的是，要能夠重讀這些事件中性暴力受害者主體，也就是這些受害者如何與外界協商其自我敘事與自我認同。

個體面對厭女網絡，必然要歷經琢磨自我的旅程，在來回探索、不斷考量、反思實踐、重讀感受之間，找到最佳的生存模式。不管是性別關係、家庭關係、工作關係、公共關係等，如果要對抗其中的厭女邏輯，有賴於個體在各種腳本中定位自我，並與厭女網絡討價還價。在這個過程中，自我會感到困惑、會受傷、會猶豫、會折損，但也可能集結各種能動力，找到突圍的可能。

四、打破愛女／厭女：協商自我與他者關係

許多人因為現實中女人的強勢或積極主動，懷疑女性主義早已沒有必要，轉而同情部分男人，看見男人依舊受困於必須陽剛的社會角色。這是對女性主義的偏狹看法，事實上，女性主義並非只是發起一場讓女性取得權力的運動，女性主義的願景是打破社會權力結構，反對有權力的人欺負沒有權力的人。

為了要突破性別二元體制道德懲戒的厭女網絡，女性主義論述必然要進入情感與關係之中。

亞當・朱克思（Adam Jukes）在《為何男人憎恨女人》（*Why Men Hate Women*）這本書中研究暴力男性（家暴者、性侵者等），以心理分析的視角討論男性的欲求——支配女性、控制女性——背後就是對女性的憎惡與恐懼。他以臨床精神分析的許多案例證明，憎女具有普遍性，在不同人身上只有程度的不同，沒有本質的不同。[18]這本書僅僅研究男人，並沒有討論陽剛氣質與陰柔氣質對立的社會建構，[19]也沒有涉及男女性別特質並非固定不變的討論，女性也可能陽剛，男性也可能陰柔，雙方皆受困於二元對立的結構。

我的一位女性朋友阿鳳，她跟我說了她的故事。她說她的爸爸生氣時會發出陽剛之氣，嚴重時會打媽媽，但爸爸倒是全心全意地對她，給她關愛照顧，從未打她。在十五歲時她叛逆逃學，媽媽心急不知所措動手打她，她們就經常這麼大打出手。成年以後，她總是離家很遠很遠，一想到要回家就焦慮不堪，她痛恨那個愛她卻不喜歡她成年的爸爸，她擔憂那個努力生活卻仍在厭女環境中的媽媽。

有一天，她離家幾百哩，卻轉身看到自己，從未離家。那天她剛從外地回到分租的公寓，那個有潔癖、文弱、有點怪怪、膽子小小的男友小田，不敢跟她說一句話。一個禮拜之後，當她坐在沙發上跟另外一位樓友閒聊聊到小田，他突然從他房間衝出來說：「妳是不是有什麼話要跟我說，妳為何不說？」語氣是前所未有的暴怒，一反平日的溫柔怯懦。阿鳳的確一直在生氣，因為她握有證據證明，在她出外兩個月期間，小田經常帶女性友人回家過夜，同時間還在通訊軟體寄給她大量的情愛文字。

她心裡想，對彼此忠誠是兩人的共識，她沒必要跟這個不誠實的人多說一句。她轉身走向廚房，當時小田因為兩週前從腳踏車摔下，拄著拐杖跟到廚房。阿鳳感到不耐煩，再轉身走回自己的房間，小田又拄著拐杖跟到房間。阿鳳說她忘了兩個人到底說了什麼，她一句話也想不起來。

阿鳳只記得，她很生氣，伸手打了小田一巴掌，然後他也回擊她一巴掌，阿鳳本能地把他推倒，壓制在地。小田大叫一聲「我的腳受傷，很痛」，阿鳳說「是的，你打我巴掌時就應該要想到這個」，然後帥帥地要他爬起離開現場。如果一定要她回想，當時小田到底說了什麼，她說「大概就是說我不重要，說我自以為了不起之類的話吧」。

阿鳳跟我說，她之所以願意說這個故事，就是因為她認為自己先動手打人就是錯了，她把對方推倒壓制在地，就是錯了。阿鳳說「我相信不畏懼承認錯誤，把這個故事說出來，我才有機會改變」。「一般女生被打巴掌應該就會愣住，但是我從小看我爸爸打人，我也跟媽媽練習過回打」，「在那一刻，我看見自己就像爸爸，暴戾之氣」。

我最終還是沒有再多說什麼，結束了這場談話。記得阿鳳以前跟我說過，她比較陽剛，適合較陰柔的男友，所以尋尋覓覓，才找到這個。或許，拒絕陰柔的下一步應該不是陽剛，陽剛的解決方案也不應該是陰柔。真正的關鍵應該是，面對生命中曾經重要的人，有沒有協商的可能。

我想起來協商是怎麼一回事。協商是在對立的視角使勁強化自己的力量，以氣勢先把對方壓下去，然後就有機會彰顯自己，讓自己被聽見。氣勢的取得很重要，或者眼觀四面，看看對方最在意的自我形象，然後以上位姿態評價對方，讓她嚇到，讓她自責，讓她退讓。協商也可以訴之以情，強調為對方著想的愛，如果自己有錯，就是愛得太深，太急，所以野蠻。

我們最終應該明白，愛女、厭女並非二擇一，而是一體兩面，厭女經常以愛女的模式呈現，展現支配與控制的欲望。即便是比較溫和或仁慈的愛女，也可能落入「愛女陽剛氣概」（philogynous masculinity）的類型，這類人會盡力滿足女性的性需求、照顧女性的需要、繞著女性的生活打轉——就像小田與阿鳳——但是這強化了霸權陽剛氣概所強調的性能力、全能與耐力。[20]此種愛女的模式，與厭女仍為一體的兩面。愛，不是破除厭女的藥方。然而，愛女，並非與厭女全然重疊，愛女也可能不是厭女，「愛」應該是將對方視為主體的愛，而非將對方視為客體的單向度的愛，所有的「愛」應該都是兩個主體間的互為主體與協商成長。

要到很久以後我才想起，真正的協商原來不以氣勢為解方。那些日子當我們面對彼此而有著突來的困惑時，並不曉得變得陽剛或盡量陰柔都不能解決問題。我以為自己正一點一點踏上能動主體的康莊大道，卻不知陽剛之氣只能協助我拒斥與壓制美好生命，陽剛只是給我自大的鴉片，蒙蔽了我面前隱晦的種種。

而又是在更久以後我明白，那些捉摸不定的模糊感，原來是易感、易受傷的脆弱性為我張開的解方。

女性主義反對陽剛與陰柔的對立，反對前者比後者優越所衍生的不平等。瑞溫・康諾（Raewyn W. Connell）在提出霸權陽剛氣質理論（hegemonic masculinity theory）時，雖然強調男性內部因為種族、階級、性傾向的不同，並非每個男性都具有同等的競爭、攻擊、堅毅特質，但是基本上她還是認為相對於女性來說，男性具有較優勢的地位。[21]安娜・亞若史密斯（Anna Arrowsmith）在研究厭女時，修正了康諾的說法，她研究兩性交往的案例，女性已經不是永遠處於弱勢，因為種族、階級或者性傾向等因素，女性可能會取得陽剛的位置，但是陽剛／陰柔的二元對立，仍然是困擾的主軸，只是男性面對女性的權力，衍生更多厭女的情緒與懲戒行動。[22]

告別厭女，不只是破除好女人／壞女人或者男／女的邏輯，還要打破陽剛／陰柔的二元對立。答案不在於超越，而是在其中，在巴特勒所稱的「一個人的自陳」（giving an account of oneself）中不斷提問與顯示自身，作為一種協商自我與他者關係的過程。在打破厭女網絡的社會過程，最重要的在於「為什麼是我」的提問，這個提問幫助我們理解，臣服與自由之間主體建構的困境，也強調了重建倫理關係的努力，這樣的提問引導出，個體踏出每一步，都是謙卑地回應過去被拒斥的、被排除的、被壓制的片段。[23]

五、第四波女性主義？

學者將美國婦女運動分為四波。第一波是從1848年紐約開始的爭取投票權運動。第二波則是於1960年代展開一連串爭取婦女法律與社會平等的運動，包括生育權、家暴、家內性侵、法律上的平等與離婚法。第三波包括在1990年代出現性積極女性主義、多元交織性、跨性別女性主義、食素生態女性主義、後現代女性主義。

英美的第四波女性主義開始於2012年，聚焦在性騷擾、強暴文化、校園性別平等事件、身體羞辱、新興媒體上的性別歧視等厭女現象。[24]包括2012年德里輪姦案[25]引發國際關注與反思，西方媒體大幅報導，強烈譴責印度長期被漠視的性別暴力問題。英國2012年開始逐漸壯大的「每日性別歧視計畫」（Everyday Sexism Project），已經蒐集數萬個厭女的故事，集結的速度越來越快。2015年「不再有第三頁」（No More Page 3）活動終止了英國《太陽報》四十五年來無上裝女模特兒照片的傳統。2017年爆發好萊塢資深製片人長年利用權勢，性騷擾、性侵害女明星，出面具名指控的受害者高達七十多人，其中不乏高人氣的大明星。自此之後，數百萬人用「Me Too」這個標籤來公開自己的類似經驗。台灣的女性主義也可以分為四波。第一波是1980年代呂秀蓮、李元貞的拓荒。第二波是1990年代婦女團體倡議性別議題，促成通過相關法律；另一方面則有性解放論述。第三波則是2000年之後性別主流化與國際婦女人權的推動，改造國家體制的性別政策；與此同時，體制外底層邊緣群體仍持續抗爭。

如果對照美國、英國2012年以後的發展，台灣的女性主義運動也經歷了厭女網絡的各種社會事件，包括挫敗與抵抗。例如，在2013年八里雙屍案中，謝依涵對厭女網絡的反擊、2015年婦女救援基金會宣布受理報復式色情被害人申請，協助私密照片或裸照被外流痛苦不堪的受害者、2015年台灣開始有人仿效美國解放乳頭運動，在社群媒體上分享自己的裸露照片、2016

年女力崛起使得一群不滿者聚集，批踢踢 BBS 站上的「母豬教」成形，展開「第一次母豬教聖戰」與「第二次母豬教聖戰」、2017 年林奕含出版帶有自傳意味的小說後自殺，揭露青少女被師長誘姦的真相、2018 年底反同公投，匯聚了反同運動多年滲透各級縣市教育單位與民間的勢力，展現了厭女的「成果」。從上述所列出的事件看來，有殺人、有自殺、有受傷不敢現身、有聖戰中被消音、有令人錯愕的公投結果，女性主義當前所面臨的局勢，相當險峻。

新局勢之下的厭女網絡的複雜度在於，傳統父權體制透過流行文化不斷傳播、變形，而女性主義的抵抗實踐，卻尚未進入社會關係與人際網絡之中，無法產生有效的影響。傳統父權體制的變形，主要表現在流行媒體上對「女性主義」概念的操作，但是其意義往往被扁平化為商品與消費，例如廣告中女性形象被操作成「很」女性主義，從情慾客體轉為情慾主體、訴說女性主義憤怒而強調 Just do it、倡導女性要做自己與愛自己、情色化男體、再現酷兒的身體與情慾等。[26]這些被宣稱為後女性主義的論述，很容易被挪用，甚至成為關係中要求弱勢者順從的「正面」形象。於是，越主動、越積極，就越有可能掉入新的厭女局勢的人際網絡之中，新瓶裝舊酒，讓人迷惑，更加不知所措。

上述「女性主義」在新興媒體上的復甦，意味著人們重燃對女性主義的興趣，但也標誌著女性主義運動已然進入更加錯綜難解的情境。如果媒體廣告與社會論述已經「很」女性主義，那麼女性主義運動存在的必要性何在？

這本書希望為台灣第四波女性主義運動提出問題意識：為什麼受害者不敢現身？為什麼台灣沒有 Me Too 運動？為什麼「愛家」的口號可以贏得人心，造成排除異己的歧視結果？為什麼受害者只能用自殺或殺人來發聲，卻還遭到質疑？為什麼匿名的「母豬教」可以如此猖獗，現實社會卻對之束手無策？這些都牽涉到厭女網絡中盤根錯節的男性情誼、孤軍受害、角色認同、媒介再現、多元交織、保守反撲、雙重束縛等等。這些都是舊的厭女網絡的變形，或者新瓶裝舊酒，或者情況並沒有根本的改變。在我們以為自己「很」女性主義的同時，也可能深陷於厭女網絡，獨自掙扎，不知何去何從。

六、本書結構與致謝

本書結構分為上、中、下篇。上篇「單一結構」，解析厭女網絡中透過關係界定他人、控制他人、將他人當成客體的各種機制、邏輯與論述。所收錄的五篇文章，包括：討論網路環境如何長出具有性別挑釁意味的「母豬教」，展現「我說妳是妳就是」的社會控制力道（余貞誼，第一章）、分析私密影像如何成為厭女的報復式色情，而散佈「無人加害、純粹活該」的女體現身（方念萱，第二章）、反思父權家庭女性分工與性別角色，造就了被困在父權牢籠「必須『賢淑』」的女人（姜貞吟，第三章）、批判厭女、忌性、恐同三位一體的反同運動「只愛一種家」（韓宜臻，第四章）與描繪兄弟情誼如何排除女人、汙名化女人，使得女人陷入「女子無容便是德」的困境（胡錦媛，第五章）。這些社會論述預設了「就是」、「純粹」、「必須」、「一種」與「便是」等單一性，意味著陽剛與陰柔二元對立、前者優越於後者的控制網絡。

中篇「兩難困境」，描繪厭女網絡的個體處境，追問愛女／厭女的一體兩面，如何讓我們難以看穿、無法站出？其中包括四篇文章：女性主義為何「漏接了房思琪」，自我的複雜與兩難，如何使大多數深陷性暴力厭女網絡者，無法發展女性主義實踐（王曉丹，第六章）？在厭女網絡掙扎的權勢性交受害者，為何無法拆解「師生戀」權力關係的複雜，又如何「在野地中掙扎」（黃囇莉，第七章）？即便是資源與能動性相對較高的女性從政者，為何依然受到持續反覆的性別規訓，如何在拉攏與懲戒的「雙重她者化」下，被迫進行「沒有選擇的選擇」（楊婉瑩，第八章）？在性別與族群的愛厭交織中，如何透過媒體展現能動性，促發性別平權（孫嘉穗，第九章）？

下篇「多元協商」，討論了多層次、多面向、嘗試突破厭女網絡的突圍行動，包括四篇文章：抽絲剝繭、批判性閱讀報導、判決與小說等，拆解關於八里雙屍案相關論述的厭女情結（陳惠馨，第十章）。從理論與思想的角度，指出過去性暴力社會論述的認知謬誤，唯有打破二元對立化約論，「改寫能動性與脆弱性的意義」，才得以重新理解受害者，動搖譴責受害者的文化（王曉丹，第十一章）。分析解放乳頭一方面要對抗蕩婦焦慮的女體監控，另一方面還要防止神聖化乳房，而必須藉由將乳房再情慾化，以開展第四波女性主義（康庭瑜，第十二章）。正視校園情感教育對厭女網絡的複製與強化，不斷反思關係與情感，以練習解鎖的「主體愛」補充「匯流愛」，並採取適當的練習步驟（王曉丹、韓宜臻，第十三章）。

這本書起源於我在 2017 年 9 月開始擔任女學會理事長期間，由理監事各別負責一共舉辦了 9 場「女性主義高低音」系列活動，包括以厭女為主題的演講、座談與讀書會。當時設定的目標在於，邀請性別研究學者針對社會矚目的性別事件，開展與社會對話的女性主義論述。感謝副理事長胡錦媛教授提出「愛女／厭女」這組看似對立又互為表裡的概念。活動引起熱烈迴響之後，我繼而邀請學會成員們共同以厭女為主題，進行書寫，除了於 2018 年 2 月的內部初步討論之外，並將文章發表於 2018 年 9 月女學會在政治大學舉辦的「愛女／厭女：情感與性別」女學會年會。而後又收入數篇與此一主題相關的論文，再於 2018 年 11 月與 2019 年 1 月進行了兩次內部會議，討論各篇論文初稿，本書的結構與篇章於這個階段終於成形。而在女學會新任理事長楊芳枝教授主辦、楊婉瑩教授主講曼內的《貶抑女孩：厭女的邏輯》（*Down Girl: The Logic of Misogyny*）讀書會之後，本書作者群得以在理解西方經驗的基礎上，進一步深化各自書寫在地的厭女現象。最後，本書初稿通過學術書籍的雙向匿名審查，感謝兩位審稿人的修改建議，讓本書更為完善。研討會與本書的出版獲得政治大學拔尖計畫「自由、民主、人權與近代東亞：以台灣為中心」的補助，在此一併致謝。

但願本書的出版，是一次發聲、一次行動、一次集結，能夠為這個時代、這塊土地帶來鬆動現實的力量。

上篇 單一結構

第一章

我說妳是妳就是

PTT「母豬教」中的厭女與性別挑釁[1]

作者｜余貞誼

高雄醫學大學性別所助理教授，台灣大學社會學博士。研究領域為資訊社會學和性別研究，近期踏入資料科學或曰計算社會科學的陣地，嘗試領略其中的藝術，因而在研究方法上混雜了敘事與數據，雖看似分裂，卻仍有其共通之處。近期主要關注社群媒介與人的關係，人們如何將生涯的想像挹注到社群媒介的使用中，而使用的歷程又造就了什麼社會效果，我們究竟是更孤獨還是更連結？更民主還是更激化？從事此項研究最無可抹滅的足跡，就是在 Google 搜尋的自動完成功能中，我的名字永遠跟「母豬」連結在一起。在還不確知此篇文章能帶來什麼平權的社會效應前，我率先擁有了這樣一個科技認證的身分，也是謂一種成就。

名列於「Twitter 上最受歡迎的哲學家」之列的知名女性主義哲學家凱特．曼內（Kate Manne）——活躍於 Twitter，多討論哲學、政治、文化、尤其是環繞她的著作《貶抑女孩：厭女的邏輯》（*Down Girl: The Logic of Misogyny*）所探討的厭女議題——在 2018 年 10 月底，於 Twitter 上宣布刪除她的帳戶，表明她無力再繼續與各方充滿敵意的使用者進行網路論戰。[2]曼內以此姿態宣示終結她的 Twitter 生涯，似乎指向了網路論辯所環伺的大量辱罵、引戰、挑釁甚或人身攻擊的敵意氛圍，重挫了她意欲面向大眾溝通與倡議的企圖。這使得我們不禁想問，是什麼樣的社會情緒支撐了這股厭女敵意的強勢登場，使得任何意欲反擊的溝通姿態只能黯然退出？

這樣的情節在台灣其實一點都不陌生。2015 年春天，台灣最大 BBS 站 PTT 的八卦板（Gossiping）上，開始出現以「母豬」一詞指涉具「某些特質」的女性：先是象形的，以身形作為兩者之間的類比標的（像是「胖妹」或「肥婆」）；接著是形聲的，以母豬的叫聲連結到拜金的行為（如，「有錢的就貼上去叫聲——苟～苟～（哥哥～～）」；再來是會意的，以母豬的生殖功能來象徵女性僅具性客體的價值（像是「欠幹」）；最後則岔出各種定義的範式，演變成難以統整與定義的大規模指涉／命名行動。如此的言論原本只是零星出現的星星之火，但到了初秋時分，此一詞彙的某位狂熱擁護者 AG 因過激言論被站方施以「水桶」處罰，[3]瞬間星火燎原，眾多版友開始起鬨成立「母豬教」，遵奉其為教主，並以他常用的兩句辱罵言論——「母豬母豬夜裡哭哭」和「幹 0 糧母豬滾喇幹」——作為教義箴言。爾後，此在短時間形成的「母豬教」次群體，便常態性的存在於 PTT 的八卦板、女板（WomenTalk）、男板（MenTalk）等地，並不定期的掀起論戰波瀾，除了引發 PTT「鄉民」們駐足觀看，還引來大眾傳媒的報導，一時間成了備受矚目的事件。

上述這兩個例子都指向了，網路環境充斥著對女性不友善的氛圍。這些強大惡意雖確實來自於每個個人，但若僅走向個人式的檢討來探究其因，一來太過天真的把問題歸因於「有問題」的個人（網路小白？鍵盤戰士？），而忽略其所身處的社會脈絡；二來更關鍵的，是它無法讓我們理解，在性別平權的努力日益走進大眾眼光，使得現實世界的歧視和騷擾言論／行動不再被輕易容忍的時刻，為何人們會在網路環境中，將自己的歧視與挑釁大剌剌的攤在陽光下，沐浴在這股光照之下自覺正義又自得？

面對這樣的現實謎團，曼內的積極提案相當具啟發作用。[4]她主張，正視厭女議題的重要性，並不在於去指稱哪些個別男性厭惡女性；反之，我們應該把眼光從這種個人深層心理學的探討，轉向更結構性的文化和政治之省思，將厭女理解成一種社會環境的特質，並探究其所扮演的社會控制功能。循著曼內的啟發，我們去探究上述所提到的 PTT「母豬教」事件，其目的也不在於要將特定個人貼上標籤（「你就是厭女！」），而是試圖理解，什麼樣的社會環境支撐著這股性別不友善的力量？它透過哪些微妙的機制去展現這股力量的社會效應？以及，如果真能有光，我們該用什麼手段把那股光的出口鑿大，以看見更為明朗的、友善的未來？

「母豬教」事件延燒的時間跨幅甚長，且在討論高峰期湧現了大量的文章與推文。為了從如此繁雜瑣碎的資訊量中爬梳出事件所隱含的社會文化價值，我採用文本探勘的形式，藉其遙讀（distant reading）的能力從巨量文本中找出趨勢、結構、模型和潛在的連結關係。資料來源是和「龍捲風科技」合作，取得自 2015 年 1 月 1 日至 2017 年 6 月 30 日間，在 PTT 各板的文章與推文中具有「母豬」和「仇女」兩個關鍵詞的所有文本，並篩選出此兩種關鍵字主要出現的六個看板，所得的發文數量為 19,671 篇，推噓文數量是 325,763，發文分布的看板與文章數量如下表 1。

看板	Gossiping	MenTalk	WomenTalk	Hate	Talk	Boy-Girl
文章數	14817	1725	1557	978	304	290

表 1　有「母豬」和「仇女」關鍵詞的主要看板與文章數量

這文章／推文數確實是相當驚人的數量，隱隱然彷彿看見那喊殺連天的氣勢。這篇文章將先討論「母豬教」事件發展的脈絡及其組成結構，看見這股群情「譏」憤針對女性做出行為偵查、抨擊、侮辱等行動的風潮，究竟是在什麼樣的社會環境中滋長出來。接著，我會從網路群聚的性質，來討論此次文化社群得以連結的情緒機制。最後則從女性主義的觀點來分析，「母豬教」事件在網路空間與性別文化上，帶來／演示了什麼樣的社會效應與功能：它試圖維護了什麼、又企圖挑釁些什麼？而若其作為一種女性主義的反挫力道，我們又有什麼奪權而回的機制與策略？

一、長出「厭女」：「母豬教」的崛起、發展和維繫

「母豬教」是如何在台灣網路社群文化中竄起的？這樣的提問背後，其實有著經典的資訊社會學命題：網路空間能促進理性論辯，抑或是增長極化情緒而窄縮觀點視野？由於具有普遍的可近用性、非強制且自由的溝通表達、不受限的議程、任何人皆可參與的特質，因此許多論者皆主張或期許網路空間能形成一種平等交往、自由討論、達成共識的理性討論模式，因而增進批判且進步的理念得以傳散的機會。[5]但也有論者背向如此的樂觀應許，指出網路空間雖有此技術能力，但在實作上卻在各個層面存有極大落差。

以時間性而論，羅傑・赫維茨（Roger Hurwitz）便指出，網路的時間感是一種須臾轉瞬的即時性，此種強調快速的發言特質，相當不同於民主所需要的審慎思考，因此並無法讓人樂觀期待它能創造出有利的民主氛圍。[6]而在連結基礎的層面上，蘿拉・古拉克（Laura J. Gurak）則以兩個網路發起的社會運動為例，發現線上社群具有一種強烈的社群氣質（ethos），其感染力會蓋過人們對正確訊息的渴望，導致社群的信念會凌駕個人做決定的責任，並驅離社群邊緣或不認同的人，因而促成意見的偏狹性。[7]凱斯・桑思汀（Cass Sunstein）也以回聲室（echo chamber）的比喻，來主張團體的討論並不會形成中間值的共識，反

而會因為論點的相互爭強效應，和社會影響的機制，而朝向極化（polarization）的立場。[8]此外，更有另一波聲音從根本性深究，網路空間並非鐵板一塊，而是具有多重的網絡化（networked）溝通空間，所以它自然會集結規模不一、相互交疊、彼此連結、但同時又有著碎片化特質的多重公共領域。[9]

曼內從 Twitter 的撤退，似乎意指了這是一個令人精疲力竭且不堪其擾的場域，以侮辱恫嚇傳散性別偏見，以威脅挑釁煽動厭女敵意氛圍，理性討論的曙光在哪裡？似乎只能問天問大地。把眼光回歸到 PTT「母豬教」現象，以其結果而論，它同樣也造成了許多女性板友的無力離開。而當我們要將厭女看成是一種社會環境的特質，而非個別心理的深層特性時，我們必然需要細緻的討論，它的興起究竟是在什麼樣的社會環境中展開？是什麼樣的脈絡情勢、社群氣質，以及網絡結構，能讓這樣一個厭女和性別挑釁的文化現象在 PTT 星火燎原？

事情大概是這樣開始的。從 2015 年初開始，「母豬」一詞開始零星出現在 PTT 的討論板上，並分別見諸八卦板、男板、女板、恨板（Hate）、偷可板（Talk）和男女板（Boy-Girl），用以意指某些「特定」類型的女性，並藉此批判與侮蔑那些被冠上「母豬」標籤的女性。要理解此詞彙挪用的語用脈絡，我們得先梳理出文本的生產數量與時間軸的關係。從圖 1 可以看見，「母豬」的討論風潮有高低起伏的現象。從 2015 年 1 月至 2017 年 6 月，有幾波特別高聳的討論浪潮，且這些討論高峰期也為此詞彙帶來主要戰場和次要戰場的區別：身負主戰場「重任」的是八卦板，次要的助攻／抗衡看板則是男板和女板。細究這些高峰興起的源由，可以讓我們釐清「母豬教」行動何以集結的現象。

（一）事件導向的集結

實際觀察文本內容，可以發現關於「母豬」一詞的討論熱度是隨著特定事件而起。第一波是落在 2015 年 9 月 5 日至 10 月 2 日。起因是時常以「母豬」一詞來指涉「特定」女性的板友 AG 因用字不雅（「幹 0 糧母豬滾喇幹」）而

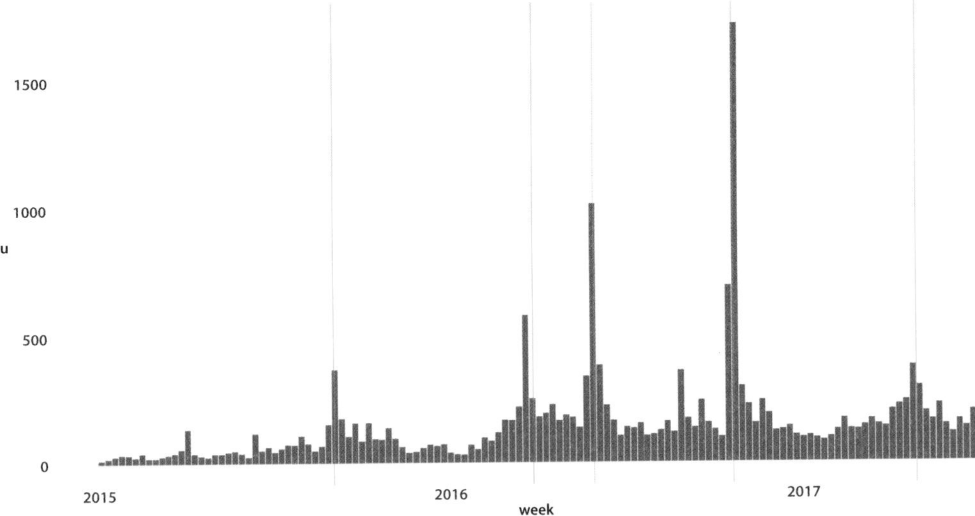

圖 1　所有板上出現「母豬」關鍵詞的時間與數量分布

被施以水桶懲罰。一時之間群情激憤，並起鬨成立「母豬教」，尊崇 AG 為教主。[10]第二波則發生在隔年春天（2016 年 2 月 27 日至 4 月 1 日）。起因是 2 月 27 日時有一樁前男女朋友吵架鬧到八卦板的事件（男以「母豬」謾罵前女友，前女友不甘示弱的反擊），遂開啟了討論的熱潮（包括「母豬」的定義，「母豬教」只是和仇母豬而不是仇女的自我辯護等），一路紛擾到 3 月中，使得板上開始出現「母豬已經是根深蒂固的八卦板文化了」的板友註解。此波的高峰則落在 3 月 29 日。是日，眾「教友」包括 AG 群起進攻女板鬧版，引來大量板友的辯護與圍觀，俗稱第一次母豬教聖戰。

第三波是 2016 月 5 月 31 日至 6 月 10 日，板友 AG 又再度被「水桶」，群情又激憤了起來，並從八卦板一路延燒至女板，亂戰的程度最終引起女板做出隱版申請以肅清版面，俗稱第二次母豬教聖戰。第四波（2016 年 10 月 21 日至 10 月 30 日）則是風潮的極大化。苗博雅在「女人迷」網站談「母豬教」的演講文[11]被轉到八卦板，因而引來「苗博雅算不算是母豬」的論戰。而後苗博雅在臉書和八卦板發文邀請「母豬教」重要人士 BK 來座談，更激化了群情與討論熱度，讓「母豬」一詞出現的頻率衝上頂峰。第五波（2017 年 4 月 28 日至 5 月 6 日）則與作家林奕含相關。林奕含於 4 月 26 日凌晨自殺，4 月 28 日開始有文章討論「林奕含是不是母豬」，因而開啟了正反兩方的論戰，包括重新爭論母豬定義問題，並指控八卦板的風氣全被母豬教搞糟云云。

從高峰興起的因素觀之，我們可以看見，雖然網路環境被譽為數位時代的遊樂場，能在之中從事各種想像的、試驗的、浮動的身分認同與實作，但它並不是一個自足的、獨立於世的化外之地。易言之，雖然有些熱潮似乎是 PTT 特有的次文化行動所帶起的（如抗議被浸水桶的處罰而引發關鍵字鬧版行動），但在此同時，線下社會的事件、議題、知名度都會被帶進線上社群，無論是以借題發揮的形式（如借用林奕含之名來指涉母豬特質），共感共憤的情緒（如藉由前男女朋友的爭吵來論辯哪些特質是母豬之舉），或是開雙戰場相互呼應的勁道（如苗博雅對 BK 下戰帖一事），都能激化其討論的風潮。因此，「母豬教」雖是在網路興起的議題，但就其發展的脈絡而論，仍未獨立存在於線上世界，而與線下社會相互交融和彼此激化。

（二）多元、分散、但仍具中心的行動主體

若「母豬教」議題發展的脈絡是與線下社會相互交融的，那它引來的參與群眾，會有什麼特屬於網路社會的特質嗎？馬克．波斯特（Mark Poster）曾主張，電腦溝通訊息是一種關於談話的談話（talk about talk），行動的主體是多元、分散、去中心、且不穩定的。[12]齊格蒙．包曼（Zygmunt Bauman）也主張液態現代性的社群是一種呼之即來、揮之則去的釘子社群（peg community）:「釘子社群是圍繞著釘子（peg）而產生的，而『釘子』指的是眾多個體零星、更迭的注意力，及其四散、飄移的關注，所能夠同時（並且是暫時）懸掛於其上的聚點。」[13]易言之，釘子社群本身就是一種暫時性、流動、多變的集結，短暫聚合之後，就會四散轉往下一個釘子集結。

參與 PTT「母豬教」事件的社群特性，確實與上述的網路社群特質有其符應之處，但同時也有相互扞格之點。首先，統計 PTT 板上使用「母豬」字詞的板友發文數，有七位使用者曾經發表超過一百篇的文章。但是，觀察這些熱衷發文者參與討論的形式，可以發現他們雖熱愛發文，但卻不常推文，前 50 大的發文者中僅有九位是列於前 50 大的推文者陣營。可知除了「發文組」之外，另有一群參與者在撐起推文的熱度（如圖 2）。由此得知，在參與「母豬教」行動的組成結構中，很少人是以全方位的姿態（既發文也推文）參與，因而確實具有分散的組成特性。

再依據討論的議題屬性來看，在「母豬教」一片激情宣洩的文章中，較引人矚目的是試圖論述出「母豬」定義以服人、或是反駁之的文章。而統計出較常發表這類文章的前 20 大板友中，僅有三位是位於上述前 50 大發文者的名單之列。可見在這分散的群集中，也確實有著多元的論述風格和行為取向。同時，在所謂「熱衷人士」中，事實上也沒有太多參與者是每役必與的情況，而是以一種流動的方式在保持與此議題的聯繫（如圖 3），有時投入得深，緊跟著打筆戰；有時則是駐足旁觀，偶爾才出言幾句。因而其注意力確實有著更迭、飄移的特性。

且最值得注意的是，隨著議題熱度的延燒，使用「母豬」關鍵詞的群眾持續成長，並未出現飽和或收斂的現象（如圖 4），且這漲幅是依存在事件之上，如第二波高峰期（即第一次母豬教聖戰）前一個月，使用「母豬」關鍵詞的板友數量漸次增多；到了第三波高峰（第二次母豬教聖戰），與第四波高峰（苗博雅宣戰板友 BK）期間，更都是以垂直上升的幅度激增。這說明了，在注意力經濟的網路資訊時代，特定事件的發生可以快速吸取板友的注意力，進而凝聚出一個懸掛眾人矚目的聚點。

最後，網路社群最使人樂道之處，在於它能夠帶來去中心的網絡樣態，因而能夠跳脫威權領導的模式，而發展出更為彈性紛雜的多元異音。然而，細究「母豬教」事件的參與網絡，它仍隱然出現了兩股中心。我統計了在各板友

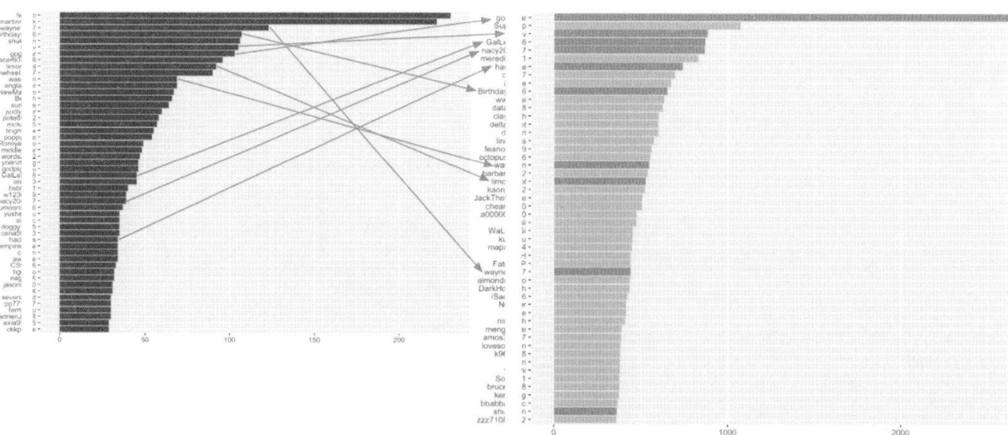

圖 2　左圖為前 50 大發文者，右圖為前 50 大推文者，右圖中以紅色標示者為前 50 大推文者亦是前 50 大發文者。兩者重疊比率並不高。

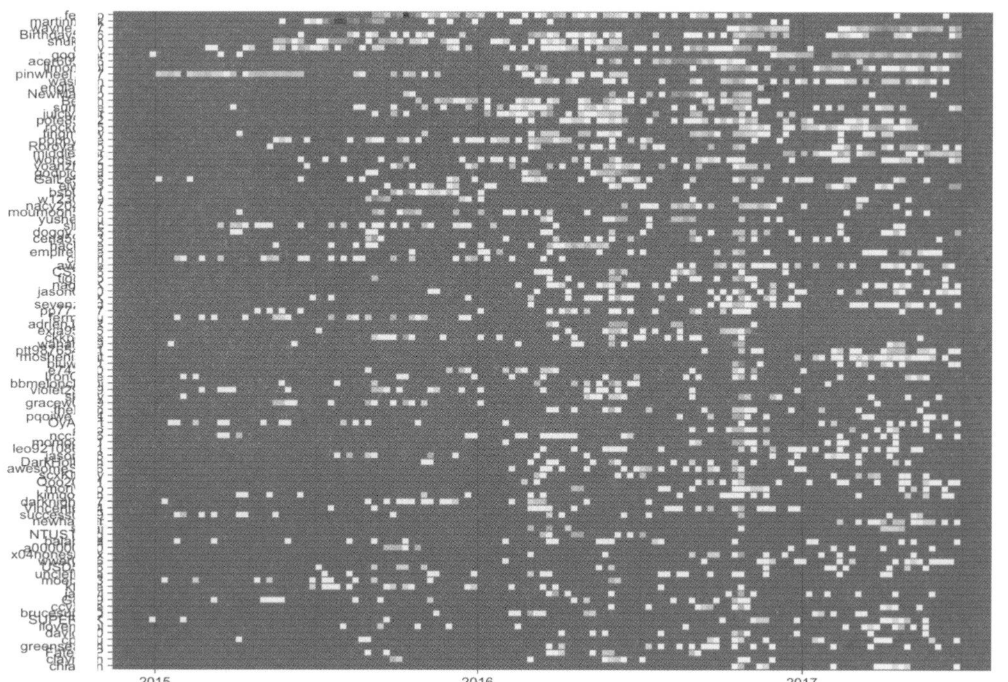

圖 3　在時間軸上，熱衷參與者的發文次數。顏色越深者為當週發文量高者。

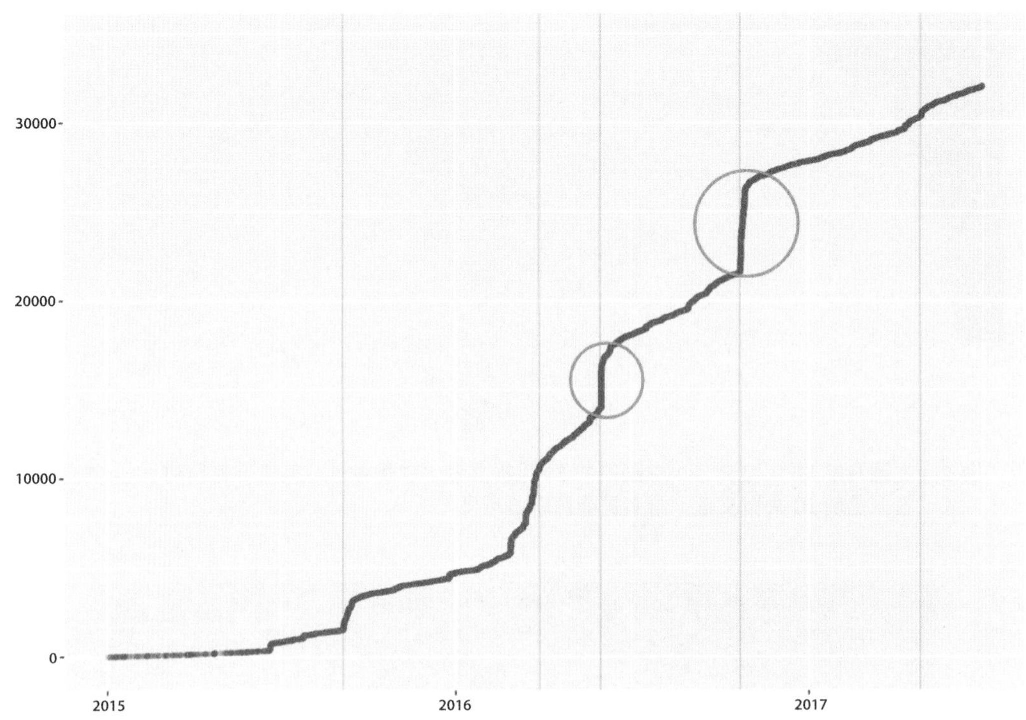

圖 4　使用「母豬」關鍵詞的獨立使用者個數隨時間累積圖（亦即不重複）

發文中提及的 ID（或暱稱），發現其有明顯的「紅人榜」，尤以 AG 和 BK 遙遙列居榜首。除了統計這兩位的出現次數外，為了探究這些參與者間是否存有階層式的互動結構，我先列舉出所有的發文作者（V1），再偵測這些發文作者（V1）曾在誰（V2）的發文中被提及，因而能夠建立起「誰提及誰（Who-Mentions-Who）」的網絡（如圖 5）。從該網絡更能清楚看見，AG 和 BK 位處網絡的兩大核心，遇有特殊事件就一定會以其名、其言作為討論的核心；且除了這兩大核心外，幾乎無次要核心。如此極度中心化網絡所帶來的結果，就是八卦板的討論風潮會被其言行所帶領，因而會偏向於一窩蜂式的嘈嘈，而非眾聲不同的喧嘩。

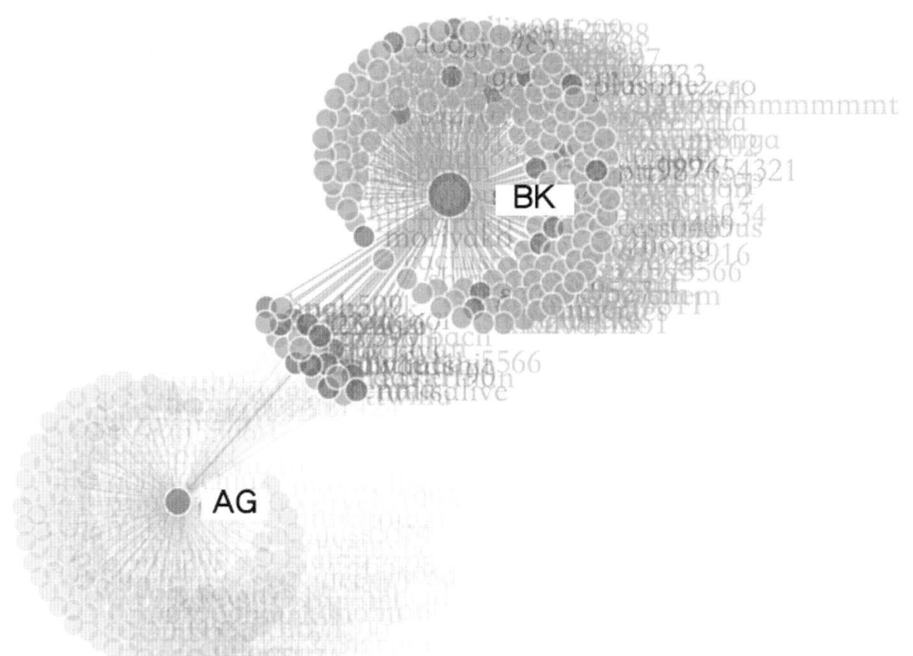

圖 5　「誰提及誰（Who-Mentions-Who）」網絡圖。藍色節點為發文數量前五十多的作者。

（三）理性或起鬨？

如前所述，網路社群與民主潛能的討論中存有兩派觀點，一派認為去中心、平等的討論環境可以塑造一個凝聚共識的公共討論環境；另一派則認為匿名性的網路環境反而會極化意識形態與情感，失去理性討論的可能。閱讀 PTT 母豬教事件的相關發文，逐漸可以發現，一個值得作為分辨發文是否可形成理性討論的指標，在於其是否討論了「母豬」的定義。無論發文者的立場是支持或駁斥「母豬教」，並姑且忽略其所謂的「理」究竟是否為歪理，這些投入於討論「母豬」定義的文章，皆可見其嘗試以論述來說服他人的企圖。圖 6 是同時提到「母豬」和「定義」的文章數量，可以看到，在第一波高峰（成立「母豬教」）時，以及第二波高峰（第一次母豬教聖戰）之前，關於「母豬」定義的議題並不常被提及。瀏覽那時的文章內容，也幾乎可以歸納出，彼時的文章大多在宣洩情緒（例如抱怨女性的某些行止，像是愛錢、公主病、讓人戴綠帽等）。但從第二波高峰之後，緊接著的第三波（第二次母豬聖戰）、第四波（苗博雅大戰蘇美）、和第五波（林奕含事件），就開始有大量的正、反兩方文章在討論「母豬」的相關定義。

這樣的發展情勢，與誰引領了討論風潮相關。延續前文指出 AG 與 BK 為議題網絡的核心，事實上他們兩位各自的風格特色，確實引導了八卦板風的走向。在第二波高峰期之前，AG 的活躍程度高於 BK 甚多；而到了第四波高峰（苗博雅宣戰 BK）時，由於 BK 成為事件的主角，他所引發的板風就異於 AG 的活躍時期。圖 7 是提到兩人的文章中，各自用到的前 50 大關鍵字之差異

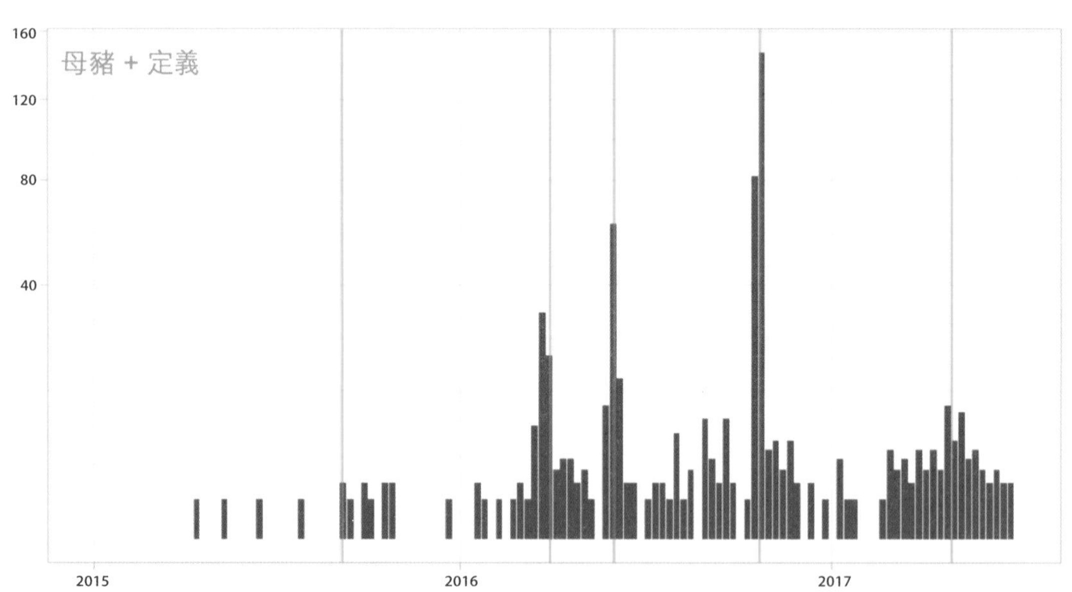

圖 6　文章中同時提到「母豬」和「定義」這兩關鍵詞的文章數量分布

比較。從中可以看見，提到 AG 的文章大多還是以激情發洩為主（如「幹」、「滾喇幹」），而提到 BK 的文章則開始有一些概念性的論述出現（如「性別」、「父權」）。

觀察這些資料，我們雖難以斷言 PTT「母豬教」事件中是否出現極化的現象，但它確實會隨著板上的特定風潮與中心人物的特性，衍生與之相應的風格：AG 時期的瞎起鬨戲謔，與 BK 時期試圖服人的論辯。這也指向了，網路論壇會在言論聚集的過程中，逐漸凝集出一股社群感染力，並以此帶動版上形成

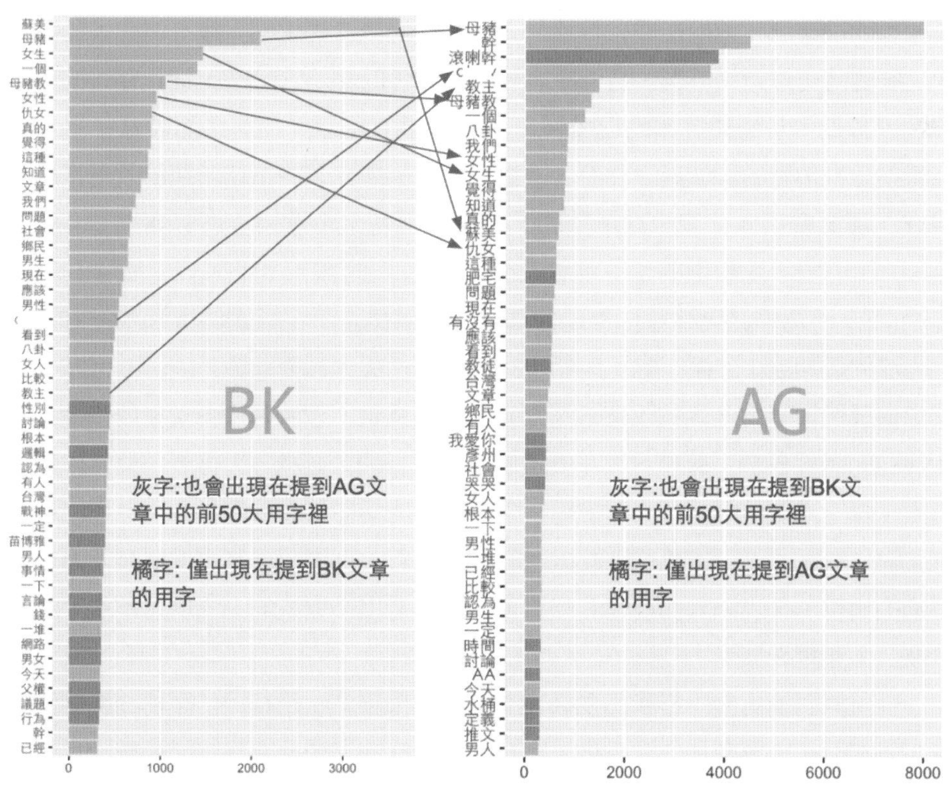

圖 7　提到 AG 與 BK 的文章之前 50 大用字列表。在左端，橘色的詞代表只出現在提及 BK 的文章中出現。

一特定的社群氣質。接下來，我們要來討論，如此的社群氣質是以什麼樣的形式與情感基礎，號召了行動的感染力。

二、你的狂歡，我的噤聲：「母豬教」集結的情緒基礎

涂爾幹（Émile Durkheim）所提出的集體亢奮（collective effervescence），常被沿用來探究虛擬社群的運作何以可能帶來集體性共在與亢奮的情境。[14]涂爾幹原指的集體亢奮，是藉由節慶和儀式本身帶來的集體性共在，來升起一股與凡俗世界相異的神聖感，進而形成宗教性的力量。但這概念轉用到一個不需要肉體共在、卻隨時可以近用社群、持續享有社交可能性的網路環境時，儀式存在的必要性就降低，且集體亢奮的現象轉而出於需求（demand）而生，而非為了滿足某種區分世俗性的神聖感。然而，當線上社會集體亢奮的情緒所連結的不是神聖感，那又會指向什麼？其所謂的「需求」何在？米歇爾．馬費索利（Michel Maffesoli）指出，這象徵的是一種社交性（sociality）的需求（surfing over the waves of sociality）。[15]黃厚銘與林意仁也延伸馬費索利的概念，主張網路上那些無聊、不入流的起鬨或湊熱鬧行動，所體現出的即為一種人類對社會／社群的需求，藉由情感與情緒的共感共應來為社會成員提供滿足，因而其意義就在於和他人相連結的過程自身，而沒有外在於這個行動的目的或動機。[16]再者，林意仁也指出，線上虛擬社群的社交需求經常帶著強烈的集體情緒感應，如同一種巴赫汀（Mikhail Bakhtin）所定義的狂歡概念的詼諧色彩，既展現出集體的歡樂（而非個別的愉悅），也因其偶發性的特質，而能營造出節慶式的、異於日常秩序的歡樂氛圍和驚奇感受。[17]

從這些討論出發，當我們要探究 PTT 的「母豬教」是基於什麼情緒機制而得以集結時，需要關注的就會是，它有著什麼樣的集體共在性？如何讓成員體現到共感共在的情緒？這個共在感提供何種驚奇經驗？狂歡感受的氛圍又是什麼？首先，共在性是一種主觀的意識狀態，一種覺得自己身在虛擬環境、且

與他人同在的心理感受。[18]在 PTT 的系統上，最能看出共在的指標為「看板人數」。根據系統的設定，當看板同時有一百人以下在觀看時，看板標題會標出實際人數。但一百人以上時，就會標上「HOT」字樣。依序，一千人以上被標為「白爆」，二千人以上是「紅爆」，五千人以上是「藍爆」……等。而當看板人數眾多時，由於群聚者眾，發文與推文數也會瞬間飆高，宛如嘉年華的萬頭鑽動。

但由於我所得到的資料並沒有當時的「看板人數」，所以我改由發文頻率來探究共在性的展現。圖 8 是按照發文的時間順序，統計每兩篇發文間的時間間隔（單位為秒）。在事件來臨的高峰期，發文頻率可以高達每十秒就一篇

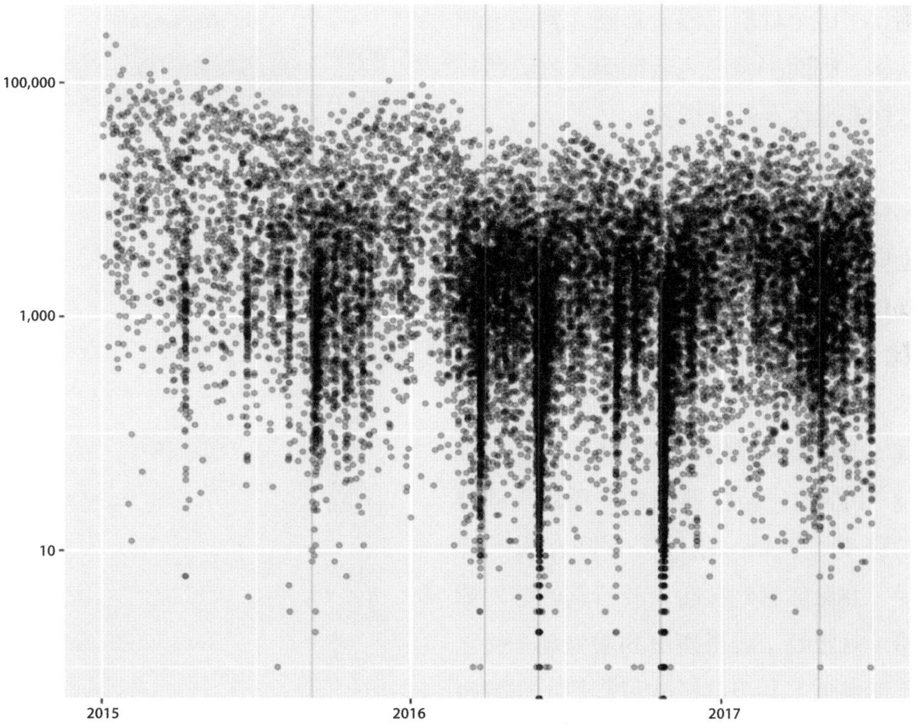

圖 8　按照發文的時間順序，統計每兩篇文章間的時間間隔（單位為秒）

（更遑論發表速度更快的推文，必是以更為飛快的速度在激增）。依據這樣的發文頻率，我們可以料想彼時互動的場景：一篇篇文章／推文如波濤般湧現，入目之景皆是相同議題的討論，且一波推著一波不斷向前滾動。如此的景致確實能強烈讓人們體會到與他人共在的感受，並透過共同議題的參與創造出社會性連結的心理滿足。

其次，當人們透過同步參與板上討論的機制感受到共在感時，它也確實發展出一種異於日常秩序的亢奮感。如在第三波高峰期時（俗稱第二次母豬教聖戰），八卦版的眾教友在「教主」AG 的指揮下，群集於女板鬧板，不斷發表只含「母豬」關鍵詞的文章（如圖 9），讓整個女板幾近淹沒於「母豬」海之中，喪失了日常討論的功能。此舉徹底體現了線上社群沉浸於集體亢奮的情感狀態，因而引發出宛若節慶式的集體狂歡與非理性互動之樣貌。

如此聚積的亢奮情感意味著什麼？為什麼這群人會想要集結起來？集結的動機是什麼？根據馬費索利所言，線上社群的互動只是為了求得一種社交性（sociality）的氛圍，其連結本身就是意義，而沒有外在於這個行動的目的或動機。[19] 循著這樣的理路，我們或許可以說，PTT 的母豬教熱潮是一種線上社群的社交性連結。和他人共同在場的感受，為參與者們激起異於日常的強烈情緒，就像喝了神奇寶貝的增強劑一般，不但擴大了共鳴共感的可能性，同時也讓行動趨於激情化，因而走向了一種集

圖 9　女板在第三波高峰期被鬧版的狀態

體亢奮的嘉年華儀式。如此的說法，雖然能讓我們揣想參與者們的情緒感受，但事實上卻難以解釋，為什麼有些線上的連結能激起集體情緒，而有些則否。換言之，如果說 PTT 的「母豬教」僅是一種社交性連結的激情，那為什麼恰恰好是這樣的議題可以召喚出激情，而其餘在板上一閃即逝的話題則會迅速消失在大家的注意力範圍？

因此，我認為，線上社群互動「僅為連結感本身，而未具有任何目的性」的觀點，雖然說明了「母豬教」教眾因特定事件群聚、起鬨、鬧版的集體亢奮情緒，但卻無法概括 PTT「母豬教」的行動全貌。相反的，若去細究引發這波集體亢奮的情感基礎，可以看見它隱隱然指向了某種意識形態，並以其為本發展出了一種性別挑釁的行動目的。下個段落將從女性主義的觀點來討論這個現象的社會意涵。

三、控制為體，母豬為用：網路性別秩序的維護「聖戰」

觀察「母豬教」的出現與起落，可以看見有一關鍵詞與之形影相隨，即「仇女」。更值得注意的是，梳理這兩詞出現的時間點，赫然發現「仇女」一詞早於「母豬」（如圖 10），顯示在「母豬教」尚未成形時，PTT 的討論板上就已燜燒著「仇女」的言論；「母豬教」成立後，它也跟著水漲船高，形成與「母豬教」聲勢相合的局面。這種時間序位的關係，指向了「母豬教」行動與厭女／仇女的相關性。

厭女，如曼內所說，是一種社會環境的特質，由敵意的社會力量所組成，試圖形成一種社會控制的功能。[20]而曼內的貢獻，在於她又更細緻化的區分厭女的操作邏輯。她對照了性別歧視（sexism）和厭女這兩個詞彙，指出性別歧視是在意識形態中對男性和女性做出歧視性對待，以合理化父權社會秩序；而厭女則是在好女人和壞女人之間做出歧視性對待，並懲罰後者，以維持和強制父權統治規範的系統。所以，性別歧視像是一種合理化父權秩序的「科學」，而

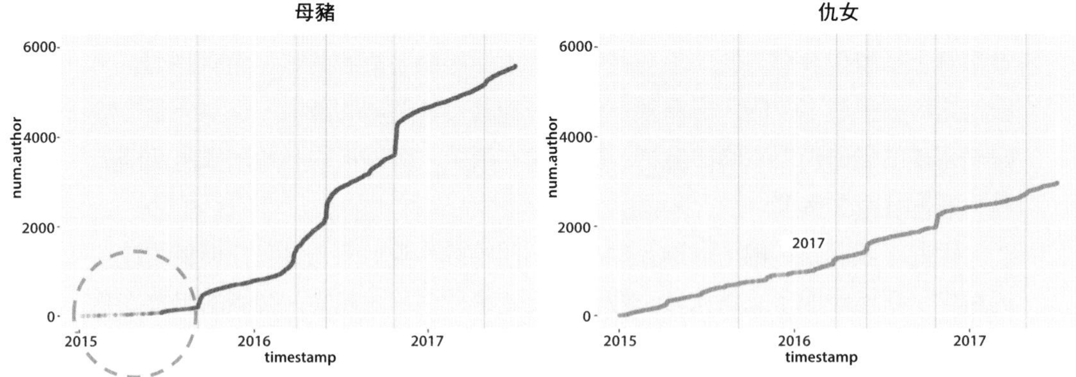

圖 10　「母豬」與「仇女」關鍵詞出現在文章中的時間點演進。一開始母豬這樣的「說法」並不多。肇始於 2015-09-06 母豬教成立。

厭女則是一種甚具規範強制性的道德教條，就像「父權秩序的執法者」，扮演維持治安和執行秩序的角色，若有試圖挑戰和破壞父權秩序的行動，就會成為被糾舉出來獵殺的對象。曼內就此為其註解：

> 性別歧視之於厭女，就像公民秩序之於法律強制。性別歧視單獨運作時，在於認為男性優於女性，這種優越性是自然且難以避免的。而厭女單獨運作時，是包含焦慮、恐懼、和維持父權秩序的慾望，以及在它被破壞時去恢復／振興它的使命感。所以性別歧視是自滿的，厭女是焦慮的。性別歧視是書呆子氣的，厭女是好戰的。性別歧視有理論，厭女則是揮舞棍棒。[21]

在這樣的強制性規範之下，人們若要避開厭女者的追捕，就必須要沿用其理想和標準來「做個好女人」。做「好女人」是一個無所不在的壓力，且當場景搬移到網路上，網路的匿名特質、快速且廣泛傳散訊息的能力，皆提供且極化厭女言論延燒的可能性，[22]更使得此般社會控制力道更形尖銳。卡拉・曼提亞（Karla Mantilla）曾以網路性別挑釁（gendertrolling）的概念形容之，認為此一行動旨在以侮辱、仇恨和暴力威脅的方式，引起目標對象的強烈情緒反應，並藉此塑造出敵意的氛圍，逼迫女性噤聲，進而遠離原屬於男性主導的空間，因而能達成一種偵查、鞏固性別界線的社會功能。[23]以下將以厭女概念的操作邏輯，來分析母豬教的社會控制面向。

（一）我說妳是妳就是：「母豬」定義權的掌控

梳理PTT討論板上關於何謂「母豬」的文章／推噓文，統計「母豬」標籤的內裡，發現之中有各種駁雜的定義，但隱然仍可發現其沿著兩種角色概念的標準前進。其一是強化傳統性別角色的刻板印象，像是強調女性應具有的美麗姿態（所以又醜又胖的就是母豬），或是女性該具備的「好女人」價值，如尊重男性、不威脅男性尊嚴等（所以有公主病是母豬、愛錢的是母豬、跟男性出門不各自付帳〔AA〕是母豬、劈腿或讓男友戴綠帽是母豬、跟白種男性交往〔CCR〕意味著輕視黃種男性自然更是母豬）；[24]其二則是將女性貶為性客體，認為女性的存在價值僅在其作為性對象的可能性，無論自己是否有能力欲求此性對象，都以此物化的型態將女性簡化為只是局部的身體，既將女性標誌為只是男性的玩物，也藉此限縮女性主體的完整性（如提到「母豬」就常會提到「幹」，或是「破麻」、「淫蕩」和「雞掰」等）。

這兩軌標準事實上正沿著瑪莎・努斯包姆（Martha C. Nussbaum）所稱的物化（objectification）的方向：如果大家覺得她很醜，那就一起來嘲笑她的醜身體；如果她很美，那她就會變成蕩婦或淫婦。[25]如此的物化形式——即把他針對的目標視為一種僅為了服務他的目的而存在的工具——展現的是一種破壞他人自主性的對待，以惡意破壞他人心靈的平靜，或是踐踏她的意志造成其痛苦；且它通常是一種羞辱懲罰（shame punishment），將某個標誌和符號穿戴在被物化者的身上，用以標示對方承載著一種汙名化的身分，或被放置在一個沒有尊嚴的位置供大眾觀看，以達成某種羞辱正義（shame justice）：主流群體以排除和汙名

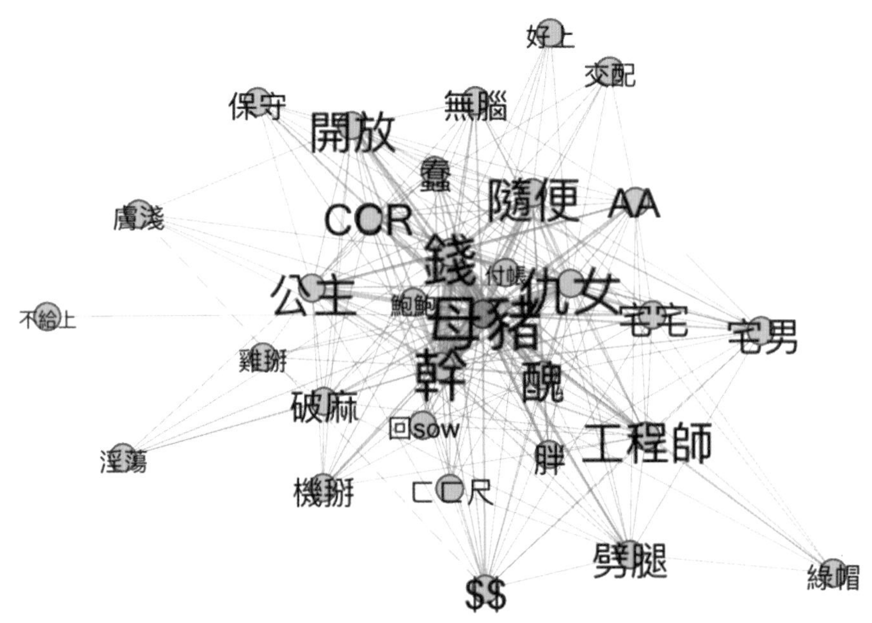

圖 11　八卦板內含「母豬」一詞之文章的關鍵詞共現網絡。演算法著重在成對字詞同時出現的次數，故當關鍵詞出現愈多次時，該節點就會愈加明顯（字體較大、線條較粗）。

化某些群體，並讓他們感到不舒適為樂。[26]

以此觀點來看，上述的「母豬」定義，不論是將女性置放於刻板好女人的位置而否認其他特質的可欲性，或是將女性貶為性客體，可被擁有、破壞與評價，都是在透過侵犯、殖民化他人的內在世界來得到愉悅。[27]同時，梳理「母豬」的定義，我們可以發現，那是一種羅列龐雜指稱且相互矛盾的世界，可謂「一個母豬各自表述」，從外表、性格、行為迄互動對象，都可能成為被攻擊的標的，且各個自相矛盾的特質也一併被網羅（如圖 11，像是「開放」與「保守」、「好上」與「不給上」皆同列於陣）。

如此廣域性的標籤正顯示了，與其說「母豬」特質是一種客觀定義，倒不如說那是一種權力關係的展現。當定義者擁有凌駕於被定義者的權力時，他就可以隨心所欲詮釋他者，定義其可欲之處，也定義其可鄙與否。誰是好女人、誰是壞女人，總之是他說了算。

（二）我說我沒有就沒有：「母豬教」行動的詮釋權

從女性主義的觀點來看，如此任意定義且施以懲罰的厭女行動，可以理解成一種性別基礎的仇恨犯罪（gender-based hate crime），就像是一種「價值的再評價」（revaluation of values），且是退化性的，以物化女性來恢復往日歲月的光景，[28]亦即，重新復興與維持父權社會秩序。[29]然而，從「母豬教」事件參與者之眼向外看，他們卻也企圖翻轉上述的行為評價，以維護自身行動的正當性。比較在第一波高峰期時八卦板、男板、和女板的熱門關鍵詞，「仇女」出現在女板熱門關鍵詞的第 4 大，但僅列於八卦板的第 13 位，而在男板甚至榜上無名（如圖 12）。在第二波高峰時，「仇女」也位在女板熱門關鍵詞的第 5 位，八卦板的第 17 位，男板的第 16 位。

這些數據說明了，同一種行動會因結構位置的差異而被賦予不同的詮釋。對於八卦板「母豬教」教徒而言，他可以藉由否認、淡化、甚至翻轉仇恨言論的意義，來謀求這種挑釁行動的正當性。如當「母豬教」成立後，每遇高峰期就會出現「母豬」＋「定義」＋「仇母豬」關鍵詞三位一體的文章，以用來自我辯護「母豬教是仇母豬，不是仇女好嗎！」。但對於身處潛在受害位置的女板板友來說，這些被收納在「母豬」標籤下的定義，卻更像是「母豬教」教徒的說教行動，宛若言者諄諄（告訴「妳」什麼是父權統治規範和期待），若聽者藐藐（還試圖抵抗與挑戰），那就休怪「我」下手不客氣。因此，不論「母豬教」教徒以何種修辭掩蓋其行動核心，對可能受害的女性板友們而言，那確實是父權霸權底下的厭女仇恨。

無論是指稱「母豬」定義的權力、或是定位「母豬教」行動意義的權力，

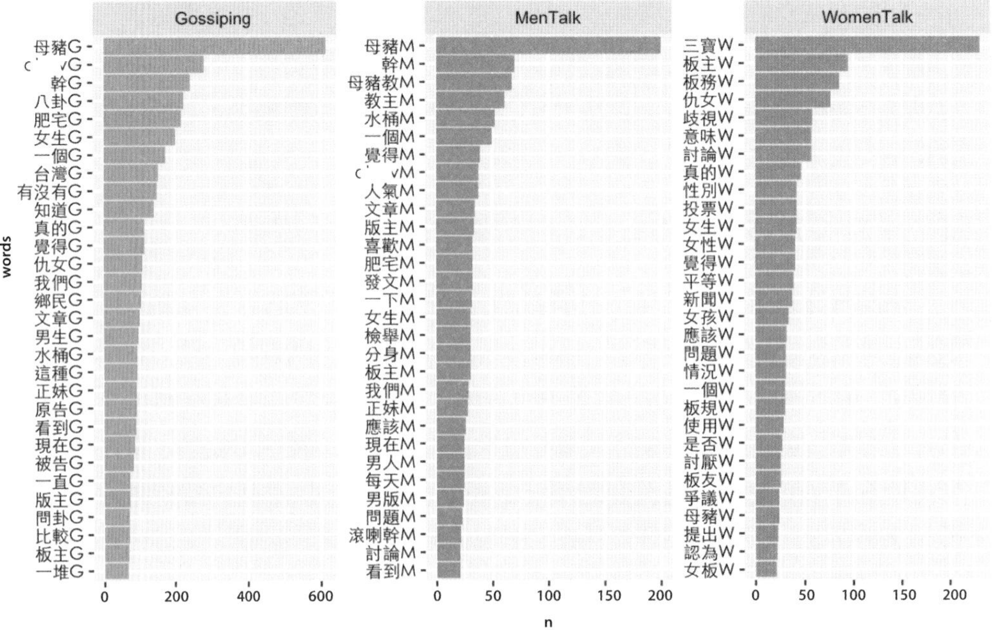

圖 12　第一波高峰期時八卦板、男板、女板的熱門關鍵詞列表

這兩者皆單方面的掌握在「母豬教」教徒手中，且不開放對話及被撼動的空間時，我們很難聲稱「母豬教」所聚積的集體亢奮行動，僅是一種為了尋求社會連結意義的行動，而未具外在的目的或動機。相反的，如此的網路「聖戰」，事實上就是一種奪權／固權行動。所要奪回的，是過往女性未能享有、但現今女性卻日益爭取到的優勢（例如享有自主權和主體性）；所要鞏固的，則是那逐漸鬆動的父權社會規範。因此，若採用曼內對性別歧視與厭女概念相互作用可能性的討論，[30]「母豬教」行動所展現的，就是一種採用性別歧視意識形態來服務厭女目的的行動：從男性優越與護衛父權秩序的慾望出發，強制性的行使父權社會評價，以控制和箝制他人的行動。檢視此心態，我們不難理解，何以「母豬教」教徒會覺得自己在板上標籤、偵查、與辱罵「母豬」的行動是一場「道德聖戰」：出於對「正義」的熱愛，我厭棄妳。

四、厭女／網路性別挑釁的社會效應與對應

我們該如何評價這樣一個網路厭女／性別挑釁的行動？只是無傷大雅的惡作劇玩笑？抑或是應該正視的性別結構議題？由於 PTT 是一個採用化名的網路空間，在某種程度上具有與真實隔絕的色彩，因此「母豬教」參與者經常高舉界線觀的論點，主張網路空間是一個無涉真實的世界，即使網路言論有所極化，也不會為真實世界帶來任何影響（例如「只是鍵盤仇女」、「很多人只是網路上嘴一嘴，現實中沒有仇啦」）。同時，如此的界線觀也蘊含一種對「另類規則」的默許，即認為進入網路世界時應切換至另一種異於真實世界的心態、規範和應對形式。因此，若有女性對此「網路情緒用語」感到不舒服，問題所在並非是「母豬教」的失當，而是批判者搞混了網路世界的規則，因而反倒會被「教徒」們譏諷「玻璃心」、「小題大作」、「好悲哀把網路當真」等，甚至採用指點的語氣告誡批判者應該採取自行離開的行動策略（例如「妳不爽不要看」）。也正是如此的界線觀，「母豬教」教眾主張其擁有在網路世界宣揚「母豬教」教義的權利，若遭受任何打壓或抵制措施，都可視為是一種摧毀網路自身規範的越界行動。如當苗博雅下戰帖邀請 BK 出席座談會辯論時，許多八卦板板友便發文指責苗博雅無視網路世界的界線（例如「開錯戰場」），並支持 BK 不要現身座談會，以維護他在網路世界建立起來的角色與認同。

然而，此種「虛擬無涉真實」的界線觀，在理論與經驗現象的立足點都是薄弱的。網路媒介的新溝通形式，其歷史特殊性並非是誘發出虛擬實境（virtual reality），反而是建構了真實虛擬（real virtuality）；亦即，雖說網路是建立在虛擬的基礎上，但我們確實在這基礎上創建我們的意義、形成我們的觀點。在這樣的系統上，真實本身會融入且浸淫在虛擬意象的情境中，螢幕所呈現的現象不只是用來溝通彼此的經驗，它同時也會成為經驗本身。[31]換言之，網路世界從未具有與真實空間一刀二切的簡明界線，即便只是出現在虛擬空間裡的文

字攻擊，但它確實會在真實空間裡帶來心理挫折和實存傷害。珍妮佛．簡森（Jennifer Jenson）和蘇珊娜．卡斯特爾（Suzanne de Castell）便指認出網路厭女的行動如何在個人、結構文化和制度／政府三層次上造成社會效應。[32]

首先，在個人的層次上，「母豬教」等厭女言論或性別挑釁的行徑確實會引起個別女性的不快，此不快感不只是種具體的冒犯，同時也會促成隱微的敵意環境，並創造一種恐懼、恫嚇和屈從的氛圍，[33]因而引發寒蟬效應，讓個別女性在發言時選擇自我審查（聲明自己不是「母豬」）、偽裝身分，或是乾脆自我噤聲，抑或完全撤離以避免被冒犯的可能性。此種自行趨避的舉動乍看之下是自我選擇（同時也是「母豬教」教眾的「訓示」），但事實上卻是把網路厭女的責任轉移到受害者的身上。[34]當網路環境成為當代生活和公民權的根本要素，使得我們都能理解且感受到在 PTT 被「水桶」而失去發文推文的自由是一種嚴重的處罰時，那麼當我們對那些深覺被冒犯、被威脅的女性嗆聲說「妳不爽不要來」時，不也就等同於剝奪她們參與網路討論的自由和權利、削減其在網路環境追求自我旨趣的可能性，抑或迫使其喪失培養社會連結資本的管道？[35]

再從結構文化的層次來看，「母豬教」在攻擊個別女性時，同時也傳達出一種傳統的性別角色訊息，即女性是次等的、主要價值僅為性功用、不該出現在公共領域高談闊論、而敢膽僭越者應該被趕回原來的私領域或受到懲罰等。[36]如此的訊息與線下世界的職場或街頭性騷擾有許多共通點，皆在偵查性別界限，並使用侮辱、仇恨和暴力威脅的方式，來讓女性遠離男性主宰的領域，或是屈從於次等位置。[37]最終，這些性別角色訊息會形成網路文化理解和實作中的一環，讓網路環境逐漸變成一種男性主導的空間，進而排擠女性網友理應享有的行動自由（例如導致女板改成唯讀三天，或是萌生另至 PTT2 開新版的念頭），或是迫使女性運用偽裝的方式來妥協自我的女性認同。因此，「母豬教」事件所侵害的並不只是個別女性，而是藉由將行動連結到社會和文化的性別規範——關於女性如何在公共空間現身（在什麼標準下才是一個

「好」女人）、區分公私領域的界線如何被工具化來支撐性政治——來訴諸對整體女性和社會性別文化的控制權。[38]以此效應觀之，它所鞏固的是根植在性別權力和控制機制中的階層秩序，自然也就超越了個人層次的煩惱，成為女性主義關注的結構議題。

最後，當我們將「母豬教」風波視為一種性別文化的結構議題時，它所牽涉的行動對策就涉及制度面向。如同家暴、職場性騷擾在尚未被命名之前都被視為一種私人煩惱，直至女權運動介入以喚起國家關注，進而定義、命名、納入法律保障，最終才成為大眾耳熟能詳的社會議題一般，[39]要喚起大眾對網路厭女／性別挑釁行動的自覺，首要之務就是將這些行動從私領域的私人問題提升至公領域的公共議題。當網路厭女／性別挑釁被看成只是私領域的個人爭戰時，它通常只會訴諸個人式的迴避（如澄清自己不是「母豬」）或反擊（如回嘴「教徒」才是「魯蛇」）。如此自力救濟的策略在效用上難收實質之效，如網路筆戰往往會失卻焦點，甚至引來更為偏激的言論。就像艾瑪．珍（Emma A. Jane）所言，線上仇恨語言的存在理由在於破壞他人的情感平衡，因而歧視者會競相生產出最具創意的毒液、破壞最多的禁忌，以引起目標對象的最大情緒反應，所以個人式的反擊等同是製造新聞以讓他們的「功勳」得到更多矚目。[40]

再者，在正當性的層面上，私人反擊也難以跳脫「眾教徒只是表達個人意見」的詭辯迴圈，因而無法凸顯歧視言論背後所立基的性別階層結構。丹妮爾．濟慈．西卓（Danielle Keats Citron）在此的對策是引進網路公民權（cyber civil rights）的框架來厚實網路平權行動的正當性基礎。[41]她認為，網路是西部洪荒、享有另一套規則的想法，事實上站在一種錯誤的預設上，即認為線上攻擊是線下止步的，不會對真實生活帶來任何影響，因而只需看成是「荒野西部」中的幼稚滑稽玩笑即可。然而，這個預設的問題在於，線上仇恨並不只會待在網路空間，而會蔓延到真實世界，讓女性蒙受汙名、阻礙其參與線上生活、甚至侵害她們的自主、認同、尊嚴和福利；換言之，即損及其身為網路公民的權利和自由。因此，若能引進網路公民權的議程，可以同時帶來教育和法律意義來改善網路歧視行動的發生。就教育上，網路公民權的議程藉由認定（recognize）並命名（name）網路騷擾為一種性別歧視的行為，來讓網路公民學習到這是不被接受、不需容忍、且對社會有害的行動（而非只是無聊玩笑）。而在法律意義上，公民權的框架會顯示出網路並不是一個法律不毛之地，進而能讓潛在加害者體認到從事網路性別歧視的行動並非沒有代價；同時也能正當化打擊線上厭女／性別挑釁的行動，讓受害女性不需獨自面對辱罵，而能訴諸公眾來產生道德和文化支持。

在法律企圖之外，更根本的，自是面對整個文化中關於男性氣質的思考和談論模式。如同努斯包姆所言，[42]改變羞辱／宰制的行動應該從文化性著手，以企盼一個真正的「奴隸反抗」（slave revolt in morality）——反轉權力施予的位置——和「價值的再評價」；亦即，讓整體社會所關切的事物，從權力意志的施展，轉向「同情道德」（morality of pity）的相互連結與尊重，如此我們才能創造一個無礙、無敵意的網路空間，讓所有個體平等穿梭，優遊，且不迫。

五、結論

網路厭女行動之所以複雜難解，在於它的虛擬面紗極易讓人規避其所造成的真實傷害。如此的傷害，一來是它破壞了女性的自主性，僅以外表和身體（甚而只是身體的某個部位）來評價女性的「好」與「壞」，並用各種侮辱、踐踏他人意志的羞辱性言詞，利用網路快速傳散的機制飛進女性的腦海，破壞其主體心靈的平靜，甚或威脅其自尊和意志。二來，如此的性別挑釁行動是一種強迫推銷女人傾往「好女人」端點的力量，女性在進入這樣的網路空間時，會自我審查、監控自己是否夠「好」，因而讓如此的「母豬」聖戰，有了內外夾擊的社會控制功能：既能在「妳」之外罵妳，也能讓「妳」內化此規範、進而遵守「我」對「妳」的期待。最後，它造成了女性參與權的限縮，不論是自主趨避或是憤而筆戰，它都破壞了女性悠遊、賞玩於網路空間的權利，最終造成此空間的偏狹與極化。

這確實是網路空間與性別平權的折損。當幼稚的玩笑成為強大的惡意，並形成一個不斷迴旋的漩渦，即使是不以為然、冷笑置之、甚至憤怒相向的情緒都會被捲入谷底消散於無形，只剩下那股強大的挑釁氣流兀自增強與流散。父權規範的偵查與守衛，將女性噤聲且禁足於網路空間跟前，如何站出來／說出來／取得自主權，仍是網路空間民主化與性別平權的深遠課題。

第二章

無人加害、純粹活該？

女性數位性私密影像如何成為厭女的報復式色情

作者｜方念萱

政治大學傳播學院新聞系副教授，美國紐約州州立大學水牛城分校傳播博士。身為嬰兒潮世代末代弄潮人，同輩漸次退休，自己轉而研究數位世界裡外厭女現象，也藉由擔任不同部會性別平等委員，分辨攸關性平的公共資源能或不能產生綜效。報紙電視裡厭女愛女的地景仍在變化，虛實未定的性別暴力場景也在數位世界裡搬演。找不到搖控器，就直接走進兔子洞，行動。

一、我們所在的時代

2019 年 5 月 10 日，台灣 Youtuber「硬漢兄弟」成員黃包包與網紅「紅豆餅女神」閃亮亮四部私密影片外流，在各個社群與通訊軟體瘋傳，平面媒體迅即加碼追蹤報導。2019 年 1 月已有二支私密影片流出，5 月又接連流出第三、四部影片，整起事件引發熱議。即使當事人為性私密影像外流而赴警局報案，並且以「夫妻之間的情趣，沒有任何人做對不起的事」貼文自清，但是各新聞媒體持續追蹤，網路討論熱烈。報導轉以當事人 Youtube 頻道訂閱人數、IG 追蹤人數創新高為題，暗示性私密影像外流可能是當事人合意為增加知名度而炒作，新聞報導底下的讀者留言中也不乏諸如「都敢拍了，哪怕外流」、「正經女孩哪裡會拍這種片」等譴責女性當事人的言語。

幾乎同一時間，台灣報端出現了另一則新聞，媒體標題「S 曲線女每次愛愛必自拍驚！竟上了色情網首頁」，這新聞報導的是另一樁社會事件，新聞中強調「身材凹凸有致」的女性當事人「作風大膽」、「親自操刀」，拍錄自己與男友的性事後自行傳給男友留念。而在二人分手之後，她在發現色情論壇影片中人是自己時，對前男友提出妨害秘密罪告訴。新聞最後說明因非竊錄因此獲「不起訴」的結果，但是未對性私密影像散布於眾的事實加以追蹤、多置一詞，新聞報導也像是專為報導作風大膽的女性及其後果而寫。就目前警察偵辦、地檢署調查，以及當事人示意而言，影像外流、散布於眾，社會大眾得以窺秘而品頭論足，都讓女性當事人痛苦難耐。

然而在罪魁禍首尚未現身之前，包括大眾媒體與網路鄉民的社會大眾已經啟動私刑、以不堪的言語刑求這兩個社會事件中的女性當事人了。女性自主留影，不表示願意廣傳於眾；在當代，女性的性私密影像還可能因為她與親密對象交惡而遭刻意外流、積極廣傳。這樣惡意為之的報復，並不自今日始。

美國的《紐約》雙週刊在 2013 年 7 月 21 日刊出了一篇名為〈報復式色情簡史〉（“A Brief History of Revenge Porn”）的文章，文章開頭就寫著「幾年前，讓你隱私現形的照片假使落入歹人之手，那是個惡夢的場景；現在，這成了一種文類」。文章作者 Tsoulis-Reay 在文中列舉從 1980 年到 2013 年與此一文類生成有關的大事，這些事件中少不了的，都是「前女友」（ex-girlfriend）——她們的裸照、性交照片落入欲逞報復之快的男性手中，後者恣意將其上傳到各式平台，逐漸形成新的色情文類。

五年之後，英國性別研究學者馬修・霍爾（Matthew Hall）與傑夫・赫（Jeff Hearn）在他們 2018 年出版的新書、也是第一本專門針對報復式色情的學術作品《報復式色情：性別、性與動機》（*Revenge Pornography: Gender, Sexualities and Motivations*）中，開宗明義地引述強納森・潘尼（Jonathon Penney）在 2013 年的話，指出典藏回憶的網路固然可以立時穿梭流年、帶回美好時刻，但是一旦為惡人所用，我們不願再現、曝光的照片成了武器，反過來對付我們。他們強調網際網路的誤用、錯用所可能導致的災難（The Fappening）。[1]這兩位性別研究學者也提到彼得・強森（Peter Johnson）於 1996 年的作品，指稱色情產業（pornography industry）以其對於色情媒材的產製與消費的高需求，促生了像是錄影機、照相機、網際網路、智慧型手機等新科技的成長，彼得・強森甚至在指認科技和和色情產業的關係時說出科技發展的進程中，「誕生是靠 Sony，但是成熟是靠色情媒材」[2]的看法。

馬修・霍爾和傑夫・赫特別以「高科技的性」（techno-sex, high-tech sex）指稱當前與科技結合、孕生的性化現象，這名稱描述的不只是當今科技中介的親密關係，「高科技的性」指稱的是林林總總藉由媒介、科技中介的性，「性的敘事、與性相關的文類、性的脫口秀、數位性媒體」。[3]

二、報復式色情與厭女風行

與此同時，莎拉・巴奈－維瑟（Sarah Banet-Weiser）提出「厭女風行」（popular misogyny）概念。[4]她特別強調在她身處、觀察的歐美社會，其實女性主義已成一種流行，從新聞到流行音樂歌詞，人人可琅琅上口，因此，「大眾文化女性主義」（popular feminism）顯而易見。但是，流行的女性主義並非獨領風騷，社會並不是真正肯認性別平等、再無異聲。社會大眾目睹體驗的還有「厭女」（misogyny）的流行——當前的厭女是在多種媒體平台上表現、施展，厭女在不同的媒體平台上露出，群聚了有著同樣態度、念頭的人，以一種系統性的貶抑、非人化的方式對待女性。她認為這些作為是在網絡上相互呼應、壯大，勢頭驚人。

巴奈－維瑟直接了當地表示，所謂「厭女」，就是憎惡女性（a hatred of women），而所謂「厭女風行」，指的就是將女性當成物品、工具化女性、將女人視為用以達成某種目的的工具，是一種系統性地貶抑女性、將女人去人化地對待。她認為厭女風行表現的是一種對大眾文化女性主義的反應，男性對於大眾場域裡愈來愈顯而易見的女性身影和音量倍感壓力，使他們的男子氣概大受脅迫，因此以一種自我防衛的、反應式的言行在數位平台上以私密影像、數位騷擾、公開羞辱、乃至於報復色情的方式洩漏女性個人資訊，遂行他們認為的「正義」。

台灣近年興起「母豬教」，作家朱宥勳在〈失能的「異男」〉一文中就曾指出像「母豬教」這種賤斥女性的言論的發文者，常常是在日常生活中發現自己原來想像中男女的交易模式行不通，原本想以自認的地位能力交換女性青睞、情感與身體而不得，「一旦碰壁，期望與現實產生落差，便激發了他們的攻擊性」，強烈的相對剝奪感油然而生，於是對女性口誅筆伐。[5]

朱宥勳對台灣網路上厭女言行脈絡的分析就近似巴奈－維瑟對歐美厭女風行由來的觀察。就巴奈－維瑟看來，報復式色情就是厭女風行的明證，這不是單一作為、單一男性的暴力；她從厭女風行的角度看來，或許沒有像是馬修・霍爾和傑夫・赫那般先強調科技、慾望與需求推著科技日新月異，但是巴奈－維瑟在描述厭女風行的時候確實指出網絡化（networked）的、一呼百諾的現象。從大眾文化女性主義與風行的厭女看來，都是如此，而此一「網絡化」指的是人與數位網路、數位平台的結合。

我們所在的時代慾望與產業緊密結合，商人嗅聞到商機，特定趨勢與產品勢不可擋。馬修・霍爾、傑夫・赫和巴奈－維瑟容或對於厭女的發展路數看法有出入，但是他們異口同聲，都提到了產業與經濟。馬修・霍爾和傑夫・赫認為消費色情媒材的慾望與需求是資訊傳播科技（ICT）發展的推手，而資傳科技為各式與性相關的活動鋪路，相關產業市場隨之興起。[6]巴奈－維瑟即使不談產業，但是她強調經濟形貌轉變的影響。她從大眾文化女性主義與厭女風行的現象入手，她認為這兩種力量在文化地景上的廝殺，絕對不能脫離「能見度經濟」（economy of visibility）的脈絡——「能見度經濟」可以看成是科技與經濟戮力交織、用以吸納目光與按讚數的媒介地景，「經濟」點出了動機、機制、與活動。

巴奈－維瑟特別點出，當前線上文化的交流幾乎就是以羞辱（shame）為主軸。她引用涉入 1998 年美國柯林頓總統性醜聞案的女性莫妮卡・陸文斯基（Monica Lewinsky）的話語，指出推動這整個羞辱文化的就是利益，「對他人的侵奪，就是原料。只要有利潤，就以極有效率且不顧一切的方式嗅尋、包裝、販售」。[7]

利潤來自不斷不斷地有人點閱。巴奈－維瑟引述陸文斯基的話說，美國福斯電視公司在「性醜聞」期間不斷播送各式各樣相關的故事，自該時至今，福斯電視在新聞排行上始終名列前茅，厭女的敘事養出了一批死忠的觀眾。是誰看到在大眾文化女性主義與厭女行動較勁之際，有機可乘？這商機是科技與產業聯手打造的。巴奈－維瑟強調新的「觀看之道」讓市場與產業競相追逐人們的目光，同時緊抓著能見度經濟，要讓過往看不見的，變成可見的；讓可見的，成為可以賺錢入袋的。這過程發生在厭女風行的當代，於是厭女者、產業界聯手讓過往在公共場域看不見的女性的裡外，成為可見的。

這正是本文開頭所引述《紐約》雙週刊認證的當代文類的促生機制，甚至曝光的不是貼文貼照者宣稱的該名女性的隱私，而是將貌似該人的影像以性事曝光的敘事手法呈現於眾、在數位世界裡廣傳，企圖營造引人聯想、取信於大眾的故事。從線上到線下、從個人貼文到新聞媒體轉載，[8]厭女文化當道，放在這樣的脈絡裡，能見度經濟其實靠的是數位平台上疑似曝光的受害人私密影像。

三、誰在責備受害人？

如前所述，明明就是逐利的媒體全力使「本來看不見的」，成為「可見的」，而進一步讓「可見的」成為「可以賺錢入袋」的，但是，於此同時出現的論述，最主要的反而是對受害者（或潛在受害者）——尤其是女性——的責難，直言「不拍就不會有事」、「早知如此，為何同意拍攝」。許多呼籲都在提醒科技使用者——特別是占性暴力受害者中多數的生理女性——要善用科技、甚至敬而遠之。舉例而言，以香港為主的防暴計畫「TACKLING GENDER-BASED VIOLENCE WITH TECHNOLOGY」中，就明白指出：

> 科技對女性而言，是把雙面刃，他們改變了女性回應暴力的方式，但是他們也改變了女性經驗暴力的方式。過往發生在家裡或是在市街上的、施加在女性身上的暴力，現在以一種嶄新的形式在線上發生，女性在那兒成了虛擬跟蹤、肉搜的受害者。

台灣針對報復式色情的專題報導中，受訪的 NGO 研究人員也指出厭女風行的文化底下，男性面對網上瘋傳的性私密影像以及受創嚴重的報復式色情女性受害者，「一方面跪求載點，一方面又用道德魔人的心態，應該說是一種厭女情結，譴責被害人說『敢拍就不要怕外流』」。[9]婦女救援基金會的研究員張凱強表示，曾有第一線的警方人員接到報案，卻認為不過是男女朋友吵架，不願受理，或者直接告訴女性，「誰叫妳當初要拍？」建議換個帳號不要看就好了。

英國《衛報》（*Guardian*）2016 年 2 月 18 日一篇報導中引述澳洲資深警官發言表示為了遏止日益增加的報復式色情的威脅，澳洲人必須「長大」（grow up）、停止拍攝自己的裸照或性私密影像；這位警官還表示，他可不是責怪受害者（victim blaming），他指出隨意上傳照片到網路上，風險這麼高，澳洲人必須成熟一點。報導中，這位警官還打了個比方說，一般人都知道假使出門走入大雪之中，身上沒有衣物，人就會傷風感冒，同理可證「如果你沒穿衣服就在電腦上曝光，你會招惹上病毒」。[10]這樣的批評指的就是，明知如此還拍照的女性簡直就是自找的。

婦女救援基金會過去所進行的有關報復式色情的調查也顯示，有百分之四十二的受訪者認為被害人應負擔責任。新聞報導裡受訪者轉述受害經驗時網上男性與執法警察的回應，顯示的正是「不拍不會錯、拍了不要怕」的對於女性的規訓，這樣的規訓受益的是少一事的執法者、四處窺秘同時羞辱女性的男性，以及賺取點閱率的各式媒體、提供載點與影像的色情產業。在厭女文化當道，法律、科技、文化不能即時控損、制裁，而各種相關產業忙不迭地競相以一方受辱的材料換取另一方目光，加上社會大眾近半認為報復式色情案件裡，被害人也有責任，那麼，不拍、自保難道就真的是杜絕源頭的良方？

報復式色情案件中性私密影像被廣傳或被要脅將被廣傳的受害人，有的是兒少網路性誘拐、有的是親密關係伴侶之間的監控與報復，後者為數眾多。親密關係中的女性在發生性行為時使用拍照攝影工具從而存留影像，本關乎當事人如何看待「同意拍攝／錄影與否」對彼此關係的影響；單是呼籲、認定女性「不應該拍」的規訓底下，忽略了女性「同意拍攝」的原因、歷程、經驗，這當中有太多值得再思之處——就以報復式色情的加害人為前親密關係伴侶為例，女性親密關係中因為對方提議、鼓吹，而同意錄製拍攝性交過程，在那個當下、當事人曾經遲疑、猶豫嗎？她們在那分秒當中，是如何與自己對話？這涉及人己溝通、關係維續，以及親密關係中權力流轉的問題。

婦女救援基金會公布調查，百分之二十二的被拍攝者自承是因對方要求難以拒絕。這「難以拒絕」背後有著什麼樣的憂慮？力推慫恿拍攝錄製私密性行為的人，又應該如何反思自己的性邀約、錄製性影像的邀約呢？從厭女風行、報復式色情日熾，到男性乃至於代表公權力的警方都以訓斥的態度要求女性檢點，都忽略了女性在人己關係中應邀而拍攝自己的影像或者自己主動拍攝的時候，有著因為人己關係、性別腳本、當時脈絡等等令其難做他想的影響因素。

四、「被拍」與「不拍」的脈絡

以報復式色情此一典型的厭女數位暴力中，親密關係當事人利用另一方性私密影像為例，外界責備受害女性不檢點、不該拍，完全忽略了在親密關係中的兩造在性事之前、啟動「性的情境」（sexual situation）時，慣用的性腳本（sexual scripts）是什麼樣、如何形成的。即使有著親密關係的兩人要從事性交或與性相關的互動，也都深受性腳本的影響。這種習慣彼此影響，而這性腳本不是單單由有著親密關係的兩人締造，性腳本有其社會性，是由文化場景、人際腳本，以及個人內在心理腳本共構而成——兩個人慣性的性的互動其實大有別的腳本的指引。[11]

首先，文化場景（cultural scenarios）指的是在社會的、文化的、次文化的層次上指引性行為的規範，有助決定性交中諸如對象、場地、時間、理由、形式以及做什麼或是不做什麼的諸般細節。其次，人際腳本（interpersonal scripts）指的則是個人對於文化規範的詮釋，致令積累的個人經驗、社會化經驗、和個人動機，共同形塑性情境中的動作。至於第三，個人內在心理畛域（intrapsychic realm）指的是行為人如何運用文化場景以及人際腳本以建構二人間的慾望與幻想的範疇。經由一再地啟動、應用人際與文化的行為準則，已有親密關係的二人進入性的情景場域時個人的信念、價值、所援用的幻想，也就漸漸與社會的腳本接合。

由此可見，即使在親密關係當中，這也不是認定女性一廂情願地「要拍」、「不拍」，就可以將性事中存留性私密影像的舉措歸因、在發生報復式色情的時候責備受害人的——如果一方提議拍照，[12]另一方示意同意，這也是社會文化性別腳本、二人關係存續與強弱的感知、互動中對彼此慾望與想像的偵測等等所形成的答案，即使只有一兩秒、即使是從一個獨立的人口中說出。親密互動的當下不是遭到裹脅，但是身處在厭女風行的社會中、文化中，「拍攝」、「存留」本來就受到文化場景、人際腳本、以及心理畛域影響。

即使有愈來愈多的研究顯示男性也漸漸從傳統崇尚征服的陽剛氣質，轉為在乎成為情感上親密與情愛的理想典範，[13]但依據公共衛生學者的研究顯示，大多異性戀男女啟動、遵循的仍然是傳統主流的性別腳本與規範。所以，當我們談到男女之間、原本有親密關係的男女之間的性的啟動（sexual initiation）的互動時——誰提議？做什麼？提問「是否同步拍照、攝影、錄影」或是直接提議「我們同步拍照錄影」？一造遲疑、不決，傳遞的訊息為何？——要認定女性的回答是全然按照當時自己心之所欲回應，這顯然否定了性腳本的作用。就算女性欣然同意，這也是關係的產物、社會文化性別腳本的產物。

女性欣然同意被拍攝與否其實根本不是討論伴侶間發生報復式色情的重點，重要的是一旦性私密影像由一方役使操弄，成了報復工具，社會大眾就紛紛究責受害女性，而對男性作為只說「網路本有風險，女人當自強、舉止應該小心」。研究顯示，傳統異性戀性腳本中男性是啟動、掌控性互動的人，而女性則是回應者，回應伴侶的性需求。[14]時至今日，我們需要深入的研究以瞭解在性的啟動過程中表意、修正、各自展現意向的方式與結果。但是，認定女人應該「說不拍就不拍」，而一旦拍了、流傳了，「要拍就不要怕」，這種說法、堅持，完全忽略了性腳本所扮演的角色與作用力，以及厭女當道時，這樣的指點與評論是如何呼應了厭女文化，忽視了女性在社會、文化、親密關係中所受到既有規範的束縛。

五、環境的風險為加害者卸責

除了有意無異地忽視性啟動時兩造援引的腳本以及相關的作用力，數位性別暴力發生時，只責難受害人，還有別的原因。艾瑪・簡（Emma Jane）曾經分析何以數位性別暴力、線上厭女猖獗，但是受害人反而首當其衝、為眾人圍剿、責難怪罪。她指出許多有關線上敵意的說法、言說，都將男性去人格化（much discourse about online hostility relieves men of their personhood）。[15]評論數位性別暴力案件時，往往是看不到加害的男性的。何以故？艾瑪・簡指出，一方面大家專注女性「有問題的」線上行為、數位環境中的作為，另一方面，大家講到網際網路時動用的言說框架，常常是以一種「網路本來就是很危險的地方」（as a place that is inherently dangerous）[16]的口吻、框架來講述，如此一來，有問題的是網路、看不見的是在其上作為的人。

以上的這些說法淡化了加害人的作為，反而是以「數位所在，就是高風險之地，什麼都可能發生」的框架化約了數位性別暴力，彷彿人進到這兒，本該預期什麼都會發生、什麼都有可能。就算是講述地方、所在的性質，這樣的看法講法也不是以「這是個『會有部分人為非作歹』的地方」的框架來形容數位所在。在後面的框架裡，行為者總還是現形的，即使不知道是誰、尚未被指認；在前面的「地方歸因」（網路本來就很危險）的框架裡，沒有加害人，只有恐怖的所在。舉例來說，當新聞報導、一般評論以「在網路上常會遇到危險」這樣的口吻勸說女性使用者在網上行事要戒慎恐懼，這就是用以指涉數位所在風險的典型口吻，但是卻未能具體精準地指出濫用數位平台的使用者的行為樣態與責任。

近年傳播研究的理論分析也注意到媒介中心（media-centric）的論述軸線的問題，汪琪（Georgette Wang）在 2018 年 8 月出版的傳播理論期刊中發表的論文，提到傳播研究多受二元論影響，多採媒介中心的觀點，偏向媒體影響論，從媒體科技直指問題所在。[17]傳播研究應該轉而關注過程、變化（共變）。這觀點強調的正是媒體中介的場域中發生的變化，是研究者所應思考與觀察的，而非一逕將其歸因於媒體。

只是，在艾瑪・簡的觀察裡，當前厭女文化風行，社會大眾面對線上敵意行為、數位性別暴力的時候，仍然將其視為原本存於數位環境所在，把加害人的惡言惡行當成有如大自然中不時發生的天險。[18]對於這樣的評論，艾瑪・簡強調，不啻給了本已叫囂張狂的加害人自由通行證，大可以無責來去、發言。同時，她引述琳迪・韋斯特（Lindy West）的話表示，硬是要將有針對（女性）性的作為、暴力，如琳迪・韋斯特所說「當成一種神秘的、無可避免的自然力量，無差別地影響網際網路上所有使用者……」[19]，但是，這事實上是帶著政治議題的勢力（It is a force with a political agenda）。[20]

厭女文化中社會大眾對待像是報復式色情的數位性別暴力的反應往往是譴責受害女性，以羞辱蕩婦的口氣指責「當初就不該拍攝」，掉頭不看親密關係中性事前同意不同意拍攝一事，其實深受文化場景、人際腳本、心理畛域所影響牽絆。一旦性私密照外洩、數位性別暴力張揚，社會大眾說的又是「拍了就不要怕」，以網際網路萬惡論直指數位場域本有高風險，卻不看不追究本有行為能力、應該守法守份的男性，這是簡化了對媒體的認知、看不見媒體與行為者、社群，在過程中的共構、演化。尤有甚者，艾瑪・簡指出還有輿論與研究強調虛擬環境中女性只要不隨玩笑起舞，情況不會惡化。[21]艾瑪・簡認為輿論框架輕易地卸除了加害人的責任。譴責被害人、無視加害人，成了厭女文化中對數位性別暴力的典型反應。[22]

六、從「不應該拍」到自主的「自拍」

一如前述，單是呼籲、認定女性「不應該拍」的規訓底下，忽略了女性「同意拍攝」的原因、歷程、經驗，這當中有太多值得再思之處。在當前缺乏有關報復式色情案件中受害女性回憶、說明「同意拍攝」來龍去脈的實證分析時，本文希望藉由分析幾個在過往被視為禁忌而當代女性起而自拍、甚至將自己的影像在網上公布傳散的案例，從中探索、分析女性在自主拍攝、自主上傳，或是不意被傳散時的思考、動機與作為。

女性自拍的研究漸多，但是本文帶入的女性自拍聚焦在女人罹病自拍、女性哺乳自拍，這些未必光鮮但是涉及女性身體的拍攝紀錄，在厭女當道的現在，一樣引來物議，女性預見「愛拍就不要怕」的教訓和對當事人的訕笑羞辱之時，如何思考？如何行動？在這些歷程中，女性如何與文化社會腳本對話？她們形塑了什麼樣的自己？「拍攝」、「自拍」與「自己作主」的關係為何？女性如何從事實務操作？在能見度經濟當道的此時，這些女性有什麼樣的說法？採行了什麼樣的做法？拿起鏡頭前，女性如何認知影像對既有關係的挑戰與更新？在成為數位影像、成為網路流轉的形貌之後，女性如何認知她與她的數位樣貌所進入的世界、秩序（包括等不及羞辱她的）、產業、消費她影像的大眾？

這些分析並不能直接指涉厭女當道之下，報復式色情的受害者（被）拍攝的動機，但是，同樣是鏡頭轉向女性的時候，報復式色情發生之初是假女性同意之名為之，但是鏡頭與之後的影像不在女性手裡、加害者與受害者惡化的關係轉變成獵殺者與公共羞辱的獵物；當代正逐漸興起女性將鏡頭轉向自己、記錄自己，而在那之前之後，女性對於影像如何轉換人己關係的思考以及挑戰來臨之後的因應思維做法，可能鬆動以厭女為底、報復式色情氾濫所形成的數位厭女牢籠。

在討論當代幾個女性自我記錄私密影像的案例前，有關展演式攝影（performative photography）的討論或可提供對於自我記錄私密影像的理解。

展演式攝影的基本觀念是「將攝影當成表演歷程」（Photography as performative process）。[23]展演式攝影強調記錄人的主體性以及其中藝術展演的性質、過程中含涉的美感經驗等。以展演過程名之，非常重要的是「體」（somatic）的份量。自傳式的自拍文類（autopathographic genre）多樣，而且也在成長中，其中，自病紀錄、自病自拍（autopathography）開始為傳播研究者注意。自病紀錄本為自傳、自述的次文類，聚焦在罹病、創傷、意外事故的經驗與變化，而用在自拍的次文類，指的就是專門在身心罹病或因意外受創而經驗變化之際，拍攝記錄自己。我注意到近年文化研究、傳播研究中有關各式各樣「奇特」的女性自拍的研究，即或過去是禁忌，也要「曝光」。

泰瑪・譚貝克（Tamar Tembeck）研究疾病自拍（selfies of ill health），拍攝者、自述者提供像是貪食症、厭食症、自殘的個人罹病、病中的一手經驗，讓本來寂寞驚惶的、不為人所知的心緒過程展現出來。[24]疾病自拍的類型也包括治療的過程，這一類型的拍攝為的是教育，例如罹癌的化療過程的自拍，針對的就未必是罹病類型自拍所針對的同社群的人，而是更廣大的社會大眾，拍攝者希望藉由自拍照片展示、提醒治療過程。本來是靜悄悄、不為人所知的病弱（invisibly ill），現在成了「出櫃」式的宣稱，而泰瑪・譚貝克認為這樣自病自拍是一種戲劇性的展示（dramaturgy），自拍展示的不僅是「看到了什麼」，還包括了「應該如何被解讀」。

譚貝克文章中舉出的例證顯示女性自病自拍並不是一兩張流洩在外的照片；在已經存在良久的自己的社群媒體上，貼出一系列的治療照片，接續在過往與友人聚餐、出遊的照片之後，顯示了女性生活中由健康到罹病的過程。然而，在診間的系列照片也顯示出罹病／治療也就一如其他生活，以譚貝克文中述及的 Karolyn Gehrig 為例，她在 IG 上，分享治療過程中的妝容、打扮、姿態，而在診間自拍時，她如何在醫生進入診間前環顧四周、擺定姿態、尋找自己最舒服最自在的樣態，打算呈現在鏡頭前，而如此一來也讓她與這本來陌生的空間環境有了不同於前的親稔，自己也較能放鬆。Gehrig 表示，醫療空間與她的身體之間有了不同的關係，她在接下來的治療中也有了主動的動能。[25]

譚貝克同時提到 Gehrig 在 IG 上以 #HospitalGlam 標示，與公眾連結，顯示的是與公眾對話的企圖，希望提高意識、降低汙名、提高疾病與患者的能見度。這類在過往被認為私密的女性影像的展現，圖文交織所顯示的是與過往的社會腳本、醫病腳本、性別腳本的對話與過招，女性藉由圖文出櫃式的宣稱清楚說明自己在數位空間裡公開自己的原因、企圖、想像，也說明了本就期待這樣的公開打造眾人與專業眼中病弱的自己。在 Gehrig IG 貼照與 # 底下的留言與她的互動也正是社群媒體上平台用語（platform vernacular）的特色，圖照、標誌定位、留言、回應，這樣綿密的「我思故我拍」，截然不同於在他人刀俎下淪為魚肉的女性性私密影像。

一如女性罹病的病體照片，記錄哺乳的影像也挑動了公與私、以及母職與性感身體的界線。伊麗莎貝塔・羅卡泰利（Elisabetta Locatelli）研究這與性有關的私密／公開影像的傳散，她在文中就引用桑積・布（Sonja Boon）與貝絲・彭特尼（Beth Pentney）的話：「母職與性兩不相關的份際受到挑戰，乳房挑戰了過往我們對公與私、自我與他人、主體與物體的慣性認知。」[26] 在 IG 上張貼哺乳照並不容易，IG 過往就曾因為網友的抗議，要求張貼者取下，之後在 2015 年政策上改為同意哺乳照與乳房切除術的術後傷疤影像，但是裸體影像仍在禁絕之列。

伊麗莎貝塔・羅卡泰利分析的哺乳影像中包括了推廣母乳團體的照片、與生育、攝影相關的專業人士的作品、以及母親哺乳的照片。最後一種自拍照——稱為 brelfies，將哺乳（breastfeeding）與自拍（selfie）合體而成的名詞——的分析顯示，這類自拍照片常為母親半身自照，影中出現的可能有母親的半身、臉，或者只有乳房與嬰兒的臉。照片的文字常有的是希望存留此刻的想望，然而，也有不少文字顯示了母職此刻的艱辛，因為此刻也就是日常生活中的一刻，日常其他規律、責任並未稍減（照管其他子女、家事、工作、照顧好自己等等）。

比較特殊的、也是伊麗莎貝塔・羅卡泰利強調的一種影像文類是她認為去除哺乳汙名的，就是在特殊情境的哺乳影像，像是著制服的母親、在工作場合擠乳集乳的母親、同時哺育新生兒與較大的孩子等等。羅卡泰利特別指出這些哺乳影像的意義在於呈現了女性哺乳不單單是一個個人抉擇，也是一個如同育嬰假一般的國家的、社會的、政治的、公共的抉擇；女性哺乳這看似私密的、與身體有關的照片其實所傳達出的、女性藉此與這社會協商的不只是一己的慾望與問題，而是作為一個公民所提問的權利問題。

七、結論

全球日熾的厭女言行，從線下襲捲至線上。以報復式色情為例，其中分手而上傳對方私密性影像的作為，乍看是由愛生恨，由一人之手轉為公開分享傳看，卻以網路本為高風險之所在為私刑脫罪，以資訊自由流通之名，質疑欲加管束的呼籲。遇上如本文開頭引述的新聞中主動拍攝性私密影像的女性，更是橫遭媒體與大眾口誅筆伐，認定咎由自取，卻顯少正視散布流傳掌控他人性私密影像的罪刑，而窮究自顧自拍攝自己的女人如何可議。數位目光聚焦在不由分說的女性，被認為拍照在先、毀愛在後的女人要拍就不要怕。這種以「無人加害、純粹活該」的言說來定調的性私密影像流竄的犯罪，正是數位環境與線下世界交織形成的活生生的厭女文化表現。

另一方面，我們也從媒體研究中發現，有愈來愈多過往被認定該當屬於私領域、甚少外傳的女性自拍影像在社群媒體上「現身」，這些影像確實是在女性的積極行動下流傳。而這種以自己的話語述說自己生命與身體經驗的行動意義也確實是藉由廣傳而招呼對話對象，交流分享，像是罹病治療的女性、像是哺乳育嬰的母親。以這兩種影像文類為例，社群媒體上有的不單單是單張照片，張貼影像時的文字說明、井字號（#）標示招呼觀眾注意、留言應答交流等，都顯示了張貼照片的女性與該時社會政治文化與性別腳本對話協商的心意與行動，而這些私密影像不單單是個人的、私己的，更是社會的、性別的、政治的。

如果一如巴奈－維瑟所言，厭女風行指的是將女性當成物品、工具化女性、將女人視為用以達成某種目的的工具，是一種系統性地貶抑女性、將女人去人化地對待。那麼拆解這種風行之所以借力使力的言說——像是一味強調網路科技的風險、罔顧行動者——之外，同時重視「女人自拍『私密』影像」的協商方式、呈現方式、思考方式，也是挑戰揭穿所謂「要拍就不要怕」的暴虐言說的行動。

女性不是不能拍、不是不能成為眾人目光的焦點，但是性私密影像未經同意即上網、廣傳，這種厭女行徑極力打壓、摧毀女人主體性；而同樣在社群媒體中隨著影像、文字、聲音，在莽林中努力闖出新徑的女性影像，也試圖以自己掌理自己的形貌呈現我是誰。科技與女性在厭女之外，要積極走出大路。於此同時，面對日熾的上網傳散、消費未經同意而公布的性私密影像，仍須藉由司法檢調、媒體軟體、數位世界的住民共同合作，重構女性也得自由的數位環境。

第三章

必須「賢淑」

五種父權家庭拒斥的女性

作者｜姜貞吟

小時候家住圖書館旁，長大後躲進圖書館就成了生活，平時熱愛徜徉在動、植物與山林懷抱中。中央大學客家語文暨社會科學學系副教授，法國巴黎第八大學女性研究博士，婦女新知基金會副董事長。研究領域為性別與族群、性別與政治參與、客家研究。主要分析性別參與公共事務的社會結構脈絡為何，特別是當性別、族群跟社會文化間相互鑲嵌為在地結構時，女性如何與之協商跟突破，如何展現行動的能動性。作為一個女性主義者，隨著理論拓展、法律修正、社會倡議到行動的實踐，了解到支配日常生活的社會慣習深層地影響著我們。力求在說、寫、思考跟行動之間作些事情，為這未竟之業，盡點棉薄之力。

一、作為女人的難題

1949年，西蒙・波娃（Simone de Beauvoir）在其著作《第二性》中的名言「On ne naît pas femme, on le deviant」（女人是形成的，不是生成的），經過七十年之後，父權社會不只持續著「女人的形成／養成」，同時也繼續「男人的形成／養成」。在這七十年之間，女性主義發展已經從爭取女性的政治參與、經濟參與、性自主，乃至於到了後殖民、後女性主義（postfeminism）的重視差異而非單一的平等的途徑，但「作為女人」（being woman）的難處依舊。

是否「作為女人」的困境，就是「生為女人」？若「生為女人」是答案，無疑是落入了「本質化」與「問題化」（problematizatiom）女性，反過來狹隘地指責性別結構下早被規範入骨的「性別角色」。學者甚至懷疑「性別角色」存在的必要性，思考著角色存在的必要邏輯是單一地由生理性別（sex）構成的嗎？人際互動的基礎如果奠基於生理性別的差異，那就要追問這個以生理差異為基礎的互動，終究是導引我們的互動流向何方？性別的流動並非只有認同、親密關係、性取向等浮出檯面的熱門領域，流動也包括了對原先刻板印象中的性別塑造與期待。

為什麼性別平權價值逐漸普遍，但一般女性還是經常在某些時刻的性別情境上出現「卡卡的」的情況？台灣女性勞動參與率早已突破50%，政治參與比例也在亞洲國家名列前茅，甚至年輕世代也都一再認為自己身處性別平等的「政治正確」年代，已無需要再多討論女性的被壓迫經驗與結構，但為什麼「身為女人」的難題依舊未解？

父權社會現在普遍支持女性在政治與經濟（特別是連結到公領域的部分）的投入，但在社會文化（特別是連結到私領域的部分）面向對女性的規範依舊保守，女性經常必須兩者兼顧，而陷入兩難困境，一旦兩者稍有衝突，常被迫面臨選擇。社會與文化面向的「父權家庭」（patriarchal family）的性別結構，是構成女性在生活難題的特別關鍵要素。父權體制跟「家庭」的合謀形成「父權家庭」霸權對女性的箝制與規範，常讓女性「陷於」「性別分工」下的「家庭的性別角色」。女性無論是或自願性順服（voluntary servitude），或妥協（compromise），或協商（negotiate），或討價還價（bargain），都難以掙脫父權枷鎖。

女人的難題是父權製造出來的。父權為許多人製造出不少難題，包括女人、男人、同志、多元性別者都被父權刁難。父權體制運作的核心規則是簡化的性別二元對立，父權家庭運用這組性別二元對立規則，跟「家庭制度」綁在一起。父權家庭一再強調簡化的性別二元對立，早已深植人心，讓人把二元對立性別的社會性建構錯認為主體本質性發展，並設下角色規範，舉凡越界或逃逸者，則施以懲罰、汙名與羞辱。父權家庭特別重視父子繼嗣法則（patrilineal descent principle），女性在父權家庭的功能與角色即環繞在此一法則的傳承、維持與運作的協助。父權家庭中的女人一生樣貌諸如，像「前世情人」的女兒、令人讚嘆的「出得廳堂、入得廚房、上得牙床」的太太、犧牲奉獻的媽媽、乖巧懂事的媳婦、辛苦多年終熬成婆的婆婆等，沒有一個不是在考驗著女人「如何作為父權體制下的女人」，最終目的在於持續溫飽與茁壯父權體制。

女性主義跟性別平等教育主張男女都應回到「生命主體」、「能動主體」（agent）回應自己的生命，那為什麼我們一邊在主張性別平等的同時，另一邊只要遇到社會文化回到日常家庭生活時，所有的人都自動歸位，重新返回坐在刻板印象下的「性別分工、性別角色」的位置，彷彿性別平等只需喊出口號，平等就會實現。或者也可說是，行動主體無法把性別平等的思潮與價值，在日常生活進行生活實踐與落實，只要一遇到障礙與窘境，就自動放棄價值，形成主張、價值與行動三個層面的不一致落差。那麼這個障礙是什麼？是如何形成的？為什麼行動主體會自動繳械，持續維持「共謀」式的生活？

這涉及到父權體制中的父權家庭如何進行監控操作「性別分工」與「性別角色」，標明規範的界線（boundary），形成強大的道德規範，凡行動者稍有企圖踰越界線或走出自我，父權即形成壓力、運用壓力，讓行動者知所進退，也讓「性別警察」深化為自我的一部分，隨時自我監控，困在父權牢籠（patriarchal cage）中。父權牢籠並非難以看穿，但卻難以突破，因為每一層環節都與不同的結構要素相互鑲嵌與深度綑綁，形成利益結構。那我們就要來談談，父權家庭為了持續鞏固「父子繼嗣法則」，如何厭女（misogyny），如何操作它所接受的性別樣態形成標準，並如何經由羞辱、排除與汙名來拒斥它不接受的性別樣態。

二、從女性角色看父權家庭中的性別

父權（patriarchy）是以男性為中心的權力運作模式，以男女兩性生理差異為基礎，進一步形塑為彼此對立與簡化二元的關係，透過各種角色規範與要求，系統性地鑲嵌於家庭制度、政治與社會結構中。父權思想預設男女兩性界線清楚、壁壘分明，對兩者之外的一切毫無想像的空間，不僅難以面對今日男女性對性別（gender）的反思、鬆動、協商與拆解，甚至也無法（或不願）理解與回應多元性別、同志婚姻平權、多元成家等議題。父權的運作涉及相當多層面，也跟族群、階級、國族等相互交織，形成各種不同的壓迫樣態。亞倫・強森（Allan G. Johnson）指出父權以男性中心、男性支配、男性認同為核心價值、信念跟原則，透過對個人、網絡與社會制度等的支配與控制，形成深層的結構，卻經常被簡化以議題形式認識或討論，若要在日常生活中辨識與進一步挑戰，則需要知道如何察覺（aware）。[1]

父權家庭對男性成員的定位，主要是繼承並傳承父權家庭。即便現代社會快速變遷，但古老的「傳宗接代」一詞不僅耳熟能詳，也是每個人生命歷程中不斷被耳提面命的「人生使命」。每個行動者主體在「家」與「宗」這個龐大的父權結構前，被要求參與打造父權體制中的「家」與「宗」的建構。「家」是家庭，發展興旺的則擴大為家族，若龐大家族發展之際進一步系統性的組織，進行集體祖先祭拜等活動，就具有「宗族」規模。[2]男性成員是家庭／家族／宗族當然繼承人，需找到一個家庭／家族認可的女性結婚生子，承擔家／宗的繼承與祭拜祖先。

父權體制崇尚的男性氣概，是理性的、冷靜的、陽剛的、工具性的，這樣的男性人格塑造，在情感層面經常是不擅長體察與梳理情感，不僅壓抑表達也壓制自己情感的細緻與關照。在生活照料上，不太需要（也不太會被要求）學會自我照顧與照顧別人，因父權家庭中有母親，未來婚後有太太，將來年老時還有媳婦照料一切。男性並被賦予養家的責任，在事業發展與薪資水平上都被家庭與社會高度期待，普遍薪資多高於女性。[3]在家與宗的面向上，則須承擔跟參與家族內部網絡的經營與維繫，以及跟外部其他社會網絡的經營，以回饋家庭／家族。

在父權家庭，女性被要求要協助完成父子軸的世系傳承，女性被定位為照顧者、附屬者、家務承擔者、生育養育者的角色，依不同階段的角色賦予不同的責任與義務。這些由女性擔任的家庭角色，對家庭生活的運作來說經常是重要的一環，但是，如果只是一味地或單向式地要求女性以照顧角色來付出，而缺乏男性或其他成員的實際行動參與，不僅是家務分工的不平等、家庭性別政治的傾斜，也為女性生命帶來極大的衝擊與影響。從照顧與家務料理定位出發的「太太」、「媳婦」、「母親」、「婆婆」等性別角色一再重複地反覆再製性別刻板印象，當女性無法符合或不符合期待與規範時，便會譴責且貶抑女性為各種不盡職、不合格的女性，進行父權社會對女性主體發展的否認與否定。父權家庭以父權體制的性別二元對立為基礎，並將此本質化，並進一步跟家庭制度結合，以下兩點是父權家庭的性別政治：

（一）以男性為中心、生殖為目的的家庭運作，持續「隱性從夫」

華人傳統文化高度結合父權與家庭制度，更強化性別的二元對立、父權與異性戀霸權的婚姻家庭的意識形態。舉凡古書中的「男女之始、夫婦之道也，人道之興，必由夫婦」、「男外、女內，分位有別」等之性別二分且強調異性戀婚姻制度的崇高地位，讓男、女如同陰、陽二分的「本質化」，加以跟社會規範與道德倫理相互結合論述與包裝，讓父權思想不著痕跡地置入於婚姻制度之中。[4]台灣家庭的主要組成型態雖有單人、夫妻、單親、核心、祖孫、三代與其他等多種樣態，但貫穿其中的性別意識多數還是以父系世系傳承，以及男性繼承為主。

傳統規範女性三從四德所言的「在家從父、出嫁從夫、夫死從子」，是台灣早期的從夫文化，在當時這不只是民間文化，也是未修正前的法律規定，包括妻冠夫姓（原《民法》第1000條）、妻從夫居（原《民法》第1002條）、子女從父姓（原《民法》第1059條）、子女隨父居（原《民法》第1060條）、離婚子女監護權歸夫（原《民法》第1051與第1055條）、父母對子女親權之行使以父優先（原《民法》第1089條）、只有夫有否認子女之權（原《民法》第1063條）、母有放蕩行為不得請求認領之限制（原《民法》第1068條）、妻之婚後所有財產歸夫所有（原《民法》第1004、1005、1016、1013、1017條）等。這些從夫、以夫為主的法律，陸續被大法官宣布違憲並進行修正。[5]

二十多年來，雖然前述跟婚姻家庭的相關《民法》法條已陸續修法，逐漸將男權、夫權為主的家庭修正為中性與中立的，[6]但現實社會中，從孩子從父姓的比例[7]、婚後以夫家為主的社會互動關係密度與強度來看，社會的底蘊依舊是父權為主的從夫／夫家的文化，處處都可見「隱性從夫」現象。內政部公布2017年1-10月出生嬰兒從父姓者占95.2%，從母姓者占4.8%，從母姓占比已是歷年新高；同期由父母雙方共同約定，而從父姓者比例為97.8%，從母姓者為2.2%，從母姓占比也已是歷年新高；但整體而言，從母姓與從父姓占比之差距仍相當懸殊。[8]另外，根據林如萍的分析，夫妻婚後的住所安排，以妻家父母同居者占0.32%，與夫家父母同居者占18.45%，不與父母同住者占81.23%。[9]

（二）「傳宗接代」父子軸傳承法則的慣性思維

社會上許多性別差異對待的事情，常被簡單解釋成單一的性別差異對待，而忽略串起每個單一背後的社會文化結構，父子軸傳承的法則從來就沒有完全消退於現代社會。一方面也因在日常生活，我們太常被訓練成／簡化成從單一事件或從個別經驗去檢視事件，一旦沒有看到／找到／感受到單一的差異對待，就容易解釋成性別早已平等或我家沒有性別不平等的情形，有時更會進一步反轉為具有歧視與排除意涵的「男女有別」的主張來合理「差異對待」。雖然小家庭、核心家庭型態盛行，很多人都自詡已不是父權家庭的再製，家中也不會有性別不平等的現象，但父子軸「傳宗接代」的繼承法則早已成為深植社會文化的慣性思維。如何在社會文化中觀察到父子軸繼承法則的權力痕跡？一般來說，父權的男性繼承包括子女姓氏、財產繼承，家庭權力繼承、家族事業繼承等；父權家庭的傳承包括生男的父子軸傳承、家／宗族的關係維繫與持續（香火、祭拜等），這些都是俗民日常生活經驗的一部分，並未遠去。

三、父權家庭如何持續厭女？

從前述兩點所彰顯的現象可看到父權家庭至今仍是社會文化主流霸權，女性主義與婦女運動，即使同志婚姻平權運動與大法官釋憲都難以撼動父權家庭的結構，甚至在 2018 年的公投過程與結果都可輕易見到父權體制為捍衛父權家庭，使用大量抹黑、造謠與毀謗進行「惡意醜化」、「扭曲」、「汙名」等敵意手段。今日性別平等已漸成為價值，且小家庭、核心家庭盛行的今日，但性別壓迫的情形未減，厭女並未消失，近年甚至有越來越鮮明化的現象。厭女現象的再度興起與惡化，固然與社會變遷、經濟發展、網際網路匿名等多種因素有關，但在社會文化層面，也與由女性主義與性別平權運動帶來的平等運動有關。性別平等運動反思性別刻板印象，力求平等主張，改變父權霸權與異性戀霸權，追求性別平等的行動逐漸碰觸到深層社會結構——父權家庭，慢慢地撼動由社會文化結構與行動者互為交織的「結構／行動」，引發父權體制一次次的反撲。

不少學者投入厭女研究，主要著重在不同領域的現象面描述，以及心理層面的分析與解釋。[10]大衛・吉爾摩爾（David D. Gilmore）[11]從宗教聖典、學術研究、女性身體等面向來探討厭女現象的無所不在。他也從結構主義、唯物主義、女性主義、文學理論等如何分析厭女，說明不同理論視角探討厭女研究關注的「目的為何」與「誰受益」問題，都有不同的案例解釋，但這些都無法解釋跨文化的、普遍的厭女現象。在指出社會結構的厭女現象之際，他提出法國精神結構（mental-structure）理論，解釋的觀點不在於社會政治的背景，而在所謂的已存於人心的認知結構之上。[12]

李維史陀（Claude Lévi-Strauss）相信二元對立的觀念已成為所有人類認知結構的根基，既然多數社會都是由男性所建立的（男性控制了文化），自然也會將男性歸為標準的「善良的」、「正確的」和「純潔的」範疇。而女人與男人若為對立的概念，同理可證，女人就會被放在另一個代表「壞的」和「汙染的」極端之上。李維史陀對心理認知結構的二元對立論雖可獲得多數支持，但吉爾摩爾認為這依舊無法說明為什麼某些社會的厭女現象會比其他社會高，其他因素必然在先天的厭女傾向上發揮了緩和或激化的作用。[13]

同時，吉爾摩爾特別指出以往厭女研究，經常遺漏部落民族與部分未工業化時期社會的親屬與婚姻觀念，以及他們對女性的看法。[14]這種未工業化時期與部落民族的世系與繼承，完全或大部分歸入男性譜系的父系社會，婚後普遍從夫居。然而，事實上，吉爾摩爾忽略部分東亞社會的特殊性，許多東亞社會裡的家庭型態，至今仍由父系親屬與婚姻觀念構成的父系家庭主導。我要指出的是，包括台灣跟中國部分地區等的家庭型態不同於西方社會的父權家庭，至今還是強調「（隱性）從夫居」、「父子軸」的父權傳承。在台灣，許多看似獨立的、單獨的、個別的家庭，背後都有著父系家族與宗族的親屬網絡串聯著，即使早已分家的家庭，在各種父系繼承（姓氏、財產、家庭關係網絡）面前，都持續維持著的父系傳承運作。此一父系傳承運作，就讓厭女有不同的症狀。

父權家庭鞏固父權操作有兩重，第一重是規範機制（normative mechanism），第二重則是強化機制（enforcing mechanism）。第一重規範機制是對行動主體進行本質化的性別差別標準，並結合道德跟文化進行規範塑造，在權力位階上採「男主女附」模式，以「性別分工」為其常見的文化修辭盾牌。第二重強化機制則是當行動主體不符規範期待時，所進行的種種貶抑、懲罰、惡意評價並進行排除。這兩重規範與強化機制讓行動者無法擺脫性別結構與框架，也無法回應自我需求與回歸生命主體，行動主體受到侷限。

父權家庭是父權體制的核心單位，為傳承與維護父權霸權不遺餘力。父權家庭承認兩種對立與二分的男性與女性，並將之視為基於生物性驅動力（biological drive）下的「傳統」，對符合標準與規範者給予獎勵跟肯定，其餘不符預設與規範者即遭貶抑、惡意評價與進行排除。父權家庭對女性的雙重束縛，常採兩面策略／手法，也就是外在動力（external drive），第一重束縛是胡蘿蔔等著妳，塑造完美的父權家庭需要的女性形象，包括「好媽媽／好太太／好媳婦」、「盡職母親」、「孝順女兒」，引發女人的內在動力（internal drive）服膺跟認同成為社會稱讚的「好女人」。第二重束縛是棍子等著妳，在第一重「好女人」之外的女性樣貌都是怪異的、無法接受的、惡劣的、叛逆的，自然就得坐上「壞女人」的位置，落得裡外不是人的窘境。

這雙重束縛究竟是不是父權的厭女機制？運用其所勾勒出的第一重的愛欲跟第二重的厭惡互為一體兩面的運作？會是愛與厭的相互交織嗎？日本社會學家上野千鶴子對日本社會各種厭女現象有相當精彩的討論與分析，[15]她主張厭女症是性別二元制的核心要素，對男女的作用有著不對稱性，在男人身上表現出來的是「女性蔑視」，在女人身上表現出來的是「自我厭惡」。她援用賽菊寇（Eva Kosofsky Sedgwick）的「同性社交／男性連結（homosocial）」概念，指出男人的歷史始終都在「想要變成」與「想要擁有」兩種慾望之間調節，「想要變成」的慾望是透過認同對方來達成性的主體化，「想要擁有」的慾望是把對方當成性的客體，但這兩者無法同時既為主體也為客體。變成性的客體，就是「女性化」（feminize），因此男性最害怕的就是「被女性化」，代表將失去「性的主體」身分。[16]男性的「同性社交」，精確的說法是「壓抑性愛的男性連結」，作用是「性的主體」之間的連結，也讓主體成員確認與發展彼此的聯盟關係。

厭女跟愛女是一體兩面的作用，這讓性別歧視（sexism）與厭女（misogyny）之間難以區辨，多數討論也常把這兩種混淆。女性主義哲學家凱特・曼內（Kate Manne）[17]將性別歧視視為是父權秩序（patriarchal order）的合理化機制，使達成父權安排與功能的意識型態合理化。厭女則為父權秩序（patriarchal order）的強化機制，透過強化與監控（policing）進行父權體制的規範管理與期待。而「性別歧視」跟「厭女」這兩組概念在實際操作時，都不是單一面向的歧視、排除、恐懼、厭恨或帶有敵意，各自都再次地以具有正負情愫交融（ambivalence）的矛盾指涉相互作用。性別歧視不一定是厭惡的、汙染的，厭女也並非一面倒的排除、貶抑或壓迫，經常是一體兩面、甚至一體多面的曖昧交加的狀態，有時女性自身也不見得有汙名感，可能是他者化（othering），也可能同時神聖化（sacralization）。[18]

例如以尊崇跟保護之名，將女性定位為神聖的照顧者又同時是弱者需被保護的角色，是對照顧性別化的單向讚揚與侷限發展相互作用的刻板印象，是為親善型性別歧視，有別於敵意型的性別歧視。彼得・葛力克（Peter Glick）跟蘇珊・費司克（Susan T. Fiske）[19]將對女性同時具有敵意與親善態度的刻板印象，稱為曖昧性性別歧視（ambivalent sexism）。用尊崇、善意或保護的方式，用傳統刻板印象來要求與期待女性的角色，不僅侷限行動者主體的發展與選擇的多樣式，也對女性的生活型態有深刻影響。對女性影響甚深的部分，除了在經濟面向，因典型傳統刻板印象而可能有職業、職位與職務等的性別區隔之外，另外影響最大與最主要的部分則是在社會結構中的父權家庭跟女性的關係。

父權家庭拒斥的女性至少有五種清晰的輪廓，包括不及格的太太／媳婦、不盡職的母親、不孝的女兒、不守規範的女人（叛逆的女人），以及不配愛人與被愛的多元性別等。[20]換言之，父權家庭強調以男主女附模式，以生殖為目的的結合，其所表現的厭女，主要在拒斥它不滿意的性別樣態，敵視女性的、多元性別中種種挑戰傳統男女二元對立的氣質與規範。

四、五種父權家庭拒斥的女性／性別

（一）不及格的太太／媳婦

父權家庭拒斥的第一種女性，是指沒把父權家庭照顧好，也沒跟夫家維持良好關係的「不及格的太太／媳婦」。雖台灣《民法》親屬編自 1985 年起至今多次修正從夫居、冠夫姓、子女姓氏、保障妻之財產、子女監護與親權等的法律規定，目的即在推動夫妻在《民法》婚姻中的平等，改變女性無怨無悔依循「在家從父、出嫁從夫、夫死從子」的既定命運過活，以及扮演著父權制度的捍衛者的角色。[21]多次修法將「婚姻以夫家為主」的規定逐一修改為雙方協商或子女最佳利益等，希望能讓法律維持中性、平等的性質，且讓女性不受法律與道德的父權束縛。[22]今日雖然社會變遷快速且倡議性別平等，但在日常生活與社會文化上，「嫁出」、「嫁入」、「娶進」、「娶到」的「出」與「入」的觀念依舊，預設女性必須離開原生家庭，以及兩人所組的婚姻家庭需進入先生的原生家庭網絡中。

從居住點、居住距離、關係互動密度、關係網絡趨向等來看，以先生為主的「從夫」，以及與先生原生家庭為主關係網絡的「隱形從夫居」是社會常態。女性婚後進入父權家庭有兩個重要的角色，一個是「太太」，也就是某家庭的「媳婦」，另外一個重要角色則是母親。父權家庭對入門女性的規範，在婚後除了母親角色之外，如何當一個好「太太」與好「媳婦」，時時被以放大鏡檢視。「太太」與「媳婦」是一個女性在不同情境下的兩個角色。

女性在歷經「嫁娶」儀式成為某男性的「太太」之後，被賦予要承擔起照顧先生的生活起居、餐飲料理，以及家庭空間的打掃與清潔等，才能夠格被稱讚為一個好太太。然而這些當好太太的勞動，卻需要相當的時間付出跟心神安排。不論是準備餐飲或是家庭清潔，從構思（做什麼）、安排（搜尋資訊、如何作）、採買（經常無法在同一處買到全部的東西）、處理（分裝、儲存）、清洗（從蔬菜、碗筷、鍋具、廚房到廁所、客廳）、烹調（煮出色香味、營養均衡的飯菜）、管理（設備更新、放置、維修）等，相當的瑣碎與繁瑣，而每一項都需要時間、注意力與實際行動。一般父權家庭對男性卻少有「如何在婚姻中當先生／老公」的相關討論、期待與規範。近年在性別平等思潮下，已有不少進步說法，鼓勵男性一起做家事（也有許多男性開始做家事）。但許多男性幫忙的家事，主要是陪小孩（玩）跟倒垃圾。關係對等的家庭中，家事是「我們的」、「共同的」，不專屬於女性的角色分工，也不是動用無償的「愛的勞動」來完成。

此外，女性婚後成為某人的太太／老婆之後，對外的身分也逐漸轉為男性的配偶，社會文化習慣以婚姻身分來辨識女性，特別是當夫妻一起出現在公眾場合或聚會時，女性常被以「某某太太」、「某某夫人」、「某某嫂」、「嫂夫人」作為稱謂，替代其原本的姓氏，隱身於先生身邊。[23]社會面對一位已過適婚年齡而未婚的女性，除了少數女性在其專業領域被認識與理解之外，其餘在社會中的一般場合，似乎無法以女性作為一個生命主體來認識、理解她，需搭配婚姻身分來肯認她的存在，並與之互動。社會在認識女性時，是否無時無刻或有意無意地把女性當作性客體來區辨，進行女性性主權歸屬的辨識？

同時，女性婚後除了成為妻子之外，也需在父權家庭中當好一位「好媳婦」。「媳婦」角色首重維持與經營跟父權家庭的關係，特別是在與婆婆、姑嫂、妯娌之間的關係，以及跟其他親屬成員的互動網絡建立。「婆媳」、「姑嫂」、「妯娌」之間，成了女性進入父權家庭後最常需要處理的關係。這種關係涉及到本姓與外姓女性們在父權家庭的權力消長，卻常被簡化為「女人之間的問題／戰爭」，忽視父權家庭中的性別結構，以及此一結構可能造成的關係緊張與扭曲。

女性若婚後住進先生家庭後，就需要學習從掌管家務管理的婆婆手中繼承到權力，以及如何跟「外嫁」的「姑嫂」或同為媳婦的「妯娌」間相處，在進退應對之間的謹言慎行，避免逾越世代與權限，共同維持家庭和樂，這也是一種家庭政治。而連襟之間或是先生與大小舅子、大小姨子之間的關係，由於多數並未居住在一起，或是也不是主要的婚姻家庭關係網，所背負社會的期待則較少。但是女性需跟毫無血緣的「親人」學習共同生活，維持漫長的關係，這些飄渺的關係乃憑藉著先生這位男性而構成，實屬不易。

父權家庭中的公婆與男性親友們等著審查進門的媳婦是否達到「標準」，而不是全然的尊重與接納子女對於婚姻擇偶的選擇與決定。媳婦除了要能照顧好兒子跟孫子、孫女們的生活之外，更重要的是與婆婆的關係處理，須服從、貼心、細緻，在行為進退之間須使其滿意又不能逾權，逾越父權家庭中的家務最高總管的權力與範圍。不能讓婆婆在兒子的生活中毫無角色與權力，讓其產生喪失對兒子的控制權與所有權的「感受」，剝奪感一旦產生，關係即可能產生變化。[24]「妯娌」們皆為夫家的外姓人，一般會依先生在夫家子女排序不同，而有地位上的不同，權力也有所不同。彼此之間也需學習因自己先生而來的姻親關係經營。而「姑嫂」之間的關係也十分微妙，前者可能會因婚姻離開家庭，而後者將進入家庭中，兩個各自處境是「出」與「入」。出入除了是生活互動的離開或進入，同時也具有高度的家庭權力的消退與成長，彼此即具有微妙的權力關係。

「婆媳」、「姑嫂」、「妯娌」是父權家庭中的「特殊的女性人際關係」，除了「姑」之外，其他的婆婆、妯娌都為外姓女性，進入父權家庭都需重新學習跟維持家庭內的人際關係，也同時經營自己被父權家庭賦予的家庭地位。稍有處理不慎者或行為不適者，便易遭到側目。各種對女性負面形容詞即會紛紛出籠，「當我家的媳婦不夠格」、「惡媳」、「壞媳婦」，同時，形容年長女性為「惡婆婆」、「壞婆婆」、「死老太婆」的形容詞也沒少過。

女性們在以父權為主的家庭與社會中的互動政治，非常幽微細膩，涉及到弱勢者如何競爭與確保自己的生存優勢，但是卻經常被社會簡化女人之間的相處問題，是「女性們」才會有相處問題，讓大眾產生「女人就是麻煩」的刻板印象。雖然男性之間也充滿競爭、合作與挑戰，但社會詮釋男性間彼此的競爭是「為了事業打拼」、「為了成功」，而不是因為「男性」這種性別才產生的「麻煩」，況且社會多數也不會認為男性競爭的衝突是個「麻煩」的議題。

不同的外姓女性到底要如何在父權家庭中相處與共同生活？根據媒體報導，近年來婚後買房的「密戶」現象快速暴增，不少已婚女性或夫妻在買房後，不讓公婆或父母知道，以防惡婆婆插手家庭，媒體稱之為「逆媳反撲」。[25]甚至，已有女性開始說出不再當「媳婦」，拋出了媳婦的辭職信，在婚姻裡選擇不當媳婦，勇敢拋開「婆家」束縛。[26]近年來，「去誰家過年」常在春節時被媒體討論，過年習俗常是除夕跟初一在夫家團圓，初二回娘家，但在我進行的田野訪談中，不少女性遇到的狀況常是「初三」或「初四」才能回娘家，因為初二是婆家全家聚集團圓的日子，會被婆家要求幫忙招待回門的女兒跟女婿。「婆婆不准媳婦初二回娘家」，其實還是在維持父權家庭在過年春節時的主導優勢，但看起來就像全在女人之間發生的糾紛，也常被扭曲說成「女人為難女人」。但所謂的「婆家」或「夫家」，其實是隱身在婆婆背後，由她們來執行父權家庭對入門外姓女子的規範與期待。

父權社會不只蔑視忤逆的媳婦，也對「媳婦熬成婆」後的「婆婆」沒有太多正向的形容。「婆婆」一詞雖不致於像「母豬」一詞已轉為負面用語，但也充滿許多的負能量。但是，熬成婆的婆婆不是已經資深地成為維繫父權家庭的執行者嗎？怎麼會招致負評？二分與對立下的女性價值，常讚許的是年輕化、無經驗化與高度性化的女性意象，而「婆婆」一詞代表的是年長的、經驗老到的、不可愛的、去性化的女性不利處境。「惡婆婆」會不會是「年輕」女性對「年長」女性的攻擊與詆毀？是另一種女性厭惡、女性蔑視的象徵？

（二）不盡職的母親

父權家庭第二種拒斥的女性，是指沒把父系法則繼承人照顧好的「不盡職的母親」。女性在父權家庭的照顧工作涵蓋層面寬廣，包含人的照顧與事務的處理，人的部分經常跨越三個世代，包括子女、自己與先生、雙方父母親，事務部分則有婚姻家庭生活的運作，以及跟雙方原生家庭的互動與關係維繫。這些照顧工作各有不同的角色與相應規範，其中最重要的首推「母職」，肩負起父權家庭的傳承與下一世代的生育、養育與教育。隨著女性進入職場比例漸增，女性得以發展自己的興趣與職業，不再把婚姻家庭中的「專職家庭主婦」視為唯一選項。然而這並非表示女性能全面卸下照顧者的角色期待，職場女性依舊面臨白天工作結束回家後的第二輪班。[27]

女性要花多少時間在家務勞動上？根據行政院 2016 年婦女婚育與就業調查之「15 至 64 歲已婚女性之平均每日無酬照顧時間」，台灣女性平均每日花在家務勞動是 3.88 小時，包含照顧子女、照顧老人、照顧其他家人、做家事。若只以實際從事者的平均時間來看，2013 年每日照顧小孩需花 2.91 小時，2016 年增為 3.30 小時。[28]對職場女性，日間職場工作與晚上第二輪班的照顧常使其身心俱疲，雖台灣女性勞動參與率已經超過 50%，但女性因結婚跟生育退出職場的比例依舊居高不下。

女性長期退出職場帶來的性別政治效應，包括加深夫妻之間的差距、強化彼此間不平等的關係，也同時弱化女性工作與資本積累的機會，更進一步貶抑家務，讓男性主觀上也拒斥家務。尤其，在以職業就業相關提撥為主的年金體系中，女性退出職場後雖有國民年金的基本保障，但制度保障不足。女性退出職場，在年老時的經濟來源常需依賴子女跟配偶的協助，容易陷入老年經濟安全危機。根據行政院統計，台灣男性 65 歲以上自主經濟者（含工作收入、退休金、儲蓄利息投資等）為 60.8%，女性只有 29.8%。經濟生活需依賴家人（含配偶跟子女）者，男性為 35.1%，女性為 61.3%。平均可使用的生活費用，男性為 14,066 元，女性為 11,716 元。[29] 母職照顧、家務勞動跟就業之間的衝突關係，影響女性生命相當長的時期。

無論是政府統計資料的證據或是學者的研究分析，如何呈現女性在家務分工與照顧勞動的不均，以及這些對女性有諸多層面的影響與不利於家庭內的性別政治，但傳統父權家庭對於母職的要求與期待仍舊未見改善。生育培育與養育下一代的重責大任，完全放在母親的肩上。父權家庭的尺規就像魔咒一樣，時時讓母親自我檢視與要求自己，只要一點不符期待或稍有意外，母親就飽受煎熬且充滿罪惡感，在眾人眼中就成了「不盡職的母親」。

討論小孩的照顧安排時，經常可聽到這樣的說法「有媽媽，為什麼要請保母？」、「為什麼不自己帶小孩？」[30]。沒親自為小孩做飯的母親，是「不會做飯的母親」。小孩學習不如預期或行為不符期待，會被質疑「媽媽怎麼教的？」「妳為什麼沒有教？」。小孩哭鬧、吵鬧時，大家首先問「母親在哪裡？」。小孩放學後，媽媽還在工作，女人就成了「自顧事業的自私母親」。小孩生病，女人就成了「連小孩都顧不好的母親」。在餐廳，常看到母親一邊忙著餵小孩，一邊忙著也要把自己餵飽的窘迫。接近小孩放學的時間，母親就得開始忙著接送跟安排安親班等等。美國前總統夫人蜜雪兒・歐巴馬在自傳《成為這樣的我：蜜雪兒・歐巴馬》[31]，陳述她在聽了母親偶爾透露自己對婚姻的想法時，也會考慮「這刺激你去思考、去揣測，在這間屋子裡成為這個男人的妻子、生育這些小孩，是否害你錯失了其他良機」（電子書＃ 315）。

如何當一個稱職的母親？有人力或經濟資源者，可將「母職外包」，或許是由親屬協助或請保母、管家、司機接送等，讓她專心投入於工作，或者階級更優渥者，則成為母職外包的管理者，讓自己「看起來像是」不被困在職涯工作與母職勞動的兩難困境裡。「母職外包」看似解決母職困境，但其中卻有許多詭譎之處：第一，涉及到階級差異，能支付得起，最低限度是母職外包的支出不能大於女性就業所得或能支付額度，一旦大於這些數字，「為什麼不自己帶」的聲音就可能會自我浮現，也可能會成為親友關切的提問。第二，就是這份支出，該由誰給付？若全由先生給付，一方面可能顯示先生所願意展現的家庭照顧責任，但若全由先生支付，則又可能落入男性需養家的傳統窠臼，讓男性承擔主要家庭支出。但一人一半，這樣是否又能彰顯夫妻的平等？畢竟「經濟」與「權力」之間是相當詭譎的關係，女性平均薪資向來低於男性，很難一刀切開指定由誰來支付。另一種則是，我曾訪問過的極端案例，是先生要求太太全數支付，因為先生認定母職就是女人分內之事，所以當太太要找幫手，這是在幫太太的忙，就該由女人全數負擔。但若將性別薪資差距考慮進來，各種實然情境複雜，所以也難以認定各付一半就能稱為平等或對等。

密集母職（intensive mothering）的現代樣貌，對女性具有潛在的內在壓迫。社會看不見女性作為一個母親時，「自我」是處在窘迫的狀態中。[32]父權家庭除了對沒達到母職規範的多種指責之外，還有一種被嚴重汙名化與刻板印象囿限的難為母親：後母。後母幾乎成為所有邪惡的代表。童話故事中的邪惡代表不是巫婆就是後母，例如白雪公主的黑魔法後母皇后、灰姑娘的後母。天氣變化萬千，也用「春天後母心」來形容，如同以前只要遇到颱風名是女性名字，常會用「潑辣」、「多變」等負面詞來形容。就連《教育部國語辭典》簡編本的「後母」例句：「這位後母視前妻所生子女如己出，讓親友們內心寬慰不少。」[33]都預設了對女性能否勝任「後母」的擔憂與質疑。

社會中確實有著「後母」、「繼父」相關的社會事件發生，可能是虐待、管教不當、性侵等，但這些事件也同時可能發生在原生父母親身上。這也提醒我們思考，除了性侵、性／性別暴力這種情境之外，諸如管教不當、虐待等部分可能顯示出幾種能進一步討論的議題，像是「後母」跟「繼父」的身分，是否在父權家庭中本身就處在尷尬的關係位置？是否也受到社會給予的不同的性別規範？如果有，那會是什麼樣子？此外，這些規範是否帶給她們／他們不同的壓力或壓迫情境？她們／他們處在這些特殊的壓力與壓迫情境中，是否容易引發後母與繼父的不適當反應？或者社會是否過度檢視她們／他們的不合格狀態？

（三）不孝的女兒

第三種父權家庭拒斥的女性，是指跟父權繼嗣與繼承爭平等的「不孝的女兒」。多數的父母對子女的疼愛不一定因性別不同而有所差異，不少父母跟女兒的關係緊密，也深愛自己的女兒。但在強調父子軸傳承與男性繼承為主的家庭中，女兒通常不被視為家庭永久成員，也就不具有傳承家庭、擁有家庭的權力／權利，以及繼承家庭財產的權力／權利。在我目前了解到的案例裡還是有著以男性為主的狀況，一位目前正在就讀研究所的 25 歲年輕女性已被父母告知，家裡的公司會傳給弟弟繼承跟管理，並請她將來畢業可在弟弟公司擔任會計。年輕的她，不斷以「沒興趣經營公司」來說服自己，但也一直陷在是否該跟父母談一談的猶豫中。

而社會對於「不孝的兒子」跟「不孝的女兒」指稱的內涵差異，也因性別規範而不同。不肖子／不孝子，通常是指兒子惹是生非讓父母失望，或是對父母沒有盡到「孝順」與「奉養」的期待。「不孝的女兒」，則是指爭產、爭權力、爭繼承家庭的女性。然而弔詭的是，許多訴訟事件中的女兒爭產，爭的往往都只是法律對子女的繼承平等權，並非是額外多要的財產。二元對立的「女性特質」認為女性應該是婉約、溫和、體貼與不與人發生衝突跟爭執，而社會以「爭產」來詮釋與定位女性主張繼承平等權，即可能導引大眾對女性評斷趨向更不友善。

我國《民法》第 1138 條規定，子女不分性別，在法律上都享有平等的繼承權。雖然遺囑人有自由處分遺產的行為自由，但不得違反第 1187 條特留分的規定。遺囑人可能有其財產繼承人之偏好或其他因素等，但仍不能剝奪繼承人最低限度的繼承權利。即便法律如此規定，但父權家庭視兒子為家族／家庭的唯一繼承人，常透過贈與、讓女兒拋棄繼承等方式傳給兒子或孫子。王曉丹在其研究中指出民間習俗長久以來以兒子繼承家產為主，女兒則可能多會拋棄繼承的社會現象。[34]雖然已經有很多人主張男女平等，在行動上公平對待子女，培育子女不分性別，重視子女個人志趣與能力促其發揮所長，在繼承上也不因性別區別影響權益的差異。但父權家庭重男輕女、傳男不傳女的信念依舊在文化層面影響社會，讓繼承平等有著「規範」與「實踐」的落差，這從財政部性別統計數據皆能看出社會文化窠臼的一面。

根據財政部統計處資料顯示，2017 年全國地價稅開徵共計 795.6 萬戶，其中男性 428.6 萬戶、女性 367 萬戶，男女性別結構比例分別為 53.8%、46.1%，29 歲以下的男女比例則為 66%、34%。此外，2017 年國人受贈人數的男女性別比為 61.7%、38.3%。其中，男性比例最高的縣市為連江縣 79.8%、金門縣 73.8%、雲林縣 66.5%，女性比例最高的縣市為基隆市 46.7%、台東縣 46.2%、花蓮縣 44.8%。全國 29 歲以下受贈的男女性別比為 69%、31%。[35] 從前述數據可看到父權社會對女性的繼承平等權益依舊排斥，既是勸誡也是警告女性的各種說法紛紛，「不要回來爭財產」、「不要搶財產」、「家族傳統都傳給男的，沒有傳女的」、「女人就是沒有」。女性主張自己的正當權益，反而成了破壞家庭／家族和諧的萬惡之首。[36]

家庭不願讓女性繼承財產，通常跟父權思想把結了婚的女兒視為「嫁出去」有關，女兒在生活實際照顧上須以「公婆家」為主，對原生家庭並沒有照顧父母的義務跟責任。當「權利」跟「照顧」兩者惡性交互影響後，就成為家庭關係撕裂的導火線。最近兩則訴訟事件值得省思，一則是 2018 年 7 月的報導案例「女兒嫁出去就是別人的，她遺產沒份還被索扶養費」[37]：據報導，女性當事者應母親要求，婚後放棄繼承父親遺產，也免除扶養權；未料母親過世，隨即被大哥興訟追討 200 多萬元扶養費。另一則 2018 年 3 月報導案例「七個女兒都不孝，老婦近億遺產獨留小兒子」[38]：據報導，該名婦人跟丈夫在連生七女之後，終得一獨子，因此相當寵愛這個兒子，先生 2007 年過世後，將名下全數土地都獨留給兒子；2015 年婦人過世遺留近億元財產，也主張女兒嫁出後都不孝，沒有照顧她，因此將遺產全數留給兒子。

社會重男輕女彷彿萬世遺毒，讓不少人有著「生為女兒身，就是不孝」的觀念。女兒在父權家庭被貶抑與否定，反應了台灣婦女運動推動許久的平權價值與運動進程，雖然法律已具平等規範，但整體社會文化尚未發生質性的改變，許多平等、平權的價值只要遇到民間文化與社會慣習，就會失效無用，難以撼動父權家庭排除女性的傳統。[39]事實上，女兒爭產的行動，具有多重意義：第一、確認女性主體性；第二、確認女兒是家庭永久成員的資格；第三、捍衛繼承權的性別平等。

（四）不守規範的女人／叛逆的女人

父權家庭第四種拒斥的女性，是貶抑不遵守父權規範的女性，包括女性的不婚者、單身生子者、已婚不生子者、跟外國／外族男性結婚者、已婚女性外遇、女性性自主者等，也就是各種不受父權支配與監控的女性。[40]人在真實的社會生活裡，隨著社會結構、文化偏好、個人經驗與生命歷程的不同，充滿了各種樣態，可能會在婚姻裡，也可能不會在婚姻中，可能進入婚姻又離開了婚姻、可能遇愛外國人、也可能不在婚姻狀態中懷孕卻選擇勇敢生下養大孩子，但是這些都不是父權家庭所喜見的女性狀態。社會對此類女性的形容，多數是不友善或側目以對，例如「眼界高」、「怪女人」、「老姑婆」、「她很特別」、「她女權主義者」、「不圓滿的女人」耳熟能詳，最嚴重的則是直接貶抑與羞辱，例如嘲諷跨文化／跨國戀情（Cross Cultural Romance，簡稱為CCR）的台灣女性。

婦女運動鼓勵女性積極參與公共事務，包括政治參與的機會開展、進入就業市場擁有經濟獨立的生活等，以及社會快速變遷，生活型態越來越多元，讓女性不再像從前一樣弱勢，需找到婚姻看成是生命最終歸依與保障，也不把婚姻當作是人生最迫切的事情。在 2001 年，台灣男女初婚平均年齡為 32.9 歲、27.4 歲，到了 2016 年，則為 34.5 歲、31.7 歲，女性初婚年齡的延遲較男性更明顯。

不論男性、女性，越來越多人隨著各種經濟與社會條件變好之後逐漸晚婚、甚至不婚，親密關係與情慾自主性的提高。而隨著近年全球化快速移動與社會變遷，跨文化／跨國戀情／跨國婚姻也變多，台灣女性的跨域戀情跟台灣男性的跨域戀情各有不同的脈絡與情況。其中，受到父權社會言詞羞辱、批評最深的是台灣女性跟外國人的親密關係，「台女不意外」、「台女就是隨便」、「台女吃洋腸」，CCR 已轉為具歧視性的語彙。只要網路上一有跟 CCR 相關新聞或在社群媒體上的貼文討論，底下的留言就一面倒的羞辱、揶揄跟蔑視。公民的身體在國族視角中，也不是中立、中性的。身體象徵國族的界線，男性與外國女性的結合成為國族象徵領域的擴展與延伸，然而，女性跟外國男性的結合則成為國族象徵領域的退縮。

（五）不配愛人與被愛的多元性別

父權家庭第五種拒斥的女性／性別，是拒絕承認與接受不遵循父權二元性別對立架構，具「性自主」意識且將破壞「同性社交」者，也就是「多元性別」者。父權家庭對主體的控制依據性別的生理差異的男女二元，對於「男」「女」之外的個體，毫無想像也無法理解。婦女運動與性別研究推動性別平權價值與信念，鬆動既有性別結構對個體的壓迫，分別從包含生理性別（sex）、性別認同（gender identity）、性別氣質（gender trait）與性取向（sexual orientation）等，理解社會性別（gender）之多元樣貌，探討與鼓勵學習肯認（recognition）之際、也需學習尊重差異（difference）。

婚權運動爭取多年同性婚姻的法律許可，終獲 2017 年 5 月 24 日釋字第 748 號「同性二人婚姻自由案」，大法官多數意見認為，《民法》關於婚姻規定，如使同性二人「無法」以經營共同生活之目的，成立具有親密性及排他性之永久結合關係，違反《憲法》第 22 條保障婚姻自由與第 7 條平等權。但由宗教團體與保守團體為核心的捍衛父權行動受挫，隨即在 2018 年發動「你是否同意民法婚姻規定應限定在一男一女的結合？」、「你是否同意在國民教育階段內（國中及國小），教育部及各級學校不應對學生實施性別平等教育法施行細則所定之同志教育？」、「你是否同意以民法婚姻規定以外之其他形式來保障同性別二人經營永久共同生活的權益？（另立同婚專法）」三項公投。

遺憾的是，本應藉著這次公投行動，讓社會民眾有空間與機會了解、認識，並充分討論議題的公投機制，在選舉期間，卻充斥各種中傷、抹黑、羞辱與攻擊的敵意話術、影片、小道消息，不僅傷害性別平權運動、婦女運動，也羞辱推動性別平等的參與者。最嚴重的是，這些謠言跟抹黑，破壞了台灣社會本有的良善初心，引發社會暗黑詭異醜陋的歧視面目的真實暴露。其所採用的兩面手法，就是一面宣稱「愛同志」的同時，另一面暗黑同志、重傷同志，扼殺多元性別者的法律權利與生存權利。

捍衛父權者高度控制社會個體「性自主」的選擇，透過二元對立界線的不可跨越，強化性別認同的連結，進而控制性取向，拒絕承認多元性別，維持異性戀霸權獨大，持續鞏固異性戀父權家庭，並且深化父權文化。即使 2019 年 5 月 24 日之後，同性二人即可依據法律結婚，是台灣人權的一大進步。但在這段期間，反對婚姻平權、反對同志教育的幾波捍衛父權行動，非但沒讓壓迫性別（包括男性、女性與多元性別等）的父權思維進行反省，檢視父權結構如何透過排除、貶抑、他者化其所不容的性別多元，還赤裸裸地宣示多元性別不配有愛人與被愛的權利與權力。

反同公投宣傳期間，許多選民盲信各種抹黑文宣中的話術，暴露出台灣父權體制與父權家庭交叉結構的焦慮跟緊張。當平權運動者指出父權家庭結構困境，指出性別結構對多元性別與女性的負面影響與監控時，又經常會被社會視為麻煩製造者，將焦點轉移至「紛亂」，以及一再強調「和諧」、「家和萬事興」，瞬間反轉了「有權力者」與「無權力者」的關係。女性主義、性別平權支持者常成為被咎責與歸責的對象。同志婚姻平權的爭取與實踐，並非要瓦解家庭，而是站在「法律權利」的這條基準點上，恢復被排除的性主體權利。性別認同是個體認同的根本，影響人甚深，粗暴的否定多元性別個體的存在與權利，就是父權的厭女。

五、結論

漢達萊侯（L. Rantalainho）指出社會制度底層中含有性別關係的內隱規則（implicit rule），個別社會中的性別契約（gender contract）都是以「差異」與「階層」作為相互連結的主要運作邏輯。漢達萊侯說明性別契約有一套性別關係的內隱規則（implicit rule），但本文要指出的是，這條規則並非中性或中立，在華人社會，這條控制規則的核心向來就是父權家庭。前述幾種厭女情結的脈絡，排除女性、貶抑女性、羞辱女性、控制性自主、否定多元性別等，在台灣的反對語彙與論述都是從維護父權家庭與父權社會運作出發。

當個體被指定到兩性中的附屬地位，又隨時會落入「不及格的太太／媳婦、不盡職的母親、不孝的女兒、不守規範的女人、不配愛人與被愛的多元性別」的指責與否定，被厭惡者作為性別主體，能「何處為家」？推動性別平等／平權，並非只重視形式平等的追求，並不是任何東西、任何事務都各自一半就能稱為、達到為或解釋為平等。性別平等／平權的議題，涉及層面相當廣，也跟不同議題同時深度交織，包括關係對等、權力對等、對主體的尊重等。在此討論父權家庭拒斥的五種女性／性別，並非主張揚棄家庭或婚姻，也不是要摧毀家庭結構，相反的，是從性別面向探討：

1. 家庭成員的定位以人為主體：非以性別二分或詭譎簡化為性別分工或刻板印象化。
2. 重視家庭內的成員關係民主化：婚姻締結者學習經營對等關係，而非高與低、主與附、夠格／不夠格的區隔。
3. 尊重家庭組成型態的擴充：任何婚姻家庭、類家庭、多元家庭等型態的組成，都是個體自主的決定。

民主社會需進入紀登斯（Anthony Giddens）指出的「親密關係民主化」階段，但女性、多元性別作為「性別主體的民主化」也需同時到來。親密關係的民主化，不是只有在婚前或各種關係形成的民主，也包括了組成家庭之際、組成家庭之後的民主關係的持續進行。「性別」不應是可以任意拿來攻擊他人的工具，受壓迫者與被厭惡者才有鬆動與翻轉的可能性。

第四章

只愛一種家

厭女、忌性、恐同三位一體的反同運動

作者｜韓宜臻

台灣大學戲劇學系與社會工作學系畢業，政治大學法律科際整合研究所碩士生。曾任公民監督國會聯盟政策部專員、人權公約施行監督聯盟執行秘書、同志諮詢熱線專案研究員、女學會兼任助理。沒有稱得上專長的才能，僅希望透過粗淺的書寫，為性少數社群盡一份心力。雖深知惡意之真實、溝通之困難，仍希望台灣終能成為一個自由平等的國家。

台灣歷經九〇年代以來風起雲湧的同志運動後，對同志權利的保障漸趨完善，一般民眾對同志的接受度也日益提升，[1]《紐約時報》更因此將台灣譽為「亞洲同志燈塔」。[2]

然而，這個看似對同志相當友善的國家，卻在2018年的公民投票中，以超過七百萬張選票，決定不將同性婚姻納入《民法》，也反對於國民教育階段實施同志教育。公投結果令同志社群既錯愕又挫折：為什麼民眾的態度在短時間內大幅翻轉？為什麼反同團體的主張，明明充滿推論上的謬誤以及對同志群體的排除，卻可以獲得這麼多支持？

可能的原因有很多。有報導指出，反同團體掌握了豐沛的資金，並建構縝密的組織。[3]也有人分析，反同團體用「愛家」等正面的修辭包裝反同的訴求、塑造自身良善的形象，並引導民眾將婚姻平權議題理解為「愛家的弱者」對抗「自私的同志」之戰。[4]

延伸以上的論點，在這篇文章中，我將進一步從厭女（misogyny）的角度分析，反同論述如何將父權社會下習而不察的厭女機制，與忌性（sex negative）、恐同（homophobia）的思維融為一體，自成一套邏輯，使得民眾在受到「愛家」主張中對於「家」的美好想像吸引時，也不自覺地落入「只愛一種家（而排除異己）」的兩手策略陷阱中。在這個過程中，厭女、忌性與恐同三位一體的單一結構一再被傳誦，使得二元對立的性別框架更加鞏固，以更幽微的方式排除逸脫於此框架之外的異己。

必須說明的是，在這篇文章中，我將持反同性婚姻、反同志教育等相近立場者，皆視為反同運動的一員。雖然他們之中的許多人常以家長、學者、學生等各式各樣的身分現身，而且大多堅稱自己並不反同，但他們仍共享著一套相近的性別觀，並因而實質上宣揚著反同的主張；而這個共通的性別觀，就是這篇文章試圖分析的對象。因此，我將以反同運動概括這個群體，而暫且不細究他們之間的差異。[5]

一、厭女：男／女二元對立的性別觀

（一）男女兩性，男女有別

反同團體以「愛家」為訴求，於 2018 年推動「愛家公投」的三項提案；但是其中一案主張將同志教育從國民教育中剔除，另外兩案則旨在排除同性伴侶於《民法》的婚姻、家庭之外。所以更精確地說，唯有由一個爸爸、一個媽媽組成，而且父母各自扮演好自己的性別角色的家，才是反同團體所愛的家。這一點即使是反同團體自身可能都未曾察覺，但此種男女各司其職的性別二元制的根源，就是男性比女性優越的厭女價值體系。

上野千鶴子在《厭女：日本的女性嫌惡》一書中指出，藉由將女性客體化，男性才能確立自身的主體性，進而得以加入男性集團，並「變成男人」。在這個分化的過程中，男性是性主體，女性則是受支配的性客體，並被賦予若干不同於男性的特質，由此而形成一套男優越、女低劣的社會價值，此即是厭女情結。[6]

值得注意的是，正如凱特・曼內（Kate Manne）所說，厭女不該被單純理解為個人的心理狀態，而是一種強化父權意識形態的機制。在父權社會下，男人與女人各自有各自應扮演的角色，而厭女機制的功能在於，懲罰破壞這種性別規範的人，藉此鞏固男支配、女從屬的父權意識形態。[7]

而反同運動即是父權社會性別規範的忠實擁護者。他們主張二元對立的性別觀，認為對於性別的認定應採生理性別的客觀標準，也就是性別原則上只存在生理男性與生理女性，主觀的性別認同則不應被劃入性別的討論範疇之中。[8]跨性別者、陰陽人（intersex，或譯為雙性人）等確實存在，卻不受男女二元框架限制的人，遂被其視為是病態的。例如有團體援引美國精神醫學學會出版的《精神疾病診斷與統計手冊》（*The Diagnostic and Statistical Manual of Mental Disorders*，簡稱 DSM），主張跨性別是疾病。[9]但事實上，此種將多元性別視為疾病的錯誤看法，已經被修正。DSM-5 中強調，性別認同與原生性別不同本身並非精神疾病，此種狀態所導致的痛苦才是需要接受治療與否的關鍵；為避免汙名化，DSM-5 已將前版的性別認同障礙（gender identity disorder）改稱為性別不安（gender dysphoria）。[10]儘管如此，部分團體仍主張，跨性別者有接受「性別重整治療」的權利，表面上看起來像是考量跨性別者的利益，實際上卻是試圖將所有人歸回非男即女的框架之中，其本質仍然是二元制之下對多元性別者的排除。

反同論述不只以性別二元制排除異己，更進一步強調男女兩性之間具有特質與能力上的差異。這包括男性的特質是陽剛的，女性則是陰柔的；男性具有侵略性，女性柔弱易受害；男性較顧全大局，女性為丈夫與子女奉獻；男性擅長科學、適合出外工作，女性則有生育、哺乳的能力，並擅長育兒、照顧與家務等等。他們認為這些差異是與生俱來的，而且「被設計為」男女互補的正常樣態。[11]此種男女的正常性差異從而規範了不同的家庭角色，不只標準化父職與母職區分，例如父親賺錢養家，母親負擔家務，父母各司其職，分別依其性別角色成為子女的榜樣，更是強化子女對一父一母家庭的必然需求。

這些觀點體現在他們對於政策的主張上。所以當性別平等教育指出人們應揚棄「男陽剛／女陰柔」的性別刻版印象時，他們認為這樣的陳述是在混淆男女的特質，會讓學生陷於性別認同的危機；[12]反過來說，他們將性別刻板印象視為應該用來引導學生發展的準則。然而這樣的看法忽略了每個人身上可能同時並存著多種特質，依其所處的社會情境不同，展現出不同的樣貌，並非男陽剛／女陰柔的二分法可以一概而論的。性別刻板印象除了無法呈現男女的真實樣貌之外，更重要的是，如同亞倫．強森（Allan G. Johnson）所說，它支撐了父權體制的運作，合理化女性的被貶抑，並使男男女女都依循這套標準而表現或行動。[13]

又例如當教科書批評「烈女不事二夫」等貞操觀是過時的道德規範時，反同團體認為教科書是在為性開放背書、使性氾濫的思想滲入學童社群，間接戕害了無數的青少女。[14]他們表面上高舉青少女的福祉，實際上卻複製了傳統貞操觀對女性的壓抑。何春蕤就曾指出，貞操觀是以單一標準衡量女性的價值，而且限制了女性發展自我的可能性，使女性傾向保守、居於弱勢。[15]

此外，對於政府試圖消弭兩性不平等，採取措施鼓勵女性投入科技業，他們認為不該鼓勵女性從事「男性擅長的工作」，只要「加強肯定母職對家庭的貢獻」就可以提升兩性平等。[16]早期的女性主義論述對於母職這個概念有不同的看法，有人認為父權社會以母職壓迫女性，故應該否定母職；也有人認為母職制度不同於母職經驗，前者是父權體制對女性生育的控制，後者卻是女性的共同經驗，因而是正向的、且具有反父權的潛力。[17]反同團體主張家務是一種勞動型態，應該受到更高的肯定或者獲得應有的報酬，表面上看起來有可能是女性主義的實踐；然而實際上，反同團體的主張並非基於女性的母職經驗所提出，而是回頭遵循了父權體制，將母職視為女性的天職，公領域則是男性的天下，女性不擅長、也不該被鼓勵投身於其中。藉由這樣的說法，女性的家務付出看似被肯定，實則是再次將女性塞回私領域。

從反同團體的論述中可以發現，其言論間雖使用性別平等或女性權利等詞彙，實則非常強調男／女、父／母之別，且對男女兩性抱持著傳統的性別刻板印象，因此堅持維護既有的性別二元制，反對所有試圖顛覆父權性別規範的論述，也反對任何可能鬆動性別二元制的訴求。

這篇文章並非試圖否認生理男性與生理女性之間存在著差異，而是反對對於此種差異的過度放大。亞倫・強森認為，性別的區分看似是基於生育功能，實際上「對於性和性別差異過度的執迷，並不是真的與生育有直接關聯，反而是為父權社會的利益服務，是為了要鞏固男性支配、男性認同與男性中心這整套理念而設定的主軸」。[18]在反同論述中也可以發現類似的軌跡。反同論述一面放大兩性之間的差異，一面藉此合理化父權社會對女性與母職的支配與壓迫。

（二）不容改變的傳統倫理與家庭價值

建立在前文所述的性別二元制之上，「一男一女、一夫一妻、一生一世，婚前守貞、婚後守約」的單偶制異性戀家庭，對於反同團體而言，既是自然律下的必然，也是數千年歷史演變的結果，更是台灣社會不容改變的傳統倫理與家庭價值。對反同團體而言，依照自然法則，只有男女的「正常性交」才可繁衍下一代，婚姻制度是為此而設計，所以也只有一男一女才具備結婚、組成家庭的資格。[19]因此，愛情、性、生育與婚姻四者是合而為一的，這被反同論述視為一種「自然律」。[20]

由此可知，反同論述將生育功能視為異性結合可受婚姻制度保障的正當性來源，而同性結合因原則上不具生育功能，故地位與異性結合並不相同。弔詭的是，對於未生育或生理上無生育可能的異性夫妻，反同論述仍將之視為「有生育的可能」或「可以鼓勵具生育功能的異性結合」，以此回應婚姻與生育並無必然關係的質疑。[21]

除了將異性結合視為自然律的觀點之外，「維護傳統」更是在反同論述中不斷被複誦著。然而，反同團體所欲維護的是誰的傳統？這個傳統僅有單一的內涵嗎？傳統為何不容更動？反同團體並未提出清楚的論述，只有以下似是而非的說法：

> 把父母模糊成雙親，或是夫妻模糊化為配偶，或是男女模糊化為雙方的法律，其實是暗地偷偷改變對家庭的解釋和定義及對家庭的詮釋，我們有義務去維護數千年來對傳統家庭的解釋和定義……

> 傳統社會組成的道德性的內容就是倫理，這是基於夫妻與親子的關係，現在很多人想混淆這個關係，這樣無法跟下一代談我們的文化傳統，很多國家都在保護發揚他們的傳統，而我們無法對下一代講五倫

八德，傳統綱常的意義會被影響而改觀，家庭亂七八糟的人如何對社會有創造力？期待一個人從家庭破碎的陰影走出來是非常難的，我們要維護下一代美好家庭的保障……

現在是傳統對家庭的定義，同性戀主義者，想要立法另外詮釋，想要爭奪和變亂對家庭意義的詮釋權，這個實在無法苟同。重新定義婚姻和家庭的解釋，並非是人權的內容。憑什麼幾千年來對家庭的定義，是有父有母；有夫有妻；有男有女；現在竟要改成模糊的雙方、伴侶、配偶，我只想接受：family is「f」ther「a」nd「m」other「I」「l」ove「Y」ou。這個傳統對家庭的定義，這個定義代表絕大部份人的生活方式。也是一種合乎常道的生活方式，值得我們珍惜與維護……

中華民族社會組成的道德性內容，基於夫妻與親子的關係，全部被少數人混淆，這叫鄭聲亂雅樂，惡紫奪朱，無法再談五常德與八德，傳統倫理綱常的意義，將整個受影響而改觀。[22]

從以上的言論可以發現，反同論述所要維護的傳統是一個抽象的概念，有時談中華民族的數千年傳統、倫理綱常，有時用英文的拆字解釋 family，不同概念混雜其中，而沒有明確定義出這樣的傳統到底存在了多長時間、存在於哪個國家或社會之中。

若以反同運動所在的台灣社會而言，林實芳的法制史研究顯示，雖然台灣傳統文化中確實存在著男陽女陰的陰陽調和觀，但系統性地將所有人塞入男女二分框架之中，則是從 1905 年日本政府實行人口調查後才開始的；且在該研究所追溯的近百年時間範疇內，台灣社會早已存在著多元的婚姻與家庭實踐。[23]是以，若深入探究，所謂的傳統並非僅有單一的內涵，傳統與現代亦不該是純然的二元對立。

有些反同論述則主張，改變「傳統」會帶來嚴重的後果。例如有人認為通過同性婚姻會導致「去性別化」，人們將因此被禁用具男女性別意涵的稱呼，孩子不能叫爸爸、媽媽，家庭內沒有父母、夫妻，人類精神文明受到嚴重的衝擊；[24]有團體認為，各國通過同性婚姻後都會產生「雪崩效應」，導致亂倫等後果；[25]也有團體主張，若要立法保障同志不受歧視，則基於公平，也需立法保障人獸戀、人物戀等，否則會形成同志的霸權；[26]還有團體宣稱，同性婚姻將毀滅家庭制度，並因而可能導致人獸性愛、腫瘤、治安惡化、失業、嗑藥、愛滋、黑道崛起、經濟不景氣、傳染病流行、種族、宗教、國境衝突等問題，最終成為「人將不人」的「動物世界」。[27]

這些推論荒謬而不合邏輯，卻能被部分民眾接受，或許是因為它切合了父權社會的性別規範與台灣社會的傳統家庭觀念，以及人們對於改變現狀的恐懼。但是正如前面所提到的，傳統其實並非只有單一內涵，而且更重要的是，傳統的內涵事實上早已不斷在改變。過去的研究顯示，隨著全球化與時代變遷，台灣社會的傳統文化與家庭價值早已逐漸改變；新舊觀念同時並存於社會中，而形成新的社會價值觀。[28]反同團體所謂的傳統並未如其所宣稱地那樣長期、僵化地存在於台灣社會中；而捍衛傳統云云，也只是拒絕改變現狀的託辭而已。

二、忌性：負面而不可言說的性

「一男一女、一夫一妻、一生一世，婚前守貞、婚後守約」可以說是反同運動的重要主軸。符合這個條件的家將受到反同運動的擁戴與嘉獎，違規者則被貶抑與反對。藉由這樣的規範，反同運動將父權社會習而不察的厭女機制與忌性的觀點融為一體。他們對非異性戀單偶制婚姻內的性抱持著負面的看法，將性視為不可言說、不應傳授的禁忌；反同團體所愛的家，是不與孩子談性、禁止孩子探索性的家。

蓋兒・魯賓（Gayle Rubin）認為西方文化存在著「sex negativity」的性別意識形態，亦即將性視為危險的、具破壞性的、負面的，而這源自基督教文化將婚外的或非以生育為目的的性視為罪（sin）的傳統。[29]何春蕤進一步將 sex negativity 翻譯為「忌性」，以取其「顧忌、禁忌、忌諱及忌妒他人情慾」之意，並指出忌性在情感面上的表現可能包含對性議題的「恐懼、厭惡、噁心、不安」等負面感受。[30]

由於忌性的性別意識形態作祟，反同運動對於性，特別是婚外的性，抱持著負面的態度。這樣的態度體現在對於性別平等教育政策的立場中，便會反對性知識的傳授，而主張性教育應多向學生強調性的負面效果，例如「避孕藥的副作用、避孕藥的副作用、墮胎的危險與後遺症、性伴侶之頻繁與性病所帶給女性身體之傷害」[31]等等，進而推廣守貞教育。

反同團體的思考邏輯是，性教育將誘導學生嘗試性行為（而同志教育則將誘導學生嘗試同性性行為），一旦有性行為就有未婚懷孕、感染性病等風險，對其未來人生造成巨大的影響；而若對性避而不談，甚或鼓吹守貞，學生就不會想要嘗試性，因此其福祉就可以獲得最大的保障。

這樣的主張，固然或許是基於對未成年人福祉的考量；但他們卻忽略了即使沒有性教育，未成年人也可能會有探索性的需求，且在性被視為不可言說的忌諱的情況下，未成年人更可能從其他管道獲得錯誤的性知識，而更加暴露在危險之中。

從數據來看，台灣自 2004 年通過《性別平等教育法》，而根據歷年的「高中、高職、五專學生健康行為調查」，在 2009 年時，15 至 17 歲在校青少年之中，有 13.5％曾有性行為，其中最近一次性行為有避孕者占 68.5％；到了 2017 年，有性經驗的青少年占 9.2％，而最近一次性行為有避孕者占 81.5％。[32]由是觀之，性別平等教育多年來的實施，並未如反同團體所擔憂的，造成青少年的性氾濫。反之，不僅青少年嘗試性行為的比例並未增加，青少年避孕的比例亦逐年上升。

進一步而言，反同論述不僅是為了保護未成年人而主張採取避而不談或恐嚇式的性教育，更是因為其認為，唯有在婚姻中的性才具有正當性：

> 為何叫偷吃禁果？性行為原本是在婚姻關係中才能擁有的正當行為。當一對男女還沒結婚建立家庭，卻有了夫妻的性關係，這就叫偷吃禁果。夫妻之間的性愛為何被比喻為禁果。因為上蒼所造的都有時間性，果子若未成熟就摘來吃是苦澀的，因此，男女還未結婚建立家庭就有了性的關係就是偷吃禁果。時間未到就摘來吃當然這果子是苦澀的，違反了自然法則。因此還未結婚就有夫妻的性關係，也就是婚前性行為，這在宗教上視為淫亂。然而法律是最低的道德標準，法律尚未將婚前性行為定為罪，不代表這行為是可以的、正當的。[33]

從上述言論可以發現，反同論述認為唯有一男一女在婚姻中的性，才是正當的性，除此之外的性雖然不違法，但都是淫亂、違反自然法則、不正當的。而在婚外的性當中，青少年的性尤其被視為不健康的、應受到控制的；反同團體以保護兒少為名義，實際上不僅希望控制或者禁止兒少的性，還恐懼並反對所有非異性戀單偶制婚姻內的性。

三、恐同：被汙名化的男同志（與不被看見的女同志）

厭女機制與忌性的性別意識形態又支撐著反同團體的恐同心理，三者融為一體，相輔相成，最終勾勒出反同團體所愛的家的樣貌：異性戀單偶制、父母各司其職、不允許孩子探索性、而且沒有同性戀的家。

恐同一詞最早是由心理學家喬治．溫伯格（George Weinberg）在 1972 年所提出，原意是指對同性戀抱持偏見與恐懼的心理障礙，之後則在日常生活中被廣泛地援用，指涉各種排斥同性戀的態度或行為，例如沒有理由的憎恨或恐懼。反同運動的參與者時常聲稱自己既不恐同也不反同，甚至深愛自己的同志朋友；但從他們的言談之間，往往可以發現根深柢固的、無充分理由的、對於同性戀的反感。[34]

而恐同的根源即是厭女情結。上野千鶴子在《厭女：日本的女性嫌惡》一書中引述賽菊寇（Eve Kosofsky Sedgwick）的理論指出，男性集團的成員為了維持集團中性主體身分的同質性，而對淪為性客體感到恐懼，且獲得男性集團的認可又是男人得以「成為男人」的核心；[35]男同性戀對於厭女的男性異性戀者而言就「不是男人」，也就是性客體，因此，恐同是維持男性集團的要素之一。

反同論述之中，男同性戀及其情慾與性行為被特別強調、放大，而女同性戀的性則幾乎不曾被提起。厭女情結或許可以解釋，為什麼許多人對於男同性戀存在著深層的恐懼與厭惡，所以當反同論述特別強調男男間性行為的不忠貞、不健康時，能成功喚起大眾的不適感，進而對反同的訴求產生共鳴。相對而言，也是基於厭女情結，女性被視作是為男性情慾服務的性客體，女性的性是為男性而存在，[36]是以對於信仰著這樣的性別規範的反同運動而言，女同志雖鮮少成為其攻擊的標的，女女間的性卻也不被看見，因其中缺乏「性的主體」，也不被視為性。

另一方面，恐同也是忌性的性別意識形態下的產物。蓋兒・魯賓的文章分析道，在忌性的性別意識形態下，性被劃分不同的等級，賦予不同的評價。他以金字塔形容這個性價值體系：在性的金字塔中，最頂層、最有價值的性是異性戀婚姻中具生育功能的性；其次是未婚的異性戀伴侶的性；再其次是其他的異性戀者的性；接著是長期穩定的同性伴侶的性；然後是其他同性戀的性；最底層、最受到鄙視的則是諸如變性慾者、易裝癖者、戀物癖者以及性工作者等族群的性。蓋兒・魯賓進一步指出，在性價值體系中，只有異性戀單偶制婚姻內的性會被視為好的、正常的、自然的，違反這個規則的性都是不好的、不正常的、違反自然的。[37]

出於忌性的性別意識形態，反同論述將同性戀視為非常態的、不健康的、不道德的、不正確的「性行為選擇」，並反對以法律認可之。例如有反同論述直指同志運動「將不道德說成是道德的，進而創造出自己的假道德」。[38]也有反同團體將同性戀與戀物癖、戀童癖、戀屍癖、屎尿癖、偷窺癖、人獸交等並列，主張同性戀屬於「非常態的性行為」[39]或「不正的性欲關係」[40]、「逆性的情慾」[41]，進而認為法律不該鼓勵同性戀這樣的非常態性行為。[42]反同團體的恐同心理在這些言論中表露無遺。

反同論述並藉由強調男同性戀的情慾成分，結合了社會對於肛交與愛滋的汙名，作為同性性行為是器官的誤用、會造成身體傷害與疾病傳染，因此並不健康的佐證：

> 同性的性行為是器官的誤用與傷害：肛門不應當成性器官使用，不僅傷害器官本身，更是違背自然，人民是無法普遍認同與接受的……愛滋病的傳遞與男男之間的性行為有統計上的顯著與絕對關聯。男男同性的性行為具有高度風險。同性戀關係法制化不利於國家防疫，並危害國民健康。[43]

有趣的是，同性性行為有很多種可能性，遠遠不只肛交一種方式；例如在女同志伴侶間，指交或許是更普遍的性行為方式。但唯有肛交會成為反同團體攻擊的標的。從上野千鶴子所引述的理論來看，男男間的肛交受到猛烈的攻擊，可能是因為，在這樣的行為中，「攻者」與「受者」被混淆了，而這會引起男性集團對於被客體化的焦慮。女女間的性不被提及，一方面或許是因為此種性的模式傳染疾病的風險比異性戀的性更低；另一方面更可能是因為，根據陽形中心論（Phallocentrism），唯有陽具被視為女性性愉悅的來源，沒有陽具的性則根本不被視為性。[44]

此外，反同論述有意識地區分「同運人士」與「一般同志」，並認為同性婚姻與同志教育等訴求並非大多數一般同志的想法，僅是同運人士的激進主張，其最終目的是「性解放」與「毀家廢婚」：

> 同志婚姻法制化會助長「性自由」及「性解放」的高漲，會延伸更多的家庭問題與社會問題……同志婚姻法制化是性解放運動的棋子。藉由同性戀者結婚的議題，利用來達成另一波更激烈的性解放運動的棋子。如果同性婚姻法制化後，學校的性教育、倫理教育、生命教育必然被迫為之改觀。傳統婚姻與家庭也隨之崩潰，這似乎是同性戀運動與性解放運動的目標。[45]

這樣的主張一方面顯示反同團體對於同志社群的意見並不瞭解，也未能察覺反同運動對「一般同志」所帶來的傷害；[46]另一方面也曲解了性解放的意涵。始自六〇年代的性解放（sexual liberation）運動的目標是將人們從性或性別的壓迫中解放出來，卻被反同團體去脈絡地解釋為性開放、性氾濫，進而反對之。[47]反同團體對於性解放的恐懼與反對，夾雜著禁慾、守貞等觀點不再被推崇的焦慮，其背後追根究柢或許仍然是源自將女性視為男性所有物與性的客體之厭女觀點。

四、結語

反同團體的論述以一般人難以察覺的厭女情結為出發點，依循著父權社會的性別規範，描繪出性別、婚姻與家庭的單一樣貌，並貶抑不受這些規範拘束的性或性別實踐，藉此支撐他們夾雜著忌性與恐同的論點。而這又再次使得父權體制更加鞏固，女性更加被壓迫，同志則更加被社會排除。[48]

在反同論述之中，厭女、忌性與恐同三者互相依存。具體而言，展現在其對於男／女的二元對立區分、父職／母職先天性差異的強調，以及對於一夫一妻、一父一母的「傳統」家庭價值與倫理道德的推崇，還有對於婚外性行為的忌諱。而在這樣的性別意識形態下，逸脫於傳統性別框架之外的同志自然而然被視為「不正常」、「不健康」的，其中男同志的性被放大檢視，並與愛滋汙名加以連結，女同志及女同志的性則徹底被忽視。反同運動並試圖切割同志運動與同志個體，進而反對同志運動所推動的性解放，縱使其對於性解放的詮釋與原意並不相符。

在反同論述中充滿諸多想當然耳、但事實卻非如此的論點，例如性別僅有客觀的生理男女兩性，或者性教育將導致學生性氾濫等等。這些論點之中混雜著性別刻板印象與錯誤的推論，使許多人難以辨別真偽，而對之全盤接受。

反同運動的訴求獲得大眾廣泛接納的結果可能是：男女的二元對立被強化，以生理性別為分類標準的性別刻板印象一再被複述，既存於社會中的男女權力落差更加被鞏固。此外，非異性戀單偶制婚姻內的性被視為不道德的，不可能進入異性戀單偶制婚姻的同性戀則更被視為病態。未強調守貞的性教育與教導學生尊重差異的同志教育遭受反對，同性戀也絕不能享有與異性戀平等之婚姻制度保障。

綜合以上所述，我們可以清楚得見：反同運動雖以「愛家運動」自稱，但他們所愛的家，是沒有同性戀的家、是人們無法從壓迫中解放出來的家。

第五章

女子無容便是德

《水滸傳》中的兄弟情誼

作者｜胡錦媛

美國密西根大學比較文學博士，政治大學英國語文學系教授，政治大學教學特優教師。曾任政治大學翻譯與跨文化中心主任、《文山評論》與《文化越界》主編。主要研究領域為旅行文學、書信文學、文化研究、禮物與倫理／經濟交換。著有《在此／在彼：旅行的辯證》、Seemingly Close, Really Distant: Kafka's Letters to Felice、Gift and Economy of Exchange in The Wings of the Dove、Translating the other: Classical Chinese Poetry, Pound-Fenollosa, Modern Taiwan Graphic Poetry、Writing the Self: Epistolary Form in Lettres portugaises, Pamela and Letters of T'an-lang，並主編《臺灣當代旅行文選》。

> 「厭女」（misogyny）的看法包括認為女人是愚蠢的、瑣碎小氣的、喜好掌控他人的、不誠實的、笨傻的、饒舌的、非理性的、無能的、不可信賴的、自戀的、去勢的、不潔的、過於情緒化的、無能做利他的或道德的判斷的、性慾過剩的、性慾欠缺的……這些信念結集起來終致成為貶損我們（女人）的身體、我們的能力、我們的個性、我們的努力的一種態度；這些信念並且暗示：為了男人與女人自己的利益起見，女人必須被加以控制、支配、壓抑、虐待並使用。
>
> ——Sheila Ruth, *Issues in Feminism: A First Course in Women's Studies*

《水滸傳》很明顯是一部「厭女」的小說。自《水滸傳》之後，中國文學中恨女人、殺女人的戲目不斷上演，自成為一個獨特的「文類」（genre）；[1] 而《水滸傳》中淫蕩敗德的禍水女人（如潘金蓮等）也成為中國文學中往後無數壞女人的典範。[2]

《水滸傳》的「厭女」特質與英雄好漢「落草為寇」、「兄弟結義」、「反貪官惡吏」的主題有什麼關連？這是探討《水滸傳》對女性的敵視態度首先必須解決的問題。本文將引用女性主義對父權的批判理論以及吉哈爾（René Girard）的「擬仿理論」（mimetic theory）來探討水滸世界中的兩性關係。

樂蘅軍在〈梁山泊的締造與幻滅〉一文中曾指出：「梁山泊的人們確實曾努力表現出他們是一個烏托邦的締造人，而不是現實世界的逃遁者；梁山泊也不是盜寇的淵藪，或亡命者的庇蔭所，歸根究源來講，梁山泊是企圖抗衡舊有世界而締造的一個素樸的文化模式。」[3] 更確切地說，梁山泊英雄好漢們企圖抗衡的「舊有世界」是一個地主土豪們為富不仁的顛倒錯亂世界，一個父母官欺壓百姓子民的病態父權世界；他們所欲締造的「素樸的文化模式」則是基於「仗義疏財、扶危濟困」與「同生同死、互信共存」的信念所創建的兄弟之國。而梁山泊的締造過程也有賴小說中父（母官）子（民）、兄弟關係來觀照、呈現。

《水滸傳》中許多英雄好漢之所以到梁山落草為寇，大都不是由於天生嗜殺好鬥，而是受到在上位官吏的迫害，被逼到梁山尋覓人生最終的藏身所。例如教頭林冲因為貪看魯智深舞弄禪杖，讓妻子張氏與女使錦兒做伴去岳廟燒香還願，不幸妻子卻在廟內被頭頂上司高俅的螟蛉子高衙內調戲。面對「倚勢豪強，專一愛淫垢人家妻女」（第七回）的高衙內，林冲雖然再三忍讓，卻仍然不幸在高俅的計誘下誤入軍機重地白虎節堂，而被判充軍。林冲百般無奈只好休妻離鄉，卻又差點被高衙內的爪牙陸虞候放火燒死，最後在官司的緊急追捕下，逃往梁山泊山寨入夥。

其他英雄好漢上山也出於類似的原因，例如朱武、楊春、陳達三人向史進解釋說：「小人等三個，累被官司逼迫，不得已上山落草。」（第二回）對於這種壓迫子民的父母官，小說本身一而再、再而三發出不滿的批評：是這種「頭上青天只恁欺」（第八回）的官吏使原本為追求公理正義、維護生存尊嚴的英雄好漢破壞了國家法紀。掌控國家機器的官吏們將林冲、武松、宋江、楊志、雷橫、朱仝這些殺人者刺上字、打上金印，流放邊遠地區，終於使他們一步步走向梁山。

一、複製「上」對「下」的父權壓迫

英雄好漢最終的「策名投山」雖然有其現實上不得不然的客觀條件，但他們之所以觸犯法網、陷入困境的原因，也有部分是因為他們在主觀上積極抗拒那仗勢欺人的官吏。例如武松為武大伸冤報仇所採取的方式是手刃仇讎，而不是上訴州府、循「合法」途徑解決問題；史進庇護朱武的方式是抗拒縣尉的捉捕，火燒家園，殺死官兵。在《暴力與神聖》（*Violence and the Sacred*）一書中，吉哈爾闡釋他的擬仿理論指出，不公的對待與權力的濫用會帶來模仿性的敵對，以暴制暴的結果使得暴力本身成為戰爭的唯一目的，暴力成為「工具、客體與主體無所不包的欲望」，不受挑戰也不被檢驗。[4]在暴力交互作用的結構

（structure of violent reciprocity）中，人人都成了暴力的「複製」（double）；模仿與暴力結合，而暴力又使模仿繼續運作，成為循環。[5]

以吉哈爾的理論來看，「上」（父、官吏、強者）對「下」（子、百姓、弱者）的壓迫模式必然會在梁山泊締造的過程中運作。梁山泊的領導中心為了招募英雄好漢，經常使用最殘酷惡毒的手段，就是無法逃脫暴力交互運作的證明。貪官惡吏逼迫好漢上梁山，梁山好漢也逼迫他人上梁山。軍官秦明就是梁山泊暴力的一個犧牲。秦明從青州帶領士兵到清風山去剿宋江、花榮、燕順等強人，失手被擒，宋江貪求他是個勇士，為求他加盟，便令人當夜假扮成秦明到青州殺燒一番。第二天秦明獲釋回到青州，城上官兵責罵他昨夜帶盜賊來攻城，並屠殺他全家老小；秦明無奈，只好回清風山落草。朱仝對宋江、晁蓋始終仗義相救，宋江為使他入夥梁山也使出類似的手段，讓李逵殺死朱仝負責看護的小衙內，使朱仝無所逃罪於知府。其他梁山重要人物如盧俊義、扈三娘等人也都是在梁山集團的暴力之下被迫上山入夥。梁山集團無法正視自己是暴力交互運作的一方，所作所為與他們所對抗的官方極其相似，而自稱「替天行道」。梁山集團接受朝廷招安後，以官方身分討伐被奸臣童貫逼反的王慶，其情況可以說是自己當年被官方陷害、追捕的翻版。

水滸世界中，上對下的壓迫模式也反映在梁山泊的座次排名。梁山集團大聚義之後的排名是以「長幼有序」的倫理觀為原則：叔高於侄（鄒淵、鄒潤）、兄先於弟（三阮、兩張、二解、雙孔、兩朱、二穆、雙蔡）。另一個原則是根基於「男尊女卑、男強女弱」觀念的性別次序：夫前於婦（王英、扈三娘；孫新、顧大嫂；張青、孫二娘）。這個「夫前於婦」的原則顯示了梁山泊明目張膽的、理所當然的性別歧視，正如馬幼垣所指出：「扈三娘遠勝王英不知多少倍，顧大嫂亦強過孫新，孫二娘也顯然非其夫張青所能控制，但排起名次來，他們盡是婦隨夫後，無一例外。」[6]

總結看來，這個以各種形式呈現出來的上對下的結構性壓迫，一言以蔽之，就是「父權」（patriarchy）的壓迫。「父權」一詞除了指男性對女性在各方面的控制與優勢之外，還包括年長／強勢的男性對年幼／弱勢的男性的宰制。[7]「父權」這一詞很恰切地解釋了水滸世界中的權力運作原則與兩性關係原則，因為一部《水滸傳》可以說就是在寫對貪官惡吏的不公不義所進行的報復，以及對不貞的女性的懲罰。

梁山好漢反官吏壓迫的必然結果就是結集組織成一個兄弟之國。這個兄弟之國具有強烈的幫會意識，為了強化梁山集團的凝聚力，每個成員必須通過「投名狀」的儀式考驗才能被梁山集團接受，保證他與舊社會決裂，改向梁山集團效忠。例如林冲投奔梁山時，當時的寨主王倫要求林冲說：「你若有心入夥時，把一個投名狀來」，朱貴對林冲解釋說：「但凡好漢們入夥，須要納投名狀。是教你下山去殺得一個人，將頭獻納，他便無疑心。這個便謂之投名狀。」（第十一回）

梁山好漢透過「投名狀」儀式所形成的生死與共的兄弟手足關係在名目上則以「結義」稱之。林冲第一次與魯智深見面就「當結義智深為兄」（第七回）；吳用為物色劫取生辰綱的人選，前去吸收阮氏三兄弟時，阮小五和阮小七所說的話很能顯示出梁山好漢之間的「義」的精神：「若有識我們的，水裏水裏去，火裏火裏去。若能夠受用得一日，便死了開眉展眼」、「這腔熱血，只要賣與識貨的！」（第十五回）這種為朋友兄弟赴湯蹈火的「義」是梁山兄弟之國的基本守則，是貫穿全書的誓約，並於第七十一回梁山一百零八人拈香下跪於忠義堂上，「對天盟誓，各無異心，死生相托」達到頂盛。

二、兄弟結義，懲罰女性

水滸好漢發誓要「吉凶相救，患難相扶」（第七十一回），是為了求生存。做為被官兵追捕通緝的亡命之徒，水滸好漢時時刻刻生活在不安之中，生命安全成了迫切需要解決、保障的問題。除了官府的追緝以外，女性是梁山兄弟的最大威脅。在梁山的男性世界中，女性的介入往往造成男性之間的緊張與衝突，對男性同體意識（homosocial male bonding）產生顛覆作用，進而破壞男性間的合作關係與兄弟情誼。

「英雄不好色」因此是水滸兄弟之國的另一守則，與「兄弟結義」一樣是為了安全。[8]第四十四回至第四十六回所記載的楊雄、石秀的故事對這兩個守則之間的關係做了清楚的交待。楊雄在街上被張保率眾圍毆，拚命三郎石秀路見不平拔刀相助，為楊雄解圍後，兩人立刻結義為兄弟。石秀單身無眷，楊雄便邀他前來同住。楊雄嬌艷的妻子潘巧雲因為嫌借住在家的石秀妨礙她與裴如海的私通，便在楊雄面前誹謗石秀，石秀得知便離開楊家。但一則因為不願受不白之冤，再則為了救楊雄性命，石秀便用計殺死裴如海，然後把真相告訴楊雄。楊雄被點醒後，與石秀一起把潘巧雲帶到荒山處置：

> 楊雄道：「兄弟，你與我拔了這賤人的頭面，剝了衣裳，我親自伏侍他。」石秀便把那婦人頭面首飾衣服都剝了。楊雄割兩條裙帶來，親自用手把婦人綁在樹上。……石秀道：「嫂嫂，哥哥自來伏侍你。」楊雄向前，把刀先斡出舌頭，一刀便割了，且教那婦人叫不得。楊雄却指著罵道：「你這賊賤人，我一時間誤聽不明，險些被你瞞過了！一者壞了我兄弟情分，二乃久後必然被你害了性命。不如我今日先下手為強。我想你這婆娘心肝五臟怎的生著？我且看一看。」一刀從心窩裏直割到小肚子上，取出心肝五臟，掛在松樹上。楊雄又將這婦人七事件分開了，却將頭面衣服都拴在包裹裡了。（第四十六回）

楊雄懲罰、報復了潘巧雲的不貞。在這殘酷無理性的支解肢體場面中，最具梁山集團特性的是：楊雄以女性為犧牲的血祭儀式來鞏固他與石秀的兄弟關係。盧俊義的妻子賈氏與盧家總管李固私通，經過忠心耿耿的燕青與梁山兄弟的協助，盧俊義擒捉賈氏與李固，然後也在梁山泊眾兄弟前將妻子「割腹剜心，凌遲處死，拋棄屍首」（第六十七回），與楊雄的血祭儀式如出一轍，並無二致。

除了潘巧雲／裴如海與賈氏／李固這兩起通姦案例之外，在《水滸傳》的另二起通姦案（潘金蓮／西門慶，閻婆惜／張文遠）中，紅杏出牆的女性也都被男性懲殺，不得好死。這四起通姦案的另一個共同點是：戴綠帽的受害男性都靠同性的兄弟相救。楊雄有石秀相救；盧俊義靠燕青與梁山兄弟救援；冤死的武大有親兄弟武松代為報仇；宋江靠唐牛兒與朱仝的協助才逃脫殺人現場、躲避官司。這些原型相同的故事一再出現，重複地陳述一個同樣的道理：女性背叛丈夫，淫蕩不忠；兄弟患難相助，忠義可靠。《水滸傳》斬釘截鐵地肯定這個道理，不留一點空間給任何抗議的聲音。

三、女人禍水 vs 女子無容

《水滸傳》的世界是個男性的世界。在一百二十回本中，出場的女性只有四十三位，大都屬於跑龍套的性質，而且都是為了陪襯梁山好漢的英雄氣概與勇武事蹟而存在；一旦目的達成後，這些女性就失去了作用，不是被殺身亡，就是匆匆下場了事。份量重的女性角色則十之八九都是縱慾的淫婦、敗德的惡婦，而她們的所作所為，不是背叛就是欺騙，在在都使男人吃虧受累。《水滸傳》中的男女兩性交往經驗、互動過程幾乎都跳不出這個模式。例如宋江首先被貪財放蕩的閻婆惜威脅，在盛怒下殺死了她，繼而又被劉高的妻子恩將仇報，枉受一番毒打；武松血濺鴛鴦樓，殺死男女一十五名，追溯根由只為他當初嚴拒潘金蓮的誘惑；楊雄若非靠結義兄弟石秀之助，很可能為潘巧雲所害；雷橫戴枷號令在勾欄門首只因歌女白秀英向他索銀未果，失手殺死白秀英是因她辱罵毆打雷橫母親；盧俊義被妻子賈氏出面首告而被捕身陷囹圄，險些喪命；神醫安道全受煙花女子李巧奴之累，被張順冒他之名大開殺戒；史進信任娼妓李瑞蘭，卻反被密告而被拘捕。

《水滸傳》中的好女人少之又少，除了濟州府三都緝捕使臣何濤的妻子與陽谷縣地方團頭何九叔的妻子以外，就是林冲的妻子張氏。但是林冲／張氏的例子卻以不同於姦夫淫婦的方式訴說同一種「女人害男人」的故事。林冲被高俅設計，誤入軍機重地而刺配滄州，在山神廟前為自衛而殺陸謙等三人，最後走投無路只好上梁山。雖然直接迫害他的是高俅高衙內父子，但若非張氏貌美令高衙內垂涎，高氏父子怎會選上他加以迫害？林冲在起解之前對丈人張教頭說：「娘子在家，小人心去不穩，誠恐高衙內威逼這頭親事。況兼青春年少，休為林冲誤了前程。……今日就高鄰在此，明日立紙休書，任從改嫁，並無爭執。如此，林冲去的心穩。免得高衙內陷害。」（第八回）張氏得知被丈夫休掉，一時哭倒在地，但林冲堅持把休書寫下交與丈人。林冲無疑是這部小說中最同情妻子的丈夫，有別於梁山其他「虐待狂的憎恨女人者」[9]；但他的休妻之舉顯示他認為女人終究是個累贅，正如夏志清指出：「林冲真心關懷他的妻子，為她的受辱而苦惱，這是一個例外。但在他被發配之前，他的確做了一件不平凡的事，就是請求同妻子離婚，這一舉動對於他那貞節的妻子的打擊甚於高俅之子侮辱她。表面上看，離異完全是為了她。她可以再嫁他人，以免苦等他而誤了青春。但一個真正愛他妻子的男人會使她受到離婚的屈辱嗎？在仍有希望時，難道他不希望重聚團圓？這一行動難道不指明：林冲在為自己的不幸而懷恨時，在下意識中把他的不幸歸之於妻子，在請求和妻子離婚時，獲得了一個自負的英雄之鐵石心腸？」[10]

這些一連串的、接連持續的男性受女性所害的故事背後就是「女人禍水」、「女人麻煩」、「女人可鄙」的恐懼與厭惡。在第七十二回中，李逵看見宋江、柴進與名妓李師師在飲酒做樂便火冒三丈。到了第七十三回，李逵聽說宋江強奪劉太公的女兒，便不分青紅皂白鬧著要殺宋江：「我當初敬你是箇不貪色慾的好漢，你原正是酒色之徒。殺了閻婆惜便是小樣。去東京養李師師便是大樣。」雖然這個「宋江強奪花閨女」事件是一名江湖小盜假冒宋江之名行惡，是個誤會，但是由李逵聽信謠言後的歇斯底里反應，可以得知女色是梁山好漢潛意識中最大的不安與焦慮。而梁山好漢對女色威脅的極端反應，就是希望色慾對象被消滅掉。有一次，李逵與宋江、張順、戴宗一起在琵琶亭吃飯，一位年方二八的女娘前來賣唱，李逵看見便「怒從心上起，惡向膽邊生」（第三十八回），往那女娘額上一點，使她立即暈昏倒地。禁慾的行者武松看見女性與和尚道士於山間林下戲笑，也會殺機大起，容不下「這等勾當」（第三十一回）。

既然女性如此麻煩可厭，男子好漢就應不近女色，而好女色與否就成為評斷英雄的條件之一，[11]就像宋江所說的：「但凡好漢犯了溜骨髓三個字的，好生惹人恥笑」（第三十二回）。燕青巧妙地迴避李師師的調情，被稱讚為「心如鐵石，端的是好男子！」（第八十一回）。王英好色，成為梁山上眾人嘲笑不齒的對象。叛徒田虎與王慶浮浪縱慾，不是好漢，是梁山集團軍事上討伐、意識上譴責的對象。除了因女性麻煩可厭之外，好漢應不近女色的另一個原因不外乎是肯定性慾與體力、作戰力之間的消長關係。為了抵抗朝廷官兵的追捕，梁山上的亡命之徒必須打熬筋骨，嚴禁女色。理想的梁山英雄好漢是像天王晁蓋一樣「最愛刺鎗使棒，亦自身強力壯，不娶妻室，終日只是打熬筋骨」（第十四回）。

對於已有妻室的好漢，喜愛鎗棒的結果是使他們冷淡了妻子，使妻子另尋情夫，而引起殺禍。在第六十二回中，燕青對主人盧俊義分析賈氏與李固的私通說：「主人平昔只顧打熬氣力，不親女色。娘子舊日和李固原有私情。今日推門相就，做了夫妻。」第二十一回記載宋江的鎗棒嗜好如何影響他與閻婆惜的關係，為日後閻婆惜的紅杏出牆、宋江的怒殺閻婆惜埋下伏筆：「初時宋江夜夜與婆惜一處歇臥。向後漸漸來得慢了。卻是為何？原來宋江是箇好漢，只愛學使鎗棒，於女色上不十分要緊。這閻婆惜水也似後生，況兼十八九歲，正在妙齡之際，因此宋江不中那婆娘意。」[12]林冲的妻子張氏受花花太歲高衙內調戲，也是因為林冲貪看魯智深舞弄禪杖，沒有親自陪張氏去廟裏燒香，讓高衙內有機可趁，導致林冲被逼上梁山，張氏自縊身亡。

梁山的理想女性因此便是不會消耗好漢精力的醜女人，例如母夜叉孫二娘與母大蟲顧大嫂不但不會因丈夫愛打熬筋骨、不近女色而紅杏出牆，反而與丈夫並肩作戰，一起打天下。在第二十七回，兩個押解武松的公人吃了孫二娘的人肉包子與蒙汗酒，紛紛撲倒在地。雖然孫二娘的伎倆為武松所識破，沒有得逞，但她獨當一面、一人對付武松等三個男人的氣魄與能耐，卻遠非一般女子所能比擬。在第三十一回，武松因殺了張都監家十餘口，幸虧孫二娘出主意，讓武松扮行者，才躲過風頭。江湖兄弟都誇她「甚是好義氣」（第十七回）。《水滸傳》如此形容這位氣魄非凡、機智過人的母夜叉孫二娘：

> 眉橫殺氣，眼露兇光。轆軸般蠢坌腰肢，棒槌似桑皮手腳。厚鋪著一層膩粉，遮掩頑皮；濃搽就兩暈胭脂，直侵亂髮。紅裙內斑斕裹肚，黃髮邊皎潔金釵。釧鐲籠魔女臂，紅衫照映夜叉精。（第二十七回）

母大蟲顧大嫂的膽識才幹更勝孫二娘一籌。她的武藝高強，「三二十人近他不得。姐夫孫新，這等本事，也輸與他」（第四十九回）。她策劃主持解珍解寶二兄弟的越獄，冷靜多謀，所有參與行動的好漢都聽命於她；越獄行動成功後，她便與眾兄弟一起投奔梁山。行事這般的顧大嫂容貌如何呢？《水滸傳》說她的妝扮繁複俗麗：「插一頭異樣釵鐶，露兩臂時興釧鐲。紅裙六幅，渾如五月榴花。翠領數層，染就三春楊柳。」這般的女性妝扮事實上更反襯出她的醜貌：「眉麤眼大，胖面肥腰。」她的個性舉止毫無一般女子嬌態，而毋寧是男性化的：「有時怒起，提井欄便打老公頭。忽地心焦，拿石碓敲翻莊客腿。」她幹的活不是傳統女性的女紅：「生來不會拈針線，正是山中母大蟲。」（第四十九回）

這二位女中豪傑，容貌粗陋，行事男性化。身為男性化的女性，她們模糊了一般傳統女性的特質，而這是梁山兄弟之國所歡迎的。身為男性化的女性，她們成了「具有陽具的女性」（Phallic Woman）。她們的男性化（masculinization）是以反面方式彰顯出梁山集團對男性氣質、兄弟關係的認同。母夜叉孫二娘的丈夫張青與她配，被稱讚為「義勇真男子」（第二十七回）；母大蟲顧大嫂的丈夫孫新受人敬重，除了因胸懷大志以外，還因為擁有這麼一位妻子：「胸藏鴻鵠志，家有虎狼妻。到處人欽敬，孫新小尉遲。」（第四十九回）——《水滸傳》只差沒有直接說出「女子無容便是德」[13]。

與母夜叉孫二娘、母大蟲顧大嫂同列忠義堂三姐妹的是女將一丈青扈三娘。她的武藝高過孫二娘與顧大嫂，但生得優雅姣好，不是梁山集團所要亟力表揚讚頌的對象。而扈三娘「前有家毀族滅之痛，繼有迫婚之苦……復有事功不得其償之怨，她在梁山是不可能太愉快的」[14]，《水滸傳》對她的刻劃集中在她的高強武藝：「霧鬢雲鬟嬌女將，鳳頭鞋寶鐙斜踏。黃金堅甲襯紅紗，獅蠻帶柳腰端跨。巨斧把雄兵亂砍，玉纖手將猛將生拿。」對於扈三娘的容貌，《水滸傳》則不像對淫蕩邪惡的美女或有作戰力的醜女般多著筆墨，只簡單說「天然美貌海棠花」（第四十八回），而宋江配給她的丈夫，矮腳虎王英，則是梁山眾人嘲笑輕視的對象。

四、父權體制的共同受害者

吉哈爾認為暴力的交互作用會持續擴散，影響所及，社會團體中的每個成員都必然採取立場，整個團體因而形成一種「粗暴的一致性」（violent unanimity），而犧牲掉做為文化系統基礎的差異性，導致差異性的泯滅、崩潰（destruction of difference）。[15]在《水滸傳》中，暴力的交互作用就是父權體制表現出來的上對下的壓迫，而男性化的孫二娘與顧大嫂被肯定、認同，貌美的扈三娘受到差別待遇，也同樣說明了梁山男性集團要求的一致性、同質性。

梁山好漢「兄弟結義」、「英雄不好色」的守則是這種同質性的外化表徵，而女性做為一個異質體，是被憎恨厭惡的，正如夏志清所說：「《水滸傳》裏的女人不僅為了她們的毒惡陰險受處罰；我們簡直可以說，她們受處罰僅僅因為她們是女人，因為是慾望的無助的犧牲者……他們對於女人有一種下意識的恨，認為是他們的最壞的敵人。」[16]孫述宇在解釋《水滸傳》對女性輕視的、詆毀的態度時說：「強徒總有反秩序反社會的傾向，其表現方式，除了殺人放火，往往包括惡待婦女。」[17]但是梁山強徒所反的秩序卻有階層之別，他們只反蔡京、童貫、楊戩與高俅四個奸臣，卻不反掌控最高政治秩序的皇帝宋徽宗，而接受招安。換句話說，他們反的不是（父權）體制。梁山上的英雄好漢們在不斷複製「上對下」的壓迫模式時，始終沒有瞭解到他們事實上與他們所歧視、懲罰的女人一樣，都是父權上對下壓迫體制的共同受害者。

中篇　兩難困境

第六章

女性主義為何漏接了房思琪？

受害者「自我」的複雜與兩難[1]

作者｜王曉丹

嚮往兒時與表姊妹的鄉下生活，標準都市人，近來遷居山林。政治大學法律學系特聘教授，英國華威大學法學博士，紐約哥倫比亞大學訪問學者，女學會前任理事長。研究領域為法律、文化與性別。探索性別規範何以被遵守、何以形成系統、何以複製與延續，討論性別結構的法律化形態、法律的性別化特徵，也分析個人在其中的法意識包括建構自我認同與能動性。生活中驚嚇於愛女／厭女的一體兩面，學著面對它、接受它、處理它、放下它。在與受害者互動的經驗中，看見自己的生命課題，因此充滿了感激之情。深信性別研究能夠協助反思的深度與廣度，為了可以聆聽、可以理解、可以分享，活著，讀書，寫作。

林奕含的自殺，與其所留下的《房思琪的初戀樂園》[2]，震驚了台灣社會。面對誘姦／強暴的社會真實，各界開展了反誘姦／強暴的實踐，包括打破結構上的強暴迷思、改變體制上不合理的相關法律、填補家庭與國家性教育的空白等。一時之間，反性侵害的聲浪在社會散播開來。這些是人權的實踐，也是女性主義的實踐。但我認為，如果沒有觸及誘姦／強暴的核心，沒有看到背後的結構性因素，這些努力都可能軟弱無力，無法改變現狀。

《房思琪的初戀樂園》討論性侵害議題的方式與以往不同，不僅談密室空間的性侵害犯行，也不只談父權結構下無法禁絕的強暴文化，相對地，林奕含所留下的遺產，帶領我們從結構到個人之間的鏈結關係看性侵害。什麼是誘姦／強暴的核心？林奕含鏗鏘有力地陳述，誘姦／強暴撼動人心的，包含兩個面向：被漏接的「自我」，以及「自我」的生存之道。她是這麼說的：

> 讓我害怕的是，很「聰明、進步、政治正確」的人，這些人是有理想抱負的，**他們在談結構時**，一個一個的房思琪，是不是就從大網子漏下去了？所以為什麼我要寫思琪的事，甚至細到有點噁心、情色變態。我要用非常細的工筆，去刻畫他們之間很噁心色情很不倫的。大家都看到統計數字，**所以我不想談結構**，大家都忘了，那是一個一個人。[3]

> 就像思琪從未能夠進入結構，她寧願可以進入結構，寧願當一個無知到進入結構的人。她寧願沒有讀過書，沒有讀過《第二性》、《性別打結》，她寧願「讓男人養她」、「買名牌包包」，她寧願做這樣的人。但不是，**她讀過，她了解一切，她還是只能從另一個角度「讓男人養著她」**。她的「快樂」是帶有引號的快樂，她知道那不是快樂，可是若她不把那當作快樂的話，她一定會活不下去，這也是我覺得很慘痛的一件事。[4]

《房思琪的初戀樂園》以個人情感、思維、行動、追求、情緒、尊嚴等面向，談誘姦／強暴的單一結構與被害人的身、心、靈。房思琪的慘痛，在於被防治網絡的大網子漏接，由她獨自承擔文化結構裡責難自我的重量，獨自抵禦文化結構中潛藏在知識與權力面具之後的欲望，獨自面對在自我被摧毀之後文化所豢養的控制與暴力。她是那麼孤單，房思琪的慘痛在於孤軍奮戰，在於看重他人眼光但實際上自己又不被看到。這對於台灣女性主義運動來說，是一記當頭棒喝。

為何台灣女性主義運動，無法接住房思琪？以下從台灣女性主義運動「婦權政治」與「性權政治」的結構漏接開始談起；其次從暴力、權力以及脆弱無助等角度，說明房思琪追求他人眼中的「自我」是如何孤軍奮戰；接著分析藉由語言、修辭、譬喻、言說等成就的「愛」，如何作為房思琪「自我」的生存之道；最後討論此種生存之道，這不只是房思琪們，也是文化中你我的共同處境。個人要以一己之力改變此一處境，難之又難，但若深化女性主義理論與實踐，集合更多人的努力，鋪設出逃逸此種「自我」的路線，或許還有機會。

一、網絡漏接：忽略受害者「自我」的複雜度

眾所皆知，台灣女性主義運動有所謂的路線之爭。雖然有人主張此種路線之爭，應該解讀為從基進女性主義到左翼酷兒的「光譜」，[5]但是在誘姦／強暴的議題上，確實可以看見明顯的不同。我認為，兩者的立場雖然有所不同，而且於 2000 年之後就幾乎沒有對話，但是其論述核心，都有類似「權利」的概念，因此本文將二者分別稱為「婦權政治」與「性權政治」，來表達各自的異（婦 vs 性）同（權利）。[6]「婦權政治」與「性權政治」到底哪裡失誤，因此漏接了房思琪呢？

此種路線之爭，在兩次大遊行中可以看出明顯的對立，分別為 1994 年師大案等個案促發的「反性騷擾大遊行」，以及 1996 年為抗議彭婉如女士遭姦

殺的「女權火、照夜路」大遊行。這兩次大遊行所累積的能量，促成了 1990 年代後期許多相關法案的通過，包括《性侵害犯罪防治法》（1997）、《刑法》妨害性自主罪章（1999）等修訂。「婦權政治」提倡婦女權利，從 1990 年代後半開始，推動法案制定或修訂，以及重建政策與體制的工作，[7] 進而在 2000 年代中期開始，於體制內提倡性別主流化，試圖滲透官僚組織，產生女性主義官僚（femocrats），以改造國家而促進性別平等。[8]

「婦權政治」二十年努力看似成果豐碩，為何其所建置的防治網絡，漏接了林奕含？

林奕含或房思琪事件，與二十年前師大案有諸多雷同之處。同樣是女學生仰慕男老師卻被他誘姦／強暴，轉而成為老師短暫的地下「戀」人，女學生身心受創，無法說出所受到的暴力與痛苦，也很難尋求正義。

二十年前的師大案女學生欠缺家庭資源支持，而二十年後的林奕含／房思琪，不論家世、容貌、智力都在社會階層之頂，也有相關的法律、官僚、專家支持，但這些卻都成為防治網絡的網目，漏接了一個個的個人。林奕含／房思琪沒有集體力量的奧援，僅能以自己之力，獨自對抗誘姦／強暴之暴力與權力，最後以自殺尋求解脫。她的自殺某一層面類似於清代存在的「強姦未成，或但經調戲，本婦羞忿自盡」，[9] 也類似 1951 年的「王石安案」、1958 年的「北上夜行快車中的艷屍案」，這二案都是被誘姦／強暴的被害人，以自殺並留下遺書或日記等文字書寫的方式進行死諫。[10]

二十年過去了，「婦權政治」到底改變了什麼，哪些部分仍然屹立不搖？我在〈性暴力法制的歷史交織〉這篇文章中，主張「婦權政治」的成果——法律及其執行——充滿了「自由論」與「保護論」的思維，法律假設被害人是自由的個體，可以自由決定、自由思考、自由行動，因此性侵害的核心是自由的侵害。[11] 唯有女人不願意，才有侵害的可能，唯有脆弱、無助、可憐、尋求保護的女人，才得以成為法律所要保護的主體。於是，「婦權政治」所建構的法律體制，漏接了在同意／不同意二元對立化約論之下，女人在現實中的情慾、追求、自我鞭策與努力向上。

那麼「性權政治」為何也漏接了房思琪？1994年反性騷擾大遊行中，「性權派」的何春蕤提出「解放師生戀」的主張，只要「師生戀正常化」，將可同時解放校園內師生關係，將潛藏的其他形式的不平等（性別、性偏好、族群、階級等認同）同時解放出來。[12]提倡性解放的何春蕤力求論述上的突破，在遊行途中帶領群眾高喊「我要性高潮，不要性騷擾」，在「女權火、照夜路」大遊行中高呼同性戀人權的口號。[13]近年來，「性權政治」重砲批判「婦權政治」，將女性主義實踐所建置的「性」相關立法與執法，貶低為對「性」的管制或監控，指責其藉由製造受害想像與保護弱者的情感公民，全面性創造了性別治理的「新道德主義」。[14]

然而，林奕含為何當不了豪爽女人？

令人遺憾，在現實面，「性權政治」並未提出任何可以承接房思琪們的方案，「性權政治」除了攻擊「婦權政治」之外，僅在討論性騷擾時，指出性壓抑的貧瘠情慾文化為性騷擾的社會基礎。[15]至於師生之間的案件，「性權政治」甚至公開反對師生倫理界線的立法，並且提倡尊重師生「戀」與解放師生「戀」。[16]此種論述並未指出，廢除校園倫理之後，女學生如何可能突破權力不對等下的弱勢處境，又如何可能脫離「處女情結」與「賺賠心理」。

針對房思琪們的痛苦與慘烈，「性權政治」恐怕會將之歸類為性壓抑，因而指責其政治不正確；房思琪們在強暴與強暴迷思的羞辱之外，恐怕會遭受「性權政治」更進一步的羞辱，指責其不該在意處女情結；「性權政治」壓抑與解放的二元對立，根本對立不起來，[17]房思琪們永遠會落在二元對立受貶低的壓抑方。於是，「性權政治」也漏接了，房思琪們必然會從其情慾解放的抵抗網目中——或許大旗子更貼切——漏下去，直落谷底。

> 不只是他要，**我也可以要**。如果我先把自己丟棄了，那他就不能再丟棄一次。反正我們原來就說要愛老師，妳愛的人要對妳做什麼都可

以，不是嗎？（《房思琪的初戀樂園》頁66）[18]

「性權政治」提出的解放師生「戀」，雖然看見了女人性慾的被壓抑，但其論述更多是針對同樣是女性主義實踐的自己人的批判，而其性解放權利的主張（獨立個體的性高潮、性裝扮、性實驗），忽略了性的權力位階與汙名結構，描繪了過於虛幻、極其渺茫的外太空世界，女人在這裡只是一個真空的主體。「性權政治」高估了女人在社會中的能動性，漏接了女人深刻的情感、思維與行動的真實「自我」。

二、孤軍房思琪：愛上他

「婦權政治」與「性權政治」無法適當處理被害人「自我」的複雜度，造成誘姦／強暴被害人的孤軍奮戰，最後發展出「自我」的生存之道——這些孤伶伶的房思琪們，竭盡所能追求他人眼中的「自我」，那個有羞恥之心、那個自尊心強、能夠懂得自我反省的「自我」——進而建構出「愛」上加害人的被害人。

「婦權政治」所建構的性暴力防治網絡中，法律對暴力的描繪，僅是片面的，甚至無法觸及問題的核心。法律作為人權的實踐，可以描繪的暴力以自由主體為前提，以侵害性自主權為範疇，所指涉的範圍僅僅包括違反意願而跨越身體界線的行為，或者利用權勢姦淫被害人的行為。法律最在意的是被害人同意與否，尤其是在刑事程序中有何證據是否足以推論同意與否。

法律遺漏太多東西了。

法律對於同意與否的對立二分法，將被害人的內在糾葛與外在表現，強硬歸類。但是在誘姦／強暴的暴力中，加害人很容易利用那個從小被教導要「乖」的「自我」，利用那個要「好好做功課」的「自我」，創造了一個「同意」的外表，並成就其滿足性／欲的侵害：

> 老師說了九個字：「不行的話，嘴巴可以吧。」我說了五個字：「不行，我不會。」他就塞進來。那感覺像溺水。可以說話之後，我對老師說：「對不起」。有一種功課做不好的感覺。雖然也不是我的功課。（頁 30）

法律啟動的前提是有人提出告訴。然而，法律看不到誘姦／強暴的諸多暴力型態，尤其是許多加害人會利用被害人好女孩的自尊，吃定了被害人不敢到處宣揚，吃定了被害人擔心會受到外界異樣的眼光，因而不會說出去。加害人利用了被害人那個力求上進、充滿自尊心的「自我」：

> 最終讓李國華決心走上這一步的是房思琪的自尊心，一個如此精緻的小孩是不會說出去的，因為這太髒了。自尊心往往是一個傷人傷己的針，但是在這裡，**自尊心會縫起她的嘴**。（頁 52）

法律只在乎加害人外在行為的罪刑，忽略了誘姦／強暴的暴力中，被害人那個不斷自我譴責、充滿罪惡感的「自我」。甚至，法律也看不到加害人會選擇被害人，找到這種潔身自愛的罪惡感，享受自己成為這些誤入歧途小女孩尋求慰藉的對象，尤其是自己才是那個罪人，但被自己所害的人卻充滿罪惡感，這種快感最為刺激：

> 他發現社會對性的禁忌感太方便了，強暴一個女生，全世界都覺得是她自己的錯，連她都覺得是她自己的錯。**罪惡感又會把她趕回他身邊**。罪惡感是古老而血統純正的牧羊犬。一個個小女生是在學會走穩之前就被逼著跑起來的犢羊。那他是什麼呢？他是最受歡迎又最歡迎的懸崖……。（頁 86）

房思琪成為孤軍，不只是她主觀的自尊心與罪惡感，也是客觀環境所促成。這包括「台式升學主義的慘痛、殘酷和不仁」，其中的個體，每日經歷著「一個挑燈夜戰的夜晚的意志乘以一年三百六十五天，再乘以一個醜女還要勝過的十幾萬人」（頁 67），此時，老師的「青睞」竟成為女學生的生活高峰。

> 蔡良趁曉奇一個人在櫃檯前等學費收據的時候，把她叫到一旁，跟她說，李國華老師要幫妳重點補課，老師說看妳的考卷覺得妳是妳們學校裡資質最好的。蔡良又壓扁了聲音說：「但是妳不要告訴別人，別的學生聽了會覺得不公平，嗯？」**那是一切中上的郭曉奇人生中唯一出類拔萃的時刻**。蔡良去學校接曉奇下課，直駛進李國華的台北秘密小公寓裡。（頁 100-101）

孤軍房思琪被困住了，困住她的正是社會一直讚揚的價值：那個羞恥之心，那個幽深的教養，那個沖不掉的倫理。

> 他說：「我只是想找個有靈性的女生說說話。」她的鼻孔笑了：「自欺欺人。」他又說：「或許想寫文章的孩子都該來場畸戀。」她又笑了：「藉口。」他說：「當然要藉口，不藉口，妳和我這些，就活不下去了，不是嗎？」李國華心想，他喜歡她的羞惡之心，喜歡她身上沖不掉的倫理，如果這故事拍成電影，有個旁白，旁白會明白地講出，她的羞恥心，正是他不知羞恥的快樂的淵藪。射進她幽深的教養裡。用力揉她的羞恥心，揉成害羞的形狀。（頁 70-71）

房思琪被挑選、被排除於法律之外、被設定罪惡感、被決定走向加害人時，在完全沒有奧援之下，成為真正的孤軍。在誘姦／強暴的案例中，「性權政治」的主張容易被轉變為指責女人不解放、不豪爽。這不但不足以對抗不合理性別暴力，反而因為其中強加的道德，讓被害人被迫扭轉自己的意識，找尋一個合理、合法甚至合情的說法，既邪惡又快樂：

> 她現在還感覺到那食指在她的身體裡像一個搖桿也像馬達。遙控她，宰制她，快樂地咬下她的宿痣。邪惡是如此平庸，而平庸是如此容易。愛老師不難。（頁 67）

「婦權政治」與「性權政治」女性主義實踐的防治之網，忽略了誘姦／強暴的一個核心——那個很乖、功課好、會不斷自我譴責、能為升學而自我封閉、那個羞恥之心、那個幽深的教養、那個沖不掉的倫理的「自我」。這樣的「自我」不斷進行著自我防備（注意，不是防備狼師，不是防備他人，而是防備自我），防備成為不了他人眼中的「自我」。是這個「自我」讓暴力與權力變得容易實行，或者說，施暴者利用了這個「自我」遂行其暴力與權力；也是這個「自我」獨自面對了誘姦／強暴下的弱勢處境，或者說，被害人的「自我」正是誘姦／強暴之下最弱勢之處。

三、明明是強暴，為何成為師生戀？：虛假的「愛」

房思琪的自我在誘姦／強暴中受傷了，感覺被貶低、被侵占、被刪除，甚至被毀滅了，「不是虛無主義，不是道家的無，也不是佛家的無，是數學上的無」（頁 75）。已經成為「無」的自我，被侵占者、毀滅者主宰，成為侵占者與毀滅者希望她成為的樣子。最後，被誘姦／強暴的被害人，自我認知逐漸崩毀，但在其掙扎、努力求生的過程中，卻得出了「必須愛上老師的結論」。愛上施暴者，竟成為孤軍奮戰的房思琪唯一的生存之道。

> 想了這幾天，我想出唯一的解決之道了，我不能只喜歡老師，我要愛上他。妳愛的人要對妳做什麼都可以，不是嗎？**思想是一種多麼偉大的東西**！我是從前的我的贗品。**我要愛老師**，否則我太痛苦了。（頁30）

房思琪的自我轉化令人震驚。房思琪使用語言、修辭、譬喻、言說去緩和自我認知與現實的巨大落差，以尋求平衡自我認知崩毀後的恨與不甘。林奕含或許想說，卻沒有意識到自己想說，而沒有說的是，房思琪的「愛」，是被聯想、象徵、隱喻、言說所建構出來的。這成就了一種虛假。

> 無論是哪一種愛，他最殘酷的愛，我最無知的愛，愛總有一種寬待愛以外的人的性質。雖然我再也吃不下眼前的馬卡龍——少女的酥胸——我已經知道，**聯想**、**象徵**、**隱喻**，**是世界上最危險的東西**。（頁80）

這裡的「愛」是什麼的樣貌呢？如果我們去除了聯想、象徵、隱喻、言說，那麼「愛」與殘暴幾乎成為同義詞。房思琪對此曾有如下感嘆：

> 她只知道愛是做完之後幫妳把血擦乾淨。她只知道愛是剝光妳的衣服但不弄掉一顆鈕扣。愛只是人插進妳的嘴巴而妳向他對不起。（頁96）

既然房思琪對李國華的「愛」是那麼難堪與痛苦，又為什麼一定要「愛」呢？如果將房思琪的「愛」，形容為其「自我」被困住了，或許帶有一點女性主義或知識分子的霸道。與其說房思琪「自我」被困住了，倒不如說，這是房思琪「自我」的生存之道。房思琪的「自我」不斷追求著成為他人眼中的乖女孩、自尊心強、具教養與倫理的女孩。但是暴力的現實讓這樣的「自我」難堪與痛苦，只好成為語言、文學與藝術所建構的「愛」上李國華的房思琪。這或許是自我尋求解套的唯一出路，讓個人免於在不斷掙扎中，繼續受到創傷折磨，也對過去塑造出的自己交代。這樣的自我雖找到了平衡，但也成就了虛假。

房思琪所建構的虛假世界，源自於「自我」被毀滅之後，為了求生存的唯一方法就是模仿施暴者的自我：想像如果自己能成為老師希望自己變成的樣子、甚至學習老師、成為老師那樣的人，會不會一切都可以沒事。在生前最後一次專訪中，林奕含有意識地看到李國華運用語言、修辭、譬喻、言說去彌補裂縫：

> 所以，李國華是胡蘭成縮水了又縮水了的贗品……這些學中文的人，胡蘭成跟李國華，為什麼他們……一個人說出情話的時候，他應該是言有所衷的，他是有「志」的，他是有「情」的，他應該是「思無邪」的……他們的思想體系非常畸形，他們強暴了，或者性虐待了別人，自己想一想，還是「一團和氣，亦是好的」……因為他的思想體系如此矛盾，以至於無所不包，**因為對自己非常自戀，所以對自己無限寬容**。這個思想體系本來有非常非常多裂縫，然後這些裂縫要用什麼去彌補？**用語言，用修辭，用各式各樣的譬喻法去彌補，以至於這個思想體系最後變得堅不可摧**。[19]

林奕含談到了華人「自我」裡面最深沉的部分，那個溫良恭儉讓的外表，卻是言不由衷的虛假。是這個虛假騙了房思琪，也是這個虛假讓房思琪以為可以自我拯救。房思琪追隨著李國華的腳步，為了彌補虛假所可能產生的裂縫，一方面渴望著思無邪、言有所衷，同時又用藝術與文學，使用語言、修辭、譬喻、言說，建造一個堅不可摧的說法，用來彌補虛假所產生的裂縫。

當她說我要「愛」老師時，那個已經被摧毀的自我，彷彿在說我要「成為」老師的樣子。

林奕含用小說揭穿了這個用語言、修辭、譬喻、言說成就的虛假，戳破了這個她被毀滅之後模仿施暴者以求生存的虛假。如果房思琪「愛」李國華，是被中文或藝術建構出來的，或許應該提出的問題是：這裡的「愛」，會不會只是藝術的巧言令色？林奕含在其專訪中就提問到了類似的問題：「藝術它是否可以含有巧言令色的成分？」「會不會，藝術從來就只是巧言令色而已？」[20]她堅持將這是一個關於「女孩子被誘姦或是被強暴」的故事，改成「這是一個關於『女孩子愛上了誘姦犯』的故事」。張小虹評論說，「『愛』是此事件中不能被講出的關鍵字，如此才能一邊徹底黑暗化『狼師』、另一邊徹底無助化『女學生』，讓『誘姦』徹底坐實為『性侵』」。[21]這樣看來，林奕含堅持把「愛」這個字放入故事的標題，實為勇敢突破禁忌，讓被隱藏的部分得以展演。

然而，林奕含也害怕她所熱愛、所擅長的文學藝術，會真真正正地辜負她，就像當初被文學藝術下的贗品李國華所惑，「她恍然覺得不是學文學的人，而是文學辜負了她們」（頁 222）。林奕含說：

> 所以這整個故事最讓我痛苦的是，一個真正相信中文的人，他怎麼可以背叛這個浩浩湯湯已經超過五千年的語境？為什麼可以背叛這個浩浩湯湯已經超過五千年的傳統？我想要問的是這個。[22]

房思琪的「自我」生存之道，比我們想像的還要慘烈。這樣的虛假，這樣的語言甚至欠缺深厚的根基，房思琪說「台灣沒有千年的虛構敘事文傳統，台灣有的是什麼傳統？有的是被殖民、一夕置換語言名姓的傳統。她就像她們的小島，她從來不屬於自己」（頁 107）。「愛」上李國華的房思琪的「愛」，是虛假的，中國五千年的傳統，是虛假的，唯一真實的是，就像台灣的歷史情境，它／她從來不屬於自己。林奕含認為：

> 可以說，思琪她注定會終將走向毀滅且不可回頭，正是因為她心中充滿了柔情，她有慾望，有愛，甚至到最後她心中還有性。[23]

房思琪被暴力虐待，感到自我已經被毀滅，但是，她對施暴者仍有柔情、有慾望，有愛。房思琪藉由聯想、象徵、隱喻、言說所建構出來的「愛」，與殘暴幾乎成為同義詞，成就了虛假。這個「愛」披著藝術的外衣，骨子裡卻巧言令色，是裡外不一的虛假。這個虛假的「愛」，雖然從來不屬於她、不斷折磨著她，但是這個「愛」竟是房思琪「自我」重創之後，維持自我認知不至於崩潰、賴以平衡的「自我」生存之道。

四、人類歷史上最大規模的屠殺

有朋友批判林奕含的生前最後專訪，以及其自殺行為。他說，林奕含不懂納粹集中營的恐怖，才會在最後專訪中說「人類歷史上最大規模的屠殺是房思琪式的強暴」，比納粹集中營的屠殺還要慘烈。他說，林奕含誤讀了古文、歷史與文化，才會質疑已經超過五千年的浩浩湯湯傳統，懷疑藝術從來就只是巧言令色而已？他又說，林奕含最後自殺，這跟清朝女人有什麼不同？都是為了證明自己的清白而自殺，或者清白已毀、羞於見人而自殺。

我不同意上述的看法。到底是集中營的屠殺比較慘烈，還是房思琪式的屠殺比較慘烈，對被害人而言，要看的是其「自我」的狀態。**房思琪式的屠殺是一種被害人全心信任而被背叛，被害人全心投入類似自殺的屠殺**。被背叛是因為，被害人信任施暴者並「愛」著施暴者，類似自殺是因為被害人不只是身體，而是心靈與生活的全面被占領。

此種人類歷史上最大規模的屠殺，可以從以下的小說文字讀出：

> 完成了，房媽媽前幾天送我的螃蟹也是綁成這樣。李國華謙虛地笑了。溫良恭儉讓。溫暖的是體液，良莠的是體力，恭喜的是初血，儉省的是保險套，讓步的是人生。（頁 203）

> 那是房思琪從國一的教師節第一次失去記憶以來，第兩百或三百次靈魂離開肉體。（頁 120）

林奕含至少沒有全面性誤讀古文、誤看歷史、誤解文化。中國古文、中國歷史、中國文化，一直以李歐塔（Jean Francois Lyotard）所說的「宏大敘事」（grand narrative）姿態，占領我們的思想，此種敘事以總體、普遍、抽象、放諸四海的規範，壓抑或排斥其他微小敘事的可能，從中獲得其自身的合理性。房思琪對中文癡情，卻因「宏大敘事」所建構的他人眼中的「自我」而受暴，被強暴之後，還必須道歉的「自我」，是傳統與教育下的乖女孩，永遠犯錯，必須不斷反省的「自我」。

> 為什麼是我不會？為什麼不是我不要？為什麼不是你不可以？直到現在，我才知道這整起事件很可以化約成這第一幕：他硬插進來，而我為此道歉。（頁 30-31）

這場屠殺之所以是人類歷史上的最慘烈屠殺，重要的原因在於，被害人最親近的媽媽與閨蜜，也參與其中，將她推向李國華。房思琪在被李國華誘姦後，曾向兩人有直接或間接的求救動作。她向她的閨蜜說：「我和老師在一起了。」得到的回覆是：「妳好噁心，離我遠一點。」她跟她的母親試探：「聽說學校有個同學跟老師在一起。」她的母親不疑有「她」地回答：「這麼小年紀就這麼騷？」（頁 68）房思琪明明是性剝削的受害者、偽師生戀的祭品，但她試圖逃出的第一步卻硬生生的被擋下來。房思琪的求助無門，反映出中產階級的道德觀，對任何性話題都充滿負面的刻版印象與僵化反應。

這場屠殺的重要一環，包括李國華以其父權之力，硬生生強加美醜的標準與同儕比較，將房思琪與閨蜜怡婷分開。《房思琪的初戀樂園》末尾，房思琪發瘋了，怡婷讀完了房思琪的日記後，她去找李國華對質，卻發生了一段令人詫異的劇情發展：

> 怡婷一口氣把衣褲脫了，……「老師，你強暴我吧。」像你對思琪做的那樣……。「……我以前比思琪還喜歡你！」……「……思琪有的我都有！」李國華……「妳撒泡尿照照自己的麻臉吧，死神經母狗。」（頁 215）

這段難堪的場景，分離了這對曾經在心理上如雙胞胎的朋友，反映出怡婷妒忌思琪，生氣自己為何沒被老師選中；而思琪妒忌怡婷，因外貌不出眾而沒被選中，繼續保有純真直率的心。李國華的屠殺殺到泯滅人性，以粗糙的美醜比較，賜死了這段童年情誼、分割了她們心理上的連結。

房思琪式的屠殺可怕之處在於，這是被害者主動索求來的，而房思琪當時竟然毫無所知。實際的情境是，受害者也不希望自己被定義成受害者，更有甚者，她們希望自己是可以主動付出的主體。李國華想做愛時，常常笑盈盈、俏皮、詩興大發又可憐兮兮，他比那些道貌岸然、指責她很騷很髒、最親的朋友親人，更像是戰友，事實上也是在被強暴之後的荒涼下墜感中，房思琪毫無選擇能抓住的最後一片浮木：

> 這是老師愛妳的方式，妳懂嗎？妳不要生我的氣，妳是讀過書的人，應該知道美麗是不屬於它自己的。妳那麼美，但總也不可能屬於全部的人，那只好屬於我了。……妳喜歡老師，老師喜歡妳，我們沒有做不對的事，這是兩個互相喜歡的人能做的最極致的事……。（頁 62）

李國華把性暴力發生的責任推給房思琪：

> 妳可以責備我走太遠，妳可以責備我做太遠，但是妳能責備我的愛嗎？妳能責備自己的美嗎？（頁 64）。

這些包裝強暴合理性的詞藻與動作，使房思琪產生一種自己能藉由身體付出愛，而愛的付出似乎標示她具有一種能動性，但也稀釋本屬於她生命該有的利己的、向上的能動性。由被迫的性轉為主動的愛，以愛為名，房思琪壓抑了生理、心理上的不舒服，靠著這塊浮木載浮載沉，直到李國華尋找下一個獵物後崩潰瓦解。她以小說跟世人說明這類事情的深層意義，這或許不是對加害人的憎恨或報復，反而是一種「到我為止」的決心。

林奕含的死諫，與清朝的貞節女性不同，至少她留下了《房思琪的初戀樂園》，還有幾個專訪的片段。就像張亦絢在書末的評論，如果要將受暴故事以少女們自己的觀點揭露出來，《房思琪的初戀樂園》比《羅莉塔》還要成功。至少，林奕含用少女的觀點，將少女的心靈世界，用鉅細靡遺的筆觸描繪日常生活，這必然為後世、為台灣社會留下遺產。正因為如此，《房思琪的初戀樂園》可以再被閱讀，脫離作者的觀點，從讀者的視角進行再詮釋，而不只是含冤自盡以證明清白。

五、房思琪們的抵抗

《房思琪的初戀樂園》中的許多細節，可以用來批判父權，展示父權文化如何進入日常生活，讓女性不自覺內化、上當。蘿拉．莫薇（Laura Mulvey）認為男人是女人的異己他者，女人經常以被動消極的方式，將男人對她的「男性凝視」（male gaze），視為自我構建的場景，造就了男性文化對女性的困鎖機制。[24]例如小說中如此描寫李國華：

> 他有時候會覺得，賺錢，大量蒐集骨董，是對他另一面的生活最好的隱喻。他總是對小女生說：「我有好玩的東西給妳看。」心裡頭激動不已。因為這句話的雙關如此明顯，卻從來沒有人發現……要她看牆上的膠彩仕女圖……女學生試圖看懂那畫的時候……他總說這一句：「妳看，那就是妳。妳知道在妳出現之前我有多想妳嗎？」被帶去臥室她們總哭。而客廳裡的仕女的臉孔還總是笑吟吟、紅彤彤、語焉不詳的。（頁 134-135）

當「男性凝視」可以細節化之後，也才可發展現實中「回眸凝視」（returning the gaze）的具體方案，以自覺的女性回觀，顛覆父權眼睛的凝視。林奕含「回眸凝視」了父權眼睛，看到李國華雙關語的謀略與邪惡，看到他的言不由衷與矛盾荒謬，看到笑吟吟的仕女圖正是李國華要房思琪變成的樣子，要她成為一個釘在牆上的過去。

《房思琪的初戀樂園》有許多隱喻及反諷。光是書名就有很多言外之意。首先，「房思琪」可能有兩個意思，一個是「防師騎」，防止被老師當動物騎，另一個是「仿思欺」，被仿造的贗品思想所欺騙或欺負。房思琪被老師強暴，與房思琪被仿造的思想所欺，這是同一件事情的兩面。

其次，房思琪經歷的絕非樂園，書名用樂園來形容，無非是一道反諷的苦藥。絕非樂園被說成樂園，而多數從外面看這棟大樓的人，會說這是樂園（書的第三篇有大篇幅描寫大樓的復樂園，讓路人羨慕），這是何等的諷刺。

第三，書名中的「戀」這個字，也可以是一種反諷，初戀的「戀」，並非真的「戀」。讓我們將「戀」這個字拆開，「言」的左右兩邊是「糸」，「糸」一般是指絲或麻，在小說裡可以是最後將房思琪綁住的繩子。所以，「戀」的另一個意思是，以繩子為左右手，贗品的言語思想為主力，整個占據對方的身、心、靈，這就是房思琪的「樂園」。

書名展現的多重意義，也使得這本書、這本書的主角、這本書主角的遭遇，展現了多元性（plurality）的可能。當林奕含在「房思琪」、「初戀」、「樂園」的用語上，體現內在與表現的矛盾、差異時，同時也正告訴我們，性別是操演出來的，藉由「性別操演」（gender performativity）[25]，可以重新賦予新義，提供顛覆的空間。

《房思琪的初戀樂園》可以被視為夾雜著「陰性書寫」（ecriture feminine）的嘗試。法國女性主義者茱莉亞・克莉絲蒂娃（Julia Kristeva）、伊蓮娜・西蘇（Hélène Cixous）和露絲・伊瑞葛萊（Luce Irigaray）提出「陰性書寫」的概念，藉身體經驗的書寫，來再現與追尋既有性別框架之外的愉悅或歡樂。[26]書中的許多情節，夾雜了一些可能的「陰性書寫」。可惜的是，這些愉悅或歡樂之後，竟然都緊接著性暴力。

《房思琪的初戀樂園》有三章，〈樂園〉、〈失樂園〉、〈復樂園〉。在第一章〈樂園〉中，前半段寫房思琪與閨密劉怡婷間的歡樂，後半段寫房思琪被老師誘姦後發瘋，劉怡婷被警察找去指認後，閱讀房思琪日記。前半段有這句：

> 海參躺在白瓷大盤裡就像一條屎在阿娜擦得像發光地馬桶底。劉怡婷在齒間吞吐一下，就吐回盤子。笑得像打嗝停不下來……「這好像口交。」（頁 10）

在最後一場李國華求歡的場景，房思琪稱生理期未果，最後被李國華用繩子綁起強暴，前面一個場景就是房思琪跟劉怡婷笑談上大學要學法文的歡樂：

> 對，跟法國學生語言交換，他教我們法文而我們教他中文。怡婷說，我們可以天花亂墜地講，字正腔圓地教他說「我矮你」，說「穴穴」，說「對不擠」。兩人笑開了。（頁 195）

林奕含藉由少女間的嬉戲玩樂，多少展示了尚未被父權律法強加於女人之前的自由與歡樂，或者它至少展示了一種可能。《房思琪的初戀樂園》就算不能算是「陰性書寫」，也可以是一種透過「敘事」（narrative），作為抵抗，以挑戰既有主流言說，找到一些被壓抑與邊緣化的經驗，讓她們重新在歷史上現身。

《房思琪的初戀樂園》告訴我們誘姦／強暴的真相，正如蘇珊．布朗米勒（Susan Brownmiller）的主張，誘姦／強暴的核心為宰制與控制，男人強暴並非因為他一時失控，相反的，強暴是一種有意的恐嚇，目標在於控制，甚至報復。[27]李國華報復什麼呢？從故事情節看來，李國華報復自己懷才不遇，被補習班的功利環境所埋沒，經驗豐富的他，精明地挑選了最適合的對象：房思琪，一個被自尊心縫住嘴，又充滿才情的女孩，他要毀掉她，就像當年他被毀掉一樣。

> 在貧乏、很荒蕪，然後很貧窮的升學的學生眼裡……他好像確實有那麼一點素養……他的魅力在哪？就是在這個功利的背景下，他又偶然流露出一點「他是寂寞」，因為他有些東西在功利的背景下被埋沒了，所以我需要有人懂我，而妳就是那個懂我的人，妳是可以解放我的人。[28]

當李國華誘姦／強暴房思琪，讓她心甘情願被虐待、被強暴、被成為奴隸、被逼為男人服務、被貶低人格、被暴力對待、被恐嚇、被羞辱時，**個人的身體經驗就是政治的舞台，也應該是能動性**（agency）**的源頭，這就是「個人即政治」**（personal is political）。

六、離開，好好活下去

房思琪在被誘姦／強暴時，身體和靈魂也「被消失」，事後只能以「自我」之力孤軍奮戰，她所倚賴的「自我」，還是那個追求他人眼中的「自我」，那個成就了虛假的「自我」。於是，「自我」抵抗的同時喚醒創傷，陷入更深的痛苦。「自我」的逃逸路線，關鍵在於理解那個他人眼中的「自我」，藉由「回眸凝視」看穿真相，藉由隱喻反諷以操演「自我」的多元性，藉由「陰性書寫」再現與追尋女性本身的愉悅，藉由「個人即政治」而重塑抵抗。

「自我」的生存之道與逃逸路線乃受害者的兩難。其一，誘姦／強暴背後的文化結構，讓每一個面臨此種處境者成為孤軍，在正面抵抗極其困難的情況下，只能尋求一種自我解脫的生存之道，瘋狂抓取任何可以繼續存活的浮木。房思琪的生存之道是譴責自我，迫使自我認同加害人，進而愛上加害人，這是房思琪走上的道路，但卻是違背其自我利益的路。房思琪在結構、漏接、渴望、浮木、無力抵抗等的鏈結關係中，獨自面對從結構到個人的全面孤立，獨自發展愛上老師的生存之道。

其二，房思琪的另外一個困難在於，她應該選的是離開，離開那段關係，建立新的自我。小說中雖然展示了女性主義實踐需要的「回眸凝視」、「性別操演」、「敘事」／「陰性書寫」與「個人即政治」的演練——嘉年華會也好，巷仔口閒談也好，一語雙關，自由戲耍，瘋狂或者專注，這該是女性主義實踐的樣子——但這條價值上應然的路，卻有著實踐上的困難，畢竟離開那段關係與建立新的自我，兩者之間仍存在著斷裂，林奕含離開了，然而她是以結束生命的方式離開。離開不必然能開啟新的自我，這或許也是女性主義能否接住受害者的問題，此為另一難。

或許，女性主義實踐所單獨編織的網，本來就不可能承接誘姦／強暴被害人的下墜。若要產生承接的力道，女性主義實踐就必須牢記，誘姦／強暴被害人並不一定享有或擁有「自由」、「選擇」的「權利」，必須理解其生存之道與逃逸路線。更重要的是，女性主義實踐必須介入被害人的社會、人際網絡，使其有能力在具體脈絡下，發展不同於以往、多種多樣的生存之道與逃逸路線。

關鍵在於，「自我」要能夠從容地回應或反駁他人的眼光與評價，然後說明其中的謬誤與誤認，當他人仍然堅持己見時，得以簡單說一句，「那就是你的問題了」，然後離開。真真正正地離開，毋須在乎，然後好好活下去。

第七章

在野地中掙扎

林奕含的雙重失落與綑綁

作者｜黃囇莉

台灣大學心理學博士，現為台灣大學心理學系教授。從小搭著國家教育體制的順風車成長，年輕時因讀太多五四運動時代的作品，受愛國熱血激勵，總把大我放在小我之前。進入台灣大學心理學系，主修人格／社會心理學，也以本土心理學為主要研究取徑，想要擺脫西方的學術殖民。1994 年女學會成立，有幸參加幾次婦運界的研討會、工作坊，受啟迪而看到了影響個體的父權結構之存在，因而毅然認同女性主義。除了在本土心理學持續學術耕耘外，也投身女性主義者的實踐工作，多聚焦在性別平等教育及性侵害／性騷擾之調查工作。目前與性別相關之論文約三十多篇，曾任女性學學會第八屆理事長，清華大學性別平等教育委員會副主委。2010 年獲教育部友善校園傑出貢獻獎。

一、開場的話

2017年2月，小說《房思琪的初戀樂園》出版後即引發熱議，作者林奕含堅稱，小說中的故事「都是真實發生過的事」。但在新書出版後不到半年，林奕含卻於該年4月結束了自己的生命。林奕含的作品與事件，不僅讓「師生間的性、權力、誘姦」成為當年台灣新聞媒體的關鍵字，至今仍不斷驅使我們反思她以文字與生命所提出的種種叩問。

根據媒體與網路上的敘述，林奕含「美麗大方」、「談吐得宜」，當年考大學時是台南女中唯一學測滿級分的，人稱「最漂亮的滿級分寶貝」。2016年4月林奕含在自己的婚禮上說：「如果今天婚禮我可以成為一個『新人』，我想要成為一個對他人痛苦有更多想像力的人……，我想要成為可以實質上幫助精神病去汙名化的人」。[1]「精神病患」和「最漂亮的滿級分寶貝」就如同沾黏在她身上的標籤，一旦被貼上了，就無法再剔除，「如同已經發生過的，不可能無痛還原」。[2]

小說中主角的經歷與遭遇和作者林奕含有諸多相似之處，林奕含的父母也曾公開說，書中的故事就是她們女兒的真實故事。那麼，《房思琪的初戀樂園》究竟是一本什麼樣的書呢？對很多人來說，它是一個關於「女孩子被誘姦或被強暴」的故事。弔詭的是，作者自己的說法：它是一個關於「女孩子愛上誘姦犯」的故事，這裡面有一個「愛」字；但作者更強調，如果看了這本書，看不到誘姦和強暴的話，那一定是在裝聾作啞。[3]顯然地，究竟是兩情相悅，抑或是強暴，其中存在著時空上的矛盾，或許作者就是要說一個愛與暴力糾葛，難分難解的故事？

同時，作者認為她的書寫是「屈辱的書寫」、「不雅的書寫」，也是「知其不可為而為」的書寫，「因為這麼大質量的暴力，它是不可能再現的」。[4]然而，讀者們又怎麼看這本書呢？從網路上的留言可知，有人「讀了——失眠、作噩夢」，有人則「很難過，讀不下去」、「沒法子一直讀，所以讀很慢」等。看來，讀者們閱讀此小說時，多經歷著難以承受的負面情緒。如果感覺痛苦，是因為故事的情節，歷歷在目？還是因為感同身受？或是有自身的投射？抑或是難以接受社會有此陰暗面，或是因同理作者寫作過程的掙扎與苦痛？這些都有值得深究之處。

（一）歷史的軌跡

台灣不缺相似的故事。早在 1994 年，台灣師範大學即曾有一起掀起校園軒然大波，引發社會熱烈議論，七匹狼傳聞風起雲湧之事件。事件起於女學生在校外噴漆，指控老師利用上課時間對她性騷擾，課後在研究室有性侵之實。但當時《性別平等教育法》及相關法案與準則尚未立法，調查程序未獲共識，以致當事人的後續處境也面臨諸多疑慮。開始時，事件的女主角說自己喜歡老師，喜歡老師的白髮蒼蒼、充滿智慧，喜歡老師吟詩誦詞時的風度翩翩、溫文儒雅，但這所有的「喜歡」完全是建立在「詩般的清純情懷」以及「欽羨」之上。她會在節日或慶生日寫卡片，畫「愛心」向老師表白喜歡，也會在日常生活裡特別送些水果點心給老師吃，以示貼心；這些行為，確實比一般學生對老師的尊敬多了些甜蜜，但她也絕無意發展進一步的「情愛」或是「性愛」關係。除了承認自己喜歡老師，她也因在校內或校外與老師發生多次性關係，而被某些人視為係與老師兩情相悅之「師生戀」。教授之妻因此以妨害家庭之名向法院提告女學生，雖然，律師以女學生先遭到性侵害為由辯護非兩情相悅，但最後，她妨害家庭的通姦罪成立，遭易科罰款處罰。

女學生無法提告遭師性侵害的原因之一是，當時《刑法》之「強姦罪」係屬「告訴乃論」，且要於事發後一年內提出訴訟。但此案揭露時女學生已是大學四年級，事發之際女學生僅是大二生，如果要提告訴卻時效已過，以致無法藉遭性侵以為自己辯護，只能因妨害家庭案敗訴而飲憾。1999 年，在婦運團體的努力之下，也將《刑法》第十六章「妨害風化罪」改為「妨害性自主罪」，其中最重要的是將原來「致使不能抗拒」之要件改為「違反其意願」，被害人也不限於婦女，還包括男、女兩性，亦即男對男、女對女。[5]像這樣將強調社會規範層面的「妨害風化」改為「妨害性自主」，受害者從「婦女」擴增為「男女」兩性，在在顯示對性自主權及身體控制權的尊重已然在立法層次上受到高度的重視。

另外，此案中，女律師為女學生以強暴在先的論點辯護並未被檢察官採納，原因之一係所謂的「斯德哥爾摩症候群」（Stockholm syndrome）當時尚未引進台灣而為一普遍之認識。女學生曾召開記者會說明事件經過，當時媒體的風向認為學生已成年，師生戀的可能性存在，女學生應對自己的行為負責；師生間權勢關係的關鍵影響力並未被大眾重視。當然，這樣的輿論風向對女學生是相當不利的，記者會之後，女學生並未取得更多來自大眾的同情，加上官司不利，只好瘖啞失聲。當時，有些女學會的會員私下幫助她，希望她能度過一關關的困境。由於此案的詳細事實部分一直未曾公開，以致學界無法對類似案例有更深層的理解，並引以為鑑。我們也可以說，此案之公開與否或如何公開，也成為女學會的未竟之事之一。

如出一轍的故事，二十年來在台灣的校園中重複上演著。從《性別平等教育法》通過之後，根據教育部性別統計分析顯示：從 2006 年至 2016 年的十一年間，校園性侵案調查屬實者共約 324 件，平均每年約 30 件，占 5.3%；師生性騷擾從民國 2007 年至 2016 年十年間共 1050 件，每年平均 105 件，約占 11.0%。案量也不少。2004 年開始實施的《性別平等教育法》對於性平事件之調查程序也有清楚的規範，其中，由於所有調查人員與處理此案的相關人員，都負有保密的責任。因此，即使已發生過這麼多的疑似師生戀／性侵害／性騷擾案件，關於事件的細節，例如，如何開始？心理經歷為何？如何結束？牽涉到許多複雜的心理歷程、認知、情緒轉化等，沒有相關的論文可供參考，以致大家對仍在摸索中。

《房思琪的初戀樂園》一書中，雖然當事的雙方不是實質的修課評分之師生關係，但是，因男主角是補習班的老師，且房思琪也以老師稱之，因此，在兩人的心理上仍是師生關係，且是一種「權勢關係」。《房思琪的初戀樂園》雖是以小說的形式呈現，卻提供了細膩的關係發展歷程，因此，本文將以此書為分析文本，參酌作者林奕含的經歷，討論師生戀或師生間誘姦的深層內涵。

（二）師生戀 vs. 師生倫理

社會上，大齡男性師者配上美少女學生的「師生戀」向來傳為美談，尤其是近代華人世界中，物理學大師、諾貝爾獎得主楊振寧與他的少妻翁帆的婚配，俗稱「八二、二八」，更是媒體及人們茶餘飯後爭相傳頌的故事，也羨煞多少大齡男子。現代大學校園中，女學生正值成年萌發期（emerging adulthood），從青春期步入成年早期，追尋自我認同以及發展親密關係都是此階段重要的任務。除了同儕，女大學生接觸最多的就是校園中學識淵博、諄諄教誨的師長。大學教師在社會上大多具有德高望重的形象，知識淵博、熱心教導，也關懷學生。女大學生面對這樣的大學男性教授，除了敬重，也可能心生崇拜或愛慕之情。如果男教師是單身身分或是初入職場的年輕學人，男未婚女未嫁，又值適婚年齡，以大學校園中崇尚自由戀愛的風氣而言，譜出師生戀曲，似乎也是自然之事。但是，現代大學校園，變奏的師生戀曲似乎更多。

2013 年，中央研究院社會學研究所的「台灣社會變遷基本調查」顯示，超過一半的民眾（約 54%）認為：老師與成年學生發生性行為，即使雙方是自願的，老師還是應該受到法律的懲罰。[6]顯然地，越來越多人看到成年師生「師生戀」的不適之處，而不再一味地傳為佳話；或許人們也開始意識到，師生間因不對等的權力關係而不宜發展親密關係。至於為保護未成年少女少男，大學院校以下禁止師生戀，更是多數人接受的觀點。

《校園性侵害性騷擾或性霸凌防治準則》於 2005 年訂定施行時，其中第七條明文規定，「教師於執行教學、指導、訓練、評鑑、管理、輔導或提供學生工作機會時，在與性或性別有關之人際互動上，不得發展有違專業倫理之關係。教師發現其與學生之關係有違反前項專業倫理之虞，應主動迴避或陳報學校處理」。顯然地，此條文表明教育部的立場是禁止校園師生戀的。也就是說，現代的教師倫理不但不可主動「追求、告白」學生，即使學生主動「追求」教師，教師也要主動迴避。教師若嚴格恪守此倫理，師生戀應該就沒有發展的空間。接著，2011 年教育部更以函示要求學校修訂教師聘約，將禁止師生戀的第七條與第八條納入聘約，若違反聘約，將依《教師法》受停聘或解聘處分。[7]當時，這些新規定都曾引起一片撻伐之聲，很多人認為，教育部管太多了，因為「如果是大學的話，大家都已成年，真的沒有必要」、「情感的事本來就無法控制，如果硬要規定，那大家就私底下來了」，更有人認為「上有政策下有對策，條文規範根本限制不住師生戀的發生」。

（三）存在現象學的視角：縱向的時間軸線與橫向的人際連結

李維倫以海德格的「存在時間性」分析兒少時期遭受性侵害的少女之後續生活經驗；文中指出，遭遇性侵害後，受害少女的生活結構將會產生巨大的變化，存在處境也將面臨極大困難。[8]其中最大的影響有兩方面，一為受害少女將從線性時間的生活，轉變為流轉的生活；線性時間的生活也是「主流世界」的生活，在這裡，大部分人在不同的生命／時間階段做不同的事，依著一定的秩序逐步前進；流轉的時間生活則是一種「野地世界」的生活，在這兒生活失去了一定的秩序，失去了可預測性與掌控性。

也就是說，人們的生活世界基本上由兩個軸線構築而成，一是縱向的時間軸，在此軸線上，隨著年齡的發展人生有不同的任務。根據發展心理學者愛利克・艾瑞克森（Erik H. Erikson）的社會心理學發展理論，人生大致可以分為八階段，其中十二歲至十八歲是青少年期，是發展自我認同或自我定位的重要階段，十八至三十五歲則是成年早期，以發展親密關係為主要任務。[9]近代社會，年輕人受教育時間延長，初婚年齡也越來越晚，因而在青少年期與成年早期之間又可抽離出一個新的發展階段——成年萌發期（十八至二十五歲）[10]，此一時期的特色，個體已經不是青少年，但也還沒長大成人，有些國家或文化對於個體長大成人會有較清楚的界定，也會以特定的方式如成年禮（rites of passage）來象徵這個轉換。「結婚」是多數國家代表成為成人的儀式，也是生兒育女的序曲，這是代表成年的具體事實。另一個橫向的軸線則是與他人之關係，關係有親疏遠近的漸層，也有重要性程度之不等，在華人世界會根據不同的關係，而有不同的角色義務；在華人世界，不同的人際關係都有其相對應之倫理，讓人們在關係網絡中知所進退。而此兩軸所建構成的社會生活網，讓人們於其中可獲得起碼的存在安定感。

「野地世界」是雙軸構築的生活世界出了問題，例如，在時間軸上被迫前進，如小孩過早進入成人世界，或是發展遲滯／停頓。在人際關係上，若遭逢「父不父，子不子」，倫理網絡有了破洞，人們在其間不免進退失據。自我的認同與定位同時產生問題，生命因而停滯，因而是一種無法前進的流轉的生活。

遭遇性侵之少女多已無法回到主流的線性生活，流轉生活讓生命停滯不前，疲憊而無力，唯一的出路便是創造一個新生世界，讓主流世界與野地世界在此遭逢共生，如圖 1 所示。以下，本文將以存在現象學的視角，解讀《房思琪的初戀樂園》中所呈現的生活方式的變化——從主流世界掉落到野地世界，野地世界中的種種經驗，新生世界創造的可能性等。《房思琪的初戀樂園》全書的開頭已聲明，該書是「改編自真人真事」，而且林奕含的父母曾公開說，書中的故事就是她們女兒的真實故事。因此，以下將同時引用兩者的經驗與敘說做為分析之文本／素材。

二、文本／敘說告訴我們些什麼

（一）主流世界中的嬌嬌女、讓狼師覬覦

依照《房思琪的初戀樂園》的敘述，房思琪原是主流社會中的嬌嬌女，父親是醫生，家境富裕，住在當地高級的、「帝寶級」的電梯大廈中，父母往

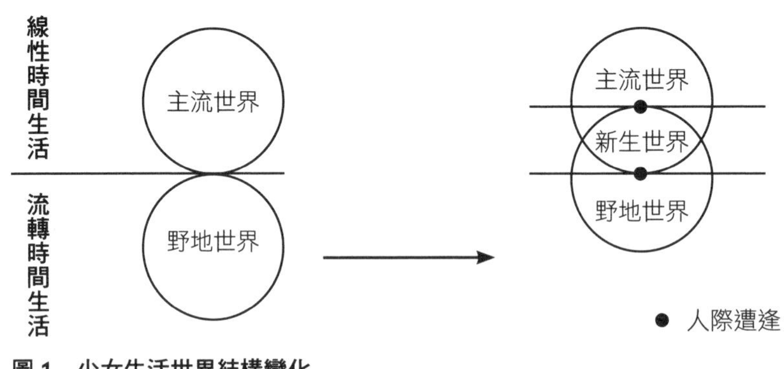

圖 1　少女生活世界結構變化

來皆名流或各領域事業有成之富裕人士，例如，珠寶商。她有一同學好友劉怡婷，同住大廈中，兩人家境皆優，不但富裕，也會做些「慈善」，例如，住戶大家合出資，在冬季給街友辦元宵節湯圓會，甚至要小孩「學做慈善」，讓小孩一起舀甜湯、放湯圓。孩子自知家中有錢，也不炫富，盡量穿制服上學，穿一樣的布鞋。兩人也都聰慧優秀，成績好，心地善良，願意將作業給同學抄寫。除了功課好，也愛好文學，小學時的藏書已經可比大學生，也就是除了富裕，還是有品味的家庭。但這樣的文學品味卻成為他人可乘之隙。一個補習班的國文男老師李國華，在她們國中時也搬進了同棟大廈居住。升國中之後，雖然她們本能地防備男生，但李老師大她們三十七歲，是在小女孩的警戒心的範圍之外，被判定是安全的。

由於國文是台灣升學考試的必考科目，拜升學主義之賜，學生多上補習班補習。只有學校與補習班的日子，原就沉悶與高壓，但李國華因有高鼻樑，講笑話、寫板書亦莊亦諧，使得他有機會成為巨大壓力下的考生移情之對象，也讓他收穫不少少女的情書。但那些「醜」女孩「就算不用強來他也懶得」（《房思琪的初戀樂園》，頁 45）。[11]但面對如搪瓷娃娃的房思琪，讓他有了慾望，想要跟她談一場戀愛，想要改變她，想要看她哭笑不得，想要……。於是，李國華開始了他縝密的計畫。

李國華要先展示自己的品味，用一整面牆的原典標榜他的學問，一些課本標榜孤獨，一些小說指點著靈魂。他主動借諾貝爾文學獎全集給兩個小女孩，洩漏自己是仍有靈魂的教書匠。在得知房思琪與劉怡婷每天下課後會到頂樓的錢家，與錢家媳婦一起讀文學作品之後，李國華即前往錢家，自告奮勇批閱兩個小女孩的作文。接著，進而要求一天與一位小女生個別教學，然後，趁著與房思琪獨處之際，慾望得逞。

（二）跌落野地世界：沒有選擇餘地，被替換的人生

在小說中，房思琪在國一那一年遭到李國華性侵，從此，她就留在那一年，再也沒有長大，「國一的教師節以後她從未長大。李國華壓在她身上，不要她長大。而且她對生命的上進心，對活著的熱情，對存在原本圓睜的大眼睛，或無論叫它什麼，被人從下面伸進她的身體，整個地捏爆了」（頁75）。顯然地，她於國一遭性侵後，就從主流世界掉到野地世界，生理年齡雖不斷增長，但社會心理的成長卻就此停滯。

林奕含在受訪時自陳：「醫生……多年來都沒有明確說我得了哪一種精神病，只是若有似無地提到重鬱症、bipolar（躁鬱症）、PTSD（創傷後壓力症候群）……。」「得了這種病，是一個丟臉的事情，最好不要被別人知道。」[12] 所以，從高二開始，她必須每週兩次上台北看病，導致缺課太多，差點畢不了業，只剩國中學歷。「在故鄉生病，每一個長輩都告訴我，要去一個沒有人認識我的地方治療我的疾病」。是的，這是華人文化中的面子問題，由於精神病在社會上是一種被汙名化的疾病，患有精神病成為丟臉之事，為了顧全家人面子，只好捨近求遠尋求協助，耗費更多資源。[13]

另外，根據彭秀玲、黃囇莉、李仁豪調查大學生的性騷擾經驗之研究也指出，PTSD（創傷後壓力症候群，如失眠、噁心、噩夢、失憶等）是性騷擾經驗與憂鬱症之中介因子，但憂鬱症不是性騷擾經驗與 PTSD 之中介因子。[14] 這樣的結果告訴我們，遭受性騷擾之後會出現 PTSD，若不及時處理，時間拖

久了，就會轉化為憂鬱症。最後，當事人將會以憂鬱症型態與醫生或世人見面，且被當作憂鬱症患者治療；但若不回頭處理 PTSD 之肇因，憂鬱症是難以療癒的。以林奕含為例，後期衍生之憂鬱症、解離症等，可能是早期性強制後之 PTSD 轉化而來。因此，若未處理事因，恐怕繞不出胡同，即使最後她以小說形式說出故事，但若未疏通（working through）[15]，認知轉化，最後仍走不出陰影。

林奕含當年雖然以滿級分考上了醫學系，卻只讀兩個禮拜就休學。然後再考上政治大學中文系，念了兩年，又休學，顯然地，大學校園生活，離她越來越遠了。從存在現象學的角度來看，她與主流世界脫鉤了，從此，主流世界的生活方式，成了她想像的人生，如大一聖誕舞會、大三大體老師、大四畢業典禮、大五進醫院實習、大七授袍典禮⋯⋯辦營隊、在舞台上講黃色笑話、系隊打球、討論去當替代役的同班男友，她說「那是我應該要去的地方，本來的歸屬，可是因為我的病，沒辦法抵達」。[16]

她說，她多麼想要一張「大學文憑」，但爾後，現實的隙縫中充斥的日常是不眠、惡夢、解離、幻聽、抽蓄、自殺、住院、藥物。⋯⋯多年以來都是，「禮拜一的時候跟自己說明天是禮拜二，一天天挨過去，到禮拜四告訴自己明天就可以看到醫生，我就可以活過來」。[17]她說，她計算日子的方式是以星期五為基點循環，從十六歲到二十六歲，每天睡眠必須超過十小時，這個疾病剝奪了她曾經引以為傲的一切——與父母無間隙的關係，以為可以有的戀愛⋯⋯，但疾病帶來的羞恥感，讓她也將朋友越推越遠，也讓她忘記自己曾經是一個快樂的人，忘記她以前是怎樣的漂亮、聰明，受到大家矚目。

換言之，她進入了野地世界，過的就是流轉生活，日復一日循環，與過去的各種關係斷鏈，也與過去的自我告別。

（三）乖乖女的綑綁：不敢踩上受害者角色

傳統上，「天、地、君、親、師」並列，可見身為教師的這個角色是備受尊崇與欽羨的。「老師」對房思琪的意義是甚麼呢？她曾對好友說：「我們都最崇拜老師。我們說長大了要找老師那樣的丈夫。我們玩笑開大了會說真希望老師就是丈夫。」（頁 30）

但是，第一次又如何發生的呢？面對一個蓄意的惡狼。思琪下樓拿作文給李老師修改，他掏出來，思琪被逼到牆上，老師說了九個字：「不行的話，嘴巴可以吧？」「不行，我不會」他就塞進來。後來思琪為此道歉——「對不起！」——有一種功課做不好的感覺。老師說：「這是老師愛妳的方式，妳懂嗎？」，想了幾天之後，思琪想出的唯一「解決之道」：「我不能只喜歡老師，我要愛上他。你愛的人要對你做甚麼都可以，不是嗎？……我要愛老師，否則我太痛苦了！！」，由此可見，思琪的反應，正是典型的認知失調之後，為了維護認知與行為的一致性，她告訴自己，「要愛上老師」，「如果她也愛老師，那就是愛。做愛。美美地做一場永夜的愛」（頁 66），思琪是這樣說服自己的。但是這樣勉強改變自己的認知，也讓她失去了自我，如「我早已不是我自己，那是我對自己的鄉愁！！」。

作為一個國文老師，李國華又是怎樣的一個角色呢？他是一個流浪到人生中年還等不到理解的國文老師，他「在愛情是懷才不遇」，他知道要「告訴她她是他混沌的中年一個瑩白的希望，先讓她粉碎在話語裡，……讓她在話語裡感到長大，再讓她的靈魂欺騙她的身體」（頁 47）。所以，他對她說，「我在世界上最愛的人就是你，沒想到這麼老了竟然才找到知音」，她問：「不知道老師怎麼捨得，我那時候那麼小」，他回答：「那時候，你是小孩，但是，我可不是。……當初，我不過表達愛的方式太粗魯。」

當然，老謀深算的李國華早已預期這件事的後果：「一個如此精緻的小孩子是不會說出去的，因為這太髒了。自尊心往往是一根傷人傷己的針，但是在這裡，自尊心會縫起她的嘴。」（頁 52）

凱特・曼內（Kate Manne）在《貶抑女孩：厭女的邏輯》（*Down Girl: The Logic of Misogyny*）一書中指出，遭受性侵的女孩應該「踩上受害者的角色」（Playing the

Victim），才能破除「厭女的邏輯」——厭女邏輯總是將女性分為「好女人」與「壞女人」兩類。[18]李國華深諳「厭女邏輯」，他知道思琪向來要當「好女孩」，所以即使性侵她之後，她也不會認同自己是「失去貞節的受害者」（壞女人），而是選擇認同自己是「愛上老師」、「為愛而做愛」的「好女人」。房思琪成長在普世性的「厭女邏輯」中，沒有及時認同自己是一個受害者，從「厭女邏輯」中覺醒，以致失落了啟動自我能動性的先機。

（四）斯德哥爾摩症候群／解離症

根據《維基百科》中文的條目顯示（2015 年 8 月），「斯德哥爾摩症候群」又稱為人質情結、人質症候群，它是一種心理學現象，是指被害者對加害者產生情感，或因認同加害者，甚至會反過來幫助加害者的一種情結。這些情感被認為是不理性的，而且是同理心的濫用。斯德哥爾摩症候群不一定只發生在人質身上，如加害者對被害者有性騷擾、性侵等，都可能使被害者對加害者產生情感。斯德哥爾摩症候群是一種自我防衛機制，當受害者相信加害者時，可以讓自己不再受到威脅。

但斯德哥爾摩症候群並非正式精神疾病名詞，而是媒體之用詞。例如，美國報業鉅子 Hearst 之孫女 Tina，擺出革命軍的姿態，轉變成綁架她的革命軍所強迫扮演的角色，她說：為了取信他們，我反而說服了自己。此一人質轉向現象，其實可以以社會心理學中的「認知失調」（cognitive dissonance）來解釋，也就是說，個人內在存有相互矛盾的態度，或是內在態度與外在行為相互不一致時，就會經歷心理衝突，這是很不舒服的一種情緒狀態。為了消除這樣的不舒服，人們要設法協調兩個不一致的認知（想法或態度），或在態度與行為間取得一致。一般而言，因為行為已然發生，不可能改變，所以通常會改變「認知」來符應行為。

房思琪在第一次性侵發生之後，她在離家不遠的馬路上醒來，她站到馬路中央，讓車燈來回照射，她卻不知道自己何時出了門，去了哪哩，又做了些什麼；她以為她是從李老師那兒出來就回家了。「那是房思琪第一次失去片段記憶」（頁 64）。顯然地，房思琪使用了「否認」（deny）或「動機性遺忘」的防衛機轉（defensive mechanism），而不是「回味」（savor，正向心理學中之概念，指回憶自己的美好經驗），如此可反推，這「事實」對她而言，是完全不能接受的。但是，爾後她依舊每天拿一篇作文去找李老師，李老師依舊上樓邀房思琪看展覽，卻把她帶到小旅館去，她依舊沒有外顯的反抗。

房思琪不只一次走在馬路中恍神，不自覺地走向自殺，只是都倖免於難。她內心的真實感受，只能在夢境中出現。她說「她睡不好，因為每一個晚上她都夢到一隻陽具在她眼前，插進她的下體，在夢裡她總以為夢以外的現實有人正在用東西堵著她的身子」、「後來上了高中，她甚至害怕睡著，每天半夜酗咖啡，從十三歲到十八歲，五年，兩千個晚上，一模一樣的夢」（頁 87-88）。

房思琪曾經告訴李國華，她好像生病了，希望李國華帶她去看醫生。她說她「常常不知道自己有沒有去學校」，「常常在奇怪的時候、奇怪的地方醒過來，可是我不記得自己有去過那些地方」，「有時候，……我完全沒有印象自己一整天做了什麼，怡婷常常說我對她很兇，可是我根本不記得有罵她那些話，怡婷說那天我上課到一半就直接走出教室，可是我根本不知道那天我有去學校，我忘記了」；這些是能說的，思琪不能說的是「她沒辦法睡覺，因為她連趴在桌上十分鐘也會夢見他插進她，她每次睡著都以為自己會窒息而死」（頁 131）。這樣的內外自我的區隔，經常會讓她自我整合困難，甚而逐漸失憶。

當然，她也可以持續內外不一致，繼續「陽奉陰違」，一旦看見自己的「陽奉陰違」，也就是善於偽裝，但不易自我欺騙，那就有走向「解離症」[19]（dissociative identity disorder）的一天。例如，在每次與老師有性關係時，她就有解離現象：「突然，思琪的視角切換，也突然感覺不到身體，她發現自己站在大紅帳子外頭，看著老師被壓在紅帳子下面，而她自己又被壓在老師下面。看著自己的肉體哭，她的靈魂也流淚了。那是房思琪從國一的教師節第一次失去記憶以來，第兩百或第三百次靈魂離開肉體。」（頁 120）

她很想忘記，卻又有困難，「我是個任人雲霄飛車的樂園。人樂雲霄，而飛車不懂雲霄之樂，更不懂人之樂。我在這張床上沒辦法睡，恨不得自己的皮膚、黏膜沒有記憶。腦子的記憶可以埋葬，身體的記憶卻不能。」（頁 197）

最後，她終於身心分離，成為解離狀態。如「房思琪的呼叫聲蜂擁出臟腑，在喉頭塞車了。沒錯，就是這個感覺。就是這個感覺，盯著書架上的書，開始看不懂上面的中文字。漸漸聽不到老師說的話，只看見口型在拉扯，……太好了，靈魂要離開身體了，我會忘記現在的屈辱，等我再回來的時候，我又會是完好如初的」（頁 202-203），「這次，房思琪搞錯了，她的靈魂離開以後，再也沒有回來了」（頁 203）。在小說中，房思琪「瘋了」，回不了家，也不能再待在台北，唯一的去處是台中的療養院。

（五）狼師：深諳厭女邏輯、在師生權勢關係中的得利者

現代社會，師生的倫理又如何？讓我們來看看林奕含想要揭露什麼？

二十年前，當時三十多歲的李國華在補習班上課，一炮而紅。重考班裡有一個漂亮的女學生喜歡在下課問問題（頁 81），讓他起心動念了，他發現「桃花跟他的名氣和財富來得一樣快」（頁 82）。李國華向女學生發出邀請，將女學生帶到小旅館，女學生拒絕發生性關係，他說：「妳有男朋友幹嘛說喜歡老師呢？」女學生答：「不是喜歡男朋友的那種喜歡。」他又問：「妳有男朋友幹嘛一直找老師？……妳為什麼陪老師來這種地方？妳這樣老師一定會誤會啊！」慾望得逞之後，女學生先是哭哭啼啼地去找男友，卻被男友嫌棄，只好回頭再找老師。從此，李老師開始努力賺錢，在南北兩地都買了秘密小公寓，一年後，新學年，又從隊伍裡挑了一個女學生，比原來的漂亮。此後二十多年，他發現世界有的是漂亮的女生愛戴他，他也發現「社會對性的禁忌太方便了，強暴一個女生，全世界都覺得是她自己的錯，連她都覺得是自己

的錯。罪惡感又會把她趕回他的身邊」（頁 86）。多麼精闢的一句話，顯然地，社會上責難受害者的習性，他們常說「都是你的錯，妳太美了！」「你都髒了，還會有誰想要！」才是強暴受害者走不出受害陰影，持續在困境中的原兇。

補習班的班主任是一個色情中介者，「她很習慣幫補習班裡的男老師打點女學生」、「更了解這些上了講台才發現自己權力之大，且戰且走到人生的中年的男老師們，要遢亂起來有多遢亂，彷彿要一次把前半生所有空曠的夜晚都填滿」（頁 100-101）。因此，一旦老師欽點女學生之後，主任就會親自去學校接女學生下課，直駛進老師的秘密小公寓。而每一個被直接載進小公寓的小女學生，「全都潛意識地認為女人一定維護女人，歡喜地被安全帶綁在副駕駛座上」（頁 102），只是沒想到，女人不一定幫女人，而一個男人能夠作惡，還是有一些共同利益的女人作為共犯。

幾個補習班的老師到貓空小酌，其中一段對話更是經典（頁 50），數學老師說：「我已經上過三個儀隊隊長，再一個就大滿貫了。」他們為「所有在健康教育的課堂勤抄筆記卻沒有一點性常識的少女乾杯」，數學老師問李老師：「你還是那個台北的高二生嗎？還是高三？」李老師答：「有點疲乏了，可是你知道，新學年還沒開始，沒有新學生，我只好繼續。」李老師思考著，數了幾個女生，他發現：「姦汙一個崇拜你的小女生是讓她離不開他最快的途徑」，對一個男人最高的恭維就是為有女生為他自殺，那是一種歌舞昇平的感覺，一種清平調的海嘯。這些補習班的老師們，「也為他們插進了聯考的巨大空虛乾杯」。看來，「師者所以傳道、授業、解惑」的傳統倫理師道，已經消失殆盡；剩下的只是伴隨升學主義而來的「知識經濟」及「商業邏輯」。當然，最可悲的是那些補習班的名師們，頭頂著「至聖先師」的光環，做的是失愛、失志、失格的空虛中年男性的「性」趣之事。

但誠如林奕含在書中所寫下的：「在這個人人爭著稱自己為輸家的年代，沒有人要承認世界上有一群女孩才是真正的輸家」（頁 193）。

（六）斷鍊的人倫：破碎的人際網絡能否接住受害者？

房思琪原本與父母之間的親子關係是無縫隙的，但是，以下幾場對話，卻讓我們看見他們親子之間越行越遠。有一天，思琪用麵包塗奶油的口氣對媽媽說：「我們的家教好像什麼都有，就是沒有性教育」，媽媽詫異地看著她，回答說「什麼性教育？性教育是給那些需要性的人，所謂教育不就是這樣嗎？」思琪一時間明白，在這個故事中父母將永遠缺席，他們曠課了，卻自以為是還沒開學（頁 68）。

書中的另一段，思琪在家一面整裡行李，一面用天真的口吻對她的媽媽說：「聽說學校有個同學跟老師在一起。」「誰？」「不認識。」「這麼小年紀就這麼騷。」思琪不說話了。她一瞬間決定「從此一輩子不說話了」（頁 86-87）。後來，她拿出全家福照片，將右邊的爸爸，左邊的媽媽剪掉。但在她肩膀上左右各留著的大手掌，剪不掉。

還有，房思琪那個連體嬰似的好友劉怡婷，她們原是思想上、精神上、靈魂上的雙胞胎。當兩人從國中畢業，準備一起北上念高中時，房思琪第一次告知怡婷，她和老師在一起，怡婷的反應是「妳好噁心，妳真噁心，離我遠一點！」、「喔天啊，房思琪，妳明明知道我多崇拜老師，為什麼妳要把全部拿走？……我沒辦法跟妳說話了」（頁 25）。於是，高中第一年，怡婷過得很糟，因為思琪常不回家，即使回家，也是聽到思琪把臉埋在枕頭的尖叫聲；怡婷也曾從窗簾縫隙看到李國華用計程車將思琪接走的景象，而當車門砰地夾起來，「怡婷總有一種被甩巴掌的感覺」。這對連體嬰也被分割而各奔東西了。

雖然冷戰了許久，在大考前的十八歲生日上，怡婷還是給思琪寫了一封長長的信，信中表明「……每次妳從那邊回來，我在房間聽妳在隔壁哭，……我連妳的痛苦也嫉妒。我覺得那邊並不在他方，而是橫亙在我們之間。……我總覺得妳在往陌生的方向前進，我不確定是妳丟下我，或其實是我丟下妳。我還是如往常般愛妳，……可是天知道，我多麼想了解妳……」（頁 163），這個好友也疏遠了，她不時地看著來信，只是哭泣以對。只是，想要修復關係，似乎變得不可能了。最後，怡婷也不得不承認：「如果不是連我都嫌妳髒，妳還會瘋嗎？」（頁 213）

還有一位伊紋姊姊，她是住在頂樓的錢家媳婦，思琪與怡婷曾經和她一起讀文學作品，也因此讓李老師有了可乘之機。伊紋很漂亮，與思琪長得很像，但因長期遭受家暴，所以，即使在夏天也都是穿著高領長衫，企圖遮掩什麼。她因為沉溺在自己的問題中，即使感受到思琪的問題，也常是愛莫能助，她說：「她知道思琪不要人囉嗦，可是她也不知道思琪要什麼。她每次嘩啦啦講電話，講的無非是台北雨有多大，功課多麼多，可是真要她形容與雨或作業，她也說不上來……。」伊紋隱約地感受到思琪在掩蓋某種傷痛，直到思琪說出雨大到「像有個天神在用盆子舀水洗身子」，伊紋直覺思琪對這個創傷已經認命了（頁 142）。

寫給思琪的十八歲生日卡片，伊紋提到：「好希望有一天，我可以大大方方地問妳，妳好嗎？也大大方方地接納妳的答案。……最後，我想告訴妳，無論什麼事都可以跟我說……。」（頁 165）但是，卻也沒有機會了。思琪只回她：「如果姊姊能用莎士比亞來擦眼淚，那我也一定也可以拿莎士比亞擦掉別的東西，甚至擦掉我自己。……我現在常常寫日記，……書寫，就是找回主導權，當我寫下來，生活就像一本日記本一樣容易放下。」（頁 168）是的，平日思琪跟她們的連繫像斷線的風箏，而最後伊紋與怡婷，都只能藉著思琪的日記來了解她。

（七）新生世界的到來是否可能？——重拾意義感

從主流世界跌落到野地世界，沒有跳脫出「厭女邏輯」，還伴隨著的精神症狀及其治療過程，讓林奕含離自己想像的主流世界之人生情節越來越遙遠。但她還有一個寫作的夢，或許寫作可以幫助她不受主流世界的線性時間序制約，也不只是在野地世界中循環流轉，而能創生一個自己獨有的「新生世界」，重拾人生的意義感。她開始在網路上練習書寫，寫一些千字文放在部落格裡，她說「雖然寫得零散，卻是情緒不好時才能寫作」。[20]作品如何完成？那是在情緒的深淵中完成的，她每天去咖啡店寫八個小時，進入附魔似的創作狀態，對故事有點難以自拔，一邊情緒崩潰、一邊寫。每天寫作八小時，沒有進食，身體也不舒服。但是，她卻說並非工作狂熱、與不進食，讓她身心崩潰，而是「故事與她太相關」，導致每次寫作，她的情緒都要再次瀕臨崩潰邊緣。[21]

但，她說「那要不出聲地哭，我有練過……」，以精準技巧掩飾傷口。她說，「我渴望寫這個故事，我覺得先前的一切，包括閱讀，都是為了寫這本書準備的」。而當她勞心耗神地完成第一部作品後，接下來的第二部、第三部又將會是如何？她說，「仍然會專注於性的暴力、精神病這兩件事情之上，這是一輩子擺脫不掉的」。還有，她更進一步地說「不是我想寫什麼，而是主題會找上我」。[22]

看起來似乎林奕含原本打算繼續寫下去。可是最後，她仍照著她自己說過的另一句話：「如果可以選擇，我想選擇不要出生！」[23]而走上了自絕之路。換言之，她所創生的新生世界，並未帶給讓她持續活下去的勇氣，她告別了自己的原鄉，不知新的棲身之地在何方。

三、結構 vs 個人血肉經驗

雖然，不少的統計數字指出，師生間的性騷擾或性侵，絕不是少數。但林奕含曾說過：「讓我害怕的是，很『聰明、進步、政治正確』的人，這些人是有理想抱負的，他們在談結構時，一個一個的房思琪，是不是就從大網子漏下去了？所以為什麼我要寫思琪的事，甚至細到有點噁心、情色變態。我要用非常細的工筆，去刻畫他們之間很噁心色情很不倫的，大家都看到統計數字，所以我不想談結構，大家都忘了，那是一個一個人。」[24]的確是如此，統計數字表現的是一種通則式（nomothetical）現象，一種眾趨的模式，目的在於看見趨勢，想像結構的存在，以進一步影響關乎眾人的政策之擬定，而不以展現個人為目的。

我為了探究性騷擾經驗的複雜心理歷程，曾嘗試進行質性研究，希望可以看到性騷擾／性侵害更細膩之處。由於質性資料之分析採用紮根理論之研究典範，最後形成如下之歷程圖（圖 2）。[25]此一模式圖是透過深度訪談約十位遭受老師性騷擾／性侵害的受害者經驗而得出，從事件發生到調查定案、後續適應，過程相對完整。

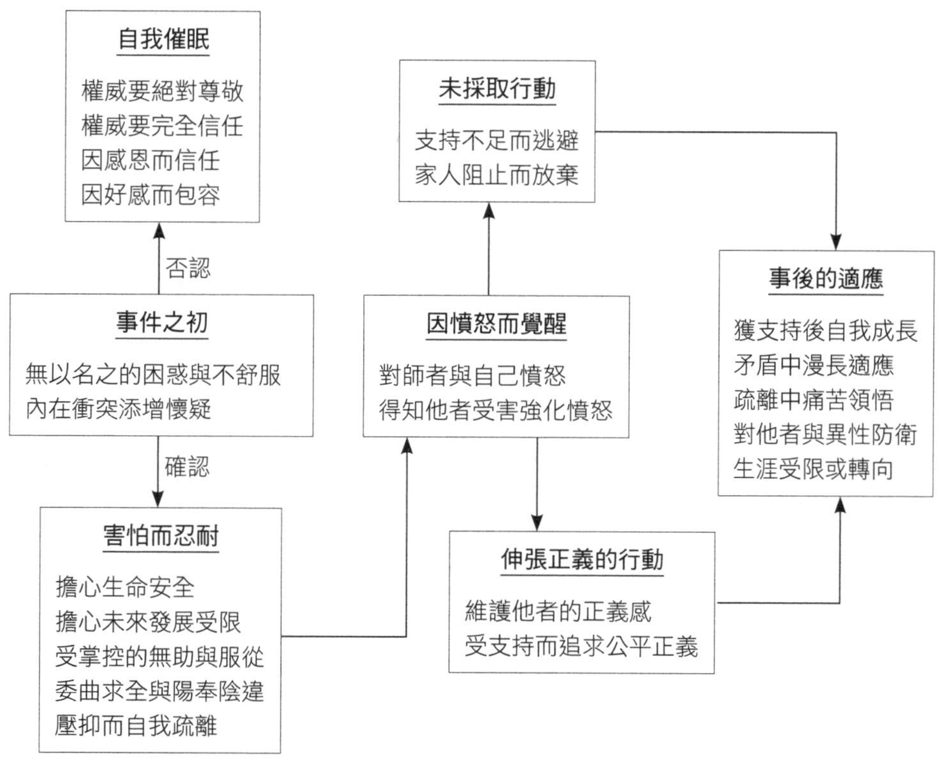

圖 2 師生性騷擾／性侵害的經驗歷程圖

在《房思琪的初戀樂園》中，除了房思琪之外，還有兩個受害案例。一位是餅乾，另一位是郭曉奇。餅乾在這個歷程圖中歸屬因「害怕而忍耐」中的「受掌控的無助與服從」，書中雖未交代結局，想必不佳，但可確知的是，她似乎未曾經驗覺醒而憤怒。

郭曉奇則經歷較複雜的歷程，她先進入「師生戀」的泥淖中，後來父母、師母知道後進行談判，李國華一下子承認「有愛」，一下子否認，但最讓郭曉奇放不下心的是坐在計程車中的思琪。雖然曉奇也曾為情自殺，但終究憤怒而覺醒，覺醒之後，選擇的伸張正義之行動是在網路上發文指出真相。在「厭女邏輯」下，真相並未獲得網路閱眾的認同或同情，而這樣的能動性反而引發李國華更大的憤怒，而李國華竟以送出螃蟹綁思琪的照片（當天房思琪也是以偽裝月經來而拒絕做愛，激怒了李國華）、在郭家門口噴漆威脅曉奇。最後，曉奇在父母的支持下慢慢地適應生活。

林奕含如果還活著，在這歷程圖中，可有她的位置？學術研究是理性且充滿專家語言的，即使已是較具血肉的質性歷程研究，其震撼人心的力量仍遠遠不如小說或具體事件。林奕含的那一句「已經插入的，不會被抽出來」直刺人心，令人痛心；女性主義的名言：個人的即政治的，亦即個人的經驗，可能可以擴及眾多他者之經驗，這一次台灣民眾似乎也藉由集體撻伐，欲達集體療傷之效。

四、結語

台灣很多法案的制定或修改，都建立在部分受害者的犧牲之上。故事不斷地重演著，關鍵關卡也重複發生著。我所知的案例中，有被老師追求到逃離至國外的；有「愛」到都同居了，卻眼見老師又移情別戀他人；有忍氣吞聲當小三，卻在師母發現後，因害怕被告妨害家庭，而不敢揭發狼師；也有畢業多年後，雖與老師分離，但想起來仍隱隱作痛者，仍不敢公開揭發陳年往事。還有女學生，正困在師者不斷挑逗求愛的關係中，卻不敢告發，因為論文尚未完成，不想讓多年的心血付諸流水。[26]台灣的師生性騷擾／性侵案，多遭受師母提告妨害家庭之威脅，很多案子都在法庭爭訟中。我只遇過一次這樣的經驗，在案情揭露之後，一位師母寫信給女學生，告訴女學生：她沒有錯，是老師的錯；師母決定離開男老師了，當然，女學生也離開了老師。

從台師大的七匹狼到 2017 年的林奕含，已經二十多年過去了，我們不停看見受害女學生從主流世界落入野地世界後，如何經歷雙重失落：一方面，在橫向上失落了師生倫理的保護，以及逐漸疏離的友誼與親情；另一方面，在縱向的時間軸上個人的成長秩序遭到破壞，過早進入與成年男性、不見容社會的性愛世界；加上不能接受卻勉強自己接受的事實，致使自我逐漸疏離，終至解離。

這些經驗是否足以喚醒大眾／法學者／法律實務工作者，透視社會中無所不在的「厭女邏輯」？是否能夠召喚更多的師母，理解人師之道、捍衛人師倫理？是否可以讓社會大眾透視師生戀的權力關係，不再將之傳為美談？

期盼潛在的受害者，能夠看穿厭女邏輯中的兩面手法，啟動內在的能動性，不怕「踩在受害者的位置上」，而讓性別關係中更多的權勢與不義，揭露於世。

第八章

沒有選擇的選擇

女性從政者的雙重束縛

作者｜楊婉瑩

政治大學政治學系教授，專注於「性別政治」之研究，從直覺式地的「性別即政治」出發，擺盪於「性別」研究與「政治」科學兩套知識論的對立之間。性別研究帶著實踐批判性的視角，和政治科學預設的價值中立，兩者之間存在巨大鴻溝；即使在寫作時有意識地傾斜／揀選，仍會不自覺地在語言使用與論述風格中滲出其中的不一致性。性別研究與政治科學的學科知識的不協調感，其實正是現實的某種對照隱喻。考察女性政治菁英所經歷的厭女處境，女性與權力的矛盾連結，立刻清楚地浮現出來——當女性逼近權力，即可逼視出權力的反撲，如此赤裸，毋需矯飾，也就暴露出既有的權力部署，是如何被視為理所當然地存在。

「當女人進入政治之後就變成男人」，這句話是在「德國之聲」（Deutsche Welle）某個新聞訪談節目，討論梅克爾時接著提到柴契爾夫人，某位女性評論員這麼說了。這句話中的男人，不是生物的男性，更精確地說，她所指的是社會想像的男性氣質，是在二分的性別分類中投射出來的性別標準。很多女性從政，經常會被用男性的標準來期待，不僅如此，更棘手的是，女性政治人物更會被雙重標準檢視，會被以男性的標準要求，也會被男性的標準否定。

在關於女性領導的研究指出，由於過去政治領袖多為男性擔任，人們對於領袖的氣質的期待是高度陽剛化的，多數人期待女性政治人物必須表現出堅強、競爭性、勇敢果斷的領袖氣質，[1]可是擁有這些陽剛特質的女性又會被視為不具備女性溫暖關愛的特質，不像個女性而不受到選民青睞。對女性從政者，這種「雙重束縛」（double bind）[2]，陷女性於困難的抉擇，類男性的女人才有領袖氣質，但太像男性缺乏女性特質的女性不受歡迎，而擁有女性特質又顯得柔弱無能。這種雙重束縛要求女性必須滿足兩者，只有其一者會受到懲罰。

一、女性政治人物不合身的緊身衣

這篇文章要討論的是，女性從政人物為何以及如何地難以迴避這種「雙重束縛」進退維谷的處境。我將先談女性從政者的普遍困境，透過從國際知名的女性從政者個案，指出「厭女」在政治上操作的方式，如何以「雙重標準」加諸女性政治人物，使其陷入「雙重束縛」。這些代表性個案點出一個核心的問題：為何在當代經歷過幾波女性主義，性別歧視逐漸被視為政治不正確的時代，但政治上的厭女現象卻是方興未艾？

厭女這個既舊且新的概念，存在於不同時空文化之中，它呈顯的形式或許隨時空而有所不同，卻顯然不會隨著社會性別平等的改善而減弱，反而可能有強化的趨勢。厭女在不同時空的共同之處，或許都是透過不斷地界定什麼是好的可鼓勵可複製的，什麼是不好的必須被排除或懲戒的，持續反覆地進行性別規訓的過程。透過在理論概念上釐清厭女的本質與目的為何，以及區分厭女和性別歧視有何不同，我們可以更清楚指認當代厭女政治的各種面貌。

在概念的釐清後，我將進一步指認在台灣政治領域中對女性政治人物的「雙重束縛」的操作化方式。台灣女性參政的情況，就數量比例上來說，在國際上屬於前段班，女性國會議員的比例目前是亞洲最高，更是亞洲少數選出非政治家庭出身的女總統的國家，台灣女性在參政上似乎有不錯的表現。然而，在持續推進性別平等的同時，厭女也以不同形式持續生產或更新其論述，在進步與反挫的拉鋸的脈絡下，我將概念化台灣女性參政者幾種類型，並「局部」引用少數女性政治人物的例證來論證，性別角色與政治角色的兩套剪裁，如何變成一件如何穿，都很難合身的緊身衣。而這種「雙重束縛」的操作，正是將女性從政者「雙重她者化」的過程。

特別要補充說明的是，這裡所採用的女性政治人物的例證是「局部」的。這篇文章無意幫任何女性政治人物平反或證明她們的能力，文中所舉的女性政治人物例證，僅是針對其和雙重束縛概念相關的部分，而非完整地檢視其個體，自然不可能片面地證明她們的能力。同理亦可證，任何片段地以性別作為權力壟斷與排除的工具，是多麼地窘迫與可笑。

二、茱莉亞・吉拉德、希拉芮・柯林頓與厭女政治

> 我不會被這個男人教訓什麼是性別歧視與厭女，我絕對不會。政府也不會被這個男人教訓性別歧視與厭女，現在不會，以後也不會。反對黨領袖說有性別歧視或是厭女者不適合擔任領導。我希望反對黨領袖拿張紙寫下他的辭職信。因為如果他希望知道厭女在當代澳洲長什麼樣子，他不需要議會提案，他只需要一面鏡子，那才是他需要的。(The Sydney morning Herald, 10. Oct, 2012)

這是澳洲女總理茱莉亞・吉拉德（Julia Gillard）知名的「厭女演說」的開頭，也是當代關於厭女政治最經典的論述。吉拉德是澳洲首位女總理，2010年在工黨黨魁選舉中勝出後擔任總理，在 2012 年 10 月 9 號她在澳洲國會發表了著名的厭女演說。該演說的背景是反對黨自由黨領袖東尼・艾伯特（Tony Abbott），對總理吉拉德所領導的政府提出不信任案。案由是針對執政黨議長彼得・斯利柏（Peter Slipper）的言行不當，包括使用公費酒莊旅遊以及對其男助理電話簡訊性騷擾等問題，後者成為反對黨批判執政黨的焦點。在國會為不信任案而激辯時，吉拉德發表了此一著名的厭女演說，演說中細數了對手艾伯特過去的厭女言論，以及自由黨人的偽善，過去支持議長並與其關係密切等。[3]這場演說，由於反覆不斷地直指厭女與性別歧視，國際媒體與相關研究通稱為厭女演說（the misogyny speech），這篇演說讓國際關注到，厭女與性別歧視在政治上的普遍性。

另一個國際知名的厭女政治的案例就是希拉芮・柯林頓（Hillary Clinton），她在 2008 年參與美國總統大選的民主黨初選。在其競選過程中，性別歧視層出不窮，最為著名的是在造勢場合有男性民眾大喊「iron my shirts」的事件，公然將女性政治人物的角色限縮至家庭內。2016 年希拉芮代表民主黨參選，大選後美國《新聞周刊》（*Newsweek*）11 月 18 號專文標題：「這次總統選舉是對性別的公投，而女性輸了」（The presidential election was a referendum on gender and women lost）。報導中更指出這次總統大選的性別差距（gender gap）是史上最高的一次，這次選舉中不僅女性投給希拉芮高於川普（Donald Trump），但是更關鍵的是，白人男性以更高的比例差距投給了川普。[4]很多報導也已指出選舉中的性別問題，密西根大學三位政治學者 Carly Wayne、Nicholas Valentino 和 Marzia Oceno 在選前六月份針對 700 份全國代表性樣本的民調資料的研究顯示，對女性的敵意（hostile sexism）和對川普的支持有著強烈相關，對女性的敵意如同政黨認同，對於總統選舉有很強的預測力。[5]

性別是否是重要因素？又如何影響女性政治人物的發展？很多人認為解釋

這些知名女性政治人物的成敗的因素很多，不能簡化為性別的問題。然而，如同吉拉德卸任總理的最後演說所言，作為澳洲第一位女性總理，「性別即使不能解釋她所有的功過，但也不可能沒有解釋任何事」。[6]這段話清楚地點出，女性從政者，不論如何淡化其性別，都不可能迴避性別對其影響。

性別因素對女性從政的影響，光是從吉拉德與希拉芮這兩個例子，就可以看到以下許多不同的作用方式：

第一是放大檢視女性政治人物的個人身體與特質與私生活。吉拉德的紅髮、身形、未婚沒小孩、非傳統女性居家生活，這都是她從政以來媒體關注的特質，也曾被質疑過單身的她如何能理解多數主流家庭的照顧需要。而希拉芮的髮型裝扮也是媒體從未放過的焦點，她從比爾．柯林頓競選阿肯色州長時期，就不斷被檢視成功女性和家庭主婦的矛盾，她也面對社會壓力改從夫姓，從希拉芮．羅登變成希拉芮．柯林頓，從一位獨立自主而成功的百大律師轉換為重視家庭的第一夫人，持續被迫去迎合美國社會大眾對傳統女性的角色期待。這些非常個人化與性別相關的特質，都是在早期政治生涯，首先會被特別檢視的特質，不斷提醒她們的女性角色與身分。

第二是性別角色與政治領袖角色的雙重約制。伴隨著放大檢視女性特質的，是要求其滿足女性與政治領袖雙重角色的社會壓力。女性政治人物往往試圖平衡其性別角色與政治領袖的角色，或是淡化其女性特質，試圖讓自己看起來像是公眾所認可的政治領袖。吉拉德從政以來淡化性別因素，結果反被質疑，為何在捍衛內閣存續時才指出性別問題。在卸任時，她說「沒有人注意到她是個女性直到她提出來」（no-one noticed I was a women until I raised it），指陳政治體系內建以男性作為標準的想像，女性如何成為例外。對 2008 年美國總統大選民主黨初選的研究指出，希拉芮已經盡可能去平衡性別與政治的雙重角色，既要表現出強悍堅定的領袖特質，又在議題上強調關愛價值與議題，例如對性別、幼童教育與醫療健保等議題的關注。可惜的是，在 2008 年大選之後，希拉芮在受訪時表示，民調顯示在沒有特定候選人的情況之下，美國人可以接受黑人男性總統的比例，在所有民調中都高於接受女性總統的比例，性別的門檻比種族的門檻更難跨越。[7]最弔詭的是，當女性政治人物，試圖配合主流價值調整其性別角色時，又經常會被質疑其不真實。

第三是對男女政治人物的雙重標準。吉拉德最初在 2010 年於黨內黨魁競爭勝出之後當上總理，沒有經過大選，被懷疑其個人野心大過黨內忠誠，被媒體戲稱「好女孩不帶刀」（nice girls don't carry knives）。[8]野心與權力慾望被視為是角逐高位者普遍具有的特質，但女性政治人物必須要同時適度表現出女性應有的利他社群性（communal traits）的特質，否則會被厭惡。[9]希拉芮也有類似的困境，美國媒體眼中的她，從第一夫人到參議院到國務卿，從獨立自主不願成為總統背後的女人，到為丈夫的性醜聞辯護，為了滿足社會期待而調整其個人特色，汲汲營營只為了奪取大位，是代表主流建制派（establishment）的既得利益者，是充滿野心與權謀的女性。

這個「野心論」有個性別弔詭：不少研究指出，多數女性內化社會期待的性別角色，普遍較缺乏政治野心，容易自我否認參政的興趣，所以女性參選者少。然而，一旦經過嚴格自我與制度篩選而決定出來參選的女性，其條件資歷通常比男性候選人更好。[10]這兩位女性就是這樣的社會性別規範篩選的結果，必須積累更多優於男性的資歷，否則身為女性的她們很難靠近總理／總統的位置，但是當她們累積了足夠的資歷，又可能被批評為建制派。野心對身居高位的男性顯得理所當然，在女性身上則成為不應該、不自然的權謀。當然，性別不會是政治的唯一重要因素，在 2016 年的美國總統大選中，反全球化新自由主義以及反移民的白人藍領選民迎來了川普，暴露出美國階級種族與民族主義等諸多交叉性認同間的膠著與緊張。然而，性別的雙重標準也從未缺席，人們期待一個理想的女性政治人物，但卻不要求一個起碼不會歧視騷擾他人的男性候選人。[11]

第四是對女性政治人物的雙重權力位置的矛盾，使得媒體與社會大眾難以清楚辨識性別歧視，女性政治人物指認性別歧視時經常會被質疑為打性別牌。

在相關媒體的報導中，性別框架（gender framing）使用性別標準來檢視女性政治人物，既是明顯的，卻又藏得很深。凱羅爾（Susan J. Carroll）檢視 2008 年希拉芮爭取民主黨提名的過程，指出美國媒體對希拉芮所面對的性別歧視，經常不認為構成問題、或是根本忽略不報導、或是將記者個人好惡偷渡其中。[12]而希拉芮一旦指出媒體或是對手的性別歧視，就會被認為是策略性地不當地使用性別牌（play the gender card），反而必須付出更大的代價。[13]在 2012 年澳洲總理吉拉德在國會發表著名的厭女演說之後，澳洲國內部分媒體，採用其對手東尼．艾伯特的說法，認為吉拉德乃是經過政治計算地使用性別牌，來規避她的政治責任。然而，誰在玩性別牌？誰又被性別牌給玩弄？艾伯特與媒體一直指女性政治人物打性別牌的說法，消解了檢視他本身的性別歧視問題的必要性。提出性別歧視的女性政治人物被指責為「打性別牌」，反而使得女性政治人物，從受害者轉為被視為抱怨者、麻煩製造者，反而成了應該歸責的對象。[14]

拒絕女性政治人物對性別歧視的指認，或指責女性打性別牌是政治策略性計算，否定了女性政治人物受到傷害的真實性。這種指責受害者的根本原因在於對於女性從政者社會位置評價的矛盾，無法理解女性政治人物是政治權力的掌握者，也同時可能是性別權力的受害者。這背後反映的是，多數人認為成功的女性政治人物是性別平等的受惠者，很難接受性別仍然不平等。他們無法承認女性既可能是成功的政治人物，也可能同時是性別歧視受害者，更無法理解即使握有權力，作為女性，也還是可能會受到壓迫。性別作為壓迫性的權力體制，勝過任何一個權力位置所賦予個別女性的權力。

三、如果雙重束縛是症狀，厭女則是病因

前述兩個知名個案，都發生在所謂以白人為多數的社會脈絡，被視為是後女性主義（post-feminists）的社會。[15]這也引發人們的討論，究竟在這樣看似進步的社會，厭女是否仍是個問題？為何厭女仍是個問題？僅是兩個知名個案，

便可以細數出厭女以雙重束縛呈顯的各種症狀，然而最大的挑戰是，我們永遠難以窮盡厭女的各種症狀。如果雙重束縛是「症狀」，厭女便是「病因」，如果我們沒有直視厭女的本質，甚至有更完整的理解，經常我們所點出的症狀，比實際存在的還要少得多。這些疏漏可能源自對厭女核心概念的理解不足，也可能是因為脈絡差異而有樣態的變化。唯有清楚地認識厭女的概念本質以及目的性，才可能對於其在政治上可能呈顯的各種症狀現象，清楚地辨識指認。

厭女的討論很多，翻閱坊間許多文化研究的討論，不少將之視為由來已久的古老的現象。人類學家大衛・吉爾摩爾（David Gilmore）在其專書《厭女現象：跨文化的男性病態》（*Misogyny: The Mala Malady*）對於厭女現象進行了跨文化的瀏覽檢視，他從原始部落的神話、傳說、禁忌、宗教典故、到習俗案例，以文化採集的方式，從過去到現在的東西文化中，翻找出各種的厭女現象，並尋找其共通點，將之區分為對女性身體導向的厭女（與生殖器官相關），以及精神與智能導向的厭女（與女性特質相關）。[16]吉爾摩爾在檢閱各種文化案例後試圖尋找理論解釋，先是由「心理學」途徑解釋厭女現象，從佛洛伊德以來的閹割焦慮，男性必須脫離前伊底帕斯期對母親的依戀，發展對父親的認同，解釋厭女為男性與女性決裂，男性化過程的必然。他也試圖由所謂的「意識形態與政治」理論解釋厭女，如結構功能主義、女性主義、馬克思主義等，這些理論關注厭女的目的（滿足男性霸權或帝國資本主義的需要，合理化宰制壓迫結構），但這類政治意識形態理論無法解釋許多跨文化中的現象元素。在反覆申論不同理論觀點後，吉爾摩爾回到最早的論點，敵視／仇恨女性乃是一種非理性的情緒，與政治壓迫等單純利己主義有所不同的觀點。他重申，厭女是男性對女性既愛又恨的多重矛盾情緒的結果，既受吸引又反感，既依賴又想脫離，多種焦慮不安壓抑所衍生的強迫性與攻擊性反應。如同書名，吉爾摩爾將厭女視為一種男性精神官能症，多重肇因的男性病態現象（male malady）。

日本社會學家上野千鶴子則是對「厭女」做現代社會診斷的研究。她在其著作中指出，厭女症是性別二元體制的核心要素，在男性與女性身上有不同表示方式，在男性身上表現出對女性的蔑視，在女性身上則是自我厭惡。[17]她援引賽菊寇（Eve K. Sedgwick）的同性社交（homosocial）概念，亦即男性尋求與男性的連結與認同，男性必需建立其性主體化，並且將女性的性客體化，「想要變成」男性與想要「擁有女性」同時作用。[18]在異性戀秩序下，厭女、同性戀厭惡、性別差別對待和女性歧視，都是達成同性社交以及確保男性的主體化並將女性客體化的機制。她從日本的知名作家、文化慣習、親子關係、社會案件中，找尋厭女的例證。該書對於日本社會文化中的厭女現象，有相當精彩的討論，但對厭女的概念化討論則相對有限。

這些討論主要著重於現象面，厭女可能呈現的樣態，容易將厭女表面症狀化。解釋上也偏重於心理學，男性希望擁有女性以成為男性，對女性既愛且恨的矛盾情結。同時多數討論很少談及到政治上的厭女現象，也無法確認這些理論能否解釋政治上的厭女。相對於吉爾摩爾以人類學跨文化的研究方式探查遠古傳統中的厭女現象，女性主義哲學學者凱特．曼內（Kate Manne）則聚焦於當代政治社會現象中的厭女。[19]她認為要回答為什麼在看起來已經越來越平等的現代社會中，為何厭女仍是個問題（Why is misogyny still a thing），傳統心理學分析取向，將男性的厭女視為個人的心理特質乃至於病態的研究，無助於我們理解當代的厭女現象為何持續且越演越烈。將厭女視為心理特質，可能將此現象在政治上邊緣化，曼內稱之為天真的厭女概念（naïve conception），無法解釋為何愛女與厭女會同時並存。她認為厭女的重點不在於少數個人的心理問題，而是一種呈顯出心理、結構、與制度性特色的社會政治現象。

曼內將厭女定義為：「整體社會體系與環境的特徵，女性通常面對各種敵意，因為她們是身處男性世界的女人（父權社會），必須但無法滿足男性的標準（父權意識形態）。」[20]在其定義下，該研究提出另一個重要的概念化貢獻，區辨出性別歧視（sexism）與厭女（misogyny）之並存與差異，這兩個概念在多數討論與研究中，皆是相混而難以分辨的。[21]曼內指出兩者共同的功能都是維持與鞏固父權，但是操作上有所不同。性別歧視透過將性別差異自然化，合理化父權的男性優勢的社會安排，使得父權的信念、價值、刻板印象、文化敘述都被自然化與合理化。[22]而厭女是父權的強化機制（enforcing mechanism），其特徵是強制性的、敵意的、威脅性與懲罰性的（coercive, hostile, threatening, and punitive）。[23]現實社會中，性別歧視會助長厭女，然而一旦帶有敵意與強制性，性別歧視就轉化成為厭女。[24]性別歧視是將全體女性貶抑，而厭女則是將女性區分為好女人與壞女人，同時懲罰後者——那些可能顛覆父權價值體系的女人。[25]理察生—賽爾弗（Louise Richardson-self）同意曼內的概念界定，性別歧視與厭女兩者有所不同，更主張厭女本身的強迫性以及仇恨性，使得其應該被列入仇恨性言論，透過法律加以約束。[26]

本質上，厭女並不是對全體女性的仇恨，厭女可以說是父權世界的警察（police force），懲罰溢出性別常規的女性，同時肯定或獎勵那些遵循性別常規的人。將女性二分法的分而治之，是重要的機制。上野千鶴子也提出類似的觀察，她認為對女性的分化統治，將女性分為「聖女」和「妓女」的不同對待，正是統治者試圖切斷被統治者之間的連結的過程。雖然上野千鶴子也觀察到「分而治之」的厭女策略，但她談的僅是性的雙重標準，實際上，分而治之與雙重標準，在女性進入非傳統被認可的女性領域中，是普遍存在的現象，在政治場域更是明顯，擁有權力的女性政治人物就是最典型的溢出父權性別常規的女性。曼內的理論定義，特別能解釋為何在所謂的相對性別平等進步社會中，厭女可能持續發生。女性在某些領域的成功，並未能改善厭女現象，反而可能激化厭女情緒，進步與反挫總是同時發生。而書中所舉的例證，更特別能凸顯在政治場域中的女性所面對的困境。擁有權力的女性，對於父權體制構成的威脅，經常招致厭女的反挫。

在政治上，厭女最常展現的方式，就是透過對女性政治人物的「雙重束縛」（double bind）來操作。此概念最早可追溯至傳播學者傑米爾生（Kathleen Hall Jamieson）專書的討論，指出女性政治人物所遇到的性別角色與政治角色的衝突：女性政治人物，必須表現出陽剛的特質（果斷與不畏衝突）的特質，但這種所謂的領袖特質又被視為是性別角色上踰越與不自然的；但若不具備這些陽剛特質，又被認為不具備領導特質。[27]社會心理學同樣討論女性面對的玻璃天花板問題，主要是角色相容性理論（role congruity theory），同樣強調性別角色與領袖角色之間的不相容性。[28]傳統性別角色框架下，男性被期待具有能動性特質（agentic）——強調自信、控制、主導、野心、進取等特質；而女性則應具有社群性特質（communal qualities）——強調利他、關愛、照顧、友善等特質，而前者男性的能動性特質被視為更符合領袖的特質。

角色相容性理論並指出，女性性別角色與領袖角色的不相容的結果，會對女性政治人物產生描述性（descriptive）與規範性（prescriptive）兩種偏見。描述性偏見所指的是，性別角色與政治角色的不一致，會使得人們認為女性不具備領袖所需要的特質；而規範性偏見則是，當女性採取較為陽剛的特質時，違反其性別角色期待時所產生的偏見。女性政治人物因此面對雙重偏見，符合性別角色就不符合領袖特質，符合領袖特質則不符合女性特質。如此使得女性政治人物既不容易進入政治，進入後也不容易成功。

前述的兩個代表性個案，以及理論上預期的性別角色與政治領袖角色的矛盾性，可預期女性政治人物，在「雙重標準」下，持續面臨「雙重束縛」的困境，結果可能是「雙重她者化」，既是主流宰制性的女性特質的想像的他者，也是政治領域中的相對少數他者。簡單地說，女性從政者會面臨無法扮演好女人角色，或無法扮演好政治領袖的角色，或是兩者皆做不好的困境。而女性之所以可能兩者皆做不好，在於這兩種角色的基本標準的設定是互相矛盾的，並以男性的需要為標準來制定。這個雙重標準的矛盾化結果，導致女性政治人物的進退失據。

四、台灣厭女政治的幾種變形：去／超女性化、少女化／老女人化

台灣在性別平等的發展上，近年來似乎有不少改善，不論是在法律上，或是在社會經濟地位，女性地位相較於過去確實有所提升。但是在相對進步的同時，也面對更多反挫的聲音。這些聲音，在性別政治正確的社會氣氛下，對女性全稱式的性別歧視的言論似乎比較容易被偵測辨識，比較複雜的形式，則是透過社群媒體，以戲謔性與滲透性的厭女言論呈現。例如網路世界的「母豬教」，重點不是教主是誰，有多少信徒，信徒是誰，或是宅不宅，而是其典型的厭女的操作模式，正如同前述所言，將好女人與壞女人分而治之的敵意策略。又或是「女權自助餐」的說法，嘲笑女性既然要平等，又要被保護的特權，明明是既得利益者，又要佯裝受害者。借用曼內的說法，「母豬教」是典型父權世界的警察，透過獎勵好女人，懲罰壞女人（如女性主義者／有權力的女人），確保父權的秩序不會被破壞。

確保女性做「好女人」為何重要？勞瑞．盧德曼（Laurie A. Rudman）與彼得．葛利克（Peter Glick）在探討性別刻版印象的規範性效果指出，好女人有助於維持性別不平等關係、維持男性對女性服務的依賴，以及避免男性優勢被挑戰。[29]不平等關係的穩定維持，需要透過較低地位團體的順從，女性的溫柔友善服從等社群性特質，有利於確保不平等關係的運作。再者，男性對女性的多重依賴，男性需要女性提供性、生育、家務照顧以及生活所需，支配者仰賴被支配者的服從，確保依賴關係以不平等方式運作。最後，則是避免改變社會地位角色，好女人的利他社群性特質，不會挑戰男性的優勢，但是女性在外工作進入公領域之後，能動性越高，男性優勢被挑戰風險越高。

母豬教或女權自助餐都是既有的男性秩序試圖強化其優勢所表現的厭女現象，在台灣性別平權的道路上，不是新鮮事，但話術卻呼應新媒體時代的胃口，持續更新。台灣的女性一方面在參政的表現有長足的進展，另一方面也持

續面對父權反挫，然而當反挫以更新的形態出現時，我們將如何辨識？底下，我將試圖指認出在性別的前進與反挫中，台灣女性從政者，在內化雙重束縛與標準下，所形成幾種不同類型的女性從政者的樣態。這些樣態是概念類型的建構化，同時以代表性的女性政治人物作為佐證。這些揀選用以佐證的這些女性政治人物的性別形象，可能是政治人物無意識或是有意識的選擇，也可能是媒體框架的結果，不論如何，我所關注的都是在雙重束縛下的女性政治人物，所面臨的「沒有選擇的選擇」的形象。當然，每個女性政治人物的個案都是完整的個體，有多重不同的面向，以下只引用概念化相關的部分來論證，限於篇幅無法對各個個案進行深入陳述。這些類型將呈顯出女性有時被期待去性化、有時又是高度被性化、有時被少女化、有時又強調其老女人化，呈現性別、性、與年齡歧視的多重交織的樣貌。

（一）去女性化（中性化）

「台灣的女性越來越能憑藉著專業條件開創政治空間，可以『做自己』，而不用做父系的代言人，這代表兩性平權的理想已生根發芽。——我自己對在競選期間凸顯『女性』身分，是有所保留的，但我明白，凸顯出來有聚焦與前瞻效果，只是在選票上不見得有增加，因為社會對女性從政的觀感有正有負，剛好兩相抵銷⋯⋯」[30]

這是蔡英文在 2012 年總統敗選之後黨主席交接，接受《台灣光華雜誌》關於女性領導力的專訪段落。時隔四年之後，蔡英文成為台灣政治史上的第一位女性總統，真的代表了女性政治人物出頭天？女性已經可以憑藉專業條件開創政治空間，可以「做自己」，而不用做父系代理人？就女性從政角度來說，蔡英文在 2016 年的勝選，有著重要的歷史意義。作為台灣第一位女總統，她以專業女性而非政治家庭的背景脫穎而出，在亞洲女性政治人物之中是獨特而例外的，在選舉時她打出台灣第一位女總統的口號，鼓勵未來女孩以選總統為志願所帶出的角色模範，確實對女性從政有象徵意義。

就女性從政的類型而論，蔡英文可以算是屬於安全牌。中性化的裝扮與特質、冷靜專業的形象、理性與感性兼具、溫和且堅定的演說風格，可以說是在女性從政者的雙重束縛中，找到平衡與棲身定位的代表案例。當然，這是她原本的個人風格，並非進入政治圈後的刻意計算。無論如何，從結果論來說，也可能顯示這是最被公眾認可接受的女性政治人物的類型，畢竟她是首位選上總統的女性。

不過即使是性別安全牌，她仍受到諸多和性別相關的攻訐。由於蔡英文很晚才加入民進黨，在 2008 年參選民進黨黨主席時，即面對了辜寬敏的質疑「能否將民進黨的未來交給一位沒有結婚的小姐？」，而她在 2012 第一次參選總統時，辜又對媒體公開說「穿裙子的不適合當三軍統帥」。有趣的是從政以來，媒體經常詢問她為何從未穿裙裝，老先生卻喜歡以「穿裙子」來指稱蔡，顯然穿裙子是一種專屬女性特質的一種指稱，對蔡的懷疑純粹是來自於其性別身分的否定。此外，單身也是她經常被質疑的性別身分，除了施明德曾質疑其性傾向，在 2016 年參選時，新黨郁慕明曾公開指稱，蔡英文單身沒有牽絆，沒有顧忌，做事會比較絕情危險，以及親民黨的文宣質問「單身女子，怎會了解一個家庭的需要？」等[31]，單身無母性的說法不時會以各種隱晦或直接的方式被挑起。

蔡英文當然也意識到女性在公共領域遭遇的阻力，上任後她公開演說指出「台灣不會因為有女總統，就沒有性別不平等的問題」。[32]任職滿兩年的蔡英文在接受法新社訪問時，提到「某方面來說，台灣社會非常傳統。人們認為女性比較柔弱、抗壓力較差，也經常懷疑女性的領導能力是否不如男性」。[33]雖然對傳統社會的主流偏見有所體悟，但對於必須討喜的政治人物（蔡英文的說法）而言，卻難免將社會偏見內化為對自我角色的約制。這樣認知使得她試圖淡化性別的因素，[34]強調中性專業化的形象，甚至呈顯出去女性化的形象，她任用的內閣女性比例創新低，被婦女團體諷刺為「男性俱樂部」，似乎她必須比其他男性政治人物更加強調唯才是用，任用大量男性來稀釋其個人性別因素，卻也不自覺地落入主流社會對於女性的性別與才能相互矛盾難以並存的邏輯。對抗性別偏見，也顯示在作為三軍統帥的蔡英文經常巡視軍事行動，並在臉書表示「穿裙子的，也能當好三軍統帥」的發言，然而在蔡爭取連任的路上，仍然遭到韓國瑜質疑她沒當過兵，否定女性擔任總統三軍統帥的適任性。

或許也是因為這樣的考量，避免被懷疑柔弱無能，也不想以傳統男性權威模式來領導，蔡特別強調理性溝通的領導風格。然而，只要稍稍偏離所謂理性溝通的形象，媒體經常會以「震怒」來形容蔡英文生氣了。關於所謂的震怒，蔡英文曾在受訪時指出，那是媒體對她從過去在涉外談判採取外交官模式的間接迂迴溝通方式，轉換到總統職位時的直接表達方式的誤解。[35]更直白地說，她其實是在進行國家大政的指揮，也是權威行使過程，但媒體總是試圖去找出，在她看似感性與理性平衡其中，所隱藏的「情緒」以及「失控」的可能。對女性政治人物的研究指出，「生氣」或情緒表達對女性政治人物來說是危險的，既偏離女性溫和友善的想像，同時可能強化女性情緒化的想像，容易被懷疑不適任重責大任。[36]從脈絡來看，媒體所謂的蔡英文的「震怒」，僅是總統在對政府政策指導的正常權力運作。但是女性政治領袖只要不是溫和理性地下達指令時，都很可能被解讀為「震怒」或「生氣」，將其權威非理性化，也否定其不同行使權威方式的正當性，只能以特定溫和理性的方式來溝通說服，否則可能偏離女總統的想像。

然而，在性別與領導的角色矛盾約制下，蔡英文所強調中性與理性溝通風格，在危機時刻其權威同樣是被懷疑的。民進黨在 2018 年底九合一大選大敗之後，隨之而來的是獨派大老公開逼退信，要求蔡英文放棄爭取連任並交出行政權。[37]回顧台灣自總統直選以來，歷來現任者在爭取連任時，都是直接登記黨提名，即使陳水扁爭取連任時情勢不利，也未見黨內挑戰。相較之下，過去在民進黨最低潮時期接下黨務帶領民進黨重回執政的蔡英文，執政三年後她的權威則是受到黨內初選挑戰。對於蔡英文的不信任，使得蔡必須對中國議題展現更積極與強硬立場，以辣台派／妹的形象試圖重振聲勢。事實上，蔡英文對台灣主權與中國議題的主軸線並未有所改變，但對她的領導的質疑也未有稍減，藍營責備她對中國過於強硬導致兩岸僵局拖垮經濟，綠營批評她讓台灣門戶洞開中國勢力排闥而入（見獨派大老的公開信）。同樣的立場（蔡英文對中國態度），藍綠兩極化的評價（過硬與過軟），呼應著性別與權力兩種矛盾的想像（太硬不像好女人，太軟不像領導人），這種雙重束縛也迫使蔡在面對黨內外夾擊時，必須在性別與領導的互斥想像中選邊站，展現更強硬的領導風格，繼續迎合多數對於領導者霸權式的男性想像。

（二）超女性化

相對於中性而去性化的女性從政者，比較鮮明的對照則是，所謂的政治圈名女人。中性化的女性政治人物，希望隱去其性別特質，期盼人們透過其政治角色與專業表現來認識她，相反地，超女性化的政治人物，通常在媒體的報導中，其鮮明的女性特質會蓋過她的政治身分。這樣的女性從過去到現在並非少見，例如陳文茜、璩美鳳、李婉鈺等，很多人認識她們，但不見得記得她們的政治經歷。陳文茜曾任民進黨文宣部主任以及立委，璩美鳳曾任台北市議員，李婉鈺曾任新北市議員，但是在關於她們的報導中，她們的政治身分表現往往不如個人女性化特質被重視。這些女性化特質，包含了外貌、言行、感情生活與男性的性關係，陳文茜的感情生活、建國妖姬、北港香爐事件與乳房社交說、璩美鳳的偷拍光碟、李婉鈺的情感風波，無不受到媒體焦點的關注。政治名女人會以女人的特質或身體被指認標誌，她們的政治身分僅是配角，而被聚焦的女性化特質，也並非符合傳統良家婦女的角色，而是被媒體放大其性與身體的面向。

陳文茜與璩美鳳都是政媒兩棲的政治人物，也反映出台灣發展中的「政治娛樂化」下的名女人的現象。政治娛樂化（politianment）是在多媒體行銷時代，政治圈和娛樂圈高度融合，界線難以區分的現象，政治人物必須要成為「名人」（celebrity），透過非傳統媒體來接觸到民眾，而動員群眾的情緒也遠比實質政策主張更重要。[38]在「名人政治」風潮下，政治競爭越來越像市場上商品的競爭，政治人物要成為成功的商品，必須能兼具普羅化（popularization）與個人化（personalization）兩個元素，才能受到媒體的歡迎。而要能普羅化與個人化的捷徑，就是將個人的私生活暴露在媒體之下，這也是最快的政治宣傳方法，這些個人的私生活，包括家庭關係、居家生活、個人興趣偏好、生命故事與生活風格等，都是很重要的元素。[39]

這種「名人化」對女性政治人物利弊互見。一方面，傳統女性被視為擅長溝通，比較感性容易流露出個人情感，因此個人化的人性化效果賦予其公眾形象真實感。同時，普羅化也能拉近和群眾的距離，突破傳統政治權威的疏離感，展現權力柔化甚至母性化的形象。但是另一方面，非傳統主流的女性，沒有小孩的單身女性，其私人生活的暴露，則可能引發媒體對其過於關注工作個人生涯，忽略女性家庭育兒角色的負面評價。即使是有小孩的專業女性，私人生活的曝光也可能不斷提醒人們，女性在公領域角色和私領域的角色的矛盾與衝突，女性在政治場域的表現，是以私領域的失職為代價。[40]

名人政治不僅可能暴露女性政治人物在傳統私領域的不足，使得女性政治人物和多數女性被區隔在不同的世界，范族南（Van Zoonen）更指出，當代的政治娛樂化下的名女人，經常將女性政治人物限制在「超女性化」（hyperfeminity）的概念中，而不容易轉入政治領域。[41]消費主義與和現代風潮下，女性政治人物，經常被當作是明星甚至是模特兒對待，聚焦在她外表髮型衣著的吸引力，強調時尚、性感、華麗、消費等。強化女性政治人物「超女性化」特質，使得這類超女性化的女性既是女性主流世界的例外，也因為其屬於政治圈的少數、他者。[42]這種過度關注女性的裝扮外貌的現象，將女性從政過程「瑣碎化」（trivialization），用各種八卦傳聞否定其價值，用傳統性的框架將女性物化，對女性政治人物其實已構成另類的象徵性性別歧視。[43]

前述舉例的台灣政壇的名女人，相關報導往往橫跨在不同版面（頭版、政治、娛樂、綜合）以及不同類型的報導（政論型與生活八卦雜誌），個人的感情與外表不斷地被報導，其實也經歷類似「超女性化」與「被瑣碎化」、甚至是「娛樂化」的過程。或許有人說，這些女性政治人物也因此享有更高的知名度與宣傳效果。然而重點不在於這些個體是否有意或願意如此，更值得關注的是，當代政治娛樂化已經逐漸成為趨勢，其對女性政治人物可能產生的強迫性影響，偏好「超女性」的重口味，將女性特質與政治領袖的距離拉大，公／私的矛盾緊張關係也更形擴大。或許以政治明星的角度來衡量，政治名女人符合了媒體框架的超女性化需求，可以吸引更多的關注，但是代價經常是，她們既不被認為是傳統的好女人，也不是被認真對待評價的政治人物。

（三）少女化

2018年底直轄市長及縣市長選舉開打之前，前北農總經理吳音寧意外地成為焦點。從春節休市、洋酒、欠缺專業看不懂財報、不擅長備詢、拒絕至議會備詢，一路以來對於她是否適格適任的質疑從未中斷。關於北農組織及其總經理角色的特殊性，相關討論很多（任命方式／決策責任歸屬／平穩菜價能力），暫且不論，但確定的是，這是個高度政治性組織的政治任命，所涉及的絕對是重要的權力位置與利益分配問題。吳音寧被當成政治提款機或所謂政治稻草人，成為多方勢力（農委會、北市府、農會張派）夾殺以及政治攻擊的工具。在這些討論中，和性別直接相關的討論有限，但是所有對於她的批評所採用的負面標籤，其實是高度性別化的。無疑地，性別還是最便捷的攻擊利器。

畢慕瑜指出媒體使用「神隱少女」、「靠爸」以及「小白兔誤闖叢林」等修辭，將吳音寧幼體化。[44]舉凡類似的「政治素人」或「太嫩了」等修辭，其主要的目的與效果，是將吳塑造成欠缺自信專業、無獨立自主能力、不成熟且欠缺判斷力，不適合進入公領域的少女。新聞與政論節目直接下標「年薪250萬的北農高級實習生」，更是瞬間把貶低其年齡資歷的目的——質疑其待遇地位，顯露無遺，將重要的任命職位瞬間指為非正式員工實習生，質疑其年輕是否夠資格領取這麼高的年薪，讓吳音寧必須在受訪時說「也許因為我看起來比較年輕，但是事實上，我已經四十幾歲的人了」。[45]

吳音寧的現象，正是典型的雙重束縛。在主流對女性的期待中，「少女化」或凍齡經常用來誇獎女性保養有方，幾乎是可以拿來在廣告中稱讚女性的說法，所以媒體用這些修辭時，一般多數不會感受到性別歧視的問題。然而矛盾之處正是在於，女性被期待凍齡不會老，但是凍齡的女性在公領域又被認為太嫩了，不需要被認真對待。女性從政者原本就是相對少數，經常被期待要有多於男性的政治經歷，才能看起來和男性相當，而資歷積累往往和年齡成熟同步。女性面對要滿足主流社會對女性外貌年輕化的壓力，同時要有相較男性更成熟的政治資歷，這種矛盾標準，永遠只能選擇其一（either-or）。但是將不是少女的少女化的同時，其實是將之同時否定（neither-nor）為既不年輕也不可靠。

為吳音寧辯護的人，經常必須證明她農運作家與農業鄉主秘的資歷，用以說明沒有不適任的問題，因為對她的質疑很多都是她過於年輕、資歷不夠。當然，這不是說年輕男性不會有這樣的困擾，陳水扁時代拔擢羅文嘉、馬永成，被質疑是童子軍治國，他們出任台北市政府重要職務時大約二十多歲，相對吳音寧他們確實是非常年輕，而不是被年輕化。早期年輕人從政不論男女可能都會被懷疑其資歷條件，隨著越來越多年輕的男性總理、總統出現，政治上年輕男性不再是個問題，有時還是個潮流。然而，不是少女的女性被「少女化」，而且成為主要的攻擊點，則有多重更複雜的意義。

琳恩·泰瑞歐（Lynne Tirrell）在討論語言的論述性功能時指出，稱呼一個成熟的女性為女孩（girl），等於安排了特定角色功能，否認了她的成人地位並合理化男性的家父長式對待（paternalism）。[46]稱呼熟女為少女，不但合理化付她較少薪資、不信任她作重大決定等，同時更否認其自主性與判斷行為能力。一旦將之賦予弱小地位，相對的次等對待隨之而來。泰瑞歐更直接點明「輕蔑性的言論，有行動生產與階層強化的效果」。[47]一旦吳音寧被少女化之後，「她憑什麼？」[48]「我是不好意思說她懂什麼東西」[49]等傲慢的家父長語言都可以直接加諸於一位北農總經理。

媒體普遍將政治／北農類比為「江湖」，既是引自吳音寧的書名《江湖在哪裡？》，又正好被用來對比出「少女」的手足無措，也間接地肯定江湖還是屬於「硬漢」的地盤。同樣是北農前總經理的韓國瑜，上任時連蔬菜都不認識，[50]有農會派系的支持，政治老手擅長質詢應對與利益分配，表現像個「硬漢」，則從沒被質疑過其專業適任與薪資待遇等問題，所謂的專業成為由各種政治勢力支持所定義的標準。把專業政治化，再把政治江湖化，不論是以保護純潔的少女或是少女無法駕馭江湖為由，都合理化了對被少女化的成年女性的輕蔑與排除。性別化的對比與差別對待，北農在多方利益夾殺中，又有個被少女化的總經理，相關政治部門都理所當然地宣稱或搶奪作為其上級指導者，成了最赤裸的父權運作邏輯的展示場域。這樣的父權邏輯看似如此理所當然，在民進黨地方選舉大敗後，吳音寧也成為首位被推出來作為歸咎責任的祭品。

（四）老女人化

如果說女性少女化在政治上容易被歧視，年老女性擁有豐富的資歷，是否可以免除性別在政治上的不利？前副總統呂秀蓮，除了是台灣戰後第一代婦女運動先驅者，更曾經是和柴契爾夫人相似，穿著女性化套裝，表現堅強果斷，努力平衡性別角色與政治領袖角色的女性政治人物代表。在 2018 年的地方首長選舉中，在民進黨初選中積極參與台北市長的選舉。呂曾任立委、縣長、副總統，再回來選市長，但沒有通過黨內提名，最後公開揮別民進黨。

作家李昂也公開對呂秀蓮的現象抱不平。她提到先前有些對呂「不敬」的說法，諷刺她的年齡，卻又擔心被貼上歧視標籤，就以「祖母綠」作為代號，但這不代表沒有歧視。李昂在文章中指出：「牝雞司晨，中國文化已經罵了好幾千年。現在是：牝雞司晨如果是老雞，更是絕不可忍，罪加一等！——說老人弱勢，我更要說老女人皆弱勢，連強勢如呂秀蓮，也如此被消費。」這篇文章結語的末段則說：「老女人如果想要權位（用來實現自己的理念，怎麼說都可以），那麼，就不能夠下來，因為一下來要再重新開始爭取，老女人三個字一定如影相隨，而且，至今好像還沒有如此再成功的例子。」[51]

在主流的性別文化中，年老對女性而言，向來就被視為是個負債。但是對男性政治人物而言，則可能代表資歷，也可能是個資產。年紀只比呂秀蓮小三歲的蘇貞昌當過立委、縣長、行政院長，再次參選新北市長，選舉時打老縣長牌，過去豐富的資歷可以拿來挑戰競選對手。蘇貞昌對外宣傳，也常強調他擔任縣長時減少多少負債與財政赤字，過去歷練是現在履歷的資產，雖然最終未能勝選，但是顯然並未因其豐富從政經歷而扣分，敗選後回鍋擔任行政院長似乎也相當順理成章。但是在女性政治人物身上，際遇則完全不同。

女性比男性更需要強調資歷，但資歷往往是男性的基本預設（沒有也被假設為有），當女性花了很多力氣去證明自己和男性擁有足夠資歷時，往往只是忙著回應不存在男性政治人物身上的問題。希拉芮在 2008 民主黨黨內初選的選戰策略，為了強調她男性政治人物一樣有豐富的政治經驗可以勝任總統，在廣告中強調她有經驗與決斷力可以面對危機，事實上，她的對手歐巴馬才是真正的政壇新鮮人。但年輕和經歷有限似乎不會對男性政治人物構成困擾，在民心思變的政治潮流中，歐巴馬標榜「改變」反而獲得了支持。[52]而女性為了證明自己有足夠的政治資歷的結果，反而可能被視為過時。

女性進入到公領域幾乎都面對類似的困境，傑米爾生檢視在空服、影視、廣告等各行業中，年長男性出現時顯得更具權威，年長女性則是消失不見。[53]呂秀蓮在參選北市長過程發出高分貝的批判，但是多數時候其聲音並沒有被聽見。在工作職場上，凱瑟琳・伊金（Catherine Itzin）與克里斯多福・菲利普森（Christopher Phillipson）稱年長女性所遇到的年齡歧視為「雙重危險」（double jeopardy）。[54]性別與年齡兩種歧視會產生交織性的歧視，兩種歧視並非相加，因為年長女性和年長男性所遇到的歧視並不相同。在職場上的雙重危險有多層意義，職涯生命週期通常是以男性標準定義，男性生涯多是連續不中斷，但女性則可能因為生育照顧責任中斷，資歷累積被迫往後延遲。

「女性永遠找不到一個適當的年齡」（never the right age），[55]年齡對女性進入公領域是多重的障礙，在政治上更是變本加厲。年齡歧視（ageism）通常是指稱對年長者的歧視，對女性則是雙向的歧視。年輕女性容易被性化在人際關係受歡迎，但是在工作上必須付出更大的代價，既是女性又年輕的雙重不被信任、是否具備自主決策能力的懷疑、差別化待遇低薪等問題。年長的女性，則是不論在主流的性別框架，或是在工作資歷積累與權威的行使上，恆常陷於雙重危險的處境。

上述這些不同的類型，呈顯出女性的價值既被高度性化與年輕化（sexualizing of women's value in youth），[56]但是政治中的女性則面臨去性化與年輕／老練的矛盾過程。女性政治人物最好去性別化，超女性化不似政治人物，受歡迎的女性通常是年輕貌美，而年長女性往往是被忽視或是被嘲弄的對象。簡言之，去／超性化與年齡歧視兩者都共同試圖控制女性的身體，兩者都是以男性作為標準，性別、性與年齡交織出一套套女性政治角色形貌。

五、陰陽同體是可能的解方或是另一種緊身衣？

女性從政者，有多種面貌，無法簡化為上述的類型，上述的討論還有很多無法窮盡的類型。我在這篇文章嘗試的是，點出「雙重束縛」的矛盾標準的問題，如何在具體的女性政治人物身上現身。上述的類型，個別檢視都面對性別角色與政治領袖雙重束縛的問題，並列在一起更有明顯加乘效果。性別與領袖的矛盾是緊密相隨，「去女性化」或許可以讓女性候選人擠身進入兩道矛盾標準的隙縫中，但無法迴避時時刻刻被兩道量尺的緊身規範；而強化女性特質的「超女性化」，在兩套標準的檢驗上直接被視為例外的存在。年齡與性別可能出現的交叉歧視，使得「少女化」的女性政治人物，政治資歷與能力被否定也不被認真對待；而「老女人」面對性別與年齡的雙重危險，在政治上更是邊緣處境。

這篇文章並不試圖也無法提供女性政治人物的生存之道。部分女性與領導的研究最後會歸結出，女性政治人物或領袖必須表現出性別氣質與領袖氣質兩者平衡兼具的特質，或是陰陽同體的轉化策略，這是最安全的策略。這種生存策略我們在許多女性政治人物身上已經看到蹤跡（如蔡英文），但這並不會挑戰甚至鬆動既有的性別規範一丁點，甚至只是鞏固既有對女性苛刻的雙重標準要求。這些政治上的厭女，其實可以達到雙重目的：一是排除女人進入政治場域，二是鞏固以男性作為政治領袖的標準。當女性政治人物稍微偏離這種陰陽同體的期待時，會被放大檢視、質疑。在女性從政的道路上，會持續面對雙重標準對女性政治人物的束縛，而在兩套矛盾對立的標準下，女性從政者經常只能落入雙重她者化的處境。

回到傑米爾生在其專書中開宗明義所言：「雙重束縛乃是有權力者用來對付無權力者的慣用策略。大量證據顯歷史上女性總是獵物。束縛的權力源於將複雜簡化（simplify complexity），面對複雜情境或是行為，人們習於將之區別化以及二分法。所以好壞、強弱、贊成反對、真實謊言、這些對比的過程假設了人們不可能同時皆有，或是介於兩者之間。」[57]厭女也罷、雙重束縛也好，都是透過這樣簡化的二分邏輯，讓女人在男性定義的標準下競爭，這二分與二元標準可操控地浮動著，持續讓好女人和壞女人競爭，公領域的好女人和私領域的好女人競爭。唯有挑明並跳脫二元對立的框架，逼視權力關係的本質，更多異質多樣的女性參政，才能持續攪動既有的權力邏輯結構。

第九章

媒體、族群與性別中的愛厭交織

看見原住民女性身影

作者｜孫嘉穗

現任東華大學民族語言與傳播學系教授，英國伯明罕大學文化研究與社會學系博士（媒體與傳播組）。在美國研究四大報紙社論如何呈顯性別議題後，開啟性別研究的興趣，近年發表論文與研究領域含括傳播與文化、性別新聞學、性別與原住民傳播、族群新聞、文化創意產業與文化政策、全球化傳播與文化、媒體素養與數位人文等面向。現任婦女救援基金會董事與女學會理事。曾任行政院文化建設委員會研究員及《自由時報》藝術文化版記者。在日常生活中體驗愛女厭女的多重交織，並持續思索如何透過媒體展現性別平權與進行性別教育的可能途徑。

族群與性別交織於部落的文化祭儀與空間，也揉雜呈顯於媒介的噤聲與發聲，傳統中隱而未顯的厭女情結，是否可能以保護之名的愛女言說，綑綁女性自覺？而以愛之名的多重綑綁與壓迫，是否內化為女性內心難以掙脫的束縛，讓人更難以面對外在壓迫的困難處境？因而拆解族群與性別多元交織中的愛女與厭女情結，遂成為開展女性生命經驗，與尋找逃逸路徑與策略的重要視角。期待藉此讓女性開發新路，並以嶄新的向度述說族群與性別的生命故事，透過不同媒介的發聲持續與部落及傳統對話，提升性別意識與展現能動性。

族群中的愛女與厭女情結並非對立的兩面，更經常以愛厭交織的複雜形構呈顯，原住民女性經常遇到的兩難困境是一方面要保存、傳承部落的傳統，另一方面卻也希望能夠提升部落中的性別意識，改善女性在部落中的處境。但如何面對女性經常被排除在外或有著嚴謹規範的性別禁忌與部落傳統，以及無法進入的傳統男性空間？女性因而也經常被排除在植基於傳統公共空間中的公共議題討論與發聲及決策權，這種排除女性的傳統，即便是出於保護女性的善意，以愛女為名，卻也可能是隱而未顯的厭女，揉雜在難以挑戰更動的部落傳統，與深植於緊密的情感與人際關係中，因而更難打破結構與傳統信仰中的規制。

族群中的性別慣習之所以難於鬆動來自諸多因素，其中不少原住民會擔心性別角色的變化與更動會接續造成族群傳統結構的崩解，在傳統與文化急遽流失的現狀下，經常有著以保存與復振傳統文化為先，性別慣習重新檢視與調整為後的次序。然則保存傳統與性別意識提升並非必然互相衝突，厭女論述的部分焦點批判了將女性客體化，不承認女性是主體的現象，在族群傳統與性別的問題上，應肯認**女性的主體性**，但**卻也並非否定族群的主體性**，而是**讓作為主體的女性與作為文化主體的族群部落**，**在兩個主體間進行對話與協商**，其中包括女性能否參加特定儀式或活動，以及女性媒體記者能否採訪這些特定的儀式或活動等，方能在部落傳統的復振與性別平權的提升之間逐步取得平衡。

一、跨越傳統性別空間

隨著近年來部落觀光的興起，越來越多遊客進入原住民的生活空間參與部落祭儀，部落巷仔口的盡頭往往通到山邊或海涯，遊人進入的不僅是部落的生活場域，也常跨越文化與社會的空間，進入部落生活居所與祭儀場域。伴隨著遊客如織，攝影與媒介的鏡頭也隨之進入部落文化與社會空間的脈絡，文化空間成為進入其中者所需理解、觀照與反思的場域，而其中性別空間更經常成為跨入其中者需重新學習與理解的知識板塊。

在原住民媒體的新聞影像裡，可見到蘭嶼傳統大船下水典禮中，達悟族的男人們扛著傳統拼板舟下水，並以身體體現達悟族的文化與尊嚴，陽光下，奮力划動的船槳濺著水花，族群文化在新聞影像中傳承著航向湛藍的海洋。阿美族的傳統海祭，男子則依循年齡階級的部落禮序參與儀式，然而女子因著性別禁忌，在部落傳統的重要儀式裡，卻常被禁止進入祭場儀式而被禁絕在主要的儀式之外。[1]

在依山而居的族群，如布農族的射耳祭中，以及太魯閣族的祭典儀式裡，新聞影像呈顯著善獵的男人奔騰於山林中，以及部落耆老傳授著年輕男子射箭的技巧，影像裡有著各種男人饒富族群意涵的文化身影，然而女人呢？族群媒介中的女人是否逸失在報導的焦點，如同許多無法參與的祭儀，也同時在新聞與媒體呈現中位於邊緣處境，甚或消失。[2]

女人要跨越傳統的性別空間有多難？不同的族群文化空間與性別禁忌又是多麼頻繁的將女人阻絕於外？部落祭儀有許多的禁忌，一開始即排除女性參與，如部落禁忌認為讓女人看到海祭，會捕不到魚，如台灣原住民資訊網中的阿美族捕魚祭即說明：

「港口部落的海祭活動最大禁忌是不准婦女參加，相傳女人參加海祭，會使村民出海捉不到魚，所以除了到場參觀的女子外，見不到一位女性村民。」[3]

布農族祭典中，女人也被禁止靠近或觸摸獵具。部分傳統祭儀上不僅部落女性無法參與，許多觀光客和媒體拍攝者在尊重部落文化的情形下也不能參與主要儀式。[4]原住民族許多的禁忌都和性別相關，如蘭嶼大船下水時女人不能靠近，男人的獵具不能碰觸，懷孕的婦女不能進祭場，甚至懷孕婦女的丈夫也不能進入祭場等，以當代的眼光及視角來看，部分人會將之視為對女性的排除，然而以部落的視角而言，許多原住民族人會將之視為是遵循文化傳統的重要儀式，以及對女性的保護，所以會想要以祖先傳承下來的方式來面對祭儀。在性別視角和族群觀點之間，原住民族人常以保存文化做為優先的考量，對於性別的處遇並未將之視為是對女性的歧視。

然而，在多元文化的關切下，除了正視族群特有文化脈絡，在性別的議題上，是否也應有更多的省思與觀照？在爭取族群權益時，同樣也需倡議性別平權，並檢視部落現況是否增進對性別意識的提升？

二、文化復振優先於性別平權？

在身為原住民與身為女人的權益爭取中，日本愛奴族的女性主義者也在爭取女人的權益之前，有著需要先爭取原住民基本人權的脈絡和歷史，女性平權的要求常在爭取族群共同權益的需求下被壓抑。再者，日本愛奴族原住民女性主義者還要面對主流族群女性主義者的批評與不同意識形態的壓力，而被認為其主張缺乏性別觀點。這其中有著不同社會處境女性主義者在階級與社經地位上的差異，而在愛奴族文化復振的運動中，重新創造傳統文化的實踐裡，性別勞動分工並未被視為是歧視，而被視為是愛奴族整體世界構成的綜合文化空間。年輕的女性被期待要求學習宗教文化與部落祭儀的傳承，而男性著力於政治權力的爭取，而形成女性進行文化生產而成為文化領袖，與男性進行經濟的生產而成為政治領袖的對比。[5]

傳統部落的性別分工與部落公共事務多由男人參與，在文化祭儀與部落性別禁忌方面都有限制女性參與的傳統，如阿里山鄒族的 kuba 是鄒族的男子會所，在部落慣習中是只有男人能進去的地方，也是男人討論戰祭、儀式或整個祭典進行的處所，公共領域的討論都在男子會所進行，女人在傳統慣習中是不應進入的，而女人的無法進入是否應視為對女性的排除，由性別的觀點與部落視角可能會呈現不同的答案。然而部落許多女性為何不認為這是歧視？因世代性別處境的壓迫因而內化不自知，或是在尊重與復振傳統的旗幟下性別平權被壓抑，以及以保護之名讓女人失聲的過程隱而未見都是可能被冠上的理由。然而這也可能是原住民女性和其他女性主義者產生歧異之處，西方女性主義者的理論、關切和主張，以及高社經地位女性權益的爭取，套用在原住民部落的社會文化脈絡，與多數女性現存社經地位的處境，都使得不一樣的女人呈現不同的觀點，也可能在不同的軸線上對話。

當傳統與耆老成為族群象徵，試圖發聲與爭取女性平權的女性經常背負破壞傳統的惡名與巨大壓力，更何況如果破壞各種傳統之後，將觸犯禁忌的部落與族群信仰。儘管越來越多原住民女性在政治與媒體公共領域已位居要職並擔任領導角色，即便在漢人社會已具媒體發言權與政治資歷的原住民女性，回到部落仍在遵循傳統的部落慣習中，無法進入傳統公共空間參與部落公共事務的討論。年輕女性在許多時候也仍無法進入教育的傳習空間，為何女人不能要求部落社會也與時俱進，正視女性在部落的公共參與？當族群傳統與性別禁忌有所牴觸時，除了為傳統犧牲性別關注的選擇外，是否能有其他的可能性呢？

不同的部落對族群傳統與性別意識的堅持與轉化有著不同的進程與變貌，但在原住民族群意識高漲下，性別意識如何提升，以及對傳統堅持的同時是否也應重新檢視傳統禁忌在先民社會產生禁忌的原由，並評斷其在當代社會的適切性，這些問題值得我們正視。部分性別禁忌源於先民社會對女性的善意與保護，是基於良善的理由，但禁忌隨著時代的變貌與女性身分角色與性別意識的提升，是否仍合於目前處境？以及是否在部落祭儀、公共事務與公共領域也應逐漸納入女性的意見與參與？這些問題有賴媒體從業人員透過議題性的報導與討論尋求原住民族人共識，也較可能在既有結構中鬆動原有的性別權力關係，相關議題不僅需要部落族人對性別禁忌的重新檢視，也需要進行對相關媒體從業人員的性別培力。

面對部落傳統文化的流失，許多部落族人常會以維護統祭儀與保存文化為優先，並將之視為自己對部落的職責與使命，而性別意識的覺醒可能就會在族群意識的框架下被壓抑，或在維護文化傳統的使命感中以各種理由被忽略。然而族群與性別皆為文化面向上的重要向度，同時需檢證各種權力關係與抵抗不同形式的壓迫，因而在維護原住民傳統文化之時，以及在追尋族群身分與認同時，同樣需檢視部落性別平權的落實，或引發部落對性別議題的更大關注。

三、傳統與現代的碰撞與協商

近年來傳統部落社會因應著當代多種因素的衝擊，也展現著不同的變貌。在蘭嶼，有部落讓女性遊客踏上慣習中女人不應進入的達悟族拼板舟；排灣族也打破禁忌，讓原來只傳男性貴族的鼻笛也接受了女性學習鼻笛，以避免其失傳；男性為主的狩獵行動也開始有了女獵人；阿美族年輕世代的女性在傳統男性的年齡階級之外也希望構建女性學習部落文化的系統，也有部分阿美族的部落女性雖仍不能參與捕魚或網漁，但可到現場觀看捕魚的過程，然則也有部落仍嚴格執行過去的習慣與禁忌。

男女性別板塊與文化空間的形塑也隨著社會變貌逐漸有了鬆動，然則這其中仍有著不同原由的社會驅動力。蘭嶼讓女性觀光客上船，部分源於經濟與商業的驅動，並非全然是源於對女性性別意識的提升，觀光利益面對族群傳統禁忌的衝突與轉變，雖則也有部落的轉變根源於性別意識的覺醒，然而觀光資本的入侵恐才是更大的背後驅力，儘管仍有不同形式的壓力，性別和族群的競合不再只能是犧牲性別的族群意識。

蘭嶼近年來因為觀光與商業的因素，許多部落傳統皆面臨衝擊，其中當然也包含性別禁忌面對觀光需求的衝突，而有了折衝與妥協的各種做法。而達悟人嚴謹遵守的女性不能碰觸船與不能上船的禁忌，在部分部落開放以觀光體驗方式讓女性上船，在族人間也引發不同意見的討論。性別的轉換牽涉到既有結構，一旦改變性別傳統，其他傳統結構也可能因此鬆動與轉換，原住民族人情感上對於傳統的依戀與植基於此的認同，可能憂慮整個傳統結構會因而改變或鬆動。

原住民對傳統禁忌的遵循含括著深層文化底蘊的生命信仰與部落規範，禁忌被破壞或轉變的同時會以不同的說法來消弭心中的不安，如解釋上船的是外來者，不是傳統部落設定的人。而新聞從業人員在新聞製播的過程中，可增加以性別觀點的向度來詮釋與報導。然則在倡議性別意識時，是否一定要以衝撞傳統的方式來進行，新聞的記錄可以同時是文化的省思與反省，性別的觀點仍可從部落的脈絡和視角來理解。

在傳統與現代的碰撞交界之處，性別與族群交融的文化空間，需要更多的協商，讓噤聲的女性與無法發聲的性別處遇能有所轉變，當代社會變貌下的族群與性別處境需同時被檢視與應時轉化，保存傳統不應作為壓抑性別平權的正當理由，也不應讓試圖在部落社會提倡性別平權的女人在破壞傳統的壓力下遭致非議。

性別禁忌的形成有著當時的社會情境，也可能因於當時社會對女人的保護，然而當社會情境轉變，性別處遇也隨之變遷時，傳統空間與性別禁忌是否也應重新檢視與隨著社會變貌而有所因應？維護傳統之名一方面可維繫部落社會制度與尊崇傳統儀式不被破壞；但另一方面也讓既有的權力結構成為不可鬆動的壓迫力量，以保護之名讓女人噤聲，排除了部落女人對於公共事務的參與，也排除了女人應可以平等獲取的資源。而年輕世代的原住民女性也應在部落中有學習傳統的文化空間，在僅有男子能夠進入的青年會所之外，也能有女性的傳習空間。

在觀光的驅動下，性別空間與文化祭儀的互動場域，在尊重傳統與性別禁忌的重新省思下，期盼轉變背後的驅動力是基於性別意識的提升，而非僅是資本消費下基於獲取經濟利益的轉變。而新聞媒體在進入傳統文化空間時也須協商與折衝，在尊重傳統的同時，更應關注部落文化轉變中的性別處遇，並透過報導與書寫，促進部落性別平權的發展與提升性別意識，在相關議題中持續關注部落社會的轉變與性別議題的辯證。

四、愛厭交織、脆弱性與能動性

蕾貝卡．斯金格（Rebecca Stringer）在《認識受害者：女性主義、能動性與新自由主義時代的受害者政治》（*Knowing Victim: Feminism, Agency and Victim Politics in Neoliberal Time*）一書中論述女性主義、能動性與受害者政治之關係，她檢視受害者的多重處境，以及處境上的脆弱性，但同時期盼受害者啟動能動性。[6]

傳統性別禁忌根植於部落文化思維與知識脈絡，結構下的壓抑與噤聲並非沒有女人嘗試突破與另尋性別空間的轉化，與媒介發聲的管道，因而結構下的弱勢並非使女人成為受害者，反而可見到不同形式的轉化路徑，透過言說與另開蹊徑找尋不同媒介發聲，展現能動性。

脆弱性涵蓋易感易受傷之概念，原住民傳統禁忌不讓女人參與的原因常被解釋為是為了保護女人，讓女人不會受傷，因為脆弱所以保護使其不要感受也不會受傷。然則以愛之名的保護卻也封閉了女人的能動性，因為無法感受也無法開展能動性，愛女的動機卻可能成為厭女的現象，讓無法參與的女人被保護的同時，也因脆弱性被封閉於傳統結構之外。而脆弱性與能動性並非對立的概念，肯認脆弱性並直視問題，方能啟動能動性而改變現狀。

囿於傳統的強大壓力，噤聲的年輕女人難於發聲，而長年以來已在傳統的肌理生活中的年長女人，受部落影響甚深，傳統早已內化與規訓日常生活成為信仰，因而難以撼動性別處遇。

原住民女性遭遇到的兩難困境，一方面在於能動主體難以開展，另一方面在於關係和情感與傳統交織的複雜樣態。李修慧訪問達悟文化工作者黃英珍的案例呈顯了關係和情感如何影響了性別處遇，達悟的劣質魚在傳統上女人是不吃的，然而黃英珍的女兒在母親面前不吃，但母親不在時就會吃。此外，潮間帶的捕撈也有性別場域，女兒帶朋友去，黃英珍會提醒：「妳回來的路上不要讓很多人看到，別人選媳婦也會把這些當作基礎，人家多少還是會指指點點。」人際網絡系統也使黃英珍擔憂親戚也會受影響，黃英珍表示族人會詢問未遵循禁忌年輕女孩的父母和舅舅是誰，那個意思是「她沒有被教育」，家族的榮譽仍須維護。[7]

情感與部落緊密的人際關係，使得性別角色重新檢視與調整的能動性難以開展，也讓無形的壓迫存在於日常生活的各種場域。愛女之名和遵循傳統的部落慣習，以及家族親屬難以割捨的綿密人際網絡，自我和部落社會的認同等多元交織，卻可能在世代的女人間形成厭女的壓迫而不自知，如果無法逐漸拆解結構，性別鬆動的能動性就難以開展。然而性別平權並不必然一定要槓上部落傳統才能開展，反而應透過不同形式的溝通與協商來弭平差距，因而媒介可以成為重要介質與協商工具，在講述、報導與反思中逐步推動性平教育與溝通，並鬆動結構與啟動能動性。

而在族群傳統與性別禁忌的規範中存在著不同形式的逃逸路線與協商方式，比如前例的女兒在母親面前並不違抗傳統，也不吃慣習中女人不吃的劣質魚，然而在母親看不到的地方就吃。因而性別禁忌的日常實踐其實有不同形式的協商方式，一方面在情感上不破壞人際網絡中的關係，卻在另一方面展現性別形制的鬆動。固然原住民知識體系有著與自然環境的對應與互動，富含生態智慧，但年輕世代在固著傳統和自由選擇間也進行著日常生活的協商。

在爭取性別平權和維護關係的選擇中，女性經常在維護傳統的大傘下，壓抑了性別的自覺，甚或以捍衛傳統為傲。上野千鶴子在厭女的論述中，以不同的案例呈顯女人被分為不同的階級，並會因國族、種族、階級等不同因素而分化，而厭女機制的拉攏與懲戒，分化與造成了女人之間的衝突，[8]凱特．曼內（Kate Manne）論及厭女概念時，也提到懲戒失格女人、維護社會秩序的強制力。[9]

好女人經常是以符合常規，犧牲奉獻為美德，並以男人眼中馴服順從，遵守規範的期待樣貌出現，而壞女人常是太有自我意見，破壞傳統，難於馴化的女人。以部落的案例觀之，在這樣的分類下，許多的母親也經常會以愛之名為了保護女兒而要求其遵循傳統，並以承續消失中的傳統為傲，更因年輕一輩能夠傳承部落文化而能獲得自我認同且獲得部落的尊重。這些案例也呈顯了愛厭交織的複雜樣態，並有著人際網絡難以斷裂的情感強化結構的運作。原住民部落又特別重視人際網絡與關係，進而使得壓迫難以言說，結構難以鬆動。

部落慣習中男女有既定的性別位置與分工，然而社會變遷下年輕世代的原住民族人經常在不同的社會板塊移動，既有的部落規制容易受到挑戰，包含性別板塊。然而當傳統成為難以慽動的規制，移動其中的女人難免困惑與掙扎，壓迫與重生的機制或可經由媒體突圍，透過言說與協商啟動性別轉化的能動性。

轉變中的部落女人和性別議題更牽涉到關係和人際網絡，在轉變的過程中，規則可能因資本，人際網絡以及是誰而有不同的對應方式，不同的部落有不同的性別轉換進程，當然也會因為部落政治與結構由哪些人掌控及握有決定權，以及部落耆老的意見而有差異。另在個人化的關係裡，比如女人能否觸碰獵具，也會因為擁槍者和所對應之人的關係而有不同，比如是否是專業者如學者和媒體從業者，是否是認同部落文化的人還是觀光客，關係的流動性也使得規則會因人而轉換，並且和該部落的文化慣習有關，因而性別的壓制、解構與轉換各有不同的進程。在很多情況下，世代的差異甚至會大於性別的差異，也就是年輕的男性族人也可能支持年輕女性嘗試的轉換，然而年長的女性則可能以保護與愛女之名期盼年輕世代堅守傳統。

然而在傳統社會變遷下，男女性別規範也逐漸有了不一樣的面貌，如同鄒族頒發獵人證給四名女獵人，跟隨家人及丈夫打獵的女獵人也通過部落獵人協會認證，狩獵能力不輸男性。[10]傳男不傳女的排灣鼻笛也傳習給女性，在人口變遷與擔憂技藝失傳的憂慮下，性別慣習也開始有了鬆動的可能。

而在能動性的開展上，透過敘說展現女性的生命經驗，與透過書寫以及以不同媒介為性平運動的介質，持續透過女性的生命經驗和部落對話，皆是開展能動性的模式。因而原住民相關媒體工作者的性別培力也成為要項，以透過報導和不同媒介對話，開展新的媒介與公共空間，讓噤聲的女人得以發聲。

五、原住民新聞製播中的性別議題[11]

原住民媒體中的性別議題包含族群和性別兩個面向，多元文化主義和女性主義的論辯則涉及族群和性別間的衝突與權力關係。將原住民傳播中的性別問題置放到相關的論述脈絡檢證時，需考慮到族群新聞的製播在為族群發聲的同時，是否也關注其中的性別議題與媒體工作者的性別處遇。

女性主義是否與多元文化主義衝突？張錦華在關注族群內的權力壓迫，如性別歧視和階級壓迫等問題時，也提醒我們：不僅要肯認少數族群的文化特質，亦須檢視具壓制性的族群文化特質，當後者牴觸多元文化主義所主張的包容和肯認時，應有更細緻的思辨。[12]

陳昭如則提及在多元交織壓迫的諸種形貌中，原住民與性別身分交織的難題：原住民女性所處的困境常隱而不顯，而性別平等與族群平等的糾葛亦牽纏難解。她認為多元文化主義與女性主義不應被視為對立，不該以性別平等之名否定原住民文化，而應讓原住民的族群關切與性別平等並存。[13]

然而某種情況是否為性別歧視，仍應從該族群的文化與知識體系來考量，如西方國家對於穆斯林女性面紗的論述，便曾引起許多爭議。例如法國禁止婦女在學校及公共場合戴面紗，認為那是對女性的歧視，然從穆斯林女性的觀點視之，不少人卻認為面紗是其文化的象徵及文化特色的具體展現。[14]報導原住民文化新聞的記者，為了尊重族群的倫理規範，在產製新聞與進入文化場域時，是否會因性別身分產生差異？對於族群傳統慣習的尊重，會不會導致其性別意識受到壓抑？身處其中的記者如何因應，又如何生產具性別意識的族群新聞？

原住民新聞的製播，涉及各族群在既有社會文化脈絡下的性別分工、性別角色，與族人在祭儀中擔負的不同任務，也牽涉到祭儀所規範的性別禁忌與性別場域。採訪時，媒體工作者需遵循部落規範，依各部落原有的方式進行，包含女性時常無法進入祭儀的情況。但無法進入現場要如何採訪新聞？女性文字記者是否只能依賴男性攝影記者進入祭儀拍攝畫面？相對於女記者受到的限制，噶瑪蘭族女祭司也不能接受男記者採訪，導致新聞的製播過程產生與性別相關的主導問題。此外，採訪主任在編派工作時，是否會因許多原住民祭儀的場域不許女性進入，所以一開始就安排男記者採訪，而讓女記者失去學習傳承文化的機會，這些都是採訪原住民新聞時所需面對的族群和性別問題。

部落對待女性和女記者的不同方式，以及禁止女性進入祭儀場域採訪而造成男女記者的處遇差異，是否為對女記者與女性的歧視，應該從部落的觀點出發來檢證，亦即應該在原住民知識體系的脈絡下理解相關問題，而不應純粹移植西方女性主義觀點來做評斷。

在傳統與現代的夾縫中，當代原住民女性記者對性別禁忌有不同的回應方式。其中一項觀點展現了對傳統文化的敬重，認為性別分工與禁忌是慣習也不應違背；身為現代的原住民記者，肩負維繫及傳承文化的重要使命，因而傾向遵循傳統而不願破壞原住民文化。不少持此觀點的女記者認為，部落祭儀原本即以男性為主，女性做的多是祭儀前的準備工作，以及祭儀背後的活動，所以祭儀中看不到女性的身影；她們較傾向維繫傳統的女性身分，不願因採訪而違背既有的禁忌與分工。

持不同觀點的女記者則認為，原住民文化也應該與時俱進，改變部分傳統，讓女記者進入祭儀紀錄及傳承文化；這樣的想法有時無法得到族人諒解，或招致年長女性責難，認為為了記者的工作破壞部落傳統文化是不對的行為，因此她們也常會在族群認同、傳統與現代思潮的調適、女性意識覺醒與傳統女性位階之牴觸，以及部落長輩的壓力下，產生挫折、困惑與矛盾的感受。

這些衝突不只反映出媒體工作者因性別議題而在新聞現場遇到的問題，也同時顯現了族群的身分建構：包括置身於原住民傳統社會的女性與回到原鄉採訪的都市原住民女性所具有多重身分認同，以及性別、階級、族群認同和專業認同之間的衝突與協調。

原住民女性新聞工作者面對的不只是無法進入現場採訪的限制，還有部落對女性角色的期待與部落禁忌規範。要培養具性別意識的新聞工作者，須透過不同族群記者間的相互培力，並建立採訪及製播性別議題的倫理準則，以逐步強化原住民新聞中的性別視角與性別意識。

六、原住民新聞工作者的性別培力[15]

在尊重族群文化的前提下，原住民新聞工作者的性別意識與性別平權觀念尚待提升；原住民主播與記者的性別培力，可包含創設性別平台、提供性別議題的課程與獎項、從女性觀點書寫新聞，以及在傳統性別空間中協商與創發新的書寫可能。

如何將婦女與性別運動的成果納入新聞，各國有不同的做法。曾任德國女性記者網絡主席的烏爾里克・赫爾沃思（Ulrike Helwerth）說，她希望給婦女一個平台，為女性所受的歧視和苦難發聲，也表達婦女的需求、成功與權力。她也透過女性記者聯盟資助性別議題的培力課程，培訓年輕記者，並提供獎項來鼓勵他們報導具性別意識的內容。印度的安賈利・馬圖爾（Anjali Mathur）在 1983 年透過女性團體和媒體組織，讓女性記者討論性別相關議題，而後更形成政治壓力團體，關注婦女的勞動與薪資等議題。[16]

美國在 1980 年代匯集種族和文化少數族群的專業團體，在主流媒體外凝聚影響力，並培訓年輕記者。婦女媒體聯盟（Alliance for Women in Media）等專業團體也在 2010 年力促性別平權。卡爾林・坎貝爾（Karlyn K. Campbell）和佐爾尼察・凱雷米奇耶娃（Zornitsa D. Keremidchieva）在討論性別表述類型與風格時，認為陰性風格可維持個人化的調性，透過個人經驗將閱聽眾視為同儕，藉以鼓勵他們參與及協助女性社會運動或訴求，促使閱聽眾成為社會改變的代理人。[17] 范汝南（Van Zoonen）則指出性別和傳播主要是文化，而文化關乎意義和價值的協商，牽涉到生活的各個層面。[18]原住民記者的報導因此也在文化處遇和性別角色之間折衝。

在台灣，蔡佩含由文學的角度談論原住民山海書寫裡的性別／空間，以想像一個女獵人為切入點，指出文化是新／舊揉合的過程，在保留文化和書寫原鄉之際，應思考新的創作可能，而非複製一個原汁原味的傳統。她指出原鄉的重建需依賴文化敘事去填補，然而傳統部落空間裡的性別秩序，也被複製銘刻於這些文化敘事中，如書寫祖靈信仰的禁忌與價值觀。她提出性別的勞動分工導致空間上的區隔，而形成男人的獵場／女人的家屋等傳統分配模式；她更質疑原住民文學在追回傳統的同時，難道只能複製現實世界裡的性別分工、並完全移植傳統結構嗎？她認為文化傳承不應只是如此。[19]

原住民記者在採訪、書寫與播報的新聞場域，同樣面對性別文化空間的權力分配秩序，而須在其中協商與折衝，其性別培力同樣須強調在尊重傳統的同時，更應關注部落文化轉變中的性別處遇，並透過報導與書寫，促進部落性別平權的發展，以具性別意識的觀點與向度報導新聞。

原住民新聞的報導應同時注重男性與女性的發聲，然而原住民女性的發聲有多難？

洪仲志在書寫原住民婦女的生命歷程時，提及自己的母親與族人婦女為了不被歧視與欺侮，在面對族群身分與性別處遇時，常以原住民的認同為優先，但卻也有不甘，想要用女人自己的話來陳述女人自己的生命經驗。他也提到

「男人用保護跟女人換聲音，沒了聲音女人只得聽從男人訂下的規矩」[20]，這種以保護為名的操控，在面對族群的性別禁忌時，同時展現族群和性別間愛厭交織的權力樣貌。

七、女力覺醒與媒體發聲

加拿大女性導演阿雷希雅・阿納邱巴瑞（Alethea ARNAQUQ-BARIL）拍攝的《伊努克的怒吼》（*Angry Inuk*）就是以族群之眼觀看媒體發聲，並展現女力的案例。片中不僅提出了對族群、媒體與社會極具省思的觀點，其中呈現的加拿大原住民處境，與原住民透過媒介進行社會倡議與試圖反轉社會刻板印象的努力，都呈顯了族群媒介的社會參與，以及促發與台灣原住民處遇對話互動的多元文化空間。

加拿大伊努克族因獵食海豹與販賣海豹皮，而長年遭動物保護團體汙名化。因獵殺海豹的行為，原住民捕獵者成為被國內與國際譴責的對象，在媒介上被形塑為動物的殺手。多數的媒介抽離了原住民社會文化的既有脈絡與生活方式，將少數族群的生活處境與生存方式描繪為既殘忍又貪婪，世代以捕獵海豹維生的原住民更被標籤化為獵殺動物的屠戶。於是原住民女性導演決定以影片來呈顯原住民觀點，對深具歧視又汙名化原住民生活境遇的各種媒體與社會觀點進行控訴與抗議。

影像中背在母親背後的小孩，熱切地搶拿生食海豹肉，不時出現孩童大口生食帶血海豹肉的畫面，原住民女性導演訴說著伊努克人就是如此生活著。在冰封的世界中，世代的伊努克人以此為珍饈，獲取能量並據以生存，海豹皮更是原住民賴以維生的經濟命脈。然而看在強勢的動物保護團體眼中，獵殺海豹是多麼殘忍的行徑，擁有資源的國際動保團體，透過媒介與新聞大量放送幼小的海豹被獵殺的影像，睜著渾圓雙眼的小海豹掙扎求生與無辜喪命的影像，召引出國際共感的情緒，對動物的同情超越了對原住民傳統生存方式與對原民文化應有的理解。於是從法律到資本市場，一面倒地做出對原住民社會不利的限縮與箝制，也忽略了在世界大多數的社會，更多的人品嚐著可能以更不人道的方式豢養與屠宰的牛、豬、雞等各種動物，卻無需背負同樣的汙名。而原民女性導演與其他倡議者在要求尊重原住民人權遭受挫折後，努力以影像發聲，記錄年輕原住民共同投入的進程。

原住民女性導演阿雷希雅．阿納邱巴瑞的視角呈顯了清晰的原住民觀點，帶領觀眾領略在冰雪中的原住民常民生活，飲食文化與族群傳統，並由文化與社會脈絡述說著在凜冽冰寒的生活下，依存海豹飲食謀生的部落傳統受到國際法律的侵壓，原住民族人也因而處於貧窮與飢餓的生存處境。

在位居邊陲的傳統之境，媒介成為原住民為自身處境平反的重要武器，原住民利用新媒介倡議，在冰雪世界中的社群網路連結，不僅串聯了原住民的不同世代共同凝聚與奮鬥，也成為向國際發聲，尋求認同與倡議，並增進世人理解原住民處境的重要發聲管道。

社會並不是只有一種形式，新聞媒體觀看的視角是否容許多元，在族群、媒體與當代社會的權力角力間，也許觀者需以族群之眼觀看媒介的發聲，試圖進到不同的社會脈絡體察新聞故事涵涉的多元向度。而加拿大的原住民女性導演運用新媒介倡議，透過族群視角的媒介傳遞，不僅對世人而言可以是個打開眼睛與張開心靈的觀賞過程，也同時可以是檢證媒介能否促進多元社會與摒除性別與族群不公的觀察路徑。

維護傳統和提升性別意識常是原住民女性心中攪擾的兩難困境，部落的性別規制包覆在傳統中，常成為文化復振中需要維護與保存的部分。然則在現代社會與部落傳統的交織跨越中，不少原住民女性也漸思考自身處境，而有不同形式的性別覺醒，同時也衍生出多元的轉變路徑。在部落既有的強大壓力下，部落女性不一定和傳統相抗衡，因為如此不但需要對抗來自部落強大男性成員的壓力，也同時可能須面對女性耆老認為其破壞傳統的責難，更為難的是部落傳統關乎情感與記憶，理性上認知到的性別意識與覺醒，不一定在情感上能與傳統斷裂。

因而在不少時候，覺醒中的部落女性經常不正面抗衡既有傳統，而以另闢蹊徑的方式重新建構性別空間。例如在部落中無法進入傳統男性公共領域參與決策與討論，卻對政治有高度興趣與能力參與者，往往透過網路的新媒介空間，或在族群外部的公共領域發聲。此外，如阿美族的年輕女性也在傳統男性年齡階級外試圖另設女性年齡階級傳習文化。因傳統而噤聲或以保護之名在情感上難以發聲之處，卻也開展性的在另闢性別的媒介與社會空間中找到發聲的各種可能。

八、結論

愛厭交織的壓迫與重生中，女性常不僅要面對男性的壓力，同時也要乘載不同世代女性或耆老以愛女為名的壓力，然而脆弱性與能動性並非僅是二元對立的概念，在資本、人口與觀光等不同驅力下，現代社會影響下的部落性別圖像逐漸轉換，性別的位置也在轉變中與族群傳統協商與重新找到自我定位。而不同媒介打造的文化空間，也成為協商場域中的溝通路徑，期盼媒體從業人員的性別培力可開展性別視角的持續關注，在保持部落傳統中仍能逐步促發性別意識的提升。

原住民新聞的產製應增加性別議題的相關報導，並以更具性別意識的視角來製作原住民新聞。在原住民記者的性別意識培訓上，宜檢視各族限制男、女性進入性別禁忌場域的文化禮俗，並擬定採訪規範，在尊重部落傳統的前提下，仍應著重性別意識的提升。除了進入採訪的媒體單位，部落也應重新思考：許多禁忌源於傳統社會的性別分工，但隨時代變遷，現代社會的分工模式已造成部落的轉變，在此情況下，是否應重新檢視某些性別禁忌的必要性，並促進性別平權在部落的落實？記者或可透過性別議題的規劃，逐步提升部落的性別意識，消弭採訪時進入性別禁忌場域的問題，並致力於部落性別意識的提升。

面對部落傳統的流失，包含記者在內的許多族人，常會以維護祭儀與保存文化為優先，視之為自己對部落的職責與使命；在族群意識的框架下，性別意識的覺醒可能會被壓抑，或在維護傳統的各種名義下被忽略。然而族群與性別皆為文化的重要向度，皆須檢證各種權力關係，抵抗不同形式的壓迫。因此在維護原住民文化時，記者不僅要追尋個人的族群身分與認同，亦須檢視自己是否帶著性別意識來製作與報導新聞，並能以新聞落實部落的性別平權，或引發更多對部落性別議題的關注。

原住民媒介中需要更多富含性別觀點的報導與節目。綜觀目前的新聞，原住民女性形象的呈顯仍嫌不足，也常囿限於傳統性別角色的框架。不過在歷經時代變遷的部落轉變中，女性蘊含了豐富的報導題材，可涵括歷史切面、部落階級與青少女世代等多元面向的觀照。常態性的祭儀報導中，女性的參與與否，也應有更多社會文化脈絡的介紹，使閱聽眾理解部落信仰與社會禁忌之緣由。

原住民新聞的製播，具有傳承族群文化的意義與使命，但影像上卻常只呈現男性的紀錄，有關性別議題的女性經驗傳承，也應在新聞製播中受到重視。原住民媒體若能系統性地呈現各部落女頭目、婦女會及青少女社群的當代形貌，不僅能記錄傳承部落文化的女性身影並彰顯女性視角，媒體建構的性別面向也將更多元和深刻。[21]

讓部落女性的精采生命及其面對部落轉變的折衝與掙扎，在媒體聚焦下得到更多檢視與關注，讓原住民女性透過新聞傳播得到應有的文化傳承和網絡構連，如此將可促使媒體成為婦女進行部落重建的網絡平台。她們在報導和節目中分享經驗，找到互相培力的可行途徑，重新填補逸失於媒體中的女性面貌，不僅傳續原住民性別文化，並在傳統和當代議題間找到涵蘊的養分及創新的契機。[22]

期盼媒體不再只是浮面地報導噤聲或無法識別的女人，而能在語言的限制外，讓部落的女人發聲，由女性的觀點述說部落的故事。[23] 更期待經由媒體的協商溝通，使得結構壓迫下的性別角色能有重新檢視的機會，在尊重原住民知識體系的部落文化慣習之下，尋索性別平權打開圍籬出口的可能，讓愛厭交織的性別板塊在傳統之下仍能有自由呼吸的空間，讓男女性別皆獲得肯認，並拆解愛女與厭女的多重困境，透過媒介的發聲賦權與啟動能動性。

下篇 多元協商

第十章

報導、判決書與小說的「愛女／厭女」情結

2013 年八里雙屍案

作者｜陳惠馨

現任政治大學法律學系專任教授，德國雷根斯堡大學法學博士。曾任中國法制史學會理事長（2015-2019），女學會會長（1998 年），現為中國法與歷史國際學會理事、女學會會員。研究專長為民法親屬與繼承、清代法制史、德國法制史、性別關係與法律，著有《法學概論（修訂十五版）》、《民法繼承編——理論與實務》、《向法規範回歸之清代法制研究》、《德國近代刑法史（二版）》、《民法親屬編——理論與實務》、《性別關係與法律——婚姻與家庭》、《多元觀點下清代法制》等多本法學專書。在女性主義的滋養下茁壯、行動，持續在法學研究與教學中融入性別觀點，探究性別與法律的相關議題；並長期投入婦女運動，曾主持《性別平等教育法》之研擬，關注社會實踐中的性別意涵，以及關係中的權力結構。

一、一個事件的多個表述：報導、判決書與小說

本文從「愛女／厭女」的角度，分析 2013 年發生在淡水媽媽嘴咖啡店命案之相關文本，包括媒體報導、法院判決書以及跟此命案有關聯的小說文本，主要的分析重點放在法院相關判決書之內容。

這樁發生在媽媽嘴咖啡店的命案在維基百科中稱為八里雙屍案。[1]這個案件在 2013 年轟動了台灣社會，各媒體曾以大篇幅報導本案。讀者若以「八里雙屍案」、「淡水媽媽嘴」、「謝依涵」等關鍵字，即可在網路世界查閱到關於此案件在當年以及後續發展的各種報導。

此件命案的被殺害者是一對夫妻；事件發生時，男性死者（夫）陳進福（以下簡稱陳男）年 79 歲，女性死者（妻）張翠萍（以下簡稱張女）年 57 歲；而被控殺人者謝依涵（以下簡稱謝女）年 28 歲。台灣法院最後判決確定，謝女犯下強盜殺人罪。

謝女是死者夫妻從 2009 年開始前往消費之咖啡店的店長。兩位死者在 2013 年 2 月 16 日晚上八點多離開媽媽嘴咖啡店後即失蹤。兩位死者失蹤多日之後，由於女性死者任教之大學開學，而她卻沒有前往上課，才受到注意。在經過多方尋找之後，在 2013 年 2 月 26 日淡水河畔發現男性死者之屍體。而這距離兩位死者最後被目擊的當晚，也就是 2013 年 2 月 16 日離開媽媽嘴咖啡店之後已經 10 天之久；女性死者的屍體則在 2013 年 3 月 2 日出現在淡水河畔。[2]

台灣最高法院在 2017 年 4 月 19 日以「106 年度台上字第 669 號」刑事判決駁回台灣高等法院檢察署檢察官之上訴之後，謝女被判強盜殺人罪，處無期徒刑至少 25 年的判決已經定讞。根據台灣高等法院 2017 年 1 月 11 日「104 年度矚上重更（二）字第 3 號」判決書，謝女之無期徒刑「依法須執行 25 年以上，有竣悔實據始得假釋出監，否則仍須繼續監禁，與社會隔絕」。

目前八里雙屍案的刑事判決在台灣的司法審判系統中，已經結案。[3]但

是，這個命案卻還有許多疑點讓人無法理解，例如：為何謝女要殺害兩位死者？這兩位死者是多年來在她工作的咖啡店的熟識常客；他們之間究竟發生什麼事情，讓謝女非得殺害他們不可？此一案件的刑事判決書內容提到，男性死者陳男跟謝女向來關係良好，陳男曾經有意收謝女為乾女兒；甚至在法院的判決書中提到男性死者曾給予謝女數十萬的金錢。謝女真的為了強盜兩位死者的財物而殺害他們嗎？有無可能謝女殺害兩位死者的動機另有其他原因？如果有，那是什麼？

八里雙屍案所牽涉殺人者謝女與兩位死者間的關係，並非台灣社會中的少數特例；這個命案中的殺人者與男女死者間之三角關係常見台灣社會各個角落。只是，多數這種牽涉夫妻與婚姻外第三者（尤其是女性作為第三者）關係的案件，不必然會發展為類似本案的殺人事件。本文所欲探究的重點在於法院判決書中關於本案的論述，筆者認為本案的發生背後有台灣社會文化中的性別意涵，如果僅將這個案件發生的因果關係僅歸結於被判決殺人者謝女之個人因素，將忽略這件命案所呈現的台灣社會文化中交織的愛女／厭女情結。

本文將分析台灣媒體報導、法院判決書，以及作家平路女士的小說作品《黑水》對於本案件，尤其是對謝女的描述，試圖呈現其中的「愛女／厭女」情結。

二、新聞媒體再現的厭女現象

大衛．吉爾摩爾（David D. Gilmore）在《厭女現象：跨文化的男性病態》（*Misogyny: The Mala Malady*）一書中描繪了不同文化對於女性的各種歧視或者敵意的情境；該書中指出了不同文化的「厭女情結」的現象。仔細閱讀該書內容可以發現，大衛．吉爾摩爾描繪的厭女情結主要偏重西方文化或者伊斯蘭、印度等地區文化中對於女性的敵意現象；較少談到亞洲地區，尤其是華人社會文化中的厭女情結。[4]

游美惠教授在《性別教育小詞庫》書中分析「厭女」一詞如下：

> 就如同 Allan Johnson 所指出的：厭女文化在父權體制中扮演一個複雜的角色。它激起了男人的優越感，合理化了男人侵犯女人，使女人採取防守的姿態並且乖乖守住自己的本分。厭女文化對於助長女人厭惡她們身為女性特別有力，這是內化壓迫的例子之一。[5]

游美惠教授並引用了亞倫・強森（Allan Johnson）關於厭女文化的討論：

> Allan Johnson 針對「厭女文化」另外還指出：即使對於男人或男性支配最輕微的批評，常常都會引起「厭恨男性」或「抨擊男性」的指控；但是在父權體制下，「厭女」常為日常生活的一部分卻相對地不被重視。[6]

上面關於「厭女文化」或「厭女情結」的描述，主要是對於西方社會厭女現象的分析視角；究竟在當前台灣社會文化中，是否存在「厭女文化」或「厭女情結」？如果有，它們是如何被呈現？這是本文想要探討的重點。筆者認為在台灣社會的「厭女情結」的運作模式值得探討；台灣社會的「厭女情結」可能跟西方社會有所不同。

在八里雙屍案中，新聞報導中以「蛇蠍女」、「毒蠍女」或「毒蛇女」等字眼描繪被控殺人的謝女時，明顯呈現文化中對於被控殺人之女性某種「厭惡感」。例如新聞標題：「從『交誼匪淺」到下藥殺人　『蛇蠍女』謝依涵犯案紀實」；[7]以及：「【凶宅打卡】奪魂媽媽嘴毒蠍女狠殺富商夫妻」[8]。直到今日在 Youtube 上可以看到標題為「八里媽媽嘴咖啡店毒蛇女店長」之影像。[9]

但台灣社會對於殺人之男性鮮少以「蛇蠍男」或「毒蠍男」加以描述；

例如新聞媒體報導 2010 年以生魚刀殺父 110 刀的陳昱安的新聞，可以看到媒體報導有「殺父百刀判死　陳昱安曾說：後悔不存在我心中」，[10]或者「逆子爭產 111 刀弒父　母提告剝奪繼承權」等標題，[11]媒體並未用「蛇蠍」、「毒蠍」或「毒蛇」等字眼描繪犯下殺父重罪的陳昱安。然而，媒體對此案中的謝女加諸「蛇蠍」、「毒蠍」或「毒蛇」等僵固性別意涵的形容詞，以符合一般民眾的性別偏見與刻板印象，其實只是簡化案情，對於真相探討與釐清，沒有絲毫助益。

三、犯罪背後難以探究的真實

在八里雙屍案中，台灣各級法院在判決書中呈現審判者不願意深入調查被告謝女所主張其與男性死者間的不倫關係，[12]讓筆者認為從「法律與文化」的角度來看，本案有值得進一步瞭解的必要性。筆者認為，當台灣媒體以「蛇蠍女」、「毒蠍女」或「毒蛇女」等字眼描繪被控殺人者謝女時，是一種對於謝女的「厭女情結」；而台灣各級法院刑事審判庭拒絕調查謝女所陳述她跟男性死者的關係的現象是否可能也是華人文化下某種「厭女情結」的表現？是一種不自覺忽視女性某種處境的現象？

在閱讀台北士林地方法院、台灣高等法院及最高法院關於本案的刑事判決之後，筆者決定以台灣高等法院 104 年度矚上重更（二）字第 3 號有關本案事實之描述判決內容為核心，[13]希望透過此一判決書釐清八里雙屍案中被判決確定之殺人者謝女與兩位死者的關係，並希望在判決書中找到瞭解他們失去生命（兩位死者）或自由（謝女）的關鍵因素。[14]

筆者多次、反覆閱讀八里雙屍案審判文書之後，感受到本案被告謝女與兩位死者之間關係的複雜性，面臨無法一窺案件全貌的困境。在一次又一次閱讀台灣各級法院有關八里雙屍案的刑事與民事判決後，筆者逐漸理解「八里雙屍案」全面的事實真相無法從判決書內容得知。造成無法知道全案真相的原因主要來自於八里雙屍案所牽涉事實的複雜性，超越想像。不管審判者有多麼好的法學知識與審判經驗，如果沒有理解到這個案件中牽涉到的複雜性別關係與文化糾結；審判者在審判過程中，將受限於文化對於性別觀點的侷限，忽略跟命案之相關重要事實，並因而失去勾畫全案事實真相的可能。

筆者也想在此強調，在某些特殊的刑事案件，不管審判者如何小心謹慎地進行審判，都將面臨無法確定案件真實全貌的困境。審判者僅能竭盡所能，針對法律規定所強調的各項要件，拼湊出法律所關心的事實；至於跟法律規定看似無關的事實，可能會在審判中被忽略或視而不見。在真實生活中，各種命案的審判者所面臨的挑戰超越想像。在一個命案的現場，包括牽涉案件的主要當事人（例如本案中的兩位死者與被控殺人之謝女）與周遭證人，都可能因為某種考量或者因為自己都無法釐清的複雜情感，而忽略或隱藏案件相關的某些事實。在現實生活中，命案的真實情節是無法被全面知悉的，當事人的真實生命故事如何也往往無法從案件現場、證物以及證人的敘述中被知悉與理解，這不僅牽涉當事人的不同立場與角度問題，這還牽涉我們社會的文化很少談論到類似八里雙屍案中當事人間的複雜關係。本文是筆者在閱讀牽涉本案之法院審判文件後，尋找真實情境的歷程與心得紀錄。

四、從死刑到無期徒刑的改判，論證是否充分？

台灣各級法院關於八里雙屍案的刑事裁判文件共有 20 多件，其中有許多是延長拘押被告謝女的裁定；有關於本案事實描述的刑事判決書主要有 6 件；分別為台北士林地方法院（1 件）、台灣高等法院（3 件）、最高法院（2 件）之刑事判決。如前所述，本文主要以台灣高等法院 2017 年 1 月 11 日 104 年度矚上重更(二)字第 3 號刑事判決之內容作為主要分析重點。此一判決判處謝女強盜殺人處無期徒刑且至少要服刑 25 年以上，且要有竣悔實據，才能申請假釋出監，否則仍須繼續監禁與社會隔絕，且此一判決已經最高法院確認。[15]

八里雙屍案從 2013 年 2、3 月男性死者陳男與女性死者張女之屍體被發現到謝女被判處「強盜殺人無期徒刑」確定，共歷經 4 年。在謝女被處無期徒刑確定之前，台灣各級法院多次判決謝女死刑，例如 2013 年 10 月 29 日台灣士林地方法院及 2014 年 9 月 5 日及 2015 年 5 月 29 日台灣高等法院之判決。[16] 在台灣高等法院 104 年度矚上重更（二）字第 3 號定案的刑事判決中，法官對於謝女的犯罪行為從死刑改判為無期徒刑。

法院在判決書中先認定被告謝女「手段殘忍，行徑冷血，犯罪惡性至為重大，惡性嚴重」。判決書首先寫著：

> 經本院逐一檢視刑法第 57 條各款情事，綜合考量審酌被告覬覦陳進福夫婦財產，事前取得安眠藥備妥刀械，欲謀財害命，約短短 30 分鐘內，先後將陳進福、張翠萍攙扶至咖啡店附近紅樹林內，行兇之際無視陳進福、張翠萍之呼救、質疑，將二人分別刺殺 3 刀、7 刀，並強盜張翠萍之隨身提包，之後若無其事回到咖啡店內，手段殘忍，行徑冷血，犯罪惡性至為重大，惡性嚴重，本應與世隔離。
>
> 被告對有資助之誼之陳進福痛下殺手，並刺殺無辜之張翠萍 7 刀，於陳進福喊痛、呼救，張翠萍質疑時，猶不鬆手，依解剖所見，下手既重且狠，犯罪手法甚為殘忍，1 次奪走 2 條寶貴生命，可見殺意之堅，造成陳進福夫婦生命消逝，與家人天人永隔，損害永遠無法回復，犯罪情節至為重大。

但接下來，判決書卻開始對於被告謝女採取同情的論述。判決書提到：

> 惟犯罪是一場悲劇，是被告個人及其他種種非被告所得左右家庭或社

會因素和合而成。本案被告前無任何犯罪前科，依卷內之咖啡店同事乃至鑑定人訪談之相關人員，對被告均無負評，甚至對其犯罪前之表現多所肯定。考量被告之成長經驗，缺乏處理壓力及負面情緒之仿效對象，致父親死亡之傷痛久久無法痊癒，面臨與母親、姊姊分散各地家庭崩解之情緒，感覺母親不能面對失去丈夫之哀痛之壓力，因壓抑性格而未對外求援，暗中往來、接受如父親般之陳進福資助，也不願對外聲張，因結婚在即，亟欲了斷與陳進福間不尋常之往來關係與個人家計負擔之資金需求，出此下策謀財害命，終釀成本案，被告犯後已經逐漸消化、反省所作所為，就自己性格缺失與如何避免再發生憾事，已有檢討反省，經宗教團體與監獄教誨師輔導，已見被告朝正向改變之跡象，鑑定結果亦認其再犯可能性低，而接受矯正、再社會化之可能性高，若施以長期監禁，輔以監所內之輔導教化，加上家人、以前顧客、友人對之不離不棄的鼓勵與期待，當可促其深入反省，調整改變其性格與氣質，改過遷善重返社會。而無期徒刑依法須執行25年以上，有竣悔實據始得假釋出監，否則仍須繼續監禁，與社會隔絕。[17]

從判決書並沒有看到，有哪些具體事件呈現被告謝女已經在行為上表現出朝正面改變跡象，也無法瞭解，透過如何的鑑定，可以認定被告謝女再犯可能性極低。台灣高等法院上面的敘述幾乎可以適用每個殺人案件的當事人，基於此一理由將死刑改判為無期徒刑，論證是否充分？

這份判決書又提到：

總結而言，被告並非是一個典型的「罪犯」，從小被期待成為一個「可以放心會完成被交代的事，也會盡全力完成份內的工作」。

在判決書中的這段描述，被告被描述成一個友善、具有同理心、十分考慮他人感受的人。[18]但是這樣一個人，為何會有殺害兩個熟識人的行為？這難道不是審判時應該調查的重點嗎？然而，在高等法院的判決中並未給予答案。

筆者在詳細閱讀本案之各級法院刑事判決之後，認為有極大的可能，審判者將被告謝女從「處死刑」改為「處無期徒刑」背後可能另有考量。這個考量可能除了台灣已經將《公民與政治權利國際公約》內國法化的因素外；另外的重要考量因素在於，審判者並沒有直接證據可以確定被告謝女是殺死兩位死者的唯一行為人。[19]各級法院審判文件中，僅能確定多位咖啡店工作員工證實，被告謝女在 2013 年 2 月 16 日晚間，將身體狀況明顯異常的死者陳男及死者張女扶出八里媽媽嘴咖啡店；但沒有任何證人直接看到謝女殺害兩位死者。[20]八里雙屍案的男性死者的屍體是在死者夫妻最後被目擊的 2013 年 2 月 16 日之後的第 10 天被發現，也就是 2 月 26 日才被發現。而女性死者張女的屍體則是在 2013 年 3 月 2 日才被發現。從相關資料顯示，法院審判過程中無法確定兩位死者在 2013 年 2 月 16 日晚間到 2 月 26 日與 3 月 2 日之間的遭遇。兩位死者真的是在 2013 年 2 月 16 日當晚或當天凌晨被殺害嗎？為何男性死者的屍體到 10 天後才被發現？而女性死者在 3 月 2 日才發現？兩位死者的死亡時間有無可能不在失蹤當晚，而是更晚？他們被殺害的過程真的如謝女在審判過程中所述說的狀況嗎？如果不是，真實的狀況為何？

由於兩位死者的屍體是在 2013 年 2 月 16 日之後的十多天，在淡水河旁被發現，因此關於兩位死者何時死亡，僅能靠推定以及謝女的說詞加以認定，並沒有直接證據。[21]筆者認為，台灣高等法院的審判者之所以將謝女從死刑改判為無期徒刑，除了因為台灣社會想要遵守內國法化的人權兩公約精神，因此盡量不宣判死刑之外，在這個案件中，審判者也有極大的可能，因為沒有直接證據確定殺害兩位死者的人就是（或僅是）謝女一人，因此無法判處謝女死刑。從各級法院之審判文書內容分析，有關謝女殺害兩位死者的證據主要是謝女自白的證詞以及謝女是最後被目擊將兩位死者扶出咖啡廳的事實，關於本案的事實，還有許多尚未釐清之處。[22]而這些無法釐清的事實，或許讓高等法院負責審判本案的法官們，基於專業的立場有所考量，並因此無法以現有的間接證據判處謝女死刑。

五、非典型的強盜殺人案件

台灣各級法院關於八里雙屍案的刑事判決，主要認定被告謝女有強盜殺人行為，因此判處謝女死刑或無期徒刑；唯一例外是 2013 年 9 月 5 日台灣高等法院第一次關於本案的刑事判決，在這個判決中，判決主文認為，謝女殺害死者陳男是普通殺人，但殺害死者張女則是強盜殺人。[23]然而，在後來台灣高等法院另外兩次的判決，則都認為被告謝女對於死者陳男與死者張女都是強盜殺人。

問題的爭點在於被告謝女是為了強盜兩位死者的財物才殺死他們嗎？還是殺死他們之後，才另起犯意，持兩位死者的存摺、印章前往銀行或郵局提領兩位死者財物。關於謝女究竟是一開始就起意要強盜殺害兩位死者或者殺害兩位死者他們之後，才決定盜領他／她的存款，法院沒有清楚的論證。筆者認為，八里雙屍案中，被告謝女如果真的是強盜殺人，那麼謝女強盜殺人的行為樣態跟一般的強盜殺人行為樣態有明顯差異。我國《刑法》將強盜殺人罪規定在《刑法》第 332 條第 1 項，其規定：「犯強盜罪而故意殺人者，處死刑或無期徒刑。」在學說上強盜殺人罪被認為是結合犯，是結合強盜罪（《刑法》第 328 條）與殺人罪成為一罪。在生活中，常見的強盜殺人案件是犯罪行為人以刀或槍等凶器要求他人交出財物，並在過程中殺害受害人。但是在八里雙屍案中，法院判決書所認定被告謝女的強盜殺人行為，則是以藥物餵食兩位死者之後加以殺害，並前往銀行盜領死者的存款。

然而，從判決書中所提到被告謝女跟死者陳男的關係來看，如果陳男活著，謝女應該有可能從陳男處得到更多財物。因此，被告謝女理論上不需要透過強盜殺害陳男取得其財物。至於謝女是否為了財物殺害死者張女，也很難確定。因為判決書中並沒有說明，謝女如何知道死者張女在 2013 年 2 月 16 日進入咖啡廳時，皮包裡有許多財物。[24]為何被告謝女選擇在 2013 年 2 月 16 日當天殺害死者夫妻，耐人尋味。從種種跡象顯示，八里雙屍案並非典型的強盜殺人案。

筆者強烈懷疑被告謝女真的是為強盜兩位死者財物，而殺害死者；從判決書中無法看出被告謝女對於如何取得兩位死者財物的規劃。謝女有很大的可能是在殺害兩位死者之後，才另起犯意，盜領兩位死者的存款。被告謝女如果是在殺害兩位死者之後，才起意盜領死者的存款，那麼謝女的行為是否為強盜殺人，有待斟酌。

六、為何不調查謝女與死者陳男是否有不倫關係？

台灣高等法院 104 年度矚上重更（二）字第 3 號判決中，雖然確定被告謝女與兩位死者熟識，且認定陳男從 2010 年初開始資助謝女並提供資金，傳授其投資股票。但對於謝女強調其與陳男有不倫關係一事拒絕進一步調查。判決書提到：

> 咖啡店員工陳資羿（見偵 3265 卷二第 280 頁、第 283 頁）、黃佳嫻（見偵 3265 卷二第 290 頁）、郭乃慈（見偵 3265 卷二第 148 頁、卷四第 58 頁）、李昀珊（偵 3265 卷四第 12 至 13 頁）亦皆於偵查中證述陳進福係咖啡店常客，張翠萍亦會來消費等情明確。被告為咖啡店之店長，與店內常客熟識，亦不違常情。而陳進福曾有意認被告為乾女兒一節，除被告自承在卷外，並經證人即被告之母親陳貞秀（見偵 3265 卷四第 79 頁）、張翠萍友人李劉鳳珠（見偵 3265 卷四第 86 頁）、戊○○（見偵 3265 卷四第 91 頁）、咖啡店股東陳唐龍（見偵

3265卷一第32至33頁）分別於偵查中供述在卷。可見被告與陳進福間非僅止於店家與消費者之關係。[25]

被告在原審供稱：陳進福除教導伊操作股票，還帶伊到元大證券開立第24018-1號證券交易帳戶，並提供資金供伊買賣股票等語……，並有元大證券102年5月28日元證北投字第……號函所附之被告委任授權暨受任承諾書及陳進福身分證正、反面影本在卷可稽……。稽之前揭授權書所載，被告之證券交易帳戶係委任授權陳進福得全權代理被告進行交易，授權書上之受任人欄有陳進福之簽名，陳進福在委任人與受任人關係乙欄則記載為親戚等節，更在在顯示被告、陳進福兩人不僅熟識，在陳進福認被告為乾女兒不成後，猶供給資金予被告，足認交誼匪淺。[26]

台灣士林地方法院、三次高等法院與最高法院的判決書中均提及拒絕調查、採證被告謝女所提到其與陳男有不倫關係一事。閱讀法院判決書時，不禁讓人不解：法院審判者為何完全採信被告謝女自白其如何殺害陳男與張女的描述，對其證詞沒有任何質疑；但不同層級的法院卻一致認為謝女有關其與陳男有不倫關係之陳述，不需要進一步調查。判決書中反駁謝女的主張如下：

苟被告在本院供述其經常，或是在本院更二審稱前後計5次，在半夜2、3點趁張翠萍睡著時至聖心別墅等處，私下與陳進福為所謂不倫接觸屬實，何以警方於案發後之102年3月20日至陳進福夫婦居住之聖心別墅採證，在2樓和室地面、和室棉被、臥室地面、3樓樓梯口、3樓臥房地面、3樓臥房棉被、臥房床單、3樓廁所、4樓瑜珈室採集毛髮、衛生紙送驗，鑑驗結果，均未能比對發現與被告DNA型別相符者（新北市政府警察局……）？

有關被告於 102 年 3 月 26 日警詢及偵查中供稱先前在陳進福家中睡著醒來發現衣服遭替換，質疑陳進福不軌，陳進福要求息事寧人，伊為經濟因素只好繼續此關係云云（見偵 3265 卷三第 81 至 82 頁……），除被告之片面陳述外，查無任何資料可資佐證。

何況，有關陳進福身上之特徵，被告泛稱陳進福身上有很多老人斑，主要分佈在背後、手臂、大腿處，另有白色胸毛，及大腿處有不明顯之傷口疤痕（見原審卷……）云云。惟陳進福身上無任何老舊疤痕，有解剖鑑定報告書在卷足參（見相字第 107 號卷……），被告所謂陳進福大腿處有不明顯之傷口疤痕說法，與事實不符。良以陳進福於案發時係已近八旬，有年籍資料在卷可稽，所謂老人斑、白色胸毛，屆此年紀之人比比皆是，無任何特殊性，何況被告所指部位皆非私密，只要陳進福穿著短衣短褲，不須任何親密接觸，任何人均可輕易看見，被告與陳進福已經熟識數年，縱令被告指證陳進福有白色胸毛屬實，亦不能據為所謂不倫關係之佐證。

被告以所持有之珠寶、首飾共 17 件之公證書，欲證明為陳進福為不倫關係之餽贈，固據提出公證書為證（見上訴卷……），姑不論該等公證書乃被告母親在案發後片面公證，形式上雖可證明被告持有，但該等珠寶、首飾事實上是否陳進福贈與，不得而知。即便如被告所言是陳進福餽贈，以陳進福長期資助並有意認被告為乾女兒之背景，縱令贈與也事出有因，究難執為雙方有感情或關於不倫性糾葛之證明，當然也無勘驗該等珠寶、首飾之必要。

被告又以其繪製之陳進福住處各樓層格局設備之示意圖與實際情形相符，可證明被告因與陳進福在聖心別墅內發生不倫關係云云。然陳進福之子己〇委任之告訴代理人何謹言律師於本院準備程序時指稱：陳進福、張翠萍曾邀請媽媽嘴員工前往渠等住處，被告也在其中等語（見上訴卷……）。

辯護人於本院更一審理時又請求調閱被告所使用之0000000000號行動電話於案發前之通聯紀錄，以證明被告與陳進福間過從甚密，有不倫關係及被告係依據陳進福之指示前往北投農會欲開啟張翠萍保管箱云云（見更一卷……）。然被告與陳進福關係良好、交情匪淺，縱彼此間有頻繁之通聯紀錄，亦不足憑為被告與陳進福間有不倫關係之證明。

台灣各級法院在面對被告謝女主張其與死者陳男間有不倫關係等之證詞，明顯不願意進一步調查；這背後的考量為何？有待深思。這是否顯示八里雙屍案的審判者們有意或不自覺地忽視謝女陳述的某種處境。如果謝女所言屬實，她確實曾經多次半夜進出兩位死者居住的房屋，那麼透過調閱兩位死者住所的警衛監視器或其他證人之證詞，應該可以查出被告的主張是否真實？如果謝女所言為假，透過調查，釐清陳男與謝女的關係，是否對於陳男也更為公平？

2013年士林地方法院判決書寫到：

謝依涵固曾於警詢中供稱：「（於102年2月5日）他（指陳進福）說他想要玩他之前跟我玩過的親密遊戲，我告訴他，他不能再這樣做了，我就要下樓，陳進福就拉我，我與他發生拉扯並且不小心將他從3樓樓梯推下」（偵卷三第79頁）

很遺憾的是，法院卻不願意進一步調查謝女的說詞是否屬實，判決書中僅以「實屬虛構」否定謝女的陳述，不願進行進一步的調查，讓人不解。謝女與陳男的複雜關係有無可能是本案重要的關鍵事實，是解開本案謎題的重要關鍵？

為何台灣法院的審判者不願意進一步調查這個事實呢？

七、被告謝女為何要殺死張女？

八里雙屍案中的被告謝女在判決中提到，因為要結婚，而急於擺脫跟陳男的關係，並因此殺害陳男。台灣高等法院 102 年度矚上重訴字第 44 號刑事判決書提到：

> 被告謝依涵就此依然無法提出任何具體證據，以供審酌，僅曾於警詢中供稱：102 年 1 月份某天伊最後一次半夜去陳進福家時，陳進福看著伊，一臉陶醉的對著伊說：「我真的捨不得妳走，妳是我遇見過最甜美的果實」，那時候伊就知道，他絕對不會放過伊云云（偵卷……）。

在判決書中也提到謝女說明她為何殺害死者張女：

> 被告謝依涵在解釋殺害張翠萍之緣由時，於原審及本院均供稱：伊那時候好不容易鼓起勇氣，向張翠萍透露與陳進福之不倫關係，希望張翠萍能解決，就算把伊搞臭掉也沒有關係，伊只希望要離開陳進福，但張翠萍漠不關心，回稱那是伊與陳進福間之情事，澆伊冷水讓伊失望，伊覺得尚未解釋即被張翠萍否決，因而成為後來殺害張翠萍之原因云云（原審卷……）。[27]

如果被告謝女確實曾經在半夜 2、3 點至陳男與張女居住別墅並趁張女睡著時，私下替陳男刷洗身體，謝女是否想到她的行為已經侵害到張女的生活世界？為何謝女會理所當然地認為，她要離開陳男時，作為陳男配偶的張女應該表示關心並給予協助呢？被告謝女對於張女為何如此不尊重且充滿敵意？如果謝女在第一次跟死者陳男發生性關係不是自願的，為何後來卻願意接受陳男要求，多次半夜進入陳男與張女的生活空間並跟死者陳男進行「替陳進福刷洗身體（類似泰國浴）及不倫肉體關係」呢？謝女在過程中，有何心態轉換？

謝女從不願意跟陳男發生性關係的態度轉換為至少 5 次半夜進入兩位死者家中，並跟陳男發生不倫接觸的過程，有哪些考量或者困境呢？當謝女在半夜 2、3 點進入已婚之陳男家中，跟陳男發生不倫接觸時，她是否想到陳男的配偶就在同一棟房子的樓上？另外，謝女在跟陳男發生性關係與接受陳男匯款，學習買賣股票之間是否有一定的關聯性？謝女對於自己跟死者陳男發生性關係並收取陳男的金錢一事有何想法？謝女對於自己的行為是否傷害死者張女一事有何想法呢？促成她殺害張女的原因為何？

八、判決書留下的疑點

八里雙屍案中的死者陳男真的愛謝女嗎？他如何看待自己跟謝女的關係？他又如何看待跟配偶張女的關係呢？表面上他似乎是愛被告謝女？但那是「愛」嗎？還是僅是感官上的刺激？如果陳男有性的需求，為何他不到聲色場所發洩他的性慾？卻要跟被告謝女產生曖昧關係？難道是用暴力或金錢引誘一個不是聲色場所的女性，對他更具刺激性？所以謝女僅是他發洩性慾的工具嗎？陳男真的「愛謝女」嗎？

依據前述之法院判決書的記載，陳男不僅教導謝女操作股票，而且還帶她去開立交易帳戶，提供她資金買賣股票。[28]在這段論述中的陳男似乎是一個願意幫助謝女的老先生。陳男在判決書中樂於助人的形象跟謝女所描繪形象之間的落差如何產生？陳男如何從一個樂於助人的老先生，轉換成為謝女所描繪的發生不倫關係的對象並被她殺害的人呢？究竟謝女關於陳男行為的描述是否屬實？[29]

同樣的，如果謝女的描述屬實，那麼張女面對自己的配偶跟謝女之間的曖昧關係，她的想法為何呢？如果她知道謝女曾經多次半夜到她居住的住所跟自己的配偶發生不倫接觸，她為何還願意維持跟陳男的婚姻關係呢？在大學擔任教授的張女在經濟上並非無法獨立，為何她願意忍受陳男對她這樣的對待？她沒有提出抗議或採取任何行動嗎？她如果知悉謝女與陳男的關係，她的心情為何？是否感到痛苦或難過？

在此，筆者也想提出，在八里雙屍命案中，殺人者謝女真的無路可走嗎？為何謝女在發生跟陳男的所謂不倫關係時，她似乎無視於張女的配偶身分？為何在她跟陳男想要結束她所稱之不倫關係時，她理所當然地認為張女應該給予幫助？為何謝女在張女拒絕介入她跟陳男的關係之後，就要毫不留情地殺害張女？對於張女而言，當謝女要求她協助終止自己跟陳男的關係時，她能夠如何反應？

九、小說《黑水》重構的「真實」

以上這些關於判決書的疑問，可能永遠都得不到回答。八里雙屍案的真相為何，或許世人也永遠無法得知。但在 2015 年 12 月，在這個案件判決定讞之前，作家平路女士出版了小說作品《黑水》，她在這部小說最末的〈問與答〉中指出：「睿智的讀者早已看出，淡水河邊那件聳動的咖啡店命案是這本小說靈感的起始點。不諱言地說，寫出《黑水》與那件命案有著關連。」[30]因此，這部作品可視為小說家對於八里雙屍案的重構，也是對於可能的真相的一種解讀。

在閱讀《黑水》時，筆者剛完成《民法親屬編——理論與實務》、《民法繼承編——理論與實務》兩書，在這兩本書的寫作過程中，大量閱讀了台灣各級法院有關親屬、繼承之審判文書。因此，在讀《黑水》時，我也試著與法院的判決書對讀，企圖釐清小說情節與八里雙屍案間的關聯性，希望找出其情節的相似或差異之處，究竟小說與真實案件中當事人的生命關聯性為何？跟八里命案如此相似的小說究竟那一部分是虛構？哪部分是真實？

《黑水》一書描繪了男性死者洪伯（可對照八里雙屍案中的男性死者陳男）對於小說中殺人者佳珍（可對照八里雙屍案中的謝女）的愛戀情結。小說中描寫了男性死者洪伯對於殺人者佳珍說「愛你」的場景。洪伯對佳珍說「愛你，小愛，我真的愛你」、「愛你，因為愛你，就是太愛你了」的描述。[31]小說有一幕是年老的洪伯幫年輕的佳珍洗澡，洪伯口中說著「幫你洗澡，這是父親對小孩的愛」，這是一種「愛」的表現嗎？洪伯對佳珍的「愛」，是真正的愛嗎？那是什麼樣的愛？佳珍如何看待洪伯所強調對她的愛呢？

在小說《黑水》中，有一個場景是小學二年級的佳珍碰到某位「叔叔」。那個男人以可樂、貼紙、鉛筆盒、玩具引誘佳珍，藉機猥褻佳珍，那個男人對佳珍說「叔叔愛你，愛的是你，不必讓別人知道」。這是一個殘忍的畫面，特別是對年僅八、九歲的小女孩來說，實在太過殘忍。佳珍是以八里雙屍案的謝女為原型所創造出來的小說人物，但這段童年性侵的經歷完全出自虛構，或許可以追問，在小說中嫁接這一段虛構的情節，背後是否有更深的意涵？

閱讀《黑水》小說中的脈絡，讓我們逐漸理解「厭女情結」往往隱藏在「愛女」的宣稱中。洪伯對佳珍的「愛」，其實只是「厭女」的展現，「愛你，因為愛你，就是太愛你了」，這不是愛，這只是男性期望自身成為性主體，而將女性客體化的獨白，因而讀來有一種空洞、煽情與做作的感受。性侵年幼佳珍的那個男人口中的「叔叔愛你，愛的是你，不必讓別人知道」，那更不是愛。真正的愛，是兩個主體的相愛，而不是讓某個主體將另一主體貶抑為客體，小說中的洪伯強行給予佳珍、以愛為名的「愛」，實質上是對佳珍的操控與支配。佳珍的殺人行動，或許對她而言，就是一種對「厭女」的逃逸；甚至可以說是「厭女」對佳珍的壓迫，讓她去殺人，造就了悲劇。

十、結語：女性主義的思考與策略是什麼？

最後，讓我們回到對於八里雙屍案的思考。[32]或許我們需要進一步思考的是：謝女有什麼可能？死者張女與陳男有什麼可能？可以讓他／她們逃脫殺人或被殺的命運。在這個案件中，殺人的謝女與兩位死者陳男與張女可能讓自己脫離既定命運的行動是什麼？如果謝女指稱其與陳男的不倫關係屬實，是否表明現有的法律體系無法在悲劇發生之前為當事人帶來幫助？在台灣社會，是否還有許多謝女、張女與陳男呢？這個案件是否只是社會的一個縮影？女性主義者下一波的行動在哪裡？透過對於八里雙屍案的討論與分析，下一階段的女性主義能否發展出新的行動策略，改變殺人與被殺的命運？回到 2013 年，當一切正要發生時，女性主義可能給予這三個當事人逃離被殺或殺人命運的策略在哪裡？

第十一章

重讀性暴力受害者

改寫能動性與脆弱性的意義[1]

作者｜王曉丹

嚮往兒時與表姊妹的鄉下生活，標準都市人，近來遷居山林。政治大學法律學系特聘教授，英國華威大學法學博士，紐約哥倫比亞大學訪問學者，女學會前任理事長。研究領域為法律、文化與性別。探索性別規範何以被遵守、何以形成系統、何以複製與延續，討論性別結構的法律化形態、法律的性別化特徵，也分析個人在其中的法意識包括建構自我認同與能動性。生活中驚嚇於愛女／厭女的一體兩面，學著面對它、接受它、處理它、放下它。在與受害者互動的經驗中，看見自己的生命課題，因此充滿了感激之情。深信性別研究能夠協助反思的深度與廣度，為了可以聆聽、可以理解、可以分享，活著，讀書，寫作。

近年來台灣的性暴力受害者已經與以往不同，不只是被動受害、無助失語，受害人的主動站出，讓社會大眾看見新的受害者面貌。2016年輔仁大學案中，受害者發聲卻遭到噤聲，這顯示了強暴文化如何滲透到社會組織，以及受害者在協助與輔導下的真實處境；2017年林奕含出版隱射自身經驗的小說，揭露了誘姦／強暴受害者的掙扎，她的現身展示出受害者既脆弱又能動的人我關係；2018年底多位受害者出面指控鈕承澤多年來利用權勢性侵害，各界雖然大聲撻伐，但在當事者「各說各話」的固定劇碼下，很容易忽略受害者多年來辛苦累積能量、琢磨自我的過程。本文希望描繪這些新的發展，理解受害者努力的路徑，從而提出女性主義論述與實踐的新方向。

強暴文化源自於一種特定的性別與性／欲特質（sexuality）[2]視角，造就了將性暴力正常化的體制，並附隨著以下的現象：責備被害人、羞辱蕩婦、性客體化、漠視性暴力、否認性暴力的普遍性、拒絕承認性暴力的傷害等等。強暴文化下的性侵害盛行於陽剛威權的關係與場域，例如家庭、學校、運動、軍隊與戰爭，都普遍存在著性暴力，而這些卻長期被漠視。強暴文化作為陽剛文化（masculinity）的一環，籠罩在陽剛文化特定的社會實踐模式與形構之下，滲透於人際互動、組織階層、媒體傳播與暴力犯罪之中。[3]陽剛氣質，對比於陰柔氣質，要求強壯、宰制、確切、有力，陽剛與陰柔的二元對立，共構於社會／自然、公領域／私領域、文明／野蠻、強勢／弱勢等二元對立，前者永遠比後者優越。[4]這篇文章將系統性評論女性主義法學與強暴受害者政治的文獻，從中分析強暴文化與陽剛文化下的社會論述，批判二元對立化約論的認知框架，並提出有利於受害者能動性的改變可能。

強暴文化造就了特定的社會理解、社會討論與社會敘事等面對強暴案件的方式。本文主張，女性主義致力於改變此種社會論述，關鍵在於重讀性暴力受害者主體，以「能動性」（agency）的概念取代自由主義個體。「Agency」這個字一般而言意味著機構或辦事處，代理執行某種任務，產生某種效果。使用「agency」這個概念討論受害者時，翻譯為「能動性」，而「agent」翻譯為

「能動主體」，意味著受害者受制於特定的執行模式，他們在啟動（activate）此種模式設定（enactment）時，既非全然自由，也不是全然被決定，而是在其階級、性別與種族所既有的社會資源下，以其能力或能量發展有利於己的行動。[5]個體雖然不可避免地受制於既有強暴文化，但是受害者能動主體的展現卻是抵抗陽剛文化的表達，也是突破二元對立化約論的能量積累。

為了改變強暴文化，必須先挑戰其陽剛文化的認知框架，尤其是在陽剛文化的主宰之下，社會論述如何理解受害者，以及這又如何影響受害者的自我認知。唯有揭露受害者「能動主體」的被限制甚至受到戕害，才得以指認社會論述敘事結構的根本問題。以下將說明性暴力受害者能動主體被誤認的狀況（第一節），既而討論形成此種誤認的動力，也就是二元對立化約論的認知框架，包括非此即彼的「同意或不同意」（第二節）與「受害者或能動主體」（第三節），最後，藉由提升「脆弱性」的正面與積極意義，才有可能打破「脆弱性或能動性」的二元對立化約論，開啟尋找抵抗強暴文化的最佳能動主體模式（第四節）。之後以輔大案為例，說明上述理論的具體意義（第五節），而此種新的認識論能夠將受害者政治帶往新型態的女性主義政治（第六節）。

一、被誤認的性暴力受害者能動主體

社會論述對性暴力的再現，為何總讓受害者難以接受？如何找到適當的主體位置（subject position）定位受害者？受害者的行動與能動主體究竟受到何種阻礙？

許多案例顯示，性侵害受害者經常必須面對各說各話的考驗，在這樣的社會處境下，受害者必須「證明」自己說不的情境與意思，或者「證明」自己主動行為並不代表同意，或者「證明」自己不是為了報復或者獲取利益；在某些案例裡，受害者必須面對自己性慾被攤在陽光下，或者自己的家庭背景被用放大鏡檢視，甚至，受害者的穿著、出現的時間地點、互動時的態度與言論、當時身體是否有傷痕等等，都成為大眾「客觀」判斷的項目。當上述項目不符合主流論述的想像時，社會論述很容易進入責怪被害人的方向，而受害人似乎必須不斷為自己澄清與辯護。

為何社會論述對性暴力採取上述特定的想像圖像呢？台灣過去的研究文獻對於以上原因的分析，批判了受害者遭到誤認的方式，包括強暴迷思造成寬容加害者、汙名化受害者的結果，[6]以及主流敘事與創傷真實錯身，[7]忽略了受害者內在「自我」的追求、轉化與因此受困的情境。[8]

然而，當女性主義指出不可責備受害者、重視受害者創傷、看見受害者的情感依附及其生存之道時，還是必須正面描繪受害者主體為何，並且討論受害者主體受制於何種性別結構。若無法發展適當的對受害者主體的認識，對受害者的想像，就很容易從可憐無助的完全弱化，轉換到另外一個極端——強勢、主動、甚至唯利是圖、奸詐狡猾、亂性違紀——只要不是全然無助被動，就可能被認為不是受害人。這種二極化的錯誤想像，將受害者的主體位置放在極其扁平化的想像之中。

當代英美女性主義論述改寫受害者主體位置，不只是看到受害者被誤認，更是指出受害者的結構處境。這包括強暴受害者在「暴力」結構下的處境，[9]以及異性戀霸權對女性的屈辱與宰制，[10]這樣的結構位置扭曲了受害者的認知，讓受害者除了屈從之外，無法做出有效的抵抗。蘇珊・布朗米勒（Susan Brownmiller）不以自由權的侵害解釋性自主權，而將強暴定義為對女人羞辱、貶低與抹煞的暴力行為，她主張性暴力乃對女性個體的暴力行為，其重點不在於男人的行為是否戕害了女人的自由，而是男人以暴力羞辱、貶低與抹煞女人，並進行權力的展示。[11]凱瑟琳・麥金儂（Catharine MacKinnon）同樣強調父權文化的暴力與權力，但她認為性暴力重點不在於暴力，而在於異性戀體制的性／欲特質之結構宰制，她指出在此體制下根本不存在一個得以享受性自由決定的女性主體。[12]

雖然上述對於性暴力的性質存在著究竟是「暴力或性」的爭論，但是其共通的提醒就是，在性暴力行為、法律操作與社會論述中，女人從來就不是以能動主體的角色出現，而總是全然被外在決定。這兩位女性主義者的論述皆挑戰了法學界對於受害者主體自由意志的前提假設，這方面的挑戰，亦可以從審判實務的經驗研究得到說明，針對法院的妨害性自主審判卷宗之研究顯示，法院的訊問過程、論證結構與經驗法則將受害者困於性道德的主體位置，法律語言與理想被害人形象交錯，造成女人無法發聲、無法被理解的失語狀態。[13]而此種性道德與失語主體正是社會論述譴責受害人、對受害人造成不平等地位的重要來源。

另外一個結構性的因素就是社會論述背後的心靈／身體二元論（mind-body dualism），此種二元論假設受害者的認知可以掌控身體，這種看法忽略了性暴力當下身體所受到的衝擊，也抹滅了身體對心靈的感受、理解與認知產生重大的影響。因此，若要理解受害者主體，必須打破思維上的心靈／身體二元論，並強調受害者的性別化身體（sexed body）與身體化的性／欲特質（embodied sexuality），也就是受害者主體建構深受身體與自我認同、社會實踐、歷史文化的雙向關係及其影響。[14]這些討論從理論層次豐富了對受害者主體位置的理解，打破心靈主宰身體，或者身體主宰心靈的二元論，有助於阻擋受害者主體的被誤讀。在這方面，對媒體報導評述的經驗研究也顯示，社會論述對性侵害的討論建構了去權力化、無社會背景、跳脫人際關係網絡的主體框架，生產了不利於女性受害者的故事，也妨害了事實全貌的再現。[15]

正面描繪受害者主體時，最大的困難莫過於許多人會爭辯相關事件根本不是性暴力，此種各說各話的狀況，挑戰了受害者主體位置的正當性。社會論述預設了二元對立的思維，強迫區分強制或非強制、同意或不同意、浪漫情人或邪惡匪徒等，從中決定受害者的遭遇是性暴力或是只是一個「不被欲求的性」（unwanted sex）。尼可拉・蓋衛（Nicola Gavey）從社會建構論的角度，指出一般論述範疇中的強暴與不好的性之間，存在一個灰色地帶（gray area），在此區域中的很多案例都應該屬於強暴的範疇，卻被很多人理解為只是不好的性。[16]安・

卡希爾（Ann J. Cahill）更進一步指出，當受害者的性能動性（sex agency）被劫持與失效時，就不該被誤認為只是灰色地帶，上述將不公正的性（unjust sex）誤認為僅只是不好的性，無異於強化了強暴文化建築的鷹架（scaffolding）——霸權異性戀體制——從而鞏固了強暴文化。[17]這就像是一個套套邏輯，強暴文化滋養了灰色地帶不是強暴的思維，而這個思維也使得相關事件被歸類為不好的性，將不公正的性排除於強暴之外，更進一步鞏固了強暴文化。

綜上，不論是汙名化受害者、忽略結構宰制、漠視受害者多元主體、或者將性暴力誤認為「不好的性」，這些社會論述的概念範疇都促使受害者很容易進入懷疑自己的情境，無法做出有利於己的決定，其能動主體因而被制約。若要進一步探索上述社會論述壓制受害者能動主體的根本原因，必須回歸到何謂性暴力的問題，以下將討論「違反意願」為核心的性暴力定義，此種二元對立化約論如何妨礙了受害者能動主體的被認識。

二、自由主義式「同意」概念的單面性

社會論述討論性侵害成立與否，經常取決於當事者是否「同意」或「合意」，這牽涉到自由主義將性暴力視為性別中立的暴力，討論時聚焦在對個體自由主體的侵害，而其對受害者的傷害可比擬其他類型的身體侵害或不合法獲取財產。[18]此種自由主義性／欲特質往往預設了某種特定的個體圖像：「我」知道我的欲望，「我」知道我可以有的各種選擇，「我」知道我可以如何決定自己的身體，更重要的是，「我」的身體行為是「我」決定之後的欲望表達。自由主義下的界線自我（bounded self），將性自主權的定義侷限在個人主義式、而非關係性、非互為主體的脈絡，並且將心靈能力（例如自由意志）放在論述的核心，而身體成為被主宰、被控制的對象；這樣的自我觀相對於體現性自我（embodied self）的概念，體現性自我強調，自我意志無法與身體分離，深受身體之歷史與文化的影響。[19]

上述自由主義觀點通常假設人們在行為之前，早就存在著既定而明確的認知、意志與決定，此觀點的分析排除了任何心理層面以及社會形塑層面所產生的影響。然而，人的行為真的是在與人互動之前就已經單獨決定？真的不受彼此關係、相互感受、主流言說、霸權結構的影響？

西方女性主義早在四十年前就提出對自由主義式主體觀的有力批判，這進一步揭露了同意與性／欲特質的真相，釐清了「同意」概念的心理、歷史與社會結構。在〈Women and Consent〉這篇文章中，卡羅・帕特曼（Carole Pateman）從性別差異的角度，指出當代社會契約論的父權基礎，她主張政治契約論的簽定者根本不包括女性，女性的同意其實是依賴、臣屬男性必然的結果，因此所謂的自由民主體制根本欠缺正當性。[20]她認為政治契約論需要一個前提——所有人都生活在平等與自由的社會之中——有了此前提，人們才有可能同意將政治權力讓渡給政府，並且在法律架構下節制自己的欲望，以獲得平等與自由體制的生活。然而，對女性而言，這個前提並不存在；事實上，女性在歷史上本就依賴、臣屬於男性，而她們同意的性質，卻恰好正當化了男性對女性的權力。[21]女性的同意，並不是一個獨立主體有意識的理性行為，而是深植於女性缺乏自由而必須依賴的歷史情境；女性的性／欲特質早就被標誌於身體與經歷的記憶之中，形塑在既定的劇碼與符號之下。

基進／宰制論女性主義（dominance feminism）批判自由主義式主體觀。宰制論認為，「同意」概念意味著一個缺乏平等觀的視角，不只忽略了兩性差異，也強化了既有的男強／女弱、男主動／女被動、男詢問／女回應的基本性／欲特質結構。「同意」概念無法區分此種同意是來自於習慣上的默認、內心的贊同、沉默的不同意、純粹臣服或受迫下的屈服，這些都可能被歸類為同意。對於性／欲特質結構中女人的弱勢處境，麥金儂提出基進的強暴認定標準：「從政治上來說，當女人有性行為，而且感覺到被侵犯，我就會稱這為強暴。」[22]她的基進女性主義強暴論，以「對女人而言怎樣是在性上被侵害了」為主要判斷強暴的標準。[23]對麥金儂而言，強暴不只是「不被欲求的性」而是「不平等的性」（unequal sex），[24]因此強暴的定義為：在強制、詐騙、綁架、濫用權勢、信任、依賴等「不平等」下進行具有性本質的攻擊行為。[25]此種觀點強調「性」的不平等結構，點出了女人在強暴行為之下的不平等處境，而「同意」概念不但無法充分反映、甚至合理化了此種不平等結構。

「同意」預設了自由主義式的主體觀，除了低估宰制論所提出的性／欲特質的結構問題之外，也忽略了個體並非獨立於關係或社會而存在，更無視於強暴文化不斷複製受到制約的能動主體。在強暴文化之下，個體有可能會接受制約，放棄自己的能動主體，做出不利於己的行動。

其結果是，自由主義的同意／不同意二元框架，反映了對性／欲特質的系統性誤解——將性／欲特質單一化為徵求對方同意的單向行動（one-sided action），這背後預設了受害者自我的穩定、完整與界限分明，假定了自我與身體分離，且自我足以掌控身體。此種系統性誤解造就了「表述行為上的自相矛盾」（performative paradox）——性侵害法律以其定義一方面取消了受害者性能動主體，另一方面又預設具備性能動主體，得以自由表述同意或不同意。[26]此時，受害者的性與身體，似乎可以由心靈掌管與決定，心靈掌控了對身體的全部權力與責任。這背後的意義就是，心靈的工作就是同意或不同意，尤其不同意時，就具備掌管阻擋加害者的權力；於是，受害者身體或性被預設為一個可以被獲取的財產，只要獲得心靈的同意，就不可被理解為性侵害。[27]

近年來雖有學者主張以積極同意的立法，避免過去同意無法區分「習慣上的默認」、「沉默的不同意」，或是「內心的贊同」的問題。社會運動企圖以超前立法的方式，將「違反意願」的刑法條文，修改為「未取得同意」。這樣的規定「一方面鼓勵弱勢者在性事上培養說要的能力，但又不忽略弱勢者難以拒絕的問題」[28]，而婦女團體「沒有同意，就是性侵」（only yes means yes）的口號，得以倡議「性同意權」的教育，期待以此翻轉「被害人責任的迷思，因為加害者有責任確保性行為發生在對方自願情況」，讓主動方學習「尊重受邀方清楚明白的表意權，確保彼此安全健康的性關係」[29]。積極同意所謀劃的世界深具吸引力，相信每一個人都肯認自主意願的重要性，都希望在自主意願下進行性行為，並期待對方的體察與詢問，尤其當自己沒有意願時，性的試探就應該立刻停止。[30]然而，積極同意仍然抱持著「同意」概念，而這就牽涉到此概念背後的預設與指涉範圍，是否得以描繪性暴力，足以讓受害者被看到。

也有學者反對積極同意的立法，認為其無法解決上述自由主義「同意」概念的困難。批評最有力的為哈佛大學法學院的珍妮特・霍利（Janet Halley），她指出積極同意雖然源自於宰制論的基進洞見，但是積極同意的實務操作，卻可能會走到相反的方向，趨近於右派保守，甚至強化既有性別意識形態。[31]霍利強調積極同意的任意性與危險性，在性行為曖昧、模糊的特性下，讓任何一方可能因為各種不同的理由（例如對方是弱勢族群或階級、對方社會觀感不佳、自己或對方已有固定性伴侶、不想進入性關係、貞操觀念等等），事後決定改變自我敘事，而提起性侵害告訴。霍利的批評是否正確仍有待進一步的辯論與審查，同樣的，積極同意究竟是否足以帶領社會走向性別平等，還是會強化保守的性別意識形態，仍是一個待解的未知。

本文以為，積極同意超前立法的主張，確實可以帶領社會提升性別意識，宣導性行為的雙向試探、溝通與協商，也可能對司法實務產生根本的影響，逼使司法實務進行各種類型妨害性自主案件的程序注意事項，使得受害者在司法實務中的處境大為提升。然而，積極同意超前立法對於本文所談的社會論述對受害者的誤解，恐怕幫助有限，甚至可能會再次複製某種針對受害者的特定人之形象——受害者的曖昧與含蓄表達，這不算是真的表達，必須透過立法特別予以保護。積極同意在認識論上，仍然採取同意或不同意的二元框架，在心靈／身體二元論的預設下，預設了某種性／欲特質，司法成為一場心靈同意或不同意的保衛之戰。當立法採取積極同意模式時，狡獪的加害者仍然有可能在單方面的激情、挑逗與霸道之下，利用男強／女弱、欲迎還拒的文化想像，產生了使受害者噤聲的效果，而取得積極同意。或者加害人侵害的同時，也可能利用受害者對其的信任、看重與渴望，迷惑受害者的心智，因此取得積極同意。積極同意無法處理此種強勢／弱勢、主動／被動的敘事結構，無法撼動、甚至可能進一步鞏固普遍存在的陽剛文化。[32]

性暴力的同意或不同意之分析框架，早已成為強大的單面故事劇碼，占據所有語言文字的符號空間，成為強暴文化的重要組成。當「同意」這樣的概念結合擴大刑罰以鞏固社會的保守思維時，其背後預設的自由主義主體觀，推展出強勢／弱勢、主動／被動等敘事結構，不斷複製單面故事，並且實際上強化了陽剛氣質宰制陰柔氣質的社會論述。此種社會論述受制於單面同意與否的故事霸權，忽略性／欲特質的模糊性、曖昧性與衍生性，從而，受害者的多元敘事與情感關係經常被遺漏，這非但無法產生使其修復尊嚴的功能，甚至反過來，受害者的掙扎努力，卻成為社會論述中譴責被害人的重要資源。

為了跳脫自由主義式主體的窠臼，必須放棄原子式、獨立個體的假設，也就是要將焦點遠離過去「同意或不同意」的二擇一選擇。能動主體的概念在這個目標下，對於社會論述理解受害者而言，就顯得特別重要。能動主體的概念強調個體的結構資源與侷限，探討其做出有利於己行動的可能，而性侵害就是對此能動性的破壞或壓制。

三、拒絕「受害者或能動主體」的二元對立

社會論述一般而言如何理解性暴力受害者？許多社會論述預設了「受害者或能動主體」這個二元對立化約論、非此即彼、二者互為對立面的兩極。這樣的預設意味著，是受害者就沒有能動主體，有能動主體就不會成為受害者。

一般人想像的性暴力是發生在特定時空脈絡，某一個惡劣的人（加害者）違反另一個弱小的人（受害者）之意願（或者未得同意）而進行性行為，對受害者造成巨大的傷害。這樣的定義將受害者預設為無力、被動或柔弱的角色，而受害者的任何主動性，都有可能被加害者拿來當成脫罪的理由，或者成為譴責受害者、讓受害者歸咎自身的要素。另一個極端的論述也經常盛行，告誡潛

在的受害者需要追求主動、練習發聲，只要有危險就要強力斥喝、或有能力推開對方。然而，此種能動性的全無與全有的論述，不只對於減少事件的發生或對受害者幫助有限，更可能因為受害者並非全無或全有的狀態，而無法取得有利的發聲位置。所造成的結果是，除了撻伐加害人與譴責被害人之外，在人們日常生活的意義就只剩下保護妻女或者限制弱者，除非是關心此議題或有類似經驗的人，否則性暴力和其他人沒有太大關係。

這樣的圖像對被定位為「受害者」的人產生巨大的壓力，學理上稱為受害者化（victimization）。受害者可能會猶豫著如何解釋自己的經驗，不知道自己所遭受的不正義，是不是典型的受害者；而性暴力相關法律之受害者化的運作，則可總結為保護論與自由論的思維，製作了道德化與去欲望化的受害者。[33]

這篇文章所談的能動主體的概念，就是要跳脫上述自由論與保護論之受害者化的視角，目標在於探索父權體制下，如何可以反映受害者的需求與利益，以及如何讓受害者在強暴文化影響下，仍然能夠做出對己有利的行動。在這個意義下，布朗米勒與麥金儂的強暴論的確提供了新的視野。她們的強暴論述看到女人作為一個集體，面臨共通的不利處境，因而揭露父權結構的暴力與性／欲特質宰制結構。然而，卡希爾在《重新思索強暴》（*Rethinking Rape*）這本書中回顧這兩位學者「暴力或性」的爭論，主張上述兩者都無法完整描繪女人在強暴文化中受害者主體，前者過度簡化與低估性暴力行為的性／欲特質，後者則僅從單一的性宰制視角理解所有性／欲特質的相關行為。[34]

為了超越此種全無或全有能動性的想像，凱瑟琳．阿帕姆斯（Kathryn Abrams）提出了「局部能動性」（partial agency）的概念，這個概念主要提醒法律從業者，要避免在受害者敘事中，因為缺乏全然能動主體的描繪，就直接將受害者定位為缺乏能動主體。[35]這個概念指出，所有的受害者都是在宰制結構下的行動主體，不可能全然自主或者全然被動，甚至，受害者可能內化宰制結構下的設定，自我成為侷限其能動性的重要機制。另一方面，受害者也是在其主觀對限制的理解下，努力找尋資源，協助自己找到脫困的路徑，也就是「策略的行動者」，以此來凸顯受害者主體的實況。[36]

問題不只存在於社會各界如何看待受害者，還包括受害者如何建構強暴敘事。從自我認同（identity）的概念，或許可以說明此一社會過程。社會論述在討論性暴力事件時，包括了一個矛盾的受害者自我形象或自我認同，也就是在暴力或不平等的結構之下，如何可能既要受害者可以自由選擇的獨立自主，又要其符合軟弱無力的形象；此種矛盾就像是既要女人美麗誘人，又鼓勵女人過度自戀，對於女人的能動主體造成極大的傷害。[37]從不同地方與各階段的歷史經驗看來，女人的自我認同經常與其自我利益相衝突，這正是其次等地位被接受的主要原因之一。

卡琳・馬多羅辛（Carine Mardorossian）於《框架強暴受害者：重新思考性別與能動性》（*Framing the Rape Victim: Gender and Agency Reconsidered*）書中檢視強暴文化與反強暴文化，她主張二者共同落入了「受害者或能動主體」的二元對立之中，所有的論述恐怕都複製了此種遠離實情、立於被動與主動兩種極端的受害者意象，因而強化了既有的陽剛文化。[38]受害者在不斷追求各種各樣的主體位置時，必然有可能採取父權結構既有的規範語言與認識視角，甚至為了在陽剛文化中取得權力，而追求全有或全無的能動主體位置，因而複製或強化既有的陽剛文化。當受害者認同那個脆弱無助的自我，雖然可以取得有力的發聲位置，也可能違背其他的自我要求、自我追求與自我理想；而當受害者認同那個主動積極的打擊犯罪者，或許必須壓抑其對加害者既有的情感、崇拜與渴望。

如何跳脫「受害者或能動主體」的二元對立，重新檢視受害者所受的傷害？馬多羅辛主張，全有或全無的能動性之論述結構，無法撼動強暴文化，唯有打破「陽剛氣質—能動性—主體位置」的鏈結關係，才有可能產生改變。[39]根本沒有完全能動性的存在，能動性本身就體現於結構的限制之中。理解受害者的能動性，絕對不可落入陽剛文化的語彙概念，必須小心避免以弱勢無助為座標，尤其不可以此評述受害者道德性。這其中重要的是，要謹記受害者既非弱小也非強大、並非全然無助也非全面控制，尤其不可僅以有無逃脫可能進行界定。為了達成上述的目標，女性主義必須重新定義強暴，受害者所受到的傷害並非選擇自由的戕害（同意或不同意），而是其開展性主體經驗的可能性受到扼殺——也就是侵害其能動性——使其無法自主運用其自我發現、自我定義與自我導向的技術，無法自由地開展其信念、欲望與人生。[40]

女性主義政治為了取得有力的發聲位置，致力於打破「受害者或能動主體」的二元對立時，必須體認到，能動主體並非必然就是陽剛氣質，唯有將二者脫鉤，社會論述才得以避免複製強暴文化與陽剛文化。從理論的層次來說，性暴力的發生原因，往往根源於陽剛文化中完全能動性的追求，透過暴力取得全然的主宰與控制。因此，女性主義政治必須拒斥以下的二元對立化約論：若不是受到陽剛氣質指引，成為獨立、自主、大聲斥喝、積極反擊的女性主義抵抗者，就是運用陰柔氣質，讚揚關係裡的被動與弱小，成為兼具韌性與柔性的協調者，從中為受害者發聲。此種複製陽剛文化下二元對立敘事結構的性別政治，經常陷入自我矛盾的困境，甚至落入新自由主義的陷阱，忽略結構的影響，而將問題個人化，成為個人管理、成長與超越的議題。[41]上述的女性主義受害者政治（victim politics）忽略了性暴力並非只是個人化的心理議題而已，而應該涉及整體文化結構，正如「victim」這個字的字源所示，包括兩個部分，作為維持社會秩序的牲禮（victima），與作為被不當對待（being wronged）的動態過程。[42]

能動主體並非全有全無的概念，而是一個逐步發展、主體不斷建構的社會過程。女性主義鼓勵受害者「說故事」，因為敘事本身的結構與順序，可以在每一次敘事中發展主體，透過重新詮釋過去經驗，讓受害者可以取得創造性的權力，而強化其能動主體。[43]這正是前述「暴力或性」女性主義強暴論所無法涵蓋的層面，也就是性暴力受害者的自我是在經驗中不斷感受、經歷與轉變的「體現性自我」。例如，受害者的能動主體在欠缺外界論述與資源的奧援時，有時會因為被壓縮的能動性，成為主流敘事結構中動彈不得的受害者，此時，有可能透過敘事，藉由自我認同不斷反轉關係，找尋陽剛文化的空隙，發展其多變多樣的主體位置。

綜上，對於受害者主體的認識，很容易採取陽剛文化的視角，而以全有或全無的能動主體概念，形成貶抑受害者主體的論述——表面上要協助受害者，事實上可能強化陽剛特質對陰柔特質的貶抑，進一步鞏固了強暴文化。論者應該注意，二元對立的敘事結構無法充分反映受害者的主體狀況，也無法發展出協助受害者的文化氛圍，女性主義政治所致力的能動主體，應該跳脫受害者化的社會規範制約，發展提升受害者多元主體能見度的性別政治論述。

四、唯有保持易感、易受傷的脆弱性，才能具備能動性

為了扭轉上述受害者能動主體消失的困境，或者完全能動主體的錯誤想像，英語世界的女性主義呼籲翻轉「脆弱性」或者「易感、易受傷」（vulnerability）的意義，從負面變成正面與積極，並將脆弱視為所有人共通的特質，而非受害者的個人特質。[44]

首先，社會論述中的「脆弱性」，經常隱含了單面、同質與普遍的想像。這篇文章前面所討論的「同意或不同意」的概念，或者「受害者或能動主體」將能動性概念設定為全有或全無，都建構出一種單面、同質與普遍的故事，忽略了性暴力本身牽涉到其他面向。事實上，性暴力不只是受害者個體的決定，還包括雙方彼此互動過程中牽涉到的感知、情感與社會網絡；性暴力也不只是受害者過於脆弱無助，而加害者無法控制性欲或者惡意濫用權力。每一次性暴力事件，受害者都有不同的心理、不同的創傷、與加害者不同的關聯、處於不同的社會網絡。

其次，除了脆弱的單面性之外，社會論述經常從負面的意義來理解脆弱，複製「易感、易受傷」與「不易感、不易受傷」（invulnerability）的二元對立。如果僅僅從強悍、自主或堅毅的反面，也就是另一個極端的概念劃出脆弱的指涉範圍，此種定義過於狹窄與負面。將脆弱性與能動性或自主性對立的結果，

造成某種特定的價值衡量——似乎只有缺乏能動性與易受傷的人才能成為受害者。以負面性意義界定脆弱本身就是一種簡化與窄化的本質論。

再者，社會論述中的「脆弱性」不只是負面消極，還隱含了階層化的效果，換句話說，被負面化與同質化的「脆弱性」總被放在不重要的位置，例如獨厚男性而女性次要、獎勵加害者的強悍而貶低受害者、讚揚主動而懲戒被動。更重要的是，這樣的化約論的對立區分往往預設了反面往正面的發展路徑，也就是人人都應成為成熟、自主、有能力的人，尋求對事物與人生的控制與安全，而被歸類到脆弱的人就必須等待或聽從拯救者。[45]於是，這些易感、易受傷的特質都與女性、依賴、弱勢、被動、無能、乏力等意義具有親近性，此種預設包括了經常讚揚自主的特質，而把相對的脆弱視為無法克服困難、無法達成目標甚至無法保證未來，這些負面的特質進而鼓勵人們必須否認自己的脆弱。[46]舉例而言，防治性暴力的政策與行動，經常要求受害者強化自我保護的能力，讓脆弱的身體變強悍，或者訴諸於尋求個人化的保護措施，讓脆弱的身體得到強者的庇蔭，其背後的根源就是——鼓勵人們否認自己的脆弱，讚揚努力讓自己不脆弱的行動，拒斥脆弱的正面性。此種同質化、負面化、階層化的脆弱意義造成對受害者極其不利的兩難處境，當受害者表現柔弱，就可能被指責為不知道保護自己；當受害者過於強悍，人們或許反而不相信這樣的人會被強暴。

女性主義政治應該打破上述「脆弱性」想像的控制文化（同質、負面、階層），並且以此為基礎，在發展對抗性暴力的論述時，除了翻轉脆弱的負面消極，將之改為正面積極之外，更應該認識到易感、易受傷乃人體人類共同經驗，每個人都渴望與他人產生連結、期盼與他人共享存在，因此脆弱性並非只是受害者的本質。最根本的態度則為，必需承認所有人共通、與人連結的脆弱性，而性侵害正是切斷脆弱性的行為，使人無法做出有利於己的決定，也就構成嚴重的犯罪。於是，每個人的倫理責任便是，應該要正視所有人共同的脆弱性，若是不願意承認脆弱性，及其所構成的連結，就是不願意共同承擔因脆弱性所需要的倫理責任。

女性主義政治翻轉目前主流社會對人類共通脆弱性的負面評價之後，因而得以轉而看到脆弱的潛能、基礎、共享及多元樣態。脆弱性來自於生活於這個世界上，人類的生存必然通過其易感、易受影響、易受傷、渴望親密等共通的脆弱特質，在這脆弱性中找到與世界、與他人互相幫助的模式。因此，脆弱性協助完成個人生命的溫飽、安全與自我實現的需求，也使得整個社會得以建立穩定與發展的基礎。

更進一步，人類可以從脆弱中成長，學習如何與人建立連結與發展親密關係，展現出具能動力的主體。換言之，女性主義政治應該將焦點放在所有人的脆弱性，挖掘被動與主動之間、弱勢與優勢之間、無力與能動之間的個別特殊性，以脫離二元化約論的敘事結構，轉而視強暴為破壞受害者脆弱性的行為，減低受害者從脆弱中發展成為能動主體的機會。換句話說，性暴力就是對受害者能動主體的侵害，使其無法做出對己有利的決定，讓受害者不再與人連結，讓受害者失去了在關係中成長、繼續發展的潛能，也就是侵害了受害者的自主性。

然而，如何描繪性暴力事件，並且避免聚焦受害者脆弱身體的單面性，跳脫簡化、同質化與性別化，轉而將焦點放在所有人身體的易感、易受傷呢？黛博拉．伯葛芬（Debra Bergoffen）討論國際刑事法庭對於前南斯拉夫戰爭中士兵強暴與虐待女性的判決，她指出強暴不再只是性欲犯罪，而將強暴定義為戰爭中的武器，是一種酷刑與違反人性的犯罪，一種對人權的侵犯。[47]她更進一步強調，此種侵害讓一個人易感的、性欲的、渴望親密的身體被剝削，破壞了其對生命的渴望以及與社群的連結。她主張國際刑事法庭的判決改寫了脆弱性的意涵，將脆弱性理解為人類共通的特質，讓「脆弱身體的政治」成為具象化、差異化的人權主軸。[48]

伯葛芬的敘事創造了一個新的論述方向，發展了理解性暴力的新視野。畢竟，易感的、性欲的、渴望親密的身體是人類共通的處境，脆弱也是所有人共通的生命現實。對抗性暴力必須讓焦點放在每個人的脆弱處境，全面性地思索應該如何共同面對與行動。在這個新的方向上，對抗性暴力的性別政治應該要跳脫受害者的負面脆弱性，必須將脆弱詮釋為全人類的共通特性，並且在此具象的、連結的、親密的層次上，定義性暴力與開展抵抗行動。

總之，全面性與正面性的脆弱內涵，將脆弱視為一種潛能、基礎、共享與多樣表現，具有模糊曖昧的特性與價值，此種對簡化的抗拒既並未給予本質性的描繪或解決方案，正足以給強暴論述提供一個「新的強暴認識論」。[49]以脆弱為核心之翻轉的、全新的認識論，告別了中立、脫離、錯位的主體，正可以協助發展出一組概念，以便於重新理解受暴者的經驗。

最後，除了上述翻轉主流論述敘事結構的認識論之外，女性主義政治仍需要小心處理受害者政治。女性主義應該極力避免「受害者」概念所隱含的規範性，形成「受害者化」的社會壓力，尤其要抵抗其背後所預設之簡化的、負面性的脆弱性之意義。受害者的概念往往被理解為一種穩定不變的範疇，有一個「理想的」受害者形象——被動、虛弱、剝削——排除了受害者在關係中的主動與追求。[50]這種運行於社會、關於受害者的規範性，有時促使受害者為了避免不符合受害者形象而遭到羞辱，因此選擇不報案；有時受害者寧願甘冒風險，心理上選擇不逃走，以便獲得更多控制意義的可能，以避免落入受害者的範疇之中；[51]有時僅僅因為被歸類為受害者，就可能加劇他們被剝削的創傷程度。[52]

五、重新解讀輔仁大學案

這裡我以 2016 年輔大案的爭議，用來說明上述受害者政治因為無法避免「受害者化」，因為無法打破能動性與陽剛氣概的鏈結關係，因為貶抑脆弱而追求完全能動性的意義，因而被陽剛文化吸納，成為鞏固強暴文化的一環。

輔大案最大的爭議點在於夏林清作為單位主管，在既有的法律程序之外，另外啟動一個輔導與諮商程序，在眾多人參加的工作會議中，要求受害者當眾道歉，逼使受害者在臉書上道歉。根據女學生男友的敘述，夏林清對女學生說：

> 「我不要聽一個受害者的版本！你們學生之間的情慾流動我也知道，不要以為我不知道你們平常在八樓幹些什麼，偷吃也要把嘴巴擦乾淨，沒錯，你，確實，酒後，亂了性，但我不要聽一個受害者的版本，我要聽你作為一個女人在這件事裡面經驗到什麼！不要亂踩上一個受害者的位置！」[53]

夏林清的行為表面上看似拒絕將受害者「受害者化」，但卻仍然帶有上述單面、同質、負面與階層化的脆弱想像。她的言論預設了對脆弱的貶抑，也就是女學生不應該脆弱，應該勇敢拒絕站在受害者的位置——不站在這個位置，唯一的道路，就是站到另外一個對立面——應該要強壯獨立、不會受傷與自我負責。頓時之間，狹隘的脆弱想像，在這個對話情境下，將問題轉化為個人行為管理不良、個人態度不佳與個人政治不正確。

夏林清忽略了其自身與女學生之間對話情境下的權力關係，不論是老師對學生，或者是院長對當事者的輔導諮商，都存在一個權威的上對下陽剛關係。她先將女學生貶低為聽話者、跟從者，再以異性戀霸權的強制語言「嘴巴擦乾淨」、「酒後，亂了性」，強化了超出異性戀霸權規範之外的行為偏差，因此是一種「亂」，必須被「擦」掉。夏林清以自身陽剛氣質的強者姿態，要求受害者要承擔責任，無異於以進步的宣稱包裝實質的權威，甚至犯了父權責備受害者的錯誤，這使得受害者在權力脈絡中被壓制。

難以理解的是，夏林清以輔導的角色，似乎要求受害女學生也要以強者之姿（封閉其脆弱性），不畏懼夏林清所定義的壓迫（指的應該是前述的受害者化），此種霸道、控制性的要求會使受害者解讀為一種責備，這同時強化了強暴文化與陽剛文化。夏林清所引起的爭議提供了一個重要的提醒，那就是切不可將受害者簡化，將其主體位置放在無助的受害者或者全能的行動者，此種二元對立化約論的兩個極端，對受害者形成另外一種壓迫，彷彿拒絕成為受害者，才能成為能動主體。受害者的自我在關係中的連結、歸屬與發展，勢必是超越本文所批判的「同意或不同意」、「受害者或能動主體」、「能動性或脆弱性」二元對立化約論的。

輔大案的爭議凸顯出一個過去被忽略的事情，也就是翻轉「脆弱性」此一概念的困難度。若要做到上述跳脫二元對立化約論的認知框架，第一要務是，將脆弱概念從負面消極轉化到正面積極，這就要理解到，渴求與他人連結的脆弱性中所發展的自主性，必然包含了模糊性。[54]換句話說，具體的行動永遠必須在關係中評估，尤其是具體脈絡與關係中永遠會有其他的權力向度，而模糊的脆弱性必然包裹在主動與被動、強悍與弱勢、斷言與感受間。[55]

女性主義政治尋求對抗性暴力的正義行動，不是因為有人比較脆弱被欺負了，而是因為自己本身易感與脆弱的召喚，必須在自我的脆弱性上，給予一些倫理回應。[56]在進行倫理回應時必須認知到，具體脈絡中與人互相連結、互動的脆弱身體，究竟發展出何種多變而特殊的形式，以求取個體的自主性，正因為所有人的此種脆弱性，所以需要發展社會正義與倫理模式。同時，女性主義政治應該要特別注意，許多行動出自於迴避或改善負面的脆弱性，要求當事者變得強大、主動與積極，這很有可能反而成為複製與強化父權體制的幫兇。[57]

「受害者化」的受害者位置來自於一種簡化、負面化的脆弱概念，為了翻轉此種單面故事，得以在二元化約論之間重新解讀性暴力，必須致力於在所有人都脆弱的前提下，體認到性暴力就是一種破壞脆弱性的行為，使人無法與他人產生連結、無法在關係中成長並享有自主性。女性主義政治進行性暴力論述或者與受害者第一線連結時，必須避免複製父權體制譴責受害者的窠臼，拒絕中立、脫離與錯位的認識論，在具體的關係中建立互動模式。同時，女性主義政治讚揚共通的脆弱處境之時，必須發覺相同與相異的受害者主體掙扎，發展多種多樣的主體位置，堅持二元對立之外的能動主體。

防治性暴力，並非致力於改變脆弱性，因為失去了脆弱性，能動性也就無以依附，最後成為複製陽剛結構的順從行為，甚至承襲了陽剛結構的暴力。唯有保持易感、易受傷的脆弱性，才能具備能動性。

六、結語：從受害者政治到女性主義政治轉型

社會論述中的二元對立化約論，將受害者置放於特定的社會想像之中——「同意或不同意」（第二節）、「受害者或能動主體」（第三節）、「能動性或脆弱性」（第四節）——這些二元對立形成非此即彼的兩極認知框架，使得座落於兩極光譜中間的經驗難以被發覺，甚至被誤讀。更重要的是，正是這種二元對立化約論對受害者的理解方式，造就了社會論述中譴責受害者的重要資源。例如，當我們以保護之姿，善意告訴受害者不要感到羞恥，或者不要覺得自己有錯時，非但效果有限，恐怕讓陷於羞恥的受害者，更加難以表述其經驗，他們不在二元對立光譜兩端的掙扎過程，甚至成為道德非難的對象。當我們以保護之姿，強調鍛練身體的重要性，以便必要時能夠進行有效抵抗，這讓一個自豪於自己身體的體育選手的受害者，更加羞愧自己的反應，因此更難以訴說自己所受到的傷害。或許，沒有人真正在光譜兩端的任何一端，或許，每一個人的經驗都座落於光譜中間，每個人都試圖拿捏自己易感、易受傷的開放程度，也同時盡力發展有效運用資源的能動性。唯有打斷「能動性—陽剛氣質—主體位置」的鏈結、肯認受害者能動主體的多元、面對模糊與不斷變動的現實，女性主義才得以發展一個新的認識論，重新解讀性暴力。

女性主義政治必須努力改寫脆弱的意義，從負面轉向正面，此種改寫勢必導向所有人的倫理責任。正面而積極的脆弱性，將促使我們體認到關係的重要性，因此必須學習在關係中對話，相互尊重，協助彼此建立自主性，而這就成為每一個人的倫理責任。[58]此種倫理責任的第一步，就在於「肯認」

（recognition），肯認自己的脆弱，同時也肯認他人的脆弱，正因為每一個人都脆弱，所有人的自我都在關係中追求被肯定與尊重。為了提倡此種新的倫理責任，女性主義政治應該深化能動性的意義，能動性並非只是揚棄脆弱，或者強迫堅強、勇敢，因為這些都意味著關閉易感、易受傷的主體；唯有在易感、易受傷的開放性之下，才得以建立互相關懷的倫理。改寫能動性的意義之後，更足以凸顯，脆弱不代表被動、無能或受害者化，脆弱也不一定要求權力的保護或訴諸權威，脆弱反而使得抵抗成為可能，脆弱的開放性讓抵抗產生效果。[59]這導向一種對受害者的全面理解，理解受害者的能動主體，會在特定的權力關係下主動爭取認同與尊嚴，也會在壓迫下利用被動、沉默或弱勢處境以獲得能動性，或者在更極端的狀況，甚至會因此而放棄肢體的抵抗、愛上加害者、或者自殺，以達成其想要完成的目標。

此種對受害者主體的新認識論，不但揚棄二元對立化約論兩極而單面的故事，避免此種故事成為限制受害者主體，也正是在努力促成受害者多元主體，挑戰強暴文化與陽剛文化。在具體的做法上，應該致力於改變經常發生性侵害事件的社會場域，包括運動訓練機構、陽剛職業組織、權威施作等，改變過去陽剛主體的文化倡導，轉而宣揚承認脆弱性的相互倫理。在宣傳性侵害防治措施與處理流程時，應該要發展助人專業、行政與司法人員的訓練課程，避免這些人員的行為進行強化單面故事與二元對立的行為，並要使其有能力發展具備空隙與彈性的對話，讓當事者在互動中得以自我協商。這些從業者面對受害者時，唯有從受害者的經驗中認識到自己的脆弱，及其所可能面臨的危機，才有可能因為共同的脆弱處境而啟動倫理關懷，宣揚一種類似照料自己的照料他人倫理。換句話說，上述防治性暴力的核心，在於提倡性別文化的轉型。

抵抗並非一瞬間即可完成，抵抗是生命裡不同時刻記憶的交錯，串聯起持續的突圍行動，在遺忘與追尋間琢磨自我，在模糊與清晰間不斷往返。每一個不正義的性暴力都是個別的單一事件，此種不正義都有其單次性（singularity），「因不同個體的機遇、選擇與生命情境而有其不可重複的性質」。[60]因此，女性主義理論與實踐應協助社會論述，致力於重新閱讀性暴力受害者主體，認真對待每一個個案的單次性，肯認受害者在強暴文化與陽剛文化下的多元能動主體。唯有改寫能動性與脆弱性的意義，才得以發展多重多樣的、個體與集體的主體位置抵抗模式。

第十二章

誰怕蕩婦？

解放乳頭自拍中的去／再情慾化

作者｜康庭瑜

高雄生，世界長，七年級生。政治大學新聞系副教授，牛津大學地理學博士。研究領域為性別、跨國流動與傳播科技。分析跨國移動的女人怎麼使用傳播科技來刻劃她們生命的軌跡，也討論在地不動的女人怎麼用傳播科技來接收全世界的聲音。愛女不厭女。研究性別起初是為了理解自己的生命經驗，但讀了書以後開始時不時擔心自己的日常生活實踐「不夠女性主義」，為了搞懂這點只好把書繼續讀下去。聯絡方式：tykang@nccu.edu.tw。

厭女文化中的核心主題之一，是對蕩婦和聖母的分而治之（divide and rule）。[1]一方面，許多文化厭棄逾越性界線的女人，恐懼女人的性慾和性表現，另一方面，這些文化也同時歌頌性方面純潔的女人，建構出蕩婦和聖母的二元對立女性形象。蕩婦是不潔的、道德上敗壞的，她們活該得到羞辱；而聖母是高尚的、滋養的，應得到敬重的對待。貶抑蕩婦和頌讚聖母，使女人坐入聖母的角色，並與蕩婦的類屬保持距離。這一類的「蕩婦－聖母」情結在政治論述中、流行文化、藝術到日常生活的人際互動中都十分常見。

然而，究竟是誰在害怕蕩婦？對蕩婦的厭棄雖然時常被認為是父權或是家父長制度下的產物，[2]然而，需要注意的是，對於蕩婦的恐懼卻不只存在於男性之中。許多證據都指出，女人也可能內化這種規範女性情慾與身體的意識形態，用蕩婦羞辱（slut-shaming）的眼光，時時監控自己或她人。[3]

本文討論女人之中的蕩婦焦慮，或者，更精確地來說，本文討論近年社群媒體女性主義運動（hashtag feminism）參與者之中常見的蕩婦焦慮。社群媒體女性主義透過社群媒體平台（如：Twitter、Facebook、Instagram）的串聯，召喚社群媒體使用者使用自己的帳號來發聲。透過照片、文字和主題標籤（hashtag）的使用，來聲援或呼應許多女性主義運動的議程。由於社群媒體和其使用者的特性，這些運動的規模通常是跨國的，參與者通常是年輕女人。因為它具有許多明確的特徵，亦有人將社群媒體女性主義運動與之前的女性主義倡議區隔開來，稱之為第四波女性主義。[4]

社群媒體女性主義運動另一個特點是，它的議程時常聚焦在性與身體的政治之上。[5]正因如此，許多參與者分享與性相關的影像和文字，來倡議社群媒體女性主義運動中的訴求。女人的性表達和身體的影像，成為社群媒體女性主義運動中的核心實踐。本文將聚焦在這些公開分享的性的影像和論述，分析對蕩婦和女性情慾的焦慮與恐懼，如何被社群媒體女性主義倡議者內化，因而潛存在社群媒體女性主義運動之中，而行動者又如何直面這些蕩婦規訓的幽靈，進行抵抗與協商。

近年來社群媒體女性主義運動的例子包括了 #FreeTheNipple、#MeToo、#TimesUp、#WhyIStayed 等等。在這麼多的社群媒體女性主義運動之中，本文將聚焦在解放乳頭運動。解放乳頭運動最初是由一位美國的紀錄片導演琳娜．艾絲科（Lina Esco）發起。她最初的發起的動機，是為了挑戰紐約市對於女性上空的禁令。這是由於紐約市僅允許上空的男性在公共空間中活動，而上空的女性卻面臨禁制和取締。在 2013 年，琳娜．艾絲科因此拍攝了自己上空的影片，並將它分享到社群媒體上，並使用 #FreeTheNipple 的主題標籤。這個舉措違反了 Facebook 關於散佈猥褻影像的規範，因此遭到下架。在 2014 年，許多美國的女性名流也開始在社群媒體上使用 #FreeTheNipple 的主題標籤來分享自己上空的影像，或是分享自己對女性上空權的支持，這些舉動進一步召喚了更多的使用者參與分享。在 2015 年，許多台灣的社群媒體使用者也開始分享自己裸露乳房的照片，使用相同的主題標籤，以聲援這個運動。這些台灣使用者的分享，是本文討論的脈絡。

一、性、媒體與女體

雖說媒體中的女體影像長久以來被認為是高度性化（sexualized）的，但自九〇年代末期以來，媒體上性化的女體影像有了一些顯著的轉變。過往被性化的女體影像時常被刻劃為是用來取悅異性戀男性，然而九〇年代後時常可以見到許多流行的影像，將女人性感的身體描繪為是為了取悅自己。[6]這些性感的女體影像也時常被描繪為是性方面主動的，而且可以使用這個性感的身體來使男性臣服於自己，翻轉男性主體／女性客體的性秩序。伴隨著這種自娛的、主動的性化女性影像的，是「愛自己」的論述。這種論述暗示，保養並展演自己性感的身體，是女人從男人那裡奪回權力、打贏性別戰爭的方式，也是女性觀照自己、使自己愉悅的一種消費選擇。

在九〇年代，這一類性化女性的影像與論述首先出現在傳統大眾媒體當中，從女性時裝雜誌到浪漫愛情電影，都能察見這一類「新女力」式的性感宣言和性化身體展演。然而，在新媒體出現以後，這一種新女力式的性化身體影像和論述也在各式新媒體中出現。比如社群媒體的自拍當中就可以觀察到這種新女力式的性化女體影像，女性社群媒體使用者從生產自己性感的身體影像得到愉悅和自主。新媒體的女性使用者產製自己身體的影像和相關論述，打造出一個性方面有吸引力的自己，並且強調能從自己的性吸引力中得到愉悅。這些具有性吸引力的身體通常被呈現為自主的（autonomous）、是女性的選擇（choice），而不是受迫的、受害者式的。

和傳統大眾媒體中的新女力式性感再現相比，社群媒體中的這類自我再現有幾個特點。首先，被拍攝的對象從名流轉向大眾個人。其次，拍攝者也從專業傳播產業工作者轉為更廣的社群媒體使用者。這個由名流的工作轉往更廣的大眾日常的過程，也被稱為日常生活的情慾化（the pornofication of everyday life）。今日社群媒體上性感女體的自拍影像還有許多特點。社群媒體使用者的自拍時常可以用來累積社會資本，提升使用者在社群之中的聲望或受歡迎的程度。按讚數成為一種貨幣，可以用來交換人際網絡之中的社會資本，在這當中，性感的女性自拍照片也成為快速累積這種貨幣的方式之一。

許多研究者指出，年輕世代的常規文化是關於使用社群媒體要打造自己成為一個品牌。[7]特別是年輕世代的女性使用者，時常透過再現自己的身體，創造論述，來打造自己作為一種新的、主動的新女人，她們必須在性方面有點冒險性、不守舊，這表示她們的影像必須有一點性感——雖然是以一種很主流的性感定義。

矛盾的是，雖然當代新媒體文化時常鼓勵年輕世代的女人再現自己為性感、性主動，以數位社會資本來回饋這一類的再現，但在此同時，蕩婦羞辱的常規並未完全退出新媒體。新媒體平台雖然以同儕認可和按讚數等虛擬人際貨幣來鼓勵使用者分享自己性感的身體影像，然而，分享自己性化自拍影像的女性新自拍者，也可能遭受到蕩婦羞辱式的監控眼光。有研究發現，性感自拍簡訊交換（sexting）時，發出最多性感自拍照的女性被認為是性方面名聲（sexual reputation）的減損，然而，收到最多女性性感自拍的男性卻被認為是性方面名聲的增加，是陽剛氣質的再確認。[8]這些新媒體上的文化，都揭示了性的雙重標準（sexual double standard）。這種雙重標準的背後，是對男性和女性的情慾使用不一樣的標準，對於擁抱性和情慾的「蕩婦」，進行更嚴格的管理與規訓。

除了性感自拍簡訊交換，社群媒體中的女性使用者性化自我再現也十分常見。社群媒體的女性使用者雖然被鼓勵要分享自己性感的影像，並時常自此得到愉悅和社群的回饋，然而蕩婦羞辱的眼光卻時常被這些使用者內化，成為自拍影像自我審查的標準。社群媒體中的性感自拍彷彿有一道隱約的界線，區隔出「只是性感」和「蕩婦」。使用者必須使用許多影像線索，來將打造自己「只是性感」的性主體位置，將自己與「太過性感的蕩婦」區隔開來；這些線索包括了許多高文化資本的線索，如：藝術性的文字風格與影像風格、西化的身體消費等。[9]由於社群媒體的影像文化提倡中上階級的消費美學，中上階級的消費風格可以成為性感自拍影像的景觀，[10]這使得裸露的身體不必然是整個影像的意圖，而能讓拍攝者和被攝者遠離蕩婦的標籤。整體來說，許多研究都發現，新媒體中的女性雖然開始大量參與自己性化影像的生產，但十分兩難的是，她們仍然需要小心地摸索自己的性主體位置，與社會常規中的蕩婦羞辱眼光時時協商。[11]

社群媒體中的性感自拍照需要和蕩婦羞辱的眼光協商，那麼社群媒體中其他類型的女性自我再現呢？社群媒體女性主義運動時常倡議關於性與身體的議題，在這些倡議中的影像時常呈現女人的性與情慾。從 #FreeTheNipple 到 #FatPositive，許多社群媒體女性主義運動的內涵，是倡議者分享自己身體化的性與情慾影像。這些關於女性身體和情慾的再現，是否受到蕩婦羞辱式的規範？而倡議者如何面對蕩婦羞辱、與之協商？這些社群媒體上的蕩婦羞辱的規訓眼光也被倡議者內化嗎？這些問題是本文的發想之處。

二、解放乳頭在台灣

本文聚焦在解放乳頭倡議。這個倡議最初要挑戰的是美國公共空間中對女人乳房的法律和社會禁忌——儘管男性上空廣泛地被認為適合在公共空間出現，女性上空卻仍然是公共空間中的禁忌。導演琳娜・艾絲科拍攝一群在紐約市以上空來挑戰城市身體禁忌的女人。在紐約州，雖然在九〇年代後就合法化公共空間中的上空，然而上空的女性仍時常被以各種名義逮捕。琳娜・艾絲科開始拍攝電影《解放乳頭》（*Free the Nipple*），來聲援公共空間中的女性上空，並使用主題標籤 #FreeTheNipple 將上空的影像分享到社群媒體。在 2013 年，臉書將這些上空影像下架，原因是這些影像違反了臉書對於女性裸露的審查機制。這使得解放乳頭倡議的戰場，由實體的公共空間，擴展到虛擬的公共空間。

本文聚焦在台灣的解放乳頭倡議。雖然最初社群媒體上的解放乳頭倡議是在 2013 年的美國，台灣社群媒體使用者大量跟進倡議是在 2015 年。在 2015 年，關心女性權益的臉書帳號「性解放的學姊」率先響應，使用 #FreeTheNipple 標籤分享上空影像。然而，這些分享隨即被臉書的審查機制刪除。臉書帳號「性解放的學姊 2.0」旋即成立，轉而將上空照中的乳頭以黑底白字 Free the Nipple 色條遮住，持續分享這些遮掩住乳頭的上空照。同時，「性解放的學姊」也使用 Twitter 帳戶來發表上空照片，以避開臉書對於女性乳頭的審查。除了「性解放的學姊」，台灣解放乳頭運動的另一波高潮是五位臉書使用者劉美妤、丁德競、林郁璇、宋晉儀、王立柔試著上傳她們共同拍攝的上空照片。這些照片吸引了台灣數家新聞媒體包括《蘋果日報》、《自由時報》和《風傳媒》等報導。《蘋果日報》的報導後製了這些照片，使用色條遮住乳頭，而《自由時報》則挑選未露出乳頭的照片來報導。僅《風傳媒》原圖照刊，但《風傳媒》的這則報導旋即被臉書封鎖網址。

本文分析的範圍即在此。在「性解放的學姊」Twitter 帳號中 394 則推文、「性解放的學姊 2.0」臉書帳號中 22 則的上空照、以及劉美好等人所產製的上空照的發表之中，特別聚焦在女性身體影像生產者所發佈的文字創作說明。本文試著從這些創作說明中，指認出解放乳頭倡議所想像的敵人。這些創作說明多半是伴隨著影像發表在社群媒體上，皆為未設隱私設定的網路發表，倡議者劉美好和王立柔的創作說明則亦見於網路新聞媒體《風傳媒》和《關鍵評論網》中。在分析貼文和創作說明時，本文將呈現發言者在發言時所選擇的身分：若選擇匿名發言，則本文匿名地呈現倡議者；若倡議者選擇以實名發言，則本文呈現其實名。這個身分的呈現的設計旨在尊重創作者／倡議人選擇發聲的形式。

三、解放誰？挑戰什麼？

台灣的解放乳房倡議究竟是要解放什麼？它所想像的敵人又是誰？眾多倡議者的文字與影像，指認出解放乳頭倡議中想要挑戰的幾種文化霸權。

首先，許多倡議者使用裸露乳房影像要挑戰的是霸權式的理想女體標準，這包括了拍攝平坦的乳房、疤痕的乳房、下垂的乳房和乳房與腋毛等。一位倡議者拍攝了裸露的上半身，並以文字描述影像當中穿過雙乳之中的一道疤痕：

> 胸前這道手術疤痕總是讓我在穿涼快的低胸衣服和旁人異樣的眼光之間掙扎，好像要穿低胸就一定得美乳美胸。疤痕就該好自為之遮起來？媽的真的有夠不爽！提醒大家，別害怕去面對自己真實的樣子、勇敢善待自己！

也有許多倡議者聚焦於霸權式女體審美對於豐滿乳房的要求。一位倡議者分享自己正面上半身裸露的特寫，並強調自己平坦的胸型：

以前的我覺得平胸的身體的我好像喪失了什麼，會感到自卑，覺得沒有那麼女生。但後來我覺得這就是我，我喜歡我自己的身體，平胸也可以很美麗。又酷又帥的美麗！

另一位倡議者分享自己與男友的半身裸體照片，挑戰肥胖與理想裸露女體的標準：

胸型不好、身材不佳、腰間有肉，我就比較不美、應該自卑嗎？「美」是什麼？由誰定義？就算不完美，又為何不能裸露？身體是自己的，輪不到他人來規訓、指指點點！我跟男友決定以行動聲援這個活動與各種受到各式規訓的人！

此外，挑戰霸權式理想女體標準的方式也可以是再現乳房所座落的多元社會身分，這包括了再現跨性別的乳房、勞動階級的乳房、女同志的乳房、多元種族的乳房、障礙者的乳房等。一位倡議者分享了四位不同種族和性傾向的裸露上半身合照：

大家從合照中可以察覺我們的組成很多元——我們擁有不同的文化背景及性向：兩位台灣人、兩位美國人；有異性戀、同性戀和雙性戀。

在解放身體的同時，我們也要讓眾人看見身體意象的多元及展演的可能性。我們身體的樣貌、意義、價值、經驗等等，是受性別、階級、文化等社會與權力因素所形塑出來的，女人的身體因此是權力角力的戰場。

另一位倡議者分享一章四人裸身站在農田前面的合照，解釋：

我們是土拉客，一群在務農的女人。四個正在種田女人、八顆乳房大集合。與其禁止女人露胸照，不如禁止豪宅仲介廣告。讓土地呼吸，讓乳房呼吸。

霸權式美好女體的標準是順性別、異性戀、中產的，也是十分種族化的。透過呈現邊緣階級、性傾向和種族的裸露乳房，來挑戰當代視覺文化中單一的女性乳房標準。

四、去情慾化乳房

上述的倡議挑戰霸權式的理想女體定義，然而，解放乳頭倡議中也有眾多倡議者旨在挑戰另一種類型的文化霸權，即，女性乳房與情慾的連結。這些倡議指出，實體和虛擬的公共空間中的規範之所以拒斥女性乳房而允准男性乳房，正是因為女性乳房被認為是情慾的，而男性乳房則否。倡議者王立柔的說明即指出，女乳和情慾的連結正是虛擬空間中禁制女乳的原因：

大家都知道，最近 Facebook 上掀起一波「解放乳頭」（FreetheNipple）運動，參與者多為女性，不畏被檢舉的後果，紛紛貼出自己的上空照，衝撞臉書禁止「露點照」的相關規定，因為這個規定其實只針對生理女性。女性的身體、女性的第二性徵——乳房，不由分說地被視作猥褻、情物品，男性則不，赤膊打籃球的照片隨處可見當然，這個活動也可以說在衝撞《刑法》第 235 條，「散布、播送或販賣猥褻之文字、圖畫、聲音、影像或其他物品，或公然陳列，或以他法供人觀覽、聽聞者……」。

公共空間禁制情慾，而女乳是情慾的，因而受到禁制，因此，許多論述意在挑戰女性乳房的情慾性此一文化霸權式想像。這些論述可以分為幾種策略：

第一，神聖化乳房策略：這一類型的自拍再現哺乳的乳房和孕婦的裸體。它強調乳房是母親的，而母親的身體應是能免於情慾凝視的，拒絕觀看者情慾化裸露的乳房。乳房是母親的，因而是健康的，不是情色的。透過強化乳房與母職的連結，打造「健康／色情」、「食物／性慾」等等對立的身體意涵分類。由於乳房是母職的，所以不是色情的，而公共空間禁忌的是色情，因而不色情的乳房應理所當然地自由進入公共空間。這些倡議挑戰的是女乳和情慾的關聯，而不是挑戰公共空間中對於情慾的禁忌。

這類論述將裸露的乳房安置在「神聖／情慾」、「聖母／蕩婦」二元分類中較安全的位置。因為是神聖的、母親的，所以不是情色的、蕩婦的，所以可以進入公共空間。這些倡議巧妙挪用了厭女情結中聖母與蕩婦的二分，而能將女乳從有威脅性的位置送回安全和神聖的類屬。

一位分享懷孕的上空照的倡議者即寫道：

> [⋯] 這樣的社會意識，當了媽更無奈。嬰兒兩個到三小時喝一次奶，偶爾會遇到在公共場合孩子肚子餓，母奶掏出來就可以餵了，卻得承受他人眼光的掃射，不乏情色偷窺。台灣夏天罩著哺乳巾，餵下來媽媽小孩焦躁全身濕。不過餵個奶為何有那麼多不必要的折騰！

這個論述強調乳房是母親的日常，在公共場合的乳房是母職實踐，應免於情色的目光。另一位倡議者強調乳房作為血脈的傳承，同樣拒絕乳房與色情的連結，內化了聖母優於蕩婦的分而治之邏輯：

> 這是我親愛的父母生給我的美麗胸部，本意是為了讓我餵養我的孩子，不是為了被貼上「猥褻、色情」的標籤，也不是為了迎合任何人的喜好或慾望 [⋯]。

另一位倡議者則分享嬰兒吸吮乳房的照片，說明：

> 女人的身體是最好的發明，請不要用有色眼光對待女性的身體，請以健康的心態對待上天給的恩惠。每個人都是吃奶長大的，為什麼要把食物藏起來？

第二，藝術化乳房的策略。也有許多倡議者透過影像色調、濾鏡、取景等安排，來強調這些裸露乳房的攝影是藝術的、唯美的。長久以來，女性裸露乳房的影像文化多半只存在於兩種脈絡裡：不是出現在藝術消費中，就是出現在情慾消費裡，也因此打造了女性乳房影像的「藝術／色情」二元意涵。這些倡議者嘗試挪用了藝術與色情的二元分類想像，透過打造藝術的乳房來削弱女性乳房與情慾的排他性連結。

第三，日常化乳房的策略。要斷開乳房與情慾的連結，也可以透過乳房的日常化。這一類型的自拍強調裸露可以是日常的（因而不只是色情），透過場景和背景環境的安排促成乳房的日常性。若說過往的女性乳房影像不是出現在藝術消費場景中，就是出現在情色消費場景中，日常化女乳的努力試著將乳房安置在過往影像中乳房不會出現的日常場景之中，來多元化乳房的意涵，進而斷開乳房與情慾緊密的連結。

許多倡議者試著拍攝日常化的乳房，呈現吃食、休閒、走路、閒聊等日常生活中瑣碎實踐中的裸露。在創作說明中，倡議者劉美好提到：

> 我們的照片要表現的也是這個。自然的，不作態的，不色情、不美不醜，不多麼藝術，只是很平常的生活模樣。這就是平凡的女生宿舍姿態，洗完澡出來裸著上身滑手機，天熱了脫掉外衣打電腦，湯屋裡裸裎相對也不尷尬、不互相評價，和穿著衣服時一樣的打打鬧鬧。因為身體，就只是身體，有千百種樣貌，千百種情緒，欲望只是其中小小

一種。

乳房可以是關於慾望的，不過乳房也可以有與慾望無關的觀看方式。透過日常化乳房，指出乳房不只有一種意涵（即情慾），乳房有各種情慾之外的可能。

五、再情慾化乳房

上述倡議試著切斷乳房與情慾的排他性連結（即：情慾不是女性乳房唯一的意涵），藉此打破公共空間中對乳房的禁忌，然而，許多倡議者旋即反思這些去情慾化乳房的論述。有倡議者指出，去情慾化乳房的努力和這個社會管制女性情慾的力量相符，兩者皆隱去女性的情慾。

一位倡議者反對透過藝術化乳房的方式來去情慾化乳房，並倡議解放乳頭運動應該呈現情慾化乳房的影像：

> ［…］不只是去性化的身體
>
> 可要以什麼姿態站出來呢？有些人走自然、健康、藝術的風格，像是王立柔的解放乳頭相簿，真的好美。但是有沒有另外一種形貌？不去性化的，展現慾求的，或者被慾求的。
>
> 前幾天和學長同學們討論，我想說，情慾的眼光（在沒有真的侵犯誰的情況下）沒有什麼不可以。也可以很自然的生成這樣的解讀。況且照片中的我不只是被凝視的客體。在拍照過程中，我決定了我要怎麼展演，正因為意識到可能的凝視。

所以我選擇不整張黑白化、藝術化而產生距離美（背景黑白是因為配色實在不符合我的配色美學 XD）。但同時不刻意擠溝，因為這是我認為足夠美好的狀態了，但如果擠溝讓妳自信，也未嘗不可。

我就是要（和觀看照片的你／妳一起）面對女體和性慾的可能關聯（當然你／妳不產生性慾，或我無法使你／妳產生慾望，我覺得都沒什麼關係 www）。

我就是要表示，展現身體和（女性的、少女／處女的、……的）性慾，是再正常不過的事情。

除了反對解放乳頭運動的藝術化，也有倡議者反對解放乳頭運動的母職化和神聖化：

姊今天想要特別講的是，我們更應該去問：「為什麼男生裸露不成問題？」很多男性覺得女性裸露會引人遐想，女性的胸部是色情、是（性）慾望的來源。很多女性則以「女性胸部哺餵母乳是很神聖的」、「拒絕以色情看待女性胸部，它就只是器官」來反擊。

可是這種把女乳神聖化、去性慾化的方式並沒有觸碰到問題的核心。人都是有慾望的呀！為什麼要反對色情呢？為什麼要把慾望去除呢？

我們要去質問為什麼男性裸體不是「猥褻」、不會引人遐想？拜託！姊每次看到裸男都超想撲倒他們，好嗎？姊看到大奶男孩就超想抓一把、看到堅挺的奶頭就超想捏，他們裸上半身才真的是引人犯罪。姊真實的面對自己的慾望，但姊可能也不會真的撲倒他們（喝醉可能會），也不會覺得他們裸上半身有什麼問題，姊覺得賺到了。

虛擬和實體的公共空間監管女性裸露的乳房是由於乳房的的情慾意涵。去情慾化乳房的倡議試著否認乳房的情慾連結，以使乳房進入公共空間，然而解放乳頭運動內部的其他倡議者即指出，這可能內化了公共空間中對於蕩婦的禁令。而再情慾化乳房的倡議者則試著挑戰公共空間中對於蕩婦的禁令本身（見表1）。

欲挑戰的文化霸權	單一的女體審美	女性乳房與情慾的 排他性連結	公共空間的 情慾禁忌
影像呈現	多元的裸體樣態	母職的裸體 藝術的裸體 日常的裸體	情慾化的裸體

表1　解放乳頭各類倡議及其挑戰的文化霸權

六、社群媒體女性主義倡議：小心，「聖母」！

受限於篇幅，本文並未窮盡解放乳頭倡議中所有類型的論述。許多倡議在本文的核心論證軸線之外，也開展了十分重要的再現和論述，這包含了男性社群媒體使用者的自拍參與等等。

作為一個社群媒體女性主義倡議，台灣的解放乳頭運動眾聲喧嘩，展現了倡議內部多元包容。總體來說，儘管這些眾多的倡議都志在讓女人的裸乳上街，它們所想像的敵人卻十分多元。以本文所聚焦的幾條軸線來說，有些倡議要挑戰的文化霸權，是裸露女乳的單一審美凝視。它們指出，正是這種霸權式的審美凝視，讓乳房不合於理想的女人不敢裸露。

也有些倡議要挑戰的文化霸權，是女性乳房的意涵總是排他地與情慾關聯起來，缺乏其他意涵的可能。這類倡議指出，公共空間之所以禁制女乳而不管制男乳，是因為女乳被認為是情慾的，而男乳不是，因而需要去除女性乳房的情慾意涵。它們找出色情消費之外的各種女性裸露的歷史。從哺乳到藝術，強調色情消費之外的女性裸露的各種可能，藉此來消解女乳的情慾性。這些策略挪用了我們的文化中各種關於女性乳房的雙元建構——包括聖母／蕩婦、藝術／情慾、日常／色情等。它強調乳房與聖母的關聯，而能將乳房與蕩婦的關聯切開，藉此而能將乳房帶入公共空間。

也有些倡議認為，上述去情慾化乳房的努力把女性的情慾消了音。儘管去情慾化女乳能解放公共空間中的女乳禁忌，但它服膺了公共空間中的情慾禁忌，這種公共空間中的乳房解放將以女性的情慾消音和蕩婦焦慮為代價。也因此，有倡議者進一步呈現再情慾化的女乳，旨在挑戰公共空間中的情慾禁忌。這些再情慾化的努力，透過展示女性情慾來消解蕩婦焦慮，透過「做蕩婦」來拆解蕩婦這個概念，拆解蕩婦與聖母之間的邊界。這些社群內部的流變，都展現了社群媒體女性主義倡議言論透明和容許反思的彈性。

需要注意的是，再情慾化乳房的努力也有其限制。在這些解放乳頭的倡議中，去情慾化倡議的乳房再現時常在公共和半公共空間中拍攝，然而，強調要再情慾化時所使用的乳房影像（包含了女性雙腿張開、女性手指置於唇邊和與男友貼近的影像等等），拍攝地點多半在床或其他私人空間中。這樣的空間生產，實則也再製了乳房與性的空間規則——非性的才能是公共空間的，性屬於私人空間。

實際上，區分情慾化和去情慾化的乳房的論述很可能是危險的。呈現孕婦和哺乳者的乳房、跨性者的乳房、受傷和生病的乳房時，以論述強調這是要多元化乳房的單一審美；而倡議要再情慾化乳房時，則呈現未懷孕、順性別、無傷痕的乳房在房間中的情慾實踐，這些分化的影像呈現很可能再次否認母親、障礙者、跨性者等乳房的情慾意涵。

總體來說，解放乳頭倡議的經驗，是近年社群媒體女性主義倡議的一個縮影。這些十分典型的第四波女性主義式的倡議，時常圍繞在女性身體的解殖政治上。它們常常是要讓女性的身體免於性化和性剝削。然而，想要拒絕女體被性化，時常需要抹去女體的情慾意涵。也就是說，在這些倡議之中，容易扮演起聖母，再一次拒斥蕩婦式的女性再現。倡議者時常發現自己需要非常小心，才能避免再一次純潔化女人和女體、再一次禁制女人的情慾表達、再一次監禁蕩婦。

管束蕩婦的霸權幽靈，既遠且近。

第十三章

解鎖，開啟新時代的情感教育

從浪漫愛、匯流愛到主體愛[1]

作者｜王曉丹

嚮往兒時與表姊妹的鄉下生活，標準都市人，近來遷居山林。政治大學法律學系特聘教授，英國華威大學法學博士，紐約哥倫比亞大學訪問學者，女學會前任理事長。研究領域為法律、文化與性別。探索性別規範何以被遵守、何以形成系統、何以複製與延續，討論性別結構的法律化形態、法律的性別化特徵，也分析個人在其中的法意識包括建構自我認同與能動性。生活中驚嚇於愛女／厭女的一體兩面，學著面對它、接受它、處理它、放下它。在與受害者互動的經驗中，看見自己的生命課題，因此充滿了感激之情。深信性別研究能夠協助反思的深度與廣度，為了可以聆聽、可以理解、可以分享，活著，讀書，寫作。

作者｜韓宜臻

台灣大學戲劇學系與社會工作學系畢業，政治大學法律科際整合研究所碩士生。曾任公民監督國會聯盟政策部專員、人權公約施行監督聯盟執行秘書、同志諮詢熱線專案研究員、女學會兼任助理。沒有稱得上專長的才能，僅希望透過粗淺的書寫，為性少數社群盡一份心力。雖深知惡意之真實、溝通之困難，仍希望台灣終能成為一個自由平等的國家。

> 七巧似睡非睡橫在煙鋪上。三十年來她戴著黃金的枷。她用那沉重的枷角劈殺了幾個人，沒死的也送了半條命。她知道她兒子女兒恨毒了她，她婆家的人恨她，她娘家的人恨她。她摸索著腕上的翠玉鐲子，徐徐將那鐲子順著骨瘦如柴的手臂往上推，一直推到腋下。
>
> ——張愛玲，《金鎖記》

2018年5月發生多起殺人案件，包括丈夫掐死妻子、健身教練殺害女友並分屍、直播主遭前男友殺死等等，接連震驚台灣社會。這些人在關係裡陷入怎樣的困境，為什麼非殺人不可？當代的親密關係面臨何種難題？人們為什麼手握鑰匙，卻被困在名為愛情的房間裡無法解鎖，最終只能毀滅他人或自我毀滅？

這些案件促使社會各界更加重視親密關係與情感教育。過去的情感教育宣揚傳統性別角色與家庭倫理，經常以防範、禁止的方式，[2]將性負面化，強調性的暴力與傷害，從而壓抑了學生作為慾望主體的能動性。[3]部分教育工作者甚至推動守貞教育、禁慾觀點，並且忽略多元情慾的親密關係形態，將多元性別族群汙名化。[4]傳統倫理已無法協助學生面對親密關係的困境，故需發展學理上適當的概念工具，以回應學生的困惑、摸索、嘗試與對話創造。

當代情感教育面臨新的挑戰，既要教導學生勇敢追愛、體驗成熟互惠的性，另一方面，又要保護自己不被愛與性控制與勒索，卻談何容易？年輕的學生探索情愛，如何按圖索驥？慈愛的父母與老師又該如何以女性主義的角度，指引其未成年子女走出一條路？

一、愛的理論框架：談情說愛的行動、文化與本體

過去情感教育的內容，經常不斷複製性別刻板印象，強化了性別二元對立的思維與意識形態。在中小學的校園中，如果有人報告老師同學在談戀愛，

老師的反應或許是：學生不可以談戀愛，因為年紀還小不夠成熟，女生容易受騙，男生無法負責，而且會影響功課。此種教育隱含了將女人視為性客體，並以此為手段教導男人成為男人的厭女情結。[5]面對孩子談戀愛，過度擔心的父母可能會說：不好好讀書，談什麼戀愛？女生要自己檢點，要好好保護自己的身體。這樣的回應無異於貶抑失格女人，強化做為懲戒機制的厭女邏輯。[6]此種看待談情說愛的方式，不只限制了學生發展自我的可能，更造成學生的傷害，這種教育只是以枷鎖避免危害，沒有考慮到年輕學生的好奇、試探與渴望，對於情殺等悲劇，既不治標也不治本。

「浪漫愛」（romantic love）是年輕孩子在成長過程學習到的資訊，意味著摒棄以家世、經濟或階級的考量，純粹從情感與互動來決定親密關係。成長過程中，年輕男女容易受到偶像劇、網路故事、甚至情色小說的影響，將「霸道總裁」視為浪漫的經典。這樣的情節加深了「男人要帥要有錢」、「女人要美要純潔」的刻板印象，將親密關係簡單化、平面化、甚至可笑化，成為一種脫離現實的愛情理想

從歷史進程的角度來說，浪漫愛曾有其對抗封建主義的社會功能。在前現代的歐洲，婚姻是基於經濟等考量的結盟型態，與「愛」無涉。十八世紀工業革命後，隨著個人主義的興起，人們開始對婚姻家庭有不同的想像，浪漫愛的概念因而逐漸成形。浪漫愛連結了愛、自由、激情等元素，其特徵是強調愛的深刻（the profundity）、獨一無二（the uniqueness）與純粹（the purity）。[7]浪漫愛吸引無數年輕男女，協助個人突破封建主義的傳統意識形態，在此架構下個體得以成為行動者自我，發展其愛的劇本。

然而，浪漫愛同時也可能成為一種虛假意識，藉由塑造浪漫卻虛幻的理想，將女性限縮為刻板性別角色中被動、被追求、被呵護的一方，並因而忽視其中的權力不對等。[8]英國社會學家紀登斯（Anthony Giddens）在 1992 年出版的《親密關係的轉變：現代社會的性、愛、慾》（*The Transformation of Intimacy: Sexuality, Love and Eroticism in Modern Society*）書中指出，人們以為可以藉由實踐浪漫

愛脫離封建的束縛，但是實際上，浪漫愛中性別角色的想像仍然延續了父權體制的控制與厭女；越實踐浪漫愛，越強化了父權體制的思想。[9]

紀登斯提出「匯流愛」（confluent love）的概念，以對抗浪漫愛的孤獨靈魂渴望，對女性能動主體的蒙蔽。[10]他認為，浪漫愛無法把人們從傳統性別角色與婚姻家庭的束縛中解放出來，所以當代西歐社會的人們轉而追求匯流愛，亦即一種純粹的關係（pure relationship）。在匯流愛的實踐中，人們因為情感的需求而建立親密關係，當這樣的需求不再存在，或不再被滿足，則可以自由離開。匯流愛也強調平等協商，感情中的當事人可以互相坦白討論自己的需求、為彼此付出；這代表的是一種親密關係的平等化與民主化，而平等化與民主化背後的預設是情感的個人主義（affective individualism）。[11]

在當代台灣，情感教育面臨新時代的挑戰，需要各界的參與，發展新型態的情感教育。[12]尤其是在網路普及、媒體發達、社會風氣進步的當代，年輕孩子容易有情感困擾與親密關係的試探行為。我們急需情感教育的理論基礎，以供教育實作參考，讓第一線老師有所依循，得以發展在地實踐。

台灣許多情感教育的理論文獻參考紀登斯匯流愛的概念，以此理論工具對抗浪漫愛。[13]從「匯流愛」出發的情感教育以個人主義為基礎，強調親密關係的民主與平等，試圖讓學生正視親密關係的個體性與平等性，不再浪漫幻想自己是麻雀，追求「麻雀變鳳凰」式的愛情。然而，匯流愛強調個別主體的自主、反思等，常被批評過於簡化與理想化，[14]而這樣以個人主義為前提的理論工具，若要融入台灣的情感教育實踐之中，也必然需要結合更多本土與在地的嘗試與發展。

本文主張，情感教育若要達成治標並治本的效果，除了參考匯流愛所提供的平等與民主化的概念之外，還必須以關係自我（relational self）[15]進行修正，從反身性思辨與培力的角度，發展「主體愛」（subject love）的概念。[16]主體愛的情感教育，其目標為協助個體在親密關係中拉出一個空間，讓個體得以不斷思辨，從反身性看見關係中的權力建構，藉由對話與溝通持續培力，在每個事件當下建構最適當的主體位置。

情感教育的理論框架包括愛的行動者自我，不該只是灌輸男／女的性別角色，或者倡導脫離傳統意識形態的個人主義，而是要發展得以在關係中發展自我的主體能動性；愛的文化劇本也不應該是男強／女弱的父權腳本，或者另一個極端的自由進出，而是能夠看見關係的權力建構，並得以不斷發展反身性創造的劇碼；愛的本體論並非純粹與神聖，也非僅止於親密關係的平等，而是在親密關係中的相互培力、共同成長。表 1 比較了主體愛、浪漫愛與匯流愛的根本差異。

	浪漫愛	**匯流愛**	**主體愛**
愛的行動者自我	（文化中固定的）角色化	個人主義	關係自我
愛的文化劇本	父權文化	民主化、自由進出	反身性、看見關係中的權力建構
愛的本體論	純粹與神聖	親密關係的平等	親密關係的培力

表 1　浪漫愛、匯流愛與主體愛之比較

二、關係自我的情感與身體：為何是我不會？為何不是我不要？

若要在台灣的情感教育中運用紀登斯匯流愛的理論，尚需要更多的反思：浪漫愛的內涵如何承載了本地既有的父權文化？匯流愛在台灣如何能更有效地幫助人們進行抵抗性實踐？在台灣使用匯流愛的概念要對抗的是什麼？面臨何種困境？換句話說，情感教育若要有效運用匯流愛的概念，就必須先檢視地方文化裡的自我與親密關係，分析其地方性建構的社會過程。

2017 年，作家林奕含自殺離世，她生前出版小說《房思琪的初戀樂園》，呈現了某種親密關係的在地性，反映出關係自我的情感與身體。書中主角房思琪遭到鄰居李國華老師性侵，這個故事被認為與林奕含自身經歷有關。房思琪在第一次被性侵之後，在日記上記錄：「我必須寫下來，墨水會稀釋我的感覺，否則我會發瘋的。我下樓拿作文給李老師改。他掏出來，我被逼到塗在牆上。老師說了九個字：『不行的話，用嘴巴可以吧？』我說了五個字：『不行，我不會。』他就塞進來。那感覺像溺水。可以說話之後，我對老師說：『對不起。』有一種功課做不好的感覺。」從這段對話中，可以看見房思琪的自我陷入了一種困境，而對於這樣的困境，她自己也反思：「為什麼是我不會？為什麼不是我不要？為什麼不是你不可以？直到現在，我才知道這整起事件很可以化約成這第一幕：他硬插進來，而我為此道歉。」

關係自我的存在與否，以及自我定位，通常交由重要他人來決定。房思琪在被李國華性侵時，說的不是「我不要」，也不是「你不可以」，而是「我不會」。此時房思琪的自我並非獨立於關係之外、可以自由決定的主體，她把自己包括於關係之內，所以思考的不是個體的要或不要，而是她沒有做好關係中他人定義的工作，因而感到抱歉。此種文化建構，不同於匯流愛所預設的情感個人主義。

關係自我的努力可能導向「讓關係更好」的方向，陷入一種人我難分的境地。房思琪脫困的方式是努力成為一個有主體性的人，然而，因為欠缺主體的練習，她努力的結果竟是「基於自由意志」先丟棄自己：「如果我先把自己丟棄了，那他就不能再丟棄一次。」其次，她將愛詮釋為：「妳愛的人要對妳做什麼都可以，不是嗎？老師說愛她，如果她也愛老師，那就是愛，做愛……愛老師不難。」房思琪的自我絕對不是個人主義式的，為了對抗不堪的事情發生，她只好把自己跟對方合體，用「愛」來包裝一切，因為自己可以對自己做任何事，所以與自己合為一體的人也可以對自己做任何事。她當下並未思考「我願不願意？」這個問題，反而像溺水者急於求生存、或像病急亂投醫般，將自我意志投射到文化深層裡的可能解套方式，因此，在房思琪被強暴的當下，恐怕因為欠缺適當的情感教育與學習，她在被突襲之時，相對地無法開展適當的主體思考與想像。

當然本文在此絕對沒有責備小說中的主人翁的意圖，相反地當小說作者林奕含寫出了房思琪受困於關係自我的處境，其實也已經看見了問題，提出了問題。如果房思琪沒有意識到這一切，那麼在她用「愛」包裝這一切時，不會如此掙扎，不會如此痛苦。這一再提醒我們，從看見、提出問題，到與問題共處，不論是想要從問題中逃開，或是準備克服問題，中間存在了太多難關。要從困境中脫離是多麼不容易的事，這是林奕含和她的作品留下諸多重要遺產的其中之一。

由關係自我所構成的文化，經常進入控制者與被控制者的關係模式。在關係文化中，「自我」透過關係中重要他人對自己的肯定，因而建構對自我的認識，甚至成為自我存在的重要基礎。這樣的文化有好的面向，例如在台灣，它可以建構出溫暖的人際互動、彼此和諧。然而，它的負面效果便是某種特殊的控制關係。例如 2017 年上映的電影《血觀音》描述棠家母女三人追逐人際連結，不斷進行交換遊戲，藉此取得權勢與利益，劇中棠夫人以「我是為你好」遂行控制自己女兒之實。這樣的關係得以成立，絕非只是單向的，通常包括被控制者也能藉由此感受到自己被肯定、被接納、被喜歡，因而控制者與被控制者都深陷其中不可自拔。[17]於是，文化中強烈的情感需求及虛偽的人情冷暖，構成了台灣親密關係的地方性。

關係自我的濃厚情感主導著關係的發展，從而，關係自我從來都不是來去自由、隨心所欲地說走就走。「情」這個字在中文裡有三種意思，它可以指「情緒」或「情感」，也可以指「情勢」或「情形」等事實面，也可能有規範面的意義，例如「情懷」等心境或境界，這三個層面在具體案例中緊密地交織。曾有漢學家將「情」翻譯為「reality-reaction」，意指面對某種情況的反應，包含了產生的情感、創造的情勢與追求的生命情懷。[18]

關係自我受到控制，通常包含了個體的主動積極面，追求關係裡的情感、情勢與情懷。房思琪在遭遇性侵害時，為了追求被尊重、被讚賞的生命情懷，於是她將自我情感建構為自己愛上老師，創造一個情勢讓自己仍是符合性別意識形態下的「好女孩」。在男強／女弱、男積極／女消極、男侵略／女退讓、男文明／女自然的地方性文化與厭女的傳統性別意識形態下，房思琪的自我意識被迫正當化李國華的侵犯，以一種自我傷害的方式試圖與客觀世界「和解」（除了「愛上」老師，沒有其他可能）。情感教育的目標應該要聚焦於此種性別意識形態對情感意識的影響，並試圖破壞或中斷此種自我建構。

匯流愛雖然回歸個體自身，但其所預設的自由來去，無法落實在台灣關係自我的文化建構，親密關係的實踐需要加入情感與身體的本地現實，才得以觸及性別意識形態的核心。為了發展適當的情感教育，以下將以匯流愛的實踐困境為基礎，提出對於匯流愛的修正與補充，致力於發展主體愛的內涵，一方面脫離自我被關係吸納而使自我感受與認知受到損傷的處境，重視關係中所建構與成就的自我，另一方面要避免控制關係的情愛互動，不斷反思平等的意義與實踐方略。

三、不斷愛自己，進而愛人：主體愛的反身性練習

所謂的主體愛，就是要藉由主體的建立，中斷性別意識形態對情感意識的影響。既然匯流愛所假設的自由來去在現實上很難做到，我們應該練習在關係中藉由主體的建立，拉出一個自我空間，因而得以開創關係的新意義。人每天都進行很多抉擇，每次抉擇都是一次主體地位的獲得，每一次主體的建構應視為情感溝通與對話的契機，得以進行如匯流愛核心精神之平等與民主的調整。同時，這樣的主體建立必定是暫時的、因應狀況隨時變動的，主體永遠是未完成的主體，它的本質即是變動的、不一致的。

如何在情感教育中開拓主體愛的練習空間？如何透過主體的建構，切斷性別意識形態對情感意識的建構？情感教育的理論基礎，應該直接面對地方性

文化中的自我與情感，理解其建構與改變的可能。個人主義假設個體可以決定自己願意或不願意，並且為自己的選擇負責；然而這必須以清晰的事實與客觀的論證為基礎，如果在社會中不敢談「性」，也不存在「性」的個人主義，那麼，個人主義的匯流愛之自由移動本就是困難的。因此，情感教育應該著重於研究在地的情感意識，尤其是探索打破其與性別意識形態間連結的方式，並且鼓勵主體的建立以打破連結。以下將分點論述主體愛的練習步驟。

首先，情感教育應著重於協助學生勇敢看見自己，有能力區隔想像中的自己與他人眼中的自己間的區別，拒絕以既有的性別意識形態包裝，也拒絕以此說服自己符合社會主流形象。要做到看見自己並非那麼容易，除了要直接面對地方性文化中的自我與情感困境，還要有能力暫時在概念上將自我從關係中獨立出來，以避免將他人意志強加在自己身上，避免因為情感關係蒙蔽了應有的判斷與思辨。此時，重要的是擺脫傳統性別意識形態的束縛，區辨其中的厭女邏輯與性別二元對立的刻板印象。例如，不需要為了做一個好女孩，因而被動地不敢拒絕好意、強迫自己善解人意等。學生必須在生活中不斷練習，讓自己不畏懼被厭女邏輯貶低、憎厭、汙名的壓力，並且嘗試以理性的語言，論述自己行動的意義——為了要求平等與互惠的對待，而非破壞關係或自私自利——除了勇敢看見自己在性別意識形態下的自我之外，還要勇敢肯定自己的抵抗並強化正向的力量。

再以房思琪為例，房思琪被困在關係、無法勇敢看到自己被強暴的事實，其困境就在於李國華利用性別意識形態對她的影響，操控房思琪的情感意識，讓她進入必須「愛」老師的意識。此時，房思琪要做的是，不斷練習將自我從這段關係中分離開來，正視自己不舒服的感受，拒絕用老師的詮釋方式，作為其對事實的理解。這中間的關鍵在於，要暫時拋下自尊與好女孩的想像，並放棄在新自由主義與全球化之下自己可以在愛情中作為自由進出的主體的假想。唯有看見日常生活中的痛苦，以及創造關係的斷裂之後，才有可能尊重自己的反抗，此時，與關係暫時分離的自我，或許有機會發展抵抗關係壓制性的日常實踐。

其次，情感教育應致力於協助學生將自我與關係「對象化／客體化」：努力從被凝視的對象，轉換為自我凝視，這是透過思辨與抉擇，以獲得主體地位。[19]為了協助學生跳脫純粹感受性的直覺反應，客觀地理解自我的情感模式，要協助學生把自己對事實的想像、與他人的情感關係、以及自己如何追求成為被接受的人等等，有意識地對象化／客體化，以便可以不斷解構「關係」與「德行」中的父權與厭女邏輯。

換句話說，人們在追求成為一個被接受的人之過程中，可能複製了某些父權或厭女邏輯的箝制，唯有將這些影響對象化／客體化，才得以思辨這些文化所交付的東西有哪些是自己要的、哪些是自己不要的。儘管過程或許非常辛苦，如果有能力跳出關係思考，看見自己的處境，以及看見自己意識裡的意識形態，就可能改變意識。

第三，情感教育要引導學生思考身體界線，尤其是權力關係（power relationship）。這包括引導學生透過對象化／客體化自我與關係，察覺對方是否運用權力，逾越了身體界線的倫理。例如，若有對象化／客體化的思考能力與習慣，房思琪就有可能在當下就有所警覺，看見李國華跟她之間不對等的權力關係，意識到李國華的行為，已經逾越了身體界線的倫理，甚至嚴重破壞了她所追求的生命情懷。值得注意的是，把自己對象化／客體化後，判斷的重點並非對方是否出於控制的惡意，而仍須回歸自身，判斷自己若回應對方的期待，是否能讓自己成為想成為的人。

最後，情感教育應協助學生將他人的地位從「限制我的自由的人」轉化為「參與我的自我認識過程之重要他人」，他人成為我們自由的基礎。[20]這包括觀察對方與自己如何對於對方的選擇做出反應，其中顯示出關係的樣貌為何，進而更加認識自己與這段關係。此時，情感教育應協助學生不斷進行思辨並做出抉擇，取得不斷變動的主體地位之餘，同時將控制者的角色轉化，重新建構關係，使其成為幫助自己獲得自由的人。

如果只是將他人對立化，甚至不斷設想自己被對方壓迫，都可能侷限在靜態的壓制關係，反而走不出既有的情境。若將對方僅僅視為需要對抗的控制者，會使自己很容易只專注在對方的可惡，反而在情緒過後，重新擁抱對方的情感親密，因而重新陷入控制關係中。情感教育應該引導學生，更積極表達感受、期待與設定，也在每次主體建構時觀察對方的反應，因而得以確認，以便進一步反思。練習方法為，應該問自己，為什麼迷戀這樣的被控制，對方為什麼有控制的力量，從而看見對方並不是那麼有力、對方也有弱點。看見自己在控制關係的需求與渴望，從而發展切斷控制循環的能量，而這正是培力自己的關鍵。

四、老師如何教主體愛：教學現場的對話式教學

主體愛的教育實踐必須聆聽學生的敘事，從中判斷學生「自我」的位置，究竟座落於何處，傾向於情感個人主義或者關係自我，處於這二種指標的何種相對關係。此時，教育者必須根據此等相對關係，發展對話式策略，進行鼓勵學生主體愛的教育實踐，從而補充民主化與平等化的匯流愛。

既然要聆聽，主體愛的教育就不是單向填鴨，也不是制式刻版，而是透過不斷提問，達成主體愛的反身性練習。因此，老師應該要嘗試不斷提出反身性的探問，例如，「妳的意思是對方很想討好妳，為什麼他會如此，妳也很想討好對方嗎？」（WHY 的問題）、「當妳說跨越了年齡的鴻溝，是因為妳很成熟，還是妳很渴望成熟的人的肯定？」（WHAT 的問題）、「妳覺得對方以何種方式讓妳覺得更有力量？」（HOW 的問題）、「在哪裡妳跟他在一起會最自在，是否提升自己在客觀世界的存在感，或者其他人對妳的評價？」（WHERE 的問題）。

當然，對話式教學是否得以成功，關鍵還是在於師生之間的感覺。老師在教學現場必須要練習放棄傳統上對下的威權，一方面設定教師規則，一方面設

定平等的師生對話情境。如果學生感覺自己只是被糾正，便會被動地接受或反應，於是對話的節奏就被打亂了。反之，如果學生感覺老師是在協助她／他建立主體性，便有可能積極表達，促成思辨與反身性的目標。

老師在教學現場切不可以壓制，而是要採取引導的方式，幫助學生發展培力自我的路徑。例如，甲同學與乙同學是一對情侶，甲對乙說：「如果你愛我，就跟我上床。」教育工作者的回應方式是先照顧乙的心情，引導乙說出對這件事的真實感受；接著告訴乙，他有權拒絕甲對他的好，而反過來說，當他對甲好，也要接受甲是可以拒絕的。[21]若從主體愛的教育實踐出發，老師除了協助學生意識到拒絕的正當性之外，另外一件重要的事情是，要幫助乙看見甲在關係裡可能的權力關係，或者控制關係，此時，當乙將自我與關係對象化／客體化之後，就有可能觀察到這中間的確有某種控制的可能。重要的是，老師要協助乙，使其得以運用思辨能力，進一步探究對方進行控制背後的原因。從而，乙有可能發現，甲並非永遠是這麼有力的，甲的心理可能為結構壓制下的產物，或者有某種心理創傷與生命課題，最後，這些思辨都可能成為乙培力自我的重要部分。

師生的對話情境，不可避免要釐清、拆解學生的提問，老師應該協助學生反思，並有能力創造關係的新模式。舉例而言，老師在教學現場可能必須回應以下的探問：A 男希望他的女朋友 B 女可以更上進一點，於是以「我是為你好」的說法，建議她去上進修課程充實自己，B 女便聽從了 A 男的建議去上課。[22]外觀上看起來，這段關係有可能是一段控制關係，B 女有可能是因為希望在關係裡被肯定，才接受 A 男的安排。但如同上述，A 男有沒有控制的意圖，很難判斷、也不重要；重要的仍然是要回歸 B 女自身，由 B 女對象化／客體化自我與關係、思考自己要的是什麼，並不斷體察這項安排對自我成長的意義，是否能讓自己成為一個更好、更自由的人。如果 A 男的建議可以幫助 B 女進行這樣的主體思辨，那就會是好的建議，B 女在思辨之後，就是一次主體的建立，無論 A 男的意圖為何，關鍵主要在 B 女以主體參與關係的重建。說不定，參與課程本身讓 B 女擴大視野與交友圈，從而有能量創造各種新的關係模式。

學生有時不願意討論自己的情感關係，使得對話式教學面臨困難，此時老師可以使用「猜問法」：「我猜妳的意思是」或者「我猜這裡有兩種可能」。猜問時可以依循浪漫愛、匯流愛與主體愛的架構，分別猜測學生的行動主體與文化劇碼，就算學生不願意回應，也會在三種架構下自我投射，在文字語言之間，產生客體化的反身性思辨之可能。學生會開始思考，究竟是「浪漫愛」意識形態，還是「匯流愛」的情感個人主義，如果要進行關係自我的「主體愛」的練習步驟，要對抗文化中的何種傳統、習俗、資本主義與全球發展的何種性別意識形態，又如何可能中斷性別意識形態對情感意識的影響。

總之，教學現場的老師應該要透過聆聽、提問、引導、拆解、猜問等方法，讓學生不斷建構多元主體。最終的目標，希望學生在修正、嘗試與創新中，發展出個體特殊的路徑，以便建構出自我在情感中的特有模式。

五、結語：接軌女性主義的情感教育

與女性主義接軌的主體愛，是一種協助個人建立主體的教育，是一個提倡個人主體發展的性別政治。此處的「個人」，並不是個人主義的個人，而是「個人即政治」中的關係自我；「個人即政治」係指自我受到性別意識形態所建構，因此我們必須看見性別意識形態對意識的影響，而思考的目的就是要改變意識，發展主體愛的行動。

接軌女性主義的情感教育，必然要跳脫紀登斯匯流愛的純粹關係假設，鼓勵學生面對厭女的性別意識形態，以主體愛的練習步驟，進行關係自我的主體不斷建構。在一段控制關係裡，學生練習把關係對象化／客體化之後，看見自我意識如何看待這段關係，以及意識形態如何影響自我意識，因而能產生意識的轉變。當學生能夠更清楚地去思辨，而不是僅僅受到感覺的牽引，此種對象化／客體化的力量就可能可以改變意識，因而在特定脈絡下重建具平等與民主性質的關係。

在關係文化中，自我為了尋求被尊重與被肯定，尤其是重要他人的肯定，往往影響其對事實的認知與對規範的想像。[23]因此，愛戀關係中的個體，或者不願意訴說、或者改變認知曲解現實、或者對情感關係缺乏思辨，這會造成將控制理解為關心，將暴力誤解為愛情。主體的建構如果無法脫離傳統性別意識形態的壓抑、傷害與限制，甚至可能複製與強化了強勢／弱勢、主動／被動、理性／感性、文明／自然等的性別結構二元對立。

新時代的情感教育應強調思辨主體的重要性，鼓勵親密關係的持續更新，在過程中消除父權或厭女的色彩，開創新型態的自我與主體空間。唯有不斷建構思辨主體，不斷練習在各種困境與突襲之中進行選擇，困在親密關係中的個體才可能得以解鎖，進而爭取到自由揮灑的愛戀空間。

座談會紀錄

誰會對男人下藥？

李昂談《睡美男》中的情慾與身體

主講：李昂
主持：王曉丹
對談：胡錦媛、黃儷莉、方念萱、鍾道詮
記錄：韓宜臻、董晉維
時間：2018 年 4 月 28 日
地點：女書店

李昂：

謝謝女學會的姊妹們還有同志朋友們（這個同志不是那個「同志」，而是一起工作的男性朋友）來參加這樣的活動。今天的對談恐怕是我自寫小說以來，談論的尺度最寬的一次。去年（2017 年）十月《睡美男》這本書出版後，我一直關心的一個重點就是：在小說結尾，女主角對男人下藥去迷昏他。我一直不想在公開場合談這點，因為當今社會上藥物已經很氾濫，如果太渲染這部分，恐怕造成不必要的影響。

可是這本書出版到現在，已經快半年，出乎意料地，我覺得台灣在民主自由化的過程中，有令我想像不到的承受議題（即便是比較強烈議題）衝撞的能力。本書唯一產生困擾的是：有個人很愛買書送人，本來訂了很多本這本書要送人，後來覺得不適合送，就取消了訂單，因為他覺得這本書不宜流傳到廣泛的未成年人當中，這是唯一的小插曲。

我在 1983 年出版《殺夫》時，真的舉國皆罵，1983 年之後接著還被罵了很多很多年。可是從 1983 年到 2018 年，將近三十五年的時間，整個台灣社會有翻天覆地的改變。這便要談到我年輕時有次到德國一所非常有名的大學（海德堡大學）去演講。在演講會場，有位非常出色的研究生問我：妳的小說這樣干犯社會的道德尺度，妳有沒有想過，如果妳的社會將來有機會變得越來越開放，作為一個作家，妳會不會覺得沒有可以書寫的空間？我那時真是初生之犢不畏虎，而且當年的台灣社會也還沒有像今天這麼開放，我就非常有勇氣地對那個研究生說：「不會，每個社會都會有一個禁忌，即便那時已經那麼開放的德國，很多禁忌要碰觸到了，卻發現碰不得，才會知道那是禁忌。」果真後來當同情納粹的那些人稍稍有動作，德國舉國便起來抗議，所以一個社會不可能沒有禁忌，禁忌是碰到時才會知道。

小說的社會責任？

我寫了五十年的小說，在寫這本《睡美男》時，我真的第一次有「作家是否應有社會責任」的考量。理由非常簡單：因為我以前寫的，像《北港香爐人人插》，或其他陸續寫的很多與性有關的議題，自覺並沒有觸犯社會道德。因為我很年輕時就看了很多世界名著，包括《查泰萊夫人的情人》（*Lady Chatterley's Lover*）（1928），更不用說很多作家在開放的西方社會裡也都是花了很長時間才得到社會認可。我在 1970 年代開始寫這些議題衝撞的小說時，就看到前輩的西方作家已經走過這一波，所以我一點都不覺得我是這方面的先驅者。但另一方面，我很快地又發現，我即便不是世界的先驅者，我也是華人世界的先驅者，而這讓我很有勇氣去繼續書寫我想要寫的。前陣子我去中國大陸一所大學，他們提到中國大陸一位有名的評論家說，我的《殺夫》很早就被引進中國大陸，而他覺得我影響了比我年輕一代的中國女性作家的書寫。這是他們自己講的。

所以我就覺得，我可以在文學中找到一個自我定位，我雖然不是世界文學的先驅，因為我生得晚，台灣又保守，可是我絕對可以做華人世界裡第一個觸及並引領這方面議題的作家，我覺得即便被罵也是 OK 的。

我一直有個「池塘理論」，在文學的池塘裡，男性已經書寫了很久，比較大的魚都被抓掉了；可是女性開始書寫的時間非常晚，甚至在西方也不過是這兩百年的事情，華人世界了不起這一百年才有比較多女作家出現。真正可以比較暢所欲言的，比較喔，也不過這三五十年。所以我搶在這個時機裡，我覺得到女性書寫的池塘裡去，還有很多大魚可以撈。而撈大魚給我很多成就感，因為我覺得跟在人家後面寫沒什麼了不起。即使我因為我的小說而面臨不可想像的巨大壓力，我自覺得到的回報也是值得的。

寫《睡美男》這本小說，我第一次在心裡想：我是不是需要負社會責任？我以前從來沒有這樣想過。為什麼呢？因為這牽扯到藥的使用。在舉世都在用藥的情況下，我不是身體力行去嘗試的人，因為我很早就有自覺，藥物絕對是個不歸路，是無法回頭的，我自己有這樣的醒覺。

在我的年代裡，七〇年代是後嬉皮年代，我當時到美國，到處都有人在用大麻，LSD 也還找得到。我避開藥物的原因很簡單，因為我知道那種不歸路的嚴重性。我今天要來寫一個與藥物有關的東西時，老實說我心裡充滿掙扎。

沒有身體的民族

先簡單講一下這個故事：一個年長的女人，青春不再，她是退休外交官的夫人，突然之間瘋狂迷戀一個健身房的教練，迷戀他年輕的身體與運動鍛鍊出來的肌肉。

這個女人張開眼睛，看見身體。我們過去是一個沒有身體的民族，了不起在我差不多二三十歲時，會教那一代的女人至少看一下身體長怎樣，教她們用鏡子照自己的陰部，看自己的器官，做到這樣而已。可是在那個年代，前衛如我，我都無法領略身體的美好。

我們從書中看到的身體都是怎樣呢？都是某一類型的書生，比如會咳血而死的梁山伯。中國古典小說裡的男人是沒有身體的。有身體的反而是女人，杜麗娘有了身體而重新回來歡愛，柳夢梅這一類的書生的形象用張國榮來演得到這麼多人喜愛？因為張國榮很雌雄同體，而且大家都知道他是 gay，還可能是 gay 裡偏陰柔的。現在去中文系做問卷調查，他們喜歡怎樣的男人，是訓練得很漂亮的游泳選手，還是書生，他們一定告訴你說是書生。他們無法忍耐一個男人只有身體漂亮。

我直到去了健身房，看到真正看到漂亮男人的身體，以及兩個月前我去牛津大學演講，重新進入大英博物館，我看到那些希臘羅馬的雕像，我第一次懂得原來身體是這樣的。而我還是一個寫了很多性的女作家，我們過去沒有看到身體，真的。

來說《睡美男》裡的女主角，殷殷夫人，張開眼睛看到了健身教練漂亮的身體，故事最後愛到極至，在男人基本上不知情的情況下，下藥把他迷昏、脫他衣服，而且小說暗示著接下來是有事情發生的。

川端康成與馬奎斯

回到關鍵的問題，請問你們：被迷昏時，女人可以對男人做什麼？妳摸他沒問題，親他、摟他、睡在他身上，都沒有問題。可是有一個很困難的動作叫性行為，一個被迷昏的男性可以做性行為嗎？如果不行，為什麼以及誰要對男人下藥？

這要話說從頭：川端康成在 1960 年代左右寫了一個開風氣之先的小說，後來有人認為這是川端最好的小說，因為它太出格了，打破所有的禁忌。這部小說叫《睡美人》，講已經不能勃起的老男人，在沒有威爾鋼的年代，到像妓院的地方，裡面的女孩都被下了很重的安眠藥迷昏，躺在那裡給男人玩耍。可能就像現在的強姦藥丸這樣，女孩明天醒來不記得發生什麼事，這些老男人可以為所欲為，做什麼都可以，唯一不行的是他沒辦法勃起。各位，為什麼需要替這些老男人把慾望的對象迷昏？理由可能很容易，不會讓這些男人尷尬。因為不能勃起，讓這些男人處在權力的弱勢下，就算女人鼓勵他，男人也會覺得自尊心受損；何況女人如果無意間的一個微笑，男人可能就在心裡罵：「bitch，我花錢妳還嘲笑我。」所以把這些女孩迷昏，是為了讓這些不能再勃起的男性維持尊嚴與掌控的慾望，這個女人任他擺布，除了無法用陽具進入她之外。

小說裡寫到一個極致，我覺得那是寫情色寫到非常幽微、可是卻真了不起的表現，是那個老男人把手指放進女孩的嘴巴。伸到下體裡，沒什麼了不起，對不對？這麼好的作家川端康成，做了這樣優雅的而且更赤裸的引喻，就是伸到她的嘴巴裡面去。為什麼我這樣稱讚這個動作？手伸到女生的陰戶裡不需要有太多進入的動作，年輕女孩子睡著了，也不會反抗，進入她太容易了。可是嘴巴有牙齒，而且睡著的人，會不會你叫她嘴巴張開就張開？當然不會。那個幽微的、代表權力與慾望的進入，不是進入下體，而是進入嘴巴；不是用生殖器，而是用手指頭。

怎麼克服牙齒，怎麼讓她下顎打開，怎麼進去玩弄她的嘴，那個女人會不會有本能的反應，因為嘴巴在這個階段絕對比下體更敏感，這個玩耍的花樣，我覺得只有川端寫得出來，想得到這樣的情節。

這類小說還不只川端寫，很多年後，另一個諾貝爾獎的得主，馬奎斯，也是上年紀的時候寫的，他寫了《苦妓回憶錄》，寫一個九十歲的男人，也是一個寫作的人，專欄作家，老鴇把一個十三歲的小妓女迷昏，送給這個專欄作家，可是兩人之前沒有像川端寫的有多的接觸，反而是這個老男人瘋狂迷戀那個小妓女。馬奎斯在書上寫說向川端致敬。

從《睡美人》到《睡美男》

我是一個女人，基本上是一個女性主義者，當我寫《睡美男》小說時，我當然是要翻轉這意象。

男人可以做這種事，女人雖不需要證明自己可以勃起。可是女人對男人下了藥，可以做什麼？女人會不會更想要被進入？有一派性學家認為女人絕大部分的高潮來自陰蒂，可是妳迷昏一個男人，妳也無法叫他幫妳做這個。

何況在進入的部分，睡覺的男人有能力嗎？是讓我覺得很有趣。所以我就去做 research。我去問醫生，我說，拜託一定幫我想一個方式，我要迷昏一個我愛的男人，我想跟他做愛，你有沒有什麼辦法可以辦到？大部分醫生一開始都說不可能，因為他睡著了不可能有生理反應，尤其有男醫生還跟我說，我們男人是視覺的動物，妳沒有給我看到我是硬不起來的。他講得這麼直白。我說可是我就是要對他下藥，你幫我想個辦法。慢慢有醫生開始想，後來大概都覺得這是可行的。我之前都沒有講，我不想教壞別人，因為一不小心藥用得不對，可能把對方弄死掉。

川端的小說裡，就死掉了兩個女人。還好現在藥丸的危險性已經沒那麼高，我不是鼓勵用藥，只是我的醫生朋友給我建議：先餵他吃威爾鋼，再給他吃安眠藥，這兩個藥都是合法的。不要下太重的劑量，只要讓他睡著就好，威爾鋼會使男人本能地勃起，然後就可以對他為所欲為。

我問真有那麼容易嗎？醫生說他沒有試過。所以我的小說結束的重點在：是不是可行，不知道。可是在小說結尾做了諸多的暗示，你們自己去看。

現在關鍵回來，藥。在美國任教的廖炳惠教授幫我寫了小說的導讀，藥的部分他一字都沒有提，我相信他也不知道怎麼面對這個事情。他講了很多很有道理的東西，就是對關鍵的「下藥」一個字都沒提。

小說出了半年後，我發現它沒有我想像中的危害，所以今天才敢來提這個議題。至於小說中下什麼藥，我就更小心了，我寫的藥是女主人翁殷殷夫人，在中南美洲旅行時所拿到的幫助入睡的草藥，以免後來被藥廠的人告我。小說出版了之後，讓我如釋重負，因為我發現過去實在考量太多，它沒有造成我以為會有的危害，反而大家都很輕鬆看待它。我還拿掉了小說中一些黑暗的生心理描寫，我不要寫一個小說，要負社會責任，這是我第一次寫小說這麼慎重考量。

不寫簡單的愛情

我在中興大學有個「李昂文藏館」，我最近在忙文學館的事情，忙完之後我要出版《睡美男》的下篇，叫《睡睡美男》，第一個睡變成動詞，裡面就會有所有黑暗的、陰鬱的更多糾結。在我寫作過程中，我很高興我寫了《睡美男》這樣與愛情有關的小說，我從來不寫簡單的愛情，那種女作家愛寫的輕飄飄的愛情不是我的路線。我覺得《睡美男》是我寫作生涯的里程碑，因為我寫了那麼多與愛有關的東西，對我這樣的作家而言是非常難得的。而且這個愛還不是那種，眼睛迷濛似霧，講一堆美好情話的那種愛的表現。這個愛仍有它的衝突刺激點，可以深刻探討的。我大概講到這裡。

這是我第一次公開談藥，與對男人下藥。

什麼樣的女人要對男人下藥？除了愛得揪心的殷殷夫人，因為年紀的關係，老女人愛上小男生通常還是會被社會恥笑，別忘了當年的莉莉與小鄭、許純美與小狼狗，被講得多麼不堪。可是老男人與小女生，可以至少差四十歲，可是人們懷著羨慕的眼光看待，也不會對嫩妻有太多指責，至少不會嘲笑。

可是年長女人與小男生的戀愛真的是被嘲笑的。還好有馬克宏，給我們做了比較好的示範，西方接受老女人愛上年輕男孩的接受度很高；東方還沒開放到那個地步。你說誰會對男人下藥，除了書裡的殷殷夫人，可不可以也有別的理由與原因？再講下去就真的干犯社會道德了，所以我們就先停在這裡。

王曉丹：

誰會對男人下藥？除了真的藥之外，我覺得其實「藥」可以變成一個隱喻，我們可以對男人做很多事情，要突破社會的禁忌可以從很多層面。

李昂：

這是一個宰制跟權力的表現，根深柢固的是要探討這樣的關係，而因為是藥的關係，會有更多可以探討的層面。我們不是說美食要吃出多層面的結合嗎？那下藥也是這樣一回事。我們看到權力的表徵。來看男性作家寫的睡美人，當川端寫那樣的小說，真的是男人，尤其是日本父權社會的男人，對女性的宰制，而且後來男人把女人弄死掉。倒過來的話，我覺得我提了很有趣的議題，女人對男人下藥是更萬惡不赦？還是情有可原？還是其實是 OK 的？

王曉丹：

這是值得我們思考的問題。今天很難得請到李昂女士，我們希望能有更多對話，所以今天的與談人有四位，我們先請與談人針對《睡美男》提出想法，再請李昂回應，最後再開放現場來賓發言，希望有更多對話。

追求自由，又逃避自由

胡錦媛：

我們現在進入了一個情況，其中有兩個層面。一個層面是：「下藥」與權力、愛情糾結在一起；另一個層面是「誰下藥？男性或女性？」這關乎社會禁忌的問題。我覺得李昂找到特殊的寫作形式來結合這兩個層面，來呈現小說的主題內容。讀這本小說不能忽略它的形式。《睡美男》整本小說是以信件的形式開啟：一位女作家在健身房的個人置物櫃內發現一個手機，手機中 LINE 的內容與其他的敘事組構全書的情節、呈現全書的主題。為什麼《睡美男》要以 LINE 的書信形式來表達主題內容？

西方第一本英文小說是英國作家李察生（Samuel Richardson）所寫的書信體小說《潘蜜拉》（*Pamela, or Virtue Rewarded*）（1740）。在寫《潘蜜拉》的故事時，李察生認為書信的形式傳達「即刻書寫」（writing to the moment）的臨場感，因為信件書寫者（即主角）「敘事行為」（the act of narration）的時間與其「所敘事件」（the narrated act）發生的時間差距是極小的，兩者幾乎是同時發生同時進行，欺瞞造假的空間極小，讀者會感覺自己能夠進入信件書寫者（即主角）的內心，相信其所言。當作品的內容是翻轉傳統、挑戰禁忌時，書信為作者提供一個「取信於人」的形式，達到「敘事內容是真實」的效果。

我相信李昂在寫《睡美男》時，內心充滿的感覺是很刺激的。因為要挑戰禁忌，有所不安，多少還是會擔心讀者對小說不夠理解，因為這本小說確實不是那麼容易理解，所以小說「尾聲」第 280 頁寫道：「我是殷殷！我們都是殷殷夫人」。誰是「我」，誰是「我們」？「我」其實是每個人。《包法利夫人》（*Madame Bovary*）（1856）的作者法國作家福樓拜（Gustave Flaubert）曾說「Madame Bovary, C'est moi」，意思是我們都受符號的限制，我們都活在這樣的文化裡。李昂在這本小說裡，談到每個人都有慾望，但我們的文化無法幫我們安置慾望，一方面我們追求自由，另一方面我們逃避自由，我們要回到安全的地方去，才不會受到很多懲罰。所以李昂書寫慾望，可是這慾望並不是正統文化允諾的幸福快樂。

我讀這本小說最震驚的莫過於發現：整本小說似乎從頭到尾，一無旁騖所談的其實是「夾雜著痛苦的幸福」，與「幸福的痛苦」。今年過年時我去印度，有一天晚上在船上過夜，心有所感，寫下這四行：

某種專屬於她的幸福與悲傷
漂流河上
即使靠岸
也沒有地址

李昂：

我在台灣看到這首短詩的時候，感動到不得了，胡老師傳 LINE 給我，我看到時很感動，女人在情慾上的漂泊，怎麼個靠岸法，真是講到深處。

權力、隱藏與作假

胡錦媛：

可以說，詩中的「她」也是我。剛剛李昂舉了好多例子，川端康成，還有馬奎斯等等，但是我要問的是：為什麼會有迷昏對方的必要？ 因為她不要被對方發現，因為她處於弱勢地位？這就與權力脫不了關係。

李昂：

我其實想要講清楚的不只是這個權力與對等的關係，還有另一個層次，在 sexuality 裡面，我覺得更有趣的是，我相信在你們實際的生活上也想想看，就是隱藏與作假，我覺得它跟權力與位置的轉換是同樣的，在性裡面非常迷人。

我並沒有用全然負面的說法來講作假或隱藏，這是一個傾其一生都很難讓我們真正瞭解的事，因為它跟我們的生理、心理、DNA、社會文化整個結合在一起，所有這些複雜的因素，使得我很不樂意只把它當成權力的顛覆。一定會很多簡略的批評說：因為男性寫了《睡美人》，李昂要顛覆就來寫《睡美男》；因為男性迷昏女人，所以李昂要寫女人如何去迷昏一個男人。可是我的野心與想望超越這些，我覺得權力轉換讓給論文寫作吧，評論者可能用這樣的分析去剖析很多事情，可是我作為一個作家，我更要想到的是 hidden self，或者 hidden sexuality，那個隱藏下來的那個慾望與性，性也包含滿足、痛苦、受挫等等的展現。當殷殷夫人迷昏一個男人，給他吃威爾鋼，讓他可以跟她做愛，女人是不是因此可以有更多的自我，不需要隱藏，不需要假裝？

我們在性愛過程中扮演女人的角色時，是不是常常不斷在假裝跟隱藏自己？對，請要點頭。生理上我們知道男人不如我們，男人是必須要能勃起、能去做的那個，很可憐，所以我們給他諸般同情，希望他能好好地表現，好好地表現也能嘉惠我們，對不對？這是一個互惠的原則，我幹嘛把你罵得你也不舉，我也沒得到什麼好處。所以我們隱藏、假裝很多事情，為了對方能好好表現，或者更低層次地為了他的尊嚴、為了他對我們的宰制，因為他覺得很爽後，給我們錢、生活所需等等。像傳統的男女關係那樣。

當在一個隱藏的、作假的性關係，對一個女人會有什麼影響？這部分我覺得很有趣。我們在文化裡、在身體上、在性行為，這麼直接地與我們的生命、身體直接對話的東西裡，我們不斷在隱藏、假裝，不斷在討好對方，不斷做一些我們根本不願意做的事情。也許可以問一些女人：妳有那麼樂意幫男人口交嗎？當他完全不可能對妳口交的時候。我相信沒有，可是我們仍然會做。而當她迷昏他時，這些隱藏、假裝就沒有了嗎？我們因此就自由了嗎？還是有什麼東西會以更致命的方式來表現呢？請拭目以待。

最大的厭女是女人的自厭

胡錦媛：

剛剛大家都聽出來，李昂講的一個重點是：女性如何在 sexual intercourse 中不要假裝，不要為了討好對方而犧牲自己真實的自我。一開始讀這本小說的時候，讀者可能不是很理解這個觀點，可是若從結構來讀就非常有意思，小說的「序曲」說：「有一種情愛，從一開始，就是為了要遺忘。這是一個關於遺忘的故事。」殷殷夫人戀愛是為了要遺忘，為什麼要遺忘呢？李昂接著以山與海的鴻溝來比喻他們之間的距離，主要是因為年紀，男方年紀比較小，沒有負擔，成為他的優勢；女性則一直自慚形穢，因為自己的年紀而羞恥。

李昂：

不但年紀，還有衰弛的身體，這個很重要，身體很重要。

胡錦媛：

所以我覺得這變成女性一直在責備自己，或覺得很遺憾，一切都因為年紀使她與對象不可能，一直在掙扎，文化使女人厭恨自己。

李昂：

最大的厭女可能來自女人的自厭。

胡錦媛：

想請教孋莉，精神分析這部分。李昂講的 real 那部分就是要逃脫國家機器的掌控或大寫他者的掌控。李昂不久前也在《聯合報》談到見到達賴喇嘛就流淚了，因為好像覺得書寫黑暗面而有所不安。能不能談談那個黑暗部分？我覺得有趣的部分是，你覺得必須談黑暗才能看到整體。

李昂：

我的小說裡面寫到很多黑暗的部分，我被稱為黑暗的李昂，我一直沒辦法了解，我沒有被 mistreated，我爸媽讓我過很好的生活，可以寫小說，當然我面對很大的壓力，可是我並不是那種被傷害的家庭出來的，覺得自己很殘破所以表現黑暗。可是不曉得為什麼，我下筆就會觸及赤裸的、陰暗的不管是人性或是性的黑暗面。我一直耿耿於懷，一直追問，曾有台灣的高僧大德跟我說，妳不要寫這些，寫光明的部分，佛家有那麼多好看的故事，天女散花等等。

我當時很白目，我很尊敬那位師父，可是我說，師父抱歉，佛經只有少數正面的故事，講地獄多麼恐怖的故事充斥在經典裡，美好的也這麼少，是不是書寫佛經的人也很黑暗？他們因此告訴你，救贖就是來自信佛。

如何看待「黑暗」？

當時我真想說，救贖就是來信李昂。可是我當然不敢這樣造次，我就把後面這些話隱忍回去了。直到兩三年前我有機會在達蘭薩拉見到達賴喇嘛尊者，我問尊者，我一直覺得很不安，我人生沒有什麼大不幸，為什麼我的小說就這麼黑暗，比如我寫的小說《看得見的鬼》，寫一個原住民女子被清朝官員虐待致死，他用什麼辦法來羞辱這個原住民妓女呢？他在她肚子切開十個缺口，把肉拿出來，製造成像陰道，就是一個個孔，類似陰道的符號；然後把挖起來的十條肉拿去填在這個女人的胸部，因為做妓女胸部得很大，這樣把她虐待死。而這個原住民的妓女不過是要求不想做妓女，要拿回祖先的田地去耕種。那個官員要說的就是，妳有一個陰道不夠人家幹，妳需要有十個，我替妳做十個，妳胸部是讓人家摸的，妳要有很大的胸部才能滿足人。我自己寫完後的那天手腳發抖，因為這個酷刑是完全從我這個作者的潛意識裡出來的，不是我看了什麼滿清十大酷刑。

我問尊者，他給了我一個說法，從此以後我再也不怕黑暗了。尊者很愛笑，他指著他的臉說，你看我皮膚很好吧！他吃素，而且一直充滿正向力量，果真臉上皮膚非常好，我點頭說當然。他把頭低下來給我看，他說，可是我光頭，我的頭顯然就沒有那麼漂亮吧！我當然趕快搖頭。他說，你如果只有注意到我不漂亮的頭，沒看到我漂亮的臉、皮膚，你看到的就會只是不好的。這些東西都存在，看你有怎樣的視野，當你把它推到更廣，黑暗只是這麼多東西當中的一部分。

我聽了後茅塞頓開，人生必然有黑暗，端看你怎麼看待這個黑暗。我一直問自己為什麼寫這麼黑暗，是黑暗沒錯，可是當我們推開來，看到這個黑暗所給的啟示，或是將來的可能性，那才是綜觀的宇宙，而不是只告訴我不要寫黑暗而去寫光明。

我了解到真的是視野問題，這個更大的視野不只看黑暗與光明，看今生今世，從地球看到宇宙。我終於了解，宏觀不只是個稀有的名詞，而是掙扎於光明與黑暗間，推出去的宏觀才是真正的宏觀。不是要我們假裝黑暗不在，或者沒有看到黑暗，只看到光明。確實黑暗的確存在，但宏觀的來看整體，寫一本只講光明的書，你看了之後有沒有得到正向力量？通常會有，可是很快就沒有了。

我從黑暗中掙扎出來了，我真的看到了光明。

胡錦媛：

我不很同意妳耶，我覺得不要講那是黑暗，這樣講就永遠有二元對立，黑白不是對立的，黑白是補襯的，沒有白就沒有黑。

王曉丹：

我剛要問的也是這個，剛講到人世間的黑暗，每個人面對生命裡的黑暗的方式是不一樣的，剛剛李昂講到女人在生命裡會有一些隱藏跟作假，往往我們要去突破，隱藏跟作假的目的是要讓男人有尊嚴，還是以男人的愉悅為中心，我們要顛覆這件事，但不一定要把他迷昏。所以「迷昏」只是一個象徵或隱喻。如果要去突破二元對立，不一定是把它整個打掉；不是以他為中心，有沒有可能用其他方式多元突擊，也是一種突破。

女人只好去巴結男人？

李昂：

因為要讓陽具可以站起來，我們只好去巴結男人。

胡錦媛：

有一部分讓我想起，小說談到殷殷夫人在等待那個教練，教練的狗狗也在等他，我讀到那裡，感覺那個教練好像變成一個類似的超越意符，當然他只是類似，他並不是，他還是可以被擊敗的；但就象徵性而言，問題是那個陽具中心，妳剛剛講陽具中心，等於在強調一個 partial object，但「超越」應該是一個整體。

王曉丹：

那如何超越呢？

李昂：

剛才我講的一個重點，迷昏之後能否不要假裝？能否帶來一個 purified 的過程，更真實面對我們的身體或性？可是當然可以更宏觀地，再使用達賴喇嘛的話，如果是要去製造身體的性的快慰，它不只是靠陽具，可以靠電動按摩棒，或別的很多東西。那如果這樣的話，如果我們用尊者的那個不要執著於黑暗來說，不要執著於陽具，那事情就好辦了嘛。可是如果陽具的確是一個歡樂的來源，而且很必然是，值得爭議的就在這裡，我們為了自己的樂趣去討好它，那妳要不要去做呢？要做到什麼程度呢？這是非常 tricky 的事情，我做小伏低，去弄一個男人，因為他的性能力實在太好了，我說盡所有謊話，跟所有作假，只為了他讓我愉悅。

可如此做會不會有一種「內化」？是真的傷害到我們的？不知道，不一定。因為有時候作假久了，它變成妳的 second nature，可是在這個過程中，妳要做小伏低，換取我在《北港香爐人人插》裡的權力，那是一個直接可以換到的東西，可是換性也一樣啊，如果換到非常愉悅的性，各位在座的女人要不要換？我會要。這樣做小伏低的結果會真的 shame on me 啊？妳會覺得需要到這樣的地步嗎？或者妳願意貶低自己到什麼地步來換取這樣的快樂？這個我覺得才是好玩的。

睡美男醒了，然後呢？

黃囇莉：

我先好奇問一下，假設這件事是一個真的事實，那個男生醒過來會不會去告這個女生性騷擾？我想問在場的男生，請問你們，會不會想告？會的舉手？沒有。不會對不對，所以這是事實嘛。

李昂：

在座的男生很少啊。

黃囇莉：

我只問男生，會不會想告，想告的請舉手？一個。還有一個，兩個。還是不告的比較多。所以平均而言，好像男生不太會去告女生嘛？但現在則不一定，在校園發生就可能去告，尤其如果牽涉到權力關係。我為什麼要先提這個，剛剛李昂女士是用黑暗面跟光明面來談，我學心理學，白天當老師是光明面，但我們其實有一些類似在斗室裡，例如，我現在也做一點心理諮詢，在那樣的小房間裡，聽到很多黑暗面的故事，但因為保密原則，不太能說，我非常羨慕李昂女士當小說家，可以盡情想像，真過癮。上學期有個教授來我們系演講，問我如果可以重新來過，還會當心理學教授嗎？我說不要，我就說我想當作家，可是我知道我現在不能寫了，因為寫學術論文太多太久了，可能那種文學底蘊都被掏光了。

我要講的是，這本小說是一個名作家的作品，讀者大部分是重要學者或文學人士，但像這種黑暗面的故事，在這個社會很早就存在，可能只是有沒有書寫出來，或用其他方式書寫、表達。要看到一個正式的、可流傳、可討論的作品，很難。我早期年輕時亂看小說，看過《武則天》也差不多是這樣，老女人跟小男生，但那時候這類作品被歸為情色小說，好像是南宮搏寫的。在我的閱聽經驗裡，不少在談這些東西，甚至現在談外遇的作品也很多，只是怎麼談的問題，用誰的角度，哪一種觀點談。我很欽佩妳可以把它寫出來，第一個佩服文筆，依然犀利、細緻；第二個它可以帶領重要的社會議題。

看完小說，我的疑問是，為什麼要去迷昏男生，因為他們倆的情愫才剛開始，對女人而言，社會上有個傳言，不知是真是假，就是說，女性是把愛跟性連結在一起，好像一直有這種說法，也蠻多人認可的。在這小說裡，我也看到這種論述的影子，就是前面所鋪陳，在上海時小鮮肉無法滿足她。因為如果純粹從「性」來講，那個小鮮肉也不錯呀，如果她要滿足的是身體的愉悅與性，那個小男人是可以滿足她的，可是小說似乎鋪陳為那個小男人沒辦法滿足她，所以她後來要到教練這裡來，因為她對教練是有愛的，多了一份愛。那就有趣了，有愛就要迷昏他了，不能給錢了事。這就是我想要談的。

李昂：

有趣有趣，剛剛一開始的問題是：男生會不會來告性騷擾？等一下我們可以來聽看看；可是有趣的是，我可以先告訴你，在寫的過程中，我還想到一個事情就是：當那個男生醒過來，兩個人是尷尬以對？還是因為有了初次的關係，以後就繼續做下去？性有時候是連續性的，第一次可能比較難發生，可是既然發生了以後，就習慣性地做下去。我當時也替殷殷夫人與教練想，醒來會是什麼狀況？教練會不會受限於沒讀那麼多書、沒有那麼多國際觀念，會不會覺得自己是被害者，自己被強姦了，而跟殷殷夫人反目？還是因為這樣就順水推舟？剛剛兩個舉手的男生都蠻年輕的，會不會跟年齡也有關係呢？一個年長男人對於被迷昏而求取性的想法是不是跟年輕男孩子不一樣？除了個人之外，我相信年齡也是一個問題。當然，這個男人是不是 gay，我們就不談到這個問題。

年齡與性的敏感度

王曉丹：

請教兩位，性跟愛對於男女，不同年齡可能有不同意義，年長的男人跟年長的女性會不會在這件事上面有變化？李昂在寫小說時有沒有考慮到這點？儷莉有沒有相關的研究或想法？

李昂：

老的女人跟男人，他們在這個問題上的回答，我覺得還是社會文化的壓制，真的是壓制。

黃儷莉：

我的理解是，剛剛一直在談自古以來華人比較不看身體，一方面是文化，一方面是性別與年齡的關係。一般而言，年輕女性對於自己的性需求的理解並不像男性這麼清楚。因為，當男生有性需求時，他們的生理反應是很明顯的，但是女性通常對自己，在年輕時，對自己的性需求並不很清楚，可能需要透過很多的經驗，也就是經驗越多，比較能知道性的感覺是什麼。她如果有過性經驗，又是好的經驗，越能知道；如果她是做性工作者，或許就不知道性跟愛是可以連結的，需要透過長時間的學習或經驗。小說中，殷殷夫人是高級知識份子，女性越到後期，對性的感覺理論上是越來越清晰的，對身體的感覺，雖然她的身體逐漸老化，可是性的敏感度是增加的。

李昂：

這個我聽了最高興了。給所有正在老化的女人，不要因為妳的年齡而覺得妳的性的敏感度也在衰老。

黃曬莉：

所以她去看到那個男體，比起年輕女性，可能更有感覺，也比較能抓住自己的感覺，但她自己事實上是在老化，這個老化是社會給她的定義，社會建構出來的，在文化裡，老女人不敢想像自己可以享受性的樂趣，或說出性的慾望，這是文化約制的部分。上海那段寫得很隱微，她不能到公開場所去買性，可能有啦，但不多。

牛郎不做愛

李昂：

很多的牛郎他們是不做愛的，這是一個非常不公平的事情。

黃曬莉：

所以就可以想像一個問題的存在，年紀大的女人如果有性需求要怎麼辦？以前流行牛肉場，是性的秀場，去牛肉場看表演的多以年老男性為大宗，他們在那兒意淫，去感受生命僅存的活力。

李昂：

沒有出路，因為男性可以去嫖妓，不管這是社會的潛規則或明規則，有太多管道了。可是女人有種種限制，妳去牛郎店，很多牛郎不（做愛），因為他睡了妳，他就沒有利用價值，男人不可能像妓女一天可以賣幾十次，一天做一次恐怕就很辛苦了。妳連去牛郎店都得不到性的服務，他們怎麼滿足女人呢？用甜言蜜語啦，那些女人就繼續砸錢，以為砸到一個程度就可以得到他。

黃囇莉：

看小說裡，妳怎麼有辦法寫到這一段，寫上海那個小男人非常體貼，很能體會殷殷夫人的需要。那個小鮮肉，的確是把她服侍得挺好的。

李昂：

問題真的是沒有管道啊，連去牛郎店都不見得買得到性，這個很重要。在西方的話這個比較好一點，西方的牛郎是一清二楚擺明了我就是做性服務的，比較好的是 gay 可以有性服務的機會，很多，這是做 gay 的好處。

胡錦媛：

那我要請教兩位，剛才講男性與女性因為在這樣的文化裡，對自己不同時期有不同了解，是不是導致這樣的結果，熟齡女性與男性之間永遠無法處在對等的情況，年輕與年老都不對等。

李昂：

可以的，因為威而鋼的關係。如果是一對夫妻或良好關係的一對男女，到老的時候，仍然可以有活躍的性能力，男的可以靠威而鋼，女的可以靠賀爾蒙，這是真的。所以寫藥變成這麼重要的事情，對於年輕一代將來老化會有不同的詮釋方式。可是我這一代有點可惜，即便有賀爾蒙幫助她們，她們也沒有機會去睡男人了。老男人因為有威而鋼，仍然能享受性，這個最後仍然是社會結構性的問題。

如果睡美男不愛她

黃囇莉：

我的問題是他醒來之後，殷殷夫人最難堪的部分可能不只是性，還包括她愛上這個小男人，這也讓她很不堪，如果那個小男人並不愛她。

李昂：

對，這個當然是很不堪的情況，但作為一個女人，講簡單一點，妳不可能什麼都要，妳睡了他，他不愛妳，那能怎麼辦。

黃囇莉：

我的意思是她如果能夠放下這一點反而更好，就是她只要性，可以不要愛，可是小說似乎不是要這樣處理⋯⋯。殷殷夫人選擇有愛的性，且讓它居於優位，似乎沒有擺脫女性自年輕以來的宿命——性與愛連結。

李昂：

不對，這個殷殷夫人在嘗試有了愛之後，用這樣的方式找性，行不通時，殷殷夫人應該有個自覺，本來在社會規範下就行不通，可是我至少曾經擁有。

王曉丹：

所以李昂妳覺得女人是可以只有性沒有愛嗎？

李昂：

當然可以，開玩笑，這議題到現在還要討論，絕對是很落伍的事情。對不起，我不是針對她，我只是針對這個問題。

女性怎麼看待自己的身體

方念萱：

我自己現在也在健身，跟著教練，一對一。我在不同場合遇過一些不頂熟的朋友，同樣五十出頭歲左右，聽到我跟著教練一對一學，表情聲音就會出現那種「哇，那感覺怎麼樣？」我覺得這很有趣，大家可以馬上進入一個情境。

李昂：

要解釋一下，妳的教練是男生嗎？幾歲？

方念萱：

男生，大概三十幾吧。我剛剛講的意思是說，在我透露任何訊息之前，甚至不太熟的中年女性，就會直接好奇探問，我不禁想像在她們的日常生活中對這樣的關係到底充滿什麼樣的想像。我在看這個小說時，我覺得很有意思的是，我會一直看李昂怎麼描述殷殷夫人開始健身之後怎麼看待自己的身體。我唸一段給各位：

> 一開始是要修復拉傷的手臂，接下來她在他的訓練下，不再以常見的瑜珈腹式呼吸，而回復胸部呼吸，她尋回了本來就知曉自身原就豐滿的胸部。皮拉提斯專注於核心肌群，她的腰連帶逐漸有了曲線和線條。

我看到這部分時就大笑，我在想說李昂這樣寫一定有什麼原因，不然怎麼可能這段文字寫得這麼像廣告。我看前面，一直看到最後，最後的部分一個字一個字慢慢看，實在太精采了，因為我的經驗裡，自己從開始運動到運動完大汗淋漓，我會注意教練剛剛教的動作，我想說怎麼可能她對自己的身體描述感覺這麼少，迅速就投射在玄想她跟那個男人可能會產生的共同的身體。所以我一直不太知道前面，再加上李昂寫這個小說前面一路都用殷殷夫人，對我來講這個角度把女人放在這個位置其實是有點做作的，這個「做作」是有意義的，可能因為作家的身分的關係，這個做作代表著她從來就習慣觀察、思考，她出發的那個社會一定要有理性。

到了後面，我想說好吧，前面沒有我很想看的這女性她怎麼看她自己的身體，後面呢？小說最後，有關她慢下來，就很有意思。我所謂的「慢」是，在數位的環境裡，我相信這一輩坐在這邊的很多年輕人，有比我們太多機會看到性，看到男人女人的身體，可是你很少看到她的書裡或文學裡這麼慢的性，把速度放慢 36 倍，那是一個心裡的慢速，所以可以讓你看到慾望，可以讓你看到動作。所以這個部分是我覺得真的很有意思的。那也有點像在 LINE 裡面，就是電光火石幾秒鐘，因為寫作，她讓你放大，你不喜歡也得真正看到。

很有趣是後面那段，說實話，李昂今天講到她對「下藥」的處理的謹慎、思考、斟酌，我嚇一跳，我從頭到尾那個「藥」的字都沒有出來，因為我在看後面時，我不斷想到的是，在課堂上，現在常談的是超越人類、人跟機器人的愛，例如新聞報導、紀錄片裡，現在看到比較多是日本男人，他買來——也許不是機器人，就是性愛娃娃——然後在一起。我記得有個紀錄片那個男人就說，我怕冷、我太太怕熱，我們甚至沒有辦法在一起，當我靠過去要抱她，她就會覺得肌膚很黏。所以，紀錄片裡，那位男士怡然自得地攜著性愛娃娃到海邊到居酒屋，宛如伴侶。對別人來講很變態，但是對某些人，已經是常態。

在書中，看到最後一部分，我明知道是藥，可是那個場景把我帶開了一個所謂的老女人跟她的慾望對象的關係，這好像是當代很多人在性裡面的情境，或者是人可以放鬆的情境。當然我不知道是不是一定要一個人被下藥，或許，其中一個人是機器，也就會是那樣的光景？我覺得書裡這部分的仔細描繪，反映出來的會讓我覺得是當代一個性的群像。

女人的感官不會變老

李昂：

這個在談到性的時候很精彩，從機器可以做的事情，老實說這是我聽到還沒有設想過的範疇，有趣，可是剛剛講到其實我寫殷殷夫人有寫到，她胸部挺起來了，腰的曲線出來，有個片段覺得要在自己身上紋花與蝴蝶，只有在健身房練過的人才會知道，最後你跟你的身體的關係好到你要把它呈現出來，而那個刺青是幫助你強化這個東西的，讓你的身體被看到，我現在非常了解那些練身體的人去刺青，那種對待身體的感覺，因為那是加強讓你的身體被看到、被撫摸等等。

所以很多小段來寫身體，而非只用文字寫身體，包括她敏銳起來的味覺，聞到她丈夫種在陽台的茉莉花，這回應剛剛那句名言，女人老了，可是她身體承受性的感官可能是累積了經驗之後反而更好，而非老化。所以對身體的描寫打散，到小說後面她洗臉時，抹了東西，她不知道自己是抹乳液還是沐浴乳，當這種混淆，身體的觸感，我一直覺得我寫身體的部分非常厲害，那些不著痕跡的，女生妳們回家想，妳會在什麼狀況分不清楚乳液跟沐浴乳？一定是神魂顛倒，非常迷亂的狀況下。所謂身體的書寫不是一直寫性愛、身體，而是寫感官，而這些感官我都覺得我還想繼續試，因為這太迷人了，前面老師提到的，我們要相信，女人身體老了，感官並沒有老。

方念萱：

寫女同志的部分我也覺得很有意思，很仔細的東西在這段描述得非常精彩，在裡面殷殷夫人感受到用性玩具，給她前所未有的充滿，然後她說可期待的仍是 Pan 那粗糙的大手。「手」的意象從前面一直延續到小說後半部，像是因為下了藥，剛剛前面說下了藥男人就不能做什麼了，除了能不能勃起之外，那麼在小說中也有深邃意思的「手」呢？

李昂：

有，這個後來寫說她玩他的手指頭，可是我覺得這部分川端已經寫那麼厲害了，後來我就沒有太著力，不然其實殷殷夫人可以用 Pan 的手指頭，來當一個性工具來玩耍，這都是容易做得到的，可是川端已經寫得那麼好，我就覺得不要拾人牙慧，所以小心地隱忍住了。不然當一個男人都不能動時，他的手，前面我一直寫那個手，因為練了身體，他常要舉重物，所以手一定是粗糙的，為什麼健身房有一種露指手套，因為他才不會汗濕而滑，可是也保護了他的手，否則妳去摸常常在練的健身教練的手，一定是粗糙的，而這個粗糙的手對一個女人來講可能很性感。我們對話到身體了，每個老師提供不同的理論的、心理的、生理的。

鍾道詮：

謝謝李昂寫這麼漂亮的小說，我今天要從男同志角度來閱讀這本書。

李昂：

啊，你是個男同志啊，對不起我們沒有要對男同志不敬，可是我身邊太多出色的男人都是男同志，我們就覺得又少了一個慾望的可能的對象。

睡美男是不是同志？

鍾道詮：

我從男同志角度閱讀這本書時，看到了一些不同的議題。第一個部分是關於男體。雖然妳在書裡關於男體的描述應該是女性書寫中少見的豐富；但妳在書裡關於男體的描述，與男同志關於男體的描述仍有不同之處。妳除描述男體的外在形體之美，妳還看到不同生活階段的男體，以及添加社會或生活因素對這些男體帶來的豐富性疊加或細膩影響。

李昂：

所以我們女人看的男體跟男人看的男體是不一樣的，難怪我們都追不到男生。

鍾道詮：

第二個部分是關於追求男人。在《睡美男》這本書中，作者描寫殷殷夫人一直在追 Pan；但我在閱讀時，我則在想，如果是類似年齡的男同志在追求男人時，又會是個怎樣的型態？我認為，如果是類似年齡的男同志在追求男人時，到了一定階段，當他知道這種追求可能是沒有結果時，就會停了，例如發現對方是異性戀、或者彼此情慾對象或類型不一樣。由於這些是很明顯、而且可能是無法動搖的差異，因此，對有些男同志而言，知道了這些，就應該會收手、停止追求了。

第三個部分是，嗯，我在閱讀的過程中，我一直覺得 Pan 是個男同志，雖然李昂老師在前面提到：這個男人（指 Pan）不是 gay。也許李昂老師在書寫過程中沒注意，可是書裡面有太多描寫跟同志處境很類似：第一點，很多男同志會對外宣稱有女朋友，但從沒有人看過這個宣稱中的女朋友；書中提到 Pan 有未婚妻，但未婚妻只有在一個影像中短暫出現過，在那個影像中我們也看不出那人是男是女。所以，這樣的描述方式開始讓我留意 Pan 可能是個男同志。

李昂：

這個作者有話要說，這倒不是在隱匿 Pan 的未婚妻，而是小說裡面很愛留一手，一個沒出現的角色，卻魂牽夢縈地帶領很多部分，這種角色通常在小說裡有神來之筆的好處。比如小說裡面寫了一個狗，一個算命的王老師，他有一隻台灣土狗，可是只因為他尾巴沒有翹到像鐮勾，就被賤賣，這隻狗很受挫，所以就把自己吃得很胖，可是王老師很疼他，這種小東西在裡面反而造成了沒有大量的描寫或不入場的人，反而是在裡面壟罩的 phantom 或 ghost，這種效果不是為了 Pan 來躲避他有沒有情人，而是為了小說的效果。

鍾道詮：

不過，雖然妳說看不見的未婚妻是書寫手法，但就身為男同志的我而言，這看起來還是個給別人的藉口，以隱匿自己有男朋友的狀況。我還有其他閱讀的詮釋，以說明此觀點：第二點，當殷殷夫人請 Pan 吃飯時，他有一段時間不見了。書中很多時候描述 Pan 去某些地方時，他之後的輕描淡寫、或無法透露；在同志社群中，這種無法告知他人，我們去哪裡的狀況，其實很常發生。男同志也許是與男朋友溫存、去男同志場所享受同志社交生活、或者去找性；但當其他人問起時，男同志卻只好回說：去看電影、去看書了。那種沒辦法跟他人說自己到底從事哪些事情時，男同志只好輕描淡寫地迴避這些議題的討論。

第三點，在書中，我們很明顯地看到 Pan 面對殷殷夫人時，身體上的接觸是很有禮貌、很有距離的。某種程度我們可以說：這是男教練以專業尊重的態度在面對女顧客。但在書中，Pan 提及其他男人對他表達愛意時，他雖然說，他用很友善的方法回應；但我們也在書的不同段落中看到，Pan 描述他在面對健身房其他男同志（客人）時，「我都喜歡吃他們豆腐，他們很開心，我也做功德」。對女客人相敬如賓、客客套套、完全不逾矩；但對男客人卻主動地吃豆腐，而且認為自己做功德？如果 Pan 是異性戀者的話，他應該沒有辦法吃男客人的豆腐，甚至可能不會以那麼友善的方式回應。

李昂：

對，這個我同意，異性戀的人很可能覺得殷殷夫人真的在騷擾我，而且覺得很不舒服。

鍾道詮：

我是說健身房裡其他男性對 Pan 的愛慕時，他的回應方式喔！

李昂：

有，然後這個健身房教練還說我讓大家很快樂啊。

鍾道詮：

對，就是這一點，強化了我認為 Pan 是男同志的可能。畢竟，在一個看似開放、但對男同志仍不是那麼友善的環境中，有時候男同志對其他男人表達喜歡、愛意或性邀約時，常是非常迂迴間接的；在這種狀況下，Pan 能感受到這些男同志對他的喜歡與愛意，甚至他還會直接主動地吃豆腐，是不是表示 Pan 也有可能是男同志？第四點，在書中我們看到 Pan 關於生活的描述主要的基調是「孤獨、疏離」，例如灰濛孤寂的海天中，被疾風吹掠的孤樹。雖然我們會說，孤獨是現代人生活的寫照；但這也可以解釋為這是男同志、女同志在社會中，為隱藏自己而發展出的與其他人間的距離感。就是這四點讓我認為，Pan 是位男同志，因此他不會也無法主動回應殷殷夫人對他的渴望。

男人被迷昏後會不會勃起？

李昂：

好，那我的問題就是說你迷昏一個男同志有用嗎？

鍾道詮：

我想回應剛剛李昂老師的問題，下藥之後男人會不會勃起，我認為這是可能的。在男同志社群中，有些人對某些人有情慾時，他會用手跟嘴讓他慾望的對象勃起，甚至進一步直接坐上去。

李昂：

可是他剛剛講的還是男人對男人，我現在講的是當一個男人被迷昏了，他會分得出來坐上來的是男人還是女人嗎？

鍾道詮：

但是就算是迷昏之後，還是可以勃起的。如果那個女人願意用手或嘴讓男人勃起，她如果願意的話，她是可以直接坐上去那男人的生殖器上。

李昂：

喔，那當然啊，而且我們後來發現女人手的功夫都不如男同志，因為他們都知道那個訣竅在哪裡，而我們還隔一層。

鍾道詮：

所以迷昏男人後，除了用威而鋼之外，讓男人勃起不是不可能的。

李昂：

對，我是覺得一定要用威而鋼，你是覺得不一定啊？

鍾道詮：

不一定。

李昂：

哇～

男主角缺席的意義

胡錦媛：

我回應一下道詮，你覺得 Pan 是男同志，我沒看出這點啦，可是在閱讀時，從開頭到結尾，我一直感到悲傷，因為 Pan 一直是缺席的，Pan 的缺席當然也說明、凸顯了他們之間主要是以 LINE 來溝通。LINE 作為書信的一種，先決條件就是對方缺席，一直沒有出現；當然這也似乎顯示他們之間的階級是漸漸在打破。因為殷殷夫人有一種造作，一種士大夫或讀書人的身段，這也是為什麼她覺得 Pan 吸引他，因為 Pan 不是用功讀書所造就的階級，而有一種自然不造作的性格與魅力。以 LINE 來溝通固然顯示他們之間的（階級）距離逐漸縮短，但是也凸顯他們兩者之間距離的存在。山與海的鴻溝。他們之間沒有相互主體性（intersubjectivity）。

李昂：

先謝謝胡老師提到這點，那絕對是作家非常刻意的表現。有人說男主角在小說裡很模糊，可是其實是故意的模糊，有朋友因此挑戰裡面每個角色都性格分明，包含女同志查理，小鮮肉托比，包括王老師，每個人都很快被identify，只有 Pan，好像寫了很多卻很不清楚。

王曉丹：

那為什麼故意要讓他模糊？

胡錦媛：

因為凸顯了那個 absent presence。

李昂：

而且因為 LINE 的關係，這個的確是，有一種溝通，如果不是，而且也要相對她後來必須把他迷昏，因為那個 absence，在關鍵時不斷出現，他沒有一是清明的 absence 最後也出現，因為他被迷昏。那個未婚妻如果是 phantom，這個 Pan 就是第二級的 absence，就是他始終沒有很強烈的一個形象，即便他是這樣愛慾的對象。

胡錦媛：

所以他才會是被等待的，因此……

李昂：

所以因此才被你看成是同志啊，這是好事啊，你看寫一個主角，他可能是異性戀也可能是同志，小說家一定覺得自己很成功，覺得自己寫了一個同志與非同志都愛的男人。

鍾道詮：

上述是我從男同志角度閱讀後的詮釋。但關於書中女性情慾的部分，我也看到了一些東西：第一點，剛剛李昂老師也說了，書當中，關於愛情的描述其實多於性。如果殷殷夫人只是為了情慾，她不會花那麼多心思去跟 Pan 建立關係。所以這再次說明了，這本書還是花了不少篇幅描述愛情，而不是性。第二點，關於老，關於身體的力不從心。剛剛說過，女人身體越老越敏感，男同志可能也是越老越敏感；此外，在同志社群中，有些年輕人喜歡的對象是年老的男人。在這脈絡下，所謂的老、及老化帶來的身體的力不從心，與享受情慾間的關係，可能對有些男同志而言則不是問題。

李昂：

的確，我覺得男同志的性的可能性比異男寬廣很多。

什麼是永恆的愛情？

鍾道詮：

不過，在論及愛情與性的時候，我在這邊有些不懂了：在書當中，殷殷夫人與她的丈夫間，可能是有名分但沒有愛也沒有性；關於托比，是有性，卻沒有愛；關於 Pan，則是有愛，可能沒有性。那麼，在這狀況下，在這本描述愛情故事的書當中，卻沒有那種有愛也有性的情境。

李昂：

理由非常簡單，這兩個一結合就是天使墮落的開始，性慾跟愛結合你就等著它最後變得很疲倦、很不好玩，什麼是永恆的愛情呢？就是這種沒有結果的愛情。

鍾道詮：

我了解，但我只是想說，這真是很有趣的狀況，當妳花了那麼多篇幅描述愛，但是在過程中卻完全沒有又有愛又有性的狀況。另外，我認為王老師這個角色非常有趣。畢竟，在這本書當中，其他出現的男人都跟殷殷夫人有情或慾的關係，但是王老師沒有；然而王老師出現的時間點，卻都是殷殷夫人在面對情慾難關，需要解答的時刻。另一個有趣的點是：如果這本書在談女人的情慾，那為什麼卻需要一個生理男人來告訴殷殷夫人可以怎麼做？

李昂：

好問題，可是王老師在裡面已經無性別化了，你不覺得嗎？他胖，一點都看不出有男人的魅力，也不是欲求的對象，他被塑造成這樣，所以可以做一個引導的角色，因為他是一個算命老師，他介入的是命運的種種，這個人已經超越心理學講算命的。我雖然沒有仔細想，可是呈現出來的王老師基本上是非常去男性化跟去性別化的。

鍾道詮：

就算是如此，但他終究是個生理男性。我們不能忽略這樣的符碼所帶有的象徵意義。所以在我閱讀過程中，我也很好奇，為什麼是生理男性來告訴她或拯救她？

李昂：

我懂我懂，可是他其實用的是算命的能力跟那種預知天理倫常，好問題，為什麼我不寫個女人來扮演算命老師？理由很簡單，因為女巫的角色太被濫用了，所以我不太想寫那樣的東西，我寧願寫一個被去性別化的、胖的、帶著一個沒有用的狗的男人，至少對我來講會覺得小說的結合，這個來自作家的直覺，寫出來是這樣，我就更覺得說作家寫得很快樂這樣。

| 註　釋 |

導論　告別厭女——在情感與關係中琢磨自我

1. 上野千鶴子，《厭女：日本的女性嫌惡》，楊士堤譯，台北：聯合文學，2015 年。
2. Kate Manne, *Down Girl: The Logic of Misogyny*. Oxford: Oxford University Press, 2018.
3. Diana T. Meyers ed., "Introduction," in *Feminists Rethink the Self*. Westview Press, 1997, pp. 1-11.
4. Sarah Banet-Weiser, *Empowered: Popular Feminism and Popular Misogyny*. Duke University Press, 2018.
5. Susan Faludi, *Backlash: The Undeclared War Against American Women*. New York, NY: Three Rivers Press, 1992/2006.
6. Suzanne Dovi, "Misogyny and Transformations," *European Journal of Politics and Gender*, Volume 1, Numbers 1-2 (2018): 131-47.
7. J. M. Gómez, J. K. Lewis, L. K. Noll, A. M. Smidt, & P. J. Birrell, "Shifting the Focus: Nonpathologizing Approaches to Healing from Betrayal Trauma through an Emphasis on Relational Care,"*Journal of Trauma & Dissociation* 17.2 (2016): 165-185.
8. 楊婕，〈我的女性主義的第一堂課〉，收入《她們都是我的，前女友》，台北：印刻出版，2019 年。另以〈我的女性主義第一堂課，是大學時期男友教我的〉為題，刊於《女人迷》網站，網址：https://womany.net/read/article/17742，檢閱日期：2019 年 5 月 20 日。
9. 〈才罵女生想當妓女…陳克華又 PO 文「肖查某沒人想操」 網：終於瘋了〉，《中時電子報》，2018 年 5 月 30 日，網址：https://www.chinatimes.com/realtimenews/20180530003837-260405，檢閱日期：2019 年 5 月 20 日。
10. 〈資深女星酸蔡英文「長相抱歉、三八」 網怒轟急刪文〉，《TVBS News》， 2019 年 2 月 25 日，網址：https://news.tvbs.com.tw/entertainment/1088580?from=fbnews，檢閱日期：2019 年 5 月 20 日。
11. Kate Manne, *Down Girl: The Logic of Misogyny*.
12. Kate Manne, *Down Girl: The Logic of Misogyny*, pp.106-132.
13. 轉引自范綱皓，〈同志的厭女情結，交友軟體上的拒 C 文化〉，刊於《女人迷》網站，2015 年 10 月 27 日，網址：https://womany.net/read/article/8910，檢索日期：2019 年 5 月 20 日。
14. Jane M. Ussher, "Misogyny," in Nancy A. Naples ed., *The Wiley Blackwell Encyclopedia of Gender and Sexuality Studies*. John Wiley & Sons, Ltd., 2016, pp. 1-3.
15. David D. Gilmore，《厭女現象》(*Misogyny: The Male Malady*)，何雯琪譯，台北：書林出版有限公司，2005 年。
16. Sheila Jeffreys, *Beauty and Misogyny: Harmful Cultural Practices in the West*. London: Routledge, 2005.
17. Judith Butler, *The Psychic Life of Power: Theories in Subjection*. Stanford University Press, 1997.
18. 亞當・朱克思（Adam Jukes），《為何男人憎恨女人》，吳庶任譯，台北：正中出版，1996 年。
19. 張盈堃、吳嘉麗主編，《陽剛氣質：國外論述與臺灣經驗》，台北：巨流出版，2012 年。
20. Christian Groes-Green, "Philogynous masculinities: Contextualizing alternative manhood in Mozambique," *Men and Masculinities* 15 (2012): 91-111.
21. Raewyn W. Connell, *Gender and Power: Society, the Person and Sexual Politics*. Cambridge: Polity Press, 1987.
22. Anna Arrowsmith, *Rethinking Misogyny: Men's Perceptions of Female Power in Dating Relationships*. UK: Ashgate, 2015.
23. Judith Butler, *Giving an Account of Oneself*. New York: Fordham University Press, 2005.

24. Nicola Rivers, *Postfeminism(s) and the Arrival of the Fourth Wave*. London: Palgrave Macmillan, 2017.
25. 在該案件中，受害的印度女醫學實習生晚上九點半和男友看完電影坐上公車，被六個加害人拖到公車後面，以鐵棒毆打並剝光衣物，加害人還將鐵棒插入她的陰道和肛門。
26. Rosalind Gill, *Gender and the Media*. USA: Polity Press, 2007, pp. 73-112.

第一章　我說妳是妳就是——PTT「母豬教」中的厭女與性別挑釁

1. 本文最初始的雛形，於2016年受邀發表在《婦研縱橫》105期「網路性霸凌」專題中。2018年獲「龍捲風科技」協助得以擴大資料範圍後，新增分析架構以進行改寫，曾宣讀於中央研究院社會學研究所第二屆博士後論壇，以及女學會學術研討會，感謝評論人吳齊殷研究員的珍貴洞見，也感謝與會者的相關提問和建議，這些養分都成為本文改寫的重要資源。至於文章的疏漏，自是我的責任。
2. 參見網址：http://dailynous.com/2018/10/29/philosophers-leaving-twitter/?fbclid=IwAR2_f09J9-GDleU_NaVni0uH49FS852nNU88Pw2rLD6cT0kKSN89p7RryxQ，檢閱日期：2019年4月25日。
3. 「水桶」為PTT的特定用語，指的是板主針對不遵守板規者所做的處罰。處罰的方式在於剝奪其發言權，於「浸水桶」期間不得在該看板發文、推噓文。因而在命名上取其「待在水桶裡冷靜冷靜」之意。
4. Kate Manne, *Down Girl: The Logic of Misogyny*. Oxford: Oxford University Press, 2018, p. 19.
5. Mark Poster, *The Mode of Information: Poststructuralisms and Contexts*. Chicago: University of Chicago Press, 1990; "Douglas Kellner, Intellectuals, the New Public Spheres, and Techno-politics," *New Political Science* (1997): 169-188.
6. Roger Hurwitz, "Who needs politics? Who needs people? The ironies of democracy in cyberspace," *Contemporary Sociology* 28.6 (1999): 655-661.
7. Laura J. Gurak, "The Promise and the Peril of Social Action in Cyberspace," in Marc A. Smith and Peter Kollock (eds.), *Communities in Cyberspace* (pp.245-263). London/New York: Routledge, 1999.
8. Cass Sunstein, *Echo Chambers: Bush v. Gore, Impeachment, and Beyond*. Princeton, NJ: Princeton University Press, 2001, pp. 7-9.
9. John Keane, "Structural Transformations of the Public Sphere," in Kenneth L. Hacker and Jan van Dijk (Eds.), *Digital Democracy: Issues of Theory and Practice* (pp.70-89). Thlusand Oaks, CA: Sage. (2000)
10. 如何取用網路資源（資料性質是公開的還是私人的？須匿名以保護隱私，還是應署名以認可其貢獻？讓研究參與者免於受到傷害的這個倫理承諾是否真能達成，而不會過於天真的忽略線上環境的鑲嵌性），一直是網路研究陣營內爭議不止的倫理議題。可勉強視為共識的，則是肯認這樣的倫理兩難需要放在個別的研究情境內來考量。PTT作為台灣最大的電子布告欄系統，每日尖峰時段同時在線人數可達十萬人次以上，論述的設定也面向廣大群眾（如使用者會在文章中提到「記者快來抄啊」），確實可說是一個公共領域。但在此採用化名、且涉及ID之處都模糊處理的因素，一者在於文本探勘的研究類似於語言學的取徑，研究所關心的是群體的語言模式而非個別的語言殊異（參見Susan Herring, "Linguistic and Critical Analysis of Computer-Mediated Communication: Some Ethical and Scholarly Considerations," *The Information Society*, 12.2 (1996): 153-168.）；二者則是「母豬教」涉及敏感的性別歧視意涵，在網路鑲嵌的情境下，無法預估採用使用者的ID會對其造成什麼樣的影響程度（如破壞線上／線下身分的區隔性）（參見Dennis Waskul, "Considering the Electronic Participant: Some Polemical Observations on the Ethics of On-Line Research," *The Information Society*, 12.2 (1996): 129-140.）。雖然在網路搜尋技術的支援之下，即便採用化名也無法產生百分百的保障，但這就是一種倫理考量／責任的展現。
11. 〈苗博雅談母豬教：厭女文化，其實反映了背後的焦慮〉，刊於《女人迷》網站，2016年9月21日，網址：http://womany.net/read/article/11770，檢閱日期：2019年5月20日。
12. Mark Poster, *The Mode of Information: Poststructuralisms and Contexts*. Chicago: University of Chicago Press, 1990.

13. Zygmunt Bauman, "On mass, individuals, and peg communities," in N. Lee & R. Munro (Eds.), *The Consumption of Mass* (p. 111). Oxford, UK; Malden, MA: Blackwell/Sociological Review, 2001.
14. Émile Durkheim, *The Elementary Forms of Religious Life*. New York: Free Press, 1995.
15. Michel Maffesoli, *The Contemplation of the World*. Minneapolis: University of Minnesota Press, 1996.
16. 黃厚銘、林意仁，〈流動的群聚（mob-ility）：網路起鬨的社會心理基礎〉，《新聞學研究》115 期（2013 年），頁 14。
17. 林意仁，《網路群眾文化及其民主意涵——以 PTT Gossiping 看板為例》，國立政治大學社會學研究所碩士論文，2011 年。
18. Mel Slater and Sylvia Wilbur, "A Framework for Immersive Virtual Environments(FIVE): Speculations on the Role of Presence in Virtual Environments." *Presence: Teleoperators and Virtual Environments* 6.6 (1997): 605.
19. Michel Maffesoli, *The Contemplation of the World*. Minneapolis: University of Minnesota Press, 1996.
20. Kate Manne, *Down Girl: The Logic of Misogyny*.
21. Kate Manne, *Down Girl: The Logic of Misogyny*, p. 88.
22. Danielle Keats Citron, Misogynistic cyber hate speech, 2011/10/27. Retrieved August 15, 2016, from http://digitalcommons.law.umaryland.edu/cgi/viewcontent.cgi?article=2143&context=fac_pubs; Martha C. Nussbaum, "Objectification and Internet Misogyny," in pp.68-87, *The Offensive Internet*, edited by Saul Levmore and Martha C. Nussbaum. Cambridge: Harvard University Press, 2010.
23. Karla Mantilla, "Gendertrolling: Misogyny Adapts to New Media," *Feminist Studies*, 39.2 (2013): 563-570.
24. 「CCR」指的是跨文化戀愛（Cross Cultural Romance）的縮寫，在 PTT 八卦板中特指黃種人女性與白種人男性的戀愛，通常具有尖酸譏評的意味，亦會被寫成ㄈㄈ尺。
25. Martha C. Nussbaum, "Objectification and Internet Misogyny," p. 74.
26. Martha C. Nussbaum, "Objectification and Internet Misogyny," pp. 68-75.
27. Martha C. Nussbaum, "Objectification and Internet Misogyny," p. 72.
28. Martha C. Nussbaum, "Objectification and Internet Misogyny," p. 84.
29. Kate Manne, *Down Girl: The Logic of Misogyny*, p. 88.
30. Kate Manne, *Down Girl: The Logic of Misogyny*, pp. 20, 79, 80.
31. Manuel Castells, *The Rise of the Network Society*. Cambridge: Blackwell Publishers, 1996.
32. Jennifer Jenson and Suzanne de Castell, "Tipping points: Marginality, Misogyny and Videogames," *Journal of Curriculum Theorizing*, 29.2 (2013): 72-85.
33. Danielle Keats Citron, Misogynistic cyber hate speech, 2011/10/27.
34. Emma A. Jane, "Online Misogyny and Feminist Digilantism," *Continuum: Journal of Media & Cultural Studies*, 30.3 (2016): 284-297.
35. Danielle Keats Citron, "Law's Expressive Value in Combating Cyber Gender Harassment," *Michigan Law Review*, 108.3 (2009): 373-415.
36. Emma A. Jane, "Online Misogyny and Feminist Digilantism."
37. Karla Mantilla, "Gendertrolling: Misogyny Adapts to New Media," *Feminist Studies*, 39.2 (2013): 563-570.
38. Jennifer Jenson and Suzanne de Castell, "Tipping points: Marginality, Misogyny and Videogames."
39. Danielle Keats Citron, "Law's Expressive Value in Combating Cyber Gender Harassment."
40. Emma A. Jane, "Online Misogyny and Feminist Digilantism."
41. Danielle Keats Citron, "Law's Expressive Value in Combating Cyber Gender Harassment."
42. Martha C. Nussbaum, "Objectification and Internet Misogyny," p. 85-87.

第二章　無人加害、純粹活該？——女性數位性私密影像如何成為厭女的報復式色情

1. Fappening 是兩個字的合體，Fap 是英文俗俚語中指稱自慰的用法，而這個字的另一半來自電影《破・天・慌》（*The Happening*）。Fappening 用以指稱 2014 年 8 月底發生的多達五百位名人（多為女性）的性私密影像外洩，被人放在 4chan 網站上而曝光的事件
2. Matthew Hall and Jeff Hearn, *Revenge Pornography: Gender, Sexualities and Motivations*. New York, NY: Routledge, 2018, p. 222.
3. Matthew Hall and Jeff Hearn, *Revenge Pornography: Gender, Sexualities and Motivations*, p. 2.
4. Sarah Barnet-Weiser, *Empowered: Popular Feminism and Popular Misogyny*. Durham and London: Duke University Press, 2018.
5. 朱宥勳，〈失能的「異男」〉，《蘋果日報》，2017 年 3 月 29 日。參見：https://tw.appledaily.com/new/realtime/20170329/1086278/，檢閱日期：2019 年 4 月 30 日。
6. Matthew Hall and Jeff Hearn, *Revenge Pornography: Gender, Sexualities and Motivations*.
7. M. Lewinksy (2015). The price of sham, TED Talk, 引 自 Sarah Barnet-Weiser, *Empowered: Popular Feminism and Popular Misogyny*, p. 66.
8. 〈正妹女警遭影射性愛片女主角，「澄清百次無效」，將告到底〉，《蘋果日報》，2019 年 2 月 19 日。參見：https://tw.appledaily.com/new/realtime/20190219/1519783/，檢閱日期：2019 年 4 月 15 日。
9. 王立柔，〈有錢就能散布別人裸照，誰讓加害者有恃無恐？〉，《報導者》，2017 年 10 月 11 日，參見：https://www.twreporter.org/a/revenge-porn-issue，檢閱日期：2019 年 5 月 20 日。
10. '"Grow up" and stop taking naked photos of yourself, police tell revenge porn inquiry'(2016) *The Guardian*, available at：https://www.theguardian.com/australia-news/2016/feb/18/grow-up-and-stop-taking-naked-photos-of-yourself-says-senior-police-officer（accessed 2019/2/19）.
11. W. Simon & J. Gagnon, "Sexual scripts: Permanence and change." *Archives of Sexual Behavior*, 15.2 (1986): 97-120.
12. 也可能是在對方不察的情況下拍攝錄製。
13. D. W. Seal & A. A. Ehrhardt, "Masculinity and urban men: Perceived scripts for courtship, romantic, and sexual interactions with women," *Culture Health and Sexuality*, 5(2003): 295-319; L. I. Wagner, D. W. Seal & A. A. Ehrhardt, "Close emotional relationships with women versus men: A qualitative study of 56 heterosexual men living in an inner-city neighborhood," *The Journal of Men's Studies*, 9.2 (2001): 243-256.
14. J. Gagnon, "The Explicit and Implicit Use of the Scripting Perspective in Sex Research." *Annual Review of Sex Research* 1(1990):1-43; L. F. O'Sullivan & E. S. Byers, "College students' Incorporation of Initiator and Restrictor Roles in Sexual Dating Interactions." *Journal of Sex Research*, 29.3 (1992): 435-446; P. Schwartz & V. Rutter, *The Gender of Sexuality*. Thousand Oaks: Pine Forge Press, 1998.
15. E. A. Jane, *Misogyny Online: A Short (and Brutish) History*. Sage Swifts, 2017, p. 80.
16. Ibid.
17. Georgette Wang, "Media Communication Research in the Digital Era: Moving Beyond Ontological Dualism," *Communication Theory*, 28.3 (2018): 235–253.
18. E. A. Jane, *Misogyny Online: A Short (and Brutish) History*. Sage Swifts, 2017, p. 80.
19. L. West, "Don't Ignore the Trolls. Feed Them Until They Explode," *Jezebel*, 31 July 2013, available at: https://jezebel.com/dont-ignore-the-trolls-feed-them-until-they-explode-977453815 (accessed 22/5/19)
20. Ibid.
21. E. A. Jane, *Misogyny Online: A Short (and Brutish) History*. Sage Swifts, 2017, p. 86.

22. Ibid.
23. R. Shusterman, "Photography as Performative Process," *The Journal of Aesthetics and Art Criticism*, Vol. 70, No. 1, Special issue: The Media of Photography(Winter, 2012): pp. 67-77
24. Tamar Tembeck, "Selfies of Ill Health: Online Autopathographic of Photography and the Dramaturgy of the Everyday," SM+S (Social Media +Society), January-March, 2016: 1-11
25. Tamar Tembeck, "Selfies of Ill Health: Online Autopathographic of Photography and the Dramaturgy of the Everyday," p. 7.
26. E. Locatelli, "Images of Breastfeeding on Instagram: Self-Representation, Publicness, and Privacy Management." SM+S (Social Media + Society) April-June (2017):1-14; S. Boon & B. Pentney, "Virtual Lactivism: Breastfeeding Selfies and the Performance of Motherhood." *International Journal of Communication* 9 (2015): 1761.

第三章　必須「賢淑」——五種父權家庭拒斥的女性

1. Allan G. Johnson (1997) *The Gender Knot: Unraveling Our Patriarchal Legacy*. Philadelphia: Temple University Press. 本書已有中譯本：亞倫・強森，《性別打結：拆除父權違建》，成令方等譯，台北：群學出版社，2008 年。
2. 嚴謹的宗族定義，包括是否控產、祭祀公廳、合葬祖塔、祖譜等都是討論的爭點。現今宗／宗族普遍隨著社會變遷，進行分家而逐漸消失，宗族盛行的區域目前僅剩北部桃竹苗跟南部六堆的客家聚落以及金門地區的閩南聚落。
3. 可參考張晉芬探討工作收入與性別差異，綜合學者們已有的研究，包括年齡、教育、工作經歷及年資都與收入相關之外，男女在薪資、升遷機會、出差與資遣等多項勞動待遇項目也都有重大差異，參見：張晉芬，《勞動社會學（增訂版）》，台北：政大出版社，2013 年，頁 269-294。Petersen 及 Morgan 指出女性勞動報酬低於男性的原因並非同工不同酬，而是職業或職務配置與評價有差異，參見：Trond Petersen and Laurie A. Morgan, "Separate and Unequal: Occupation-Establishment Sex Segregation and the Gender Wage Gape."*American Journal of Sociology* 101.2(1995): 329-365。Francine Blau、Mary Brinton 及 David Grusky 提出經濟、組織、政治及文化是四個可有效縮小性別間勞動薪資待遇的鉅觀層次的力量，參見：Francine D. Blau, Mary C. Brinton and David B. Grusky(eds.), *The Declining Significance of Gender?* New York: Russell Sage Foundation, 2006。
4. 林實芳，《百年對對，只恨看不見：台灣法律夾縫下的女女親密關係》，國立台灣大學法律學研究所碩士論文，2008 年。
5. 詳見大法官釋字第 365、410、452 與 457 號解釋文。
6. 與婚姻家庭相關修法歷程，可見陳昭如，〈還是不平等：婦運修法改造父權家庭的困境與未竟之業〉，收錄於陳瑤華主編，《台灣婦女處境白皮書：2014 年》，台北：女書出版，2014 年，頁 77-116。
7. 可參考彭渰雯、洪綾君，〈為何從母姓？夫妻約定子女姓氏的影響因素調查〉，《女學學誌：婦女與性別研究》第 28 期（2011 年）：頁 1-54。
8. 內政部統計處，〈106 年第 47 週內政統計通報〉，網址：http://bit.ly/2HqfMB9，檢閱日期：2019 年 5 月 15 日。
9. 林如萍，〈台灣家庭的代間關係與代間互動類型之變遷趨勢〉，收錄於伊慶春、章英華主編，《台灣的社會變遷（1985-2005）家庭與婚姻》，台北：中央研究院社會學研究所，2012 年，頁 75-124。
10. 例如上野千鶴子，《厭女：日本的女性嫌惡》，楊士堤譯。台北：聯合文學出版社，2015 年；David Gilmore，《厭女現象》（*Misogyny: The Male Malady*），何雯琪譯。台北：書林出版有限公司，2005 年；Sarah Barnet-Weiser, *Empowered: Popular Feminism and Popular Misogyny*. Durham and London: Duke University Press, 2018；Kate Manne, *Down Girl: The Logic of Misogyny*. Oxford University Press, 2017 等。
11. 詳見 David Gilmore，《厭女現象》（*Misogyny: The Male Malady*），何雯琪譯。台北：書林出版有限公司，2005 年。

12. David Gilmore，《厭女現象》，頁 277。
13. David Gilmore，《厭女現象》，頁 278。
14. David Gilmore，《厭女現象》，頁 154。
15. 上野千鶴子，《厭女：日本的女性嫌惡》，楊士堤譯。台北：聯合文學出版社，2015 年，頁 12。
16. 上野千鶴子，《厭女：日本的女性嫌惡》，頁 32-33。
17. Kate Manne, *Down Girl: The Logic of Misogyny*. Oxford University Press, 2017, pp.78-79.
18. 姜貞吟，〈性別化的民俗與文化〉，收錄於黃淑玲、游美惠主編，《性別向度與臺灣社會》（第三版），台北：巨流出版社，2018 年，頁 9-10。
19. P. Glick & S. Fiske, "The Ambivalent Sexism Inventory: Differentiating Hostile and Benevolent Sexism." *Journal of Personality and Social Psychology*, 70.3 (1996): 491-512.
20. 近年已有許多進步行動者對性別二元對立有所思考，也對父權與婚姻家庭結盟下對性別的規範式要求有所覺察與改變，其中包含區域差異、教育程度、社經地位、階級、族群等都會讓本文所談的父權家庭的厭女有所不同。本文採取對普遍狀況的描述與分析。
21. 尤美女，〈民法親屬篇修法運動與台灣婦女人權之發展〉，《1999 台灣女權報告》，1999 年。參見：http://bit.ly/2APBuLe。
22. 與婚姻家庭相關修法歷程，可見陳惠馨，《性別關係與法律：婚姻與家庭（二版）》，台北：元照出版，2015 年。
23. 特別是，在以父子繼嗣軸為核心的宗族關係與活動中，宗族內的女性都是「嫁進來」的外姓女性。強調男性為主要成員的宗族文化，至今依舊是部分閩南與客家家庭背後的家族與親屬網絡。
24. 在我進行的研究中，曾訪問到婚後持續住在公婆家的案例，其中不少婆婆不准兒子媳婦晚上關門睡覺，並且也曾經在半夜時聲稱要看孫子開門進入房間。這種現象彰顯父權家庭下母親跟兒子間的緊密關係中，夾雜了高度的權力掌控且通過母親對兒子婚姻介入的權力而表現。
25. 參見：〈【逆媳反撲 1】難忍惡婆婆插手家庭　買房「密戶」暴增〉，《蘋果日報》，2019 年 1 月 2 日，網址：https://bit.ly/2ZNq3yy，檢索日期：2019 年 4 月 20 日；〈【逆媳反撲 2】「能省錢誰不住家裡」革命買房有理由〉，《蘋果日報》，2019 年 1 月 2 日，網址：http://bit.ly/2SSVBiF，檢索日期：2019 年 4 月 20 日。
26. 請參考金英朱，《媳婦的辭職信》，台北：采實文化，2018 年。
27. 詳見 Arlie Hochschild，《第二輪班：那些性別革命尚未完成的事》（*The Second Shift: Working Families and the Revolution at Home*），張正霖譯，台北：群學出版社，2017 年。
28. 2016 年 15-64 歲實際從事者的平均照顧時數分別是，照顧子女 3.30 小時、照顧老人 1.87 小時、照顧其他家人 2.62 小時、做家事 2.23 小時。詳見行政院性別平等會「重要性別統計資料庫」，http://bit.ly/2AgLTiQ，檢閱日期：2019 年 1 月 17 日。
29. 詳見行政院衛生福利部，《2013 年老人狀況調查報告》，頁 23-26。
30. 近來不少雙薪家庭選擇將小孩照顧交回到女方母親或男方母親，形成年長女性的「阿嬤帶孫」的新現象。
31. 蜜雪兒．歐巴馬，《成為這樣的我：蜜雪兒．歐巴馬》，黃佳瑜、陳琇玲、林步昇譯，台北：商業周刊出版社，2018 年。
32. Nancy Chodorow 在 *The Reproduction of Mothering* 一書，結合社會學與心理分析觀點，探討社會如何把照顧工作轉為「母職」責任，並提出重塑母職的新可能，作為改變母親困境跟社會性別關係的契機。中譯本參見：《母職的再生產：心理分析與性別社會學》，張君玫譯，台北：群學出版社，2003 年。
33. 請見教育部教育百科網站，http://bit.ly/2ARXHIz，檢閱日期：2019 年 1 月 17 日。
34. 王曉丹，〈法意識與法文化研究方法論：以女兒平等繼承為例——法律繼受下的法社會學研究取徑〉，《月旦法學雜誌》，第 189 期（2011 年），頁 69-88。
35. 資料來源：財政部「財政及貿易統計之性別統計表」，網址：http://bit.ly/2T1iobY，檢閱日期：2019 年 1 月 17 日。
36. 請見：〈逼她放棄千萬遺產！哥哥靈堂前暴打妹妹「女兒不准分！」〉，《ETtoday 新聞雲》，2018 年 12 月 6 日，網址：http://bit.ly/2ALjiT5，檢閱日期：2019 年 1 月 17 日。

37. 參考：陳俊智，〈女兒嫁出去就是別人的 她遺產沒份還被索扶養費〉，《聯合新聞網》，2018 年 7 月 13 日，網址：http://bit.ly/2APrlhG，檢閱日期：2019 年 1 月 17 日。
38. 請見：黃眉青，〈七個女兒都不孝　老婦近億遺產獨留小兒子〉，《中時電子報》，2018 年 3 月 15 日，網址：http://bit.ly/2AZZImj，檢閱日期：2019 年 1 月 17 日。
39. 比起個別家庭排除女性繼承，另外一個以集體的方式排除女性繼承相關，即是宗族的財產管理團體——祭祀公業派下員。祭祀公業派下員的性別繼承與民法中的性別繼承之間，互有不一致，雖近期行政院釋放即將修法讓男女皆可任派下員訊息（詳見：〈政院拍板 祭祀公業女性可任「派下員」平等繼承〉，《自由時報》，2019 年 1 月 3 日，網址：http://bit.ly/2Tu2Yxp，檢閱日期：2019 年 1 月 17 日），但民間幾乎多數的祭祀公業至今仍將女兒排除在擔任派下員之外。
40. 對不守父系法則規範的女性的排除，還有一部分是表現在喪葬文化，尤其是未婚女性跟離婚女性死亡後，民間一般不接受這兩類女兒回到原生家庭安葬，神主牌跟骨灰甕多數寄放在廟寺跟安樂園等，對家裡有公廳的父系宗族來說，女兒不能回家當祖先接受後代子孫祭拜，也就是拒絕「女兒回家」。雖有部分宗族開始改變想法，迎接女兒回家，但目前整體還是不多。

第四章　只愛一種家——厭女、忌性、恐同三位一體的反同運動

1. 例如 TVBS 在 2012 年所做的民調顯示，有 46% 受訪者認為同性戀是正常的，並有超過八成五的受訪者表示可接受與同性戀當同事或朋友。2015 年的《台灣社會變遷基本調查》中，也有 54.2% 的受訪者同意「同性戀的人應有彼此結婚的權利」。詳參 TVBS 民意調查中心，「國人對同性戀看法民調」，2012 年 4 月；傅仰止、章英華、杜素豪、廖培珊主編，《台灣社會變遷基本調查計畫第七期第一次》，中央研究院社會學研究所，2016 年 3 月，頁 168。
2. Andrew Jacobs, "For Asia's Gays, Taiwan Stands Out as Beacon," *The New York Times*, Oct. 29, 2014, available at https://www.nytimes.com/2014/10/30/world/asia/taiwan-shines-as-beacon-for-gays-in-asia.html?ref=asia&_r=0, latest visit: Jan. 25, 2019.
3. 例如媒體曾報導宏達電董事長王雪紅挹注大量資金予反同宗教組織。詳參：〈王雪紅公益基金 9 億挹注傳教〉，《蘋果日報》，2018 年 11 月 20 日，網址：https://tw.appledaily.com/headline/daily/20181120/38184243/，檢閱日期：2019 年 1 月 25 日。
4. 彭治鏐，〈反同團體如何自我形塑為「愛家的弱者」，從中獲得巨大利益？〉，載於《關鍵評論網》，2018 年 11 月 18 日，網址：https://www.thenewslens.com/article/108387，檢閱日期：2019 年 1 月 25 日。
5. 於此同時，我並不否認，這些組織或個人除了共享一些相近的信念之外，彼此之間在運動訴求與運動路線等各方面，仍舊存在著諸多差異，若從此一角度來看，則不應被視為一個完全同質的群體。
6. 上野千鶴子，《厭女：日本的女性嫌惡》，楊士堤譯，台北：聯合文學出版社，2015 年。
7. Kate Manne, *Down Girl: The Logic of Misogyny*. Oxford: Oxford University Press, 2017.
8. 台灣性別人權維護促進協會、中華兒少愛滋關懷防治協會，消除對婦女一切形式歧視公約（CEDAW）第三次國際審查 2018 民間團體影子報告，2018 年 3 月；台灣宗教團體愛護家庭大聯盟發言紀錄，擷取自行政院性別平等會，審查各機關對 CEDAW 第 2 次國家報告總結意見與建議初步回應會議紀錄（第 21-23 點次），2014 年 12 月 3 日。
9. 台灣宗教團體愛護家庭大聯盟發言紀錄，擷取自行政院性別平等會，審查各機關對 CEDAW 第 2 次國家報告總結意見與建議初步回應會議紀錄（第 2 輪第 33-35 點次），2015 年 5 月 25 日。
10. American Psychiatric Association, *Diagnostic and Statistical Manual of Mental Disorders* (DSM-5). American Psychiatric Publishing, 2013.

11. 性別倫理中心發言紀錄，擷取自行政院性別平等會，審查各機關對 CEDAW 第 2 次國家報告總結意見與建議初步回應會議紀錄（第 2 輪第 23 點次），2015 年 7 月 29 日。
12. 社團法人基隆市美滿家庭關懷協會、次世代教育家庭關懷協會，消除對婦女一切形式歧視公約（CEDAW）第三次國際公約審查民間團體影子報告，2018 年 3 月。
13. Allan G. Johnson, A. G. *The Gender Knot: Unraveling Our Patriarchal Legacy*. Philadelphia: Temple University Press, 1997. 中譯本參見：成令方等譯，《性別打結：拆除父權違建》，台北：群學出版社，2008 年。
14. 社團法人基隆市美滿家庭關懷協會、次世代教育家庭關懷協會，消除對婦女一切形式歧視公約（CEDAW）第三次國際公約審查民間團體影子報告，2018 年 3 月。
15. 何春蕤，《豪爽女人》，台北：皇冠出版，1994 年 8 月。
16. 台灣性別人權維護促進協會、中華兒少愛滋關懷防治協會，消除對婦女一切形式歧視公約（CEDAW）第三次國際審查 2018 民間團體影子報告，2018 年 3 月。
17. 陳惠娟、郭丁熒，〈「母職」概念的內涵之探討——女性主義觀點〉，《教育研究集刊》第 41 期（1998 年 7 月）：頁 73-101。
18. 參見：Allan G. Johnson，《性別打結：拆除父權違建》，台北：群學出版社，2008 年，頁 99-127。
19. 亞洲時代新葉聯盟發言紀錄，擷取自立法院第 9 屆第 2 會期司法及法制委員會「同性婚姻修法」公聽會報告，2016 年 11 月。
20. 台灣全國媽媽護家護兒聯盟發言紀錄，擷取自行政院性別平等會，審查各機關對 CEDAW 第 2 次國家報告總結意見與建議初步回應會議紀錄（第 2 輪第 21-23 點次），2015 年 6 月 22 日。
21. 江戶川科科，〈如何回應支持同婚的說法？我用這 15 點告訴你！〉，刊載於「台灣守護家庭網站」，網址：https://taiwanfamily.com/100452，檢閱日期：2019 年 1 月 19 日。
22. 全國家長會發言紀錄，擷取自行政院性別平等會，審查各機關對 CEDAW 第 2 次國家報告總結意見與建議初步回應會議紀錄（第 2 輪第 33-35 點次），2015 年 5 月 25 日。
23. 林實芳，《百年對對，只恨看不見：台灣法律夾縫下的女女親密關係》，國立台灣大學法律學院法律學系碩士論文，2008 年 6 月。
24. 台灣宗教團體愛護家庭大聯盟發言紀錄，擷取自立法院第 9 屆第 2 會期司法及法制委員會「同性婚姻修法」公聽會報告，2016 年 11 月。
25. 性別倫理中心發言紀錄，擷取自行政院性別平等會，審查各機關對 CEDAW 第 2 次國家報告總結意見與建議初步回應會議紀錄（第 2 輪第 33-35 點次），2015 年 5 月 25 日。
26. 天宙和平統一家庭黨發言紀錄，擷取自行政院性別平等會，審查各機關對 CEDAW 第 2 次國家報告總結意見與建議初步回應會議紀錄（第 2 輪第 6、26 點次），2015 年 4 月 22 日。
27. 全國家長會發言紀錄，擷取自行政院性別平等會，審查各機關對 CEDAW 第 2 次國家報告總結意見與建議初步回應會議紀錄（第 2 輪第 33-35 點次），2015 年 5 月 25 日。
28. 陳舜文，〈「仁」與「禮」：台灣民眾的家庭價值觀與工作態度〉，《應用心理研究》第 4 期（1999 年）：頁 205-227。
29. G. S. Rubin, G. S. "Thinking Sex: Notes for a Radical Theory of the Politics of Sexuality." *Pleasure and Danger: Exploring Female Sexuality*. Ed. Carole S. Vance. London: Pandora, 1992, pp. 267-293.
30. 何春蕤，〈性別治理與情感公民的形成〉，載於《新道德主義——兩岸三地性／別尋思》，桃園：中央大學性／別研究室，2013 年，頁 211-232。
31. 社團法人台南市家長關懷兒少教育協會發言紀錄，擷取自行政院性別平等會，審查各機關對 CEDAW 第 2 次國家報告總結意見與建議初步回應會議紀錄（第 2 輪第 21-23 點次），2015 年 6 月 22 日。
32. 衛生福利部國民健康署，民國 106 年高中、高職、五專（1-3 年級）學生健康行為調查，2017 年。
33. 世界和平統一家庭聯合會台灣總會發言紀錄，擷取自行政院性別平等會，審查各機關對 CEDAW 第 2 次國家報告總結意見與建議初步回應會議紀錄（第 2 輪第 33-35 點次），2015 年 5 月 25 日。

34. C. Haywood, T. Johansson, N. Hammarén, A. Ottemo, M. Herz, "Homophobia, 'Otherness' and Inclusivity." *The Conundrum of Masculinity: Hegemony, Homosociality, Homophobia and Heteronormativity*. Routledge. London: Routledge, 2017, pp. 77-98.
35. 上野千鶴子，《厭女：日本的女性嫌惡》，頁 28-36。
36. 上野千鶴子，《厭女：日本的女性嫌惡》，頁 271。
37. Rubin, G. S. (1992), Thinking Sex: Notes for a Radical Theory of the Politics of Sexuality. *Pleasure and Danger: Exploring Female Sexuality*. Ed. Carole S. Vance. London: Pandora. 267-293.
38. 台灣守護家庭網站，〈為讓不道德變道德 同運宣傳假道德以合理化其行為〉，2016 年 4 月 19 日，網址：https://taiwanfamily.com/99577，檢閱日期：2019 年 1 月 19 日。
39. 台灣宗教團體愛護家庭大聯盟發言紀錄，擷取自立法院第 9 屆第 2 會期司法及法制委員會「同性婚姻修法」公聽會報告，2016 年 11 月。
40. 全國家長會發言紀錄，擷取自行政院性別平等會，審查各機關對 CEDAW 第 2 次國家報告總結意見與建議初步回應會議紀錄（第 2 輪第 33-35 點次），2015 年 5 月 25 日。
41. 世界和平統一家庭聯合會台灣總會發言紀錄，擷取自行政院性別平等會，審查各機關對 CEDAW 第 2 次國家報告總結意見與建議初步回應會議紀錄（第 2 輪第 33-35 點次），2015 年 5 月 25 日。
42. 台灣宗教團體愛護家庭大聯盟發言紀錄，擷取自立法院第 9 屆第 2 會期司法及法制委員會「同性婚姻修法」公聽會報告，2016 年 11 月。
43. 同前註。
44. 法國精神分析學大師拉岡以「陽形」（Phallus）取代「陽具」（Penis），以強調其符號功能，詳參：上野千鶴子，《厭女：日本的女性嫌惡》，頁 121-123。
45. 世界和平統一家庭聯合會台灣總會發言紀錄，擷取自行政院性別平等會，審查各機關對 CEDAW 第 2 次國家報告總結意見與建議初步回應會議紀錄（第 2 輪第 33-35 點次），2015 年 5 月 25 日。
46. 三立新聞網，〈公投結果崩潰「同志輕生」挨轟　網嘆：這只是最後一根稻草〉，2018 年 11 月 26 日，網址：https://www.setn.com/News.aspx?NewsID=462070，檢閱日期：2019 年 1 月 19 日。
47. 王曉丹、韓宜臻，〈排除異己的民粹政治學：反同公投具備了哪些「反民主」特性？〉，載於《關鍵評論網》，2018 年 12 月 22 日，網址：https://www.thenewslens.com/article/110586，檢閱日期：2019 年 1 月 19 日。
48. 此處的社會排除是指，反同運動可能強化同志受到不公正對待（injustice）、機會不平等（inequality）或者無法完整參與公民社會等情況。關於社會排除，詳參鍾道詮、李大鵬，〈社會排除經驗對男同志心理健康的影響〉，《中華心理衛生學刊》第 30 期（2017 年 3 月）：頁 37-68。

第五章　女子無容便是德——《水滸傳》中的兄弟情誼

1. 孫述宇，《水滸傳的來歷、心態與藝術》，台北：時報文化出版事業有限公司，1981 年，頁 299；黃毓秀，〈賴皮的國族神話（學）：《牯嶺街少年殺人事件》〉，《台灣社會研究季刊》第 14 期（1993 年）：頁 3。
2. 王德威，〈潘金蓮、賽金花、尹雪艷——中國小說世界中「禍水」造型的演變〉，《從劉鶚到王禎和——中國現代寫實小說散論》，台北：時報文化出版事業有限公司，1986 年，頁 74-84。
3. 樂衡軍，〈梁山泊的締造與幻滅〉，《古典小說散論》，台北：純文學出版有限公司，1976 年，頁 67-99。
4. René Girard, 1972. *Violence and the Sacred*. Trans. Patrick Gregory. Baltimore and London: The Johns Hopkins University Press, 1986, p. 144.
5. René Girard, 1972. *Violence and the Sacred*. Trans. Patrick Gregory. Baltimore and London: The Johns Hopkins University Press, 1986, pp. 68-88, 143-68.

6. 馬幼垣，〈水滸箚記——女將一丈青扈三娘〉，《中國時報》，1987 年 6 月 30 日。
7. Michele Barrett, *Women's Oppression Today: Problems in Marxist Feminist Analysis*. London: Verso, 1985, p. 250.
8. 孫述宇，《水滸傳的來歷、心態與藝術》，頁 40。
9. 夏志清，〈水滸傳——《中國古典小說》第三章〉，何欣譯，《現代文學》（1971 年）：頁 195。
10. 同前註。
11. 孫述宇，《水滸傳的來歷、心態與藝術》，頁 301。
12. 在〈《水滸傳》初探——從性與權力的觀點論宋江〉一文中，呂興昌以心理分析角度指出宋江的性壓抑，參見：呂興昌，《中國古典文學研究叢刊——小說之部（三）》，台北：巨流圖書公司，頁 24-31。馬幼垣則指出宋江其實對女色興趣不淺，而且也不真愛弄鎗棒，參見：馬幼垣，〈水滸傳裏的好色人物〉，《中國小說史集稿》，台北：時報文化出版事業有限公司，1980 年，頁 225-31。
13. 孫述宇，《水滸傳的來歷、心態與藝術》，頁 308。
14. 馬幼垣分析扈三娘在梁山的處境：「梁山泊表面上標榜忠義，稱兄道弟，分金秤銀，大杯酒大塊肉，忘私忘我，生活看似十分寫意。背後卻是尚功利，行寡頭主義，崇陰算詭計，外謀勢力擴張，內講權力均衡，強迫小我屈從大我，人際關係必甚緊張。扈三娘妻隨夫賤，她所受的待遇正反映這種情況」，參見：馬幼垣，〈水滸箚記——女將一丈青扈三娘〉，《中國時報》，1987 年 6 月 30 日。馬幼垣觀察到扈三娘「在梁山所受到的待遇是有問題」，但是卻沒有進一步探討扈三娘所受到的不平等待遇與性別、梁山權力結構的關連。
15. René Girard, 1972. *Violence and the Sacred*. Trans. Patrick Gregory. Baltimore and London: The Johns Hopkins University Press, 1986, p 79.
16. 夏志清，〈水滸傳——《中國古典小說》第三章〉，何欣譯，《現代文學》（1971 年）：頁 184。
17. 孫述宇，《水滸傳的來歷、心態與藝術》，頁 38。

第六章　女性主義為何漏接了房思琪？——受害者「自我」的複雜與兩難

1. 本文改寫自網路論文：王曉丹，〈女性主義實踐為何漏接了房思琪？「自我」的生存之道與逃逸路線〉，《巷仔口社會學》網站，2017 年 6 月。感謝王宏仁教授的修正建議，亦感謝李美儀的修改建議。
2. 林奕含，《房思琪的初戀樂園》，台北：游擊文化，2017 年。
3. 〈我的痛苦不能和解 專訪林奕含：「已經插入的，不會被抽出來」〉，《女人迷》網站，2017 年 3 月 16 日。參見：https://womany.net/read/article/13052，檢閱日期：2019 年 4 月 15 日。引文中的粗體為本文所加。
4. 同前註。
5. 吳馨恩，〈對「婦權派」的五大迷思〉，2016 年 4 月 18 日，網址：http://gdottv.com/main/archives/13505，檢閱日期：2019 年 4 月 15 日。
6. 林芳玫與顧燕翎等人將二者區分為「婦權政治」與「性慾政治」，而何春蕤與卡維波等人則將二者分別稱為「婦權派」與「性權派」。
7. 楊婉瑩，〈台灣性別法案推法歷程的比較分析〉，《政治科學論叢》29 期（2006 年）：頁 49-82。
8. 彭渰雯，〈當官僚遇上婦運：台灣推動性別主流化的經驗初探〉，《東吳政治學報》26 卷 4 期（2008 年）：頁 1-59。
9. 陳惠馨，《傳統個人、家庭、婚姻與國家——中國法治史的研究與方法》，台北：五南出版，2006 年，頁 165。
10. 王曉丹，〈性暴力法制的歷史交織：一個性別批判的觀點〉，陳瑤華主編《台灣婦女處境白皮書：2014》，台北：巨流出版，2014 年，頁 275-308。
11. 同前註。
12. 何春蕤，〈師生倫理死了？埋了它！〉，《不同國女人：性／別、資本與文化》，台北：自立晚報，1994 年，頁 282-284。

13. 林芳玫〈當代台灣婦運的認同政治：以公娼存廢爭議為例〉，《中外文學》27 卷 1 期（1998 年）：頁 56-87。
14. 何春蕤，〈性別治理與情感公民的形成〉，甯應斌主編《新道德主義：兩岸三地性／別尋思》，中央大學性／別研究室，2013 年，頁 211-232。
15. 何春蕤，〈性騷擾：性壓抑的貧瘠情慾文化〉，《豪爽女人：女性主義與性解放》，台北：皇冠文化，1994 年，頁 30-41。
16. 何春蕤，〈師生倫理死了？埋了它！〉，《不同國女人：性／別、資本與文化》，台北：自立晚報，1994 年，頁 285-287。甯應斌，〈從防範性騷擾到防範性自主：評教育部的防範師生戀立法〉，《中國時報》，2004 年 10 月 30 日。
17. 胡錦媛，〈壓抑／解放二元對立，對不起〉，《中時晚報》，1994 年 11 月 13 日。
18. 以下對於《房思琪的初戀樂園》書中內文的引用，僅於引用文字段落後標註該書頁碼。引文中的粗體為本文所加，以下皆同。
19. 林奕含口述，〈【逐字稿】「這是關於《房思琪的初戀樂園》這部作品，我想對讀者說的事情。」〉，《ReadMoo 閱讀最前線》，2017 年 5 月 5 日。參見：https://news.readmoo.com/2017/05/05/170505-interview-with-lin-02/，檢閱日期 2019 年 4 月 15 日。
20. 林奕含口述，〈【逐字稿】「這是關於《房思琪的初戀樂園》這部作品，我想對讀者說的事情。」〉，《ReadMoo 閱讀最前線》，2017 年 5 月 5 日。
21. 張小虹，〈永遠會有下一個房思琪？〉，《聯合新聞網》，2017 年 5 月 20 日。
22. 林奕含口述，〈【逐字稿】「這是關於《房思琪的初戀樂園》這部作品，我想對讀者說的事情。」〉，《ReadMoo 閱讀最前線》，2017 年 5 月 5 日。
23. 同前註。
24. Laura Mulvey, Visual pleasure and narrative cinema. In *Visual and other pleasures* (pp. 14-26). Palgrave Macmillan, UK, 1989.
25. Judith Butler, *Gender Trouble: Feminism and the Subversion of Identity*. Routledge, 2007. 中譯本可參考：《性／別惑亂：女性主義與身分顛覆》，台北：桂冠出版，2008 年。
26. 廖炳惠編著，《關鍵詞 200》，台北：麥田出版，2003 年，頁 91-93。
27. Susan Brownmiller, *Against Our Will: Men, Women, and Rape*. Pelican Books, 1986.
28. 林奕含口述，〈【逐字稿】「這是關於《房思琪的初戀樂園》這部作品，我想對讀者說的事情。」〉，《ReadMoo 閱讀最前線》，2017 年 5 月 5 日。

第七章　在野地中掙扎——林奕含的雙重失落與綑綁

1. 張子午，〈成為一個新人——與精神疾病共存的人生〉，《報導者》網站，2017 年 1 月 9 日。參見：https://www.twreporter.org/a/mental-disorder，檢閱日期：2019 年 4 月 15 日。
2. 李屏瑤，〈林奕含：寫出這個故事跟精神病，是我一生最在意的事〉，《博客來 OKAPI 閱讀生活誌》，2017 年 3 月 23 日。參見：https://okapi.books.com.tw/article/9557，檢閱日期：2019 年 4 月 15 日。
3. 林奕含口述，〈【逐字稿】「這是關於《房思琪的初戀樂園》這部作品，我想對讀者說的事情。」〉，《ReadMoo 閱讀最前線》，2017 年 5 月 5 日。參見：https://news.readmoo.com/2017/05/05/170505-interview-with-lin-02/，檢閱日期 2019 年 4 月 15 日。
4. 林奕含口述，〈【逐字稿】「這是關於《房思琪的初戀樂園》這部作品，我想對讀者說的事情。」〉，《ReadMoo 閱讀最前線》，2017 年 5 月 5 日。

5. 王如玄，〈社會正義的最後防線？——法律與兩性關係〉，見王雅各主編《性屬關係（上）：性別與社會、建構》，台北：心理出版社，1999 年，頁 405-447。
6. 台灣社會變遷基本調查，《台灣社會變遷基本調查計畫第六期第三次執行報告》（性別組），台灣：中央研究院社會學研究所，2013 年。
7. 參見 2011 年教育部函示第 128 號「教育部 100 年 2 月 14 日臺訓（三）字第 1000023881 號函」：請各級學校配合本準則修正條文，於 99 學年度第 2 學期內完成學校之校園性侵害或性騷擾防治規定之修正事宜，並依本準則第 34 條規定，將第 7 條、第 8 條之規定納入教職員工聘約及學生手冊，利用多元管道，加強宣導及公告周知。
8. 李維倫，〈受傷的時間性：受性侵害及家庭關係斷損少女之生活經驗的存在現象學分析〉，《中華心理學刊》59 卷 3 期（2017 年）：頁 145-161。
9. E. H. Erikson, *Identity: Youth and Crisis*. New York: Norton and Company, 1968.
10. J.J. Arnett, "Emerging Adulthood: A Theory of Development from the Late Teens through the Twenties," *American Psychologist*, 55.5 (2000): 469-480.
11. 以下對於《房思琪的初戀樂園》的引用，僅於引用文字段落後標註該書頁碼。
12. 張子午，〈成為一個新人——與精神疾病共存的人生〉，《報導者》網站，2017 年 1 月 9 日。
13. 韓貴香、李美枝，〈捨近求遠的求助模式：面子威脅對華人選擇求助對象的影響〉，《中華心理學刊》50 卷 1 期（2008 年）：頁 31-48。
14. 彭秀玲、黃囇莉、李仁豪，〈性騷擾經驗與憂鬱之關係——PTSD 作為中介因子及性別為調節變項〉，《中華輔導與諮商學報》，44 期（2015 年）：頁 105-132。
15. 疏通（working through）為精神分析用語。
16. 張子午，〈成為一個新人——與精神疾病共存的人生〉，《報導者》網站，2017 年 1 月 9 日。
17. 張子午，〈成為一個新人——與精神疾病共存的人生〉，《報導者》網站，2017 年 1 月 9 日。
18. K. Manne, *Down Girl: The Logic of Misogyny*. New York: Oxford University Press, 2018.
19. 「失自我感」意指，自己看自己就像在看一個「他人」一樣，即我不再是我；或把能引發心理痛苦的意識活動或記憶從整個精神活動中「分離」出來，以防衛保自己。
20. 犂客，〈「我渴望寫這個故事。我覺得先前一切都是為了寫它準備的。」——專訪林奕含〉，《ReadMoo 閱讀最前線》，2017 年 5 月 12 日。參見：https://news.readmoo.com/2017/05/12/170512-interview-with-lin-03/，檢閱日期 2019 年 4 月 15 日。
21. 〈林奕含「每天崩潰八小時」這樣寫完房思琪〉，《蘋果日報》，2017 年 5 月 16 日。參見：https://www.nextmag.com.tw/realtimenews/news/296422，檢閱日期 2019 年 4 月 15 日。
22. 犂客，〈「我渴望寫這個故事。我覺得先前一切都是為了寫它準備的。」——專訪林奕含〉，《ReadMoo 閱讀最前線》，2017 年 5 月 12 日。
23. 張子午，〈成為一個新人——與精神疾病共存的人生〉，《報導者》網站，2017 年 1 月 9 日。
24. 〈我的痛苦不能和解 專訪林奕含：「已經插入的，不會被抽出來」〉，《女人迷》網站，2017 年 3 月 16 日。參見：https://womany.net/read/article/13052，檢閱日期 2019 年 4 月 15 日。
25. 彭秀玲、黃囇莉，〈師生戀變奏曲？——女大學生師生性騷擾之經驗歷程〉，《教育心理學報》48 卷 3 期（2017 年）：頁 427-448。
26. 黃囇莉，〈少女情懷總是「師」／「失」？〉，《性別平等教育季刊》第 84 期（2018 年）：頁 107-110。

第八章　沒有選擇的選擇——女性從政者的雙重束縛

1. Leonie Huddy and Nayda Terkildsen, "Gender Stereotypes and the Perception of Male and Female Candidates."

American Journal of Political Science, 37.1(Feb. 1993): 119-147; Georgia Duerst-Lahti, "Presidential Elections: Gendered Space and the Case of 2004." *Gender and Elections: Shaping the Future of American Politics*. Ed. Susan J. Carroll and Richard L. Fox. New York: Cambridge University Press, 2006, pp. 12-42.

2. Kathleen Hall Jamieson, *Beyond the Double Bind: Women and Leadership*. Oxford: Oxford University Press, 1995.
3. 彼得・斯利柏曾隸屬自由黨，以無黨籍身分擔任議長，但先前參選獲工黨支持且支持執政黨工黨政府。此不信任案最後以一票之差沒有通過，但在不信任案表決的當天，斯利柏隨即宣布辭去國會議長，而該年底法院針對助理性騷擾案做出不成立判決。
4. 參見：http://www.newsweek.com/2016/11/18/hillary-clinton-presidential-election-voter-gender-gap-520579.html，檢閱日期：2019 年 4 月 20 日。
5. 參見：https://www.washingtonpost.com/news/monkey-cage/wp/2016/10/23/how-sexism-drives-support-for-donald-trump/，檢閱日期：2019 年 4 月 20 日。
6. 該句話整段完整的說法是"I want to just say a few remarks about being the first woman to serve in this position. There's been a lot of analysis about the so-called gender wars, me playing the so-called gender card because heaven knows, no-one noticed I was a woman until I raised it. But, against that background do want to say about all of these issues the reaction to being the first female prime minister does not explain everything about my prime ministership, nor does it explain nothing about my prime ministership..."（Johnsons, 2015）
7. Abigail M. Coyle, "Gender and the Presidential "Horserace": An Examination of Candidate Self-Presentation in the 2008 Democratic Primaries" 30 April 2009. CUREJ: College Undergraduate Research Electronic Journal, University of Pennsylvania, http://repository.upenn.edu/curej/95.
8. "When the opportunity came, the ambitious Gillard did not hesitate to take up the knife and plant it in Rudd's back. ('Labor's brutal plot unnerves Liberals', The Courier Mail, Saturday 26th June)". "A lot of people, including many women, were upset at Gillard's action in tapping Rudd, describing it as brutal and unpalatable. They expected a more genteel transition for Australia's first female Prime Minister. ('Rising up the ranks – Gillard's challenge', The Age, Saturday, 26th June)" (Hall and Donaghue 2013:638)
9. Lauren J. Hall and Ngaire Donaghue, "Nice Girls Don't Carry Knives: Constructions of Ambition in Media Coverage of Australia's First Female Prime Minister." *British Journal of Social Psychology* 52 .4 (2013): 631-37.
10. Jennifer L. Lawless and Richard L. Fox, *It Still Takes a Candidate: Why Women Don't Run for Office*. New York: Cambridge University Press, 2010.
11. Osborne-Crowley 在討論美國人自我欺騙認為已經準備好了選出女總統的報導中，細數川普在 2015 年 4 月開始參選時就說「if Hillary Clinton can't satisfy her husband, what makes her think she can satisfy America?」，2016 年 3 月罵她是「nasty women」，期間對各種女性言語騷擾不計其數，公開罵對他不友善的女性記者是「bimbo」不然就是月事來了。對很多女性身材品頭論足，對自已在好萊塢的性騷擾紀錄更是直言不諱。這一切顯示「the coattails of misogyny are long indeed」。參見：http://www.abc.net.au/news/2016-11-10/we-fooled-ourselves-thinking-we-were-ready-for-female-president/8014708，檢閱日期：2019 年 4 月 20 日。
12. Susan J. Carroll, "Reflections on Gender and Hillary Clinton's Presidential Campaign: The Good, the Bad, and the Misogynic." *Politics & Gender* 5.1 (2009): 1-20.
13. Erika Falk,"Clinton and the Playing-the-Gender-Card Metaphor in Campaign News."*Feminist Media Studies* 13.2 (2013): 192-207.
14. Ngaire Donaghue, "Who gets played by 'The Gender Card'? A critical discourse analysis of coverage of Prime Minister Julia Gillard's Sexism and Misogyny Speech in the Australian Print Media." *Australian Feminist Studies* 30(2015):161-178; Carol Johnson, "Playing the Gender Card: The Uses and Abuses of Gender in Australian Politics." *Politics & Gender* 11.2 (2015): 291-319.

15. Ngaire Donaghue, "Who gets played by 'The Gender Card'? A critical discourse analysis of coverage of Prime Minister Julia Gillard's Sexism and Misogyny Speech in the Australian Print Media." *Australian Feminist Studies* 30 (2015): 161-178.
16. David Gilmore，《厭女現象》（*Misogyny: The Male Malady*），何雯琪譯，台北：書林出版有限公司，2005 年，頁 212。
17. 上野千鶴子，《厭女：日本的女性嫌惡》，楊士堤譯，台北：聯合文學出版社，2015 年，頁 12。
18. 上野千鶴子，《厭女：日本的女性嫌惡》，頁 32。
19. Kate Manne, *Down Girl: The Logic of Misogyny*. Oxford: Oxford University Press, 2017.
20. Misogyny is primarily a property of social systems or environments as a whole, in which women will tend to face hostility of various kinds because they are women in a man's world (i.e. a patriarchy), who are held to be failing to live up to men's standards (i.e. tenets of a patriarchal ideology which have some purchase in this environment). Kate Manne, *Down Girl: The Logic of Misogyny*, pp. 33-34.
21. 上野千鶴子將厭女定義為蔑視女性，將女性客體化（《厭女：日本的女性嫌惡》，頁 12）。Gilmore 則是從希臘字源追溯出厭女為「對女性的仇恨」，並定義為社會對女性非理性的明顯恐懼與厭恨，以及對女性的敵意。厭女是男性間象徵性地交換、分享而予以實踐的性別歧視。他存在人的互動中，經常以儀式方式呈現（《厭女現象》，頁 14）。兩者定義皆和性別歧視的意義難以分辨。
22. Kate Manne, *Down Girl: The Logic of Misogyny*, p. 79.
23. Kate Manne, *Down Girl: The Logic of Misogyny*, p. 47.
24. Kate Manne, *Down Girl: The Logic of Misogyny*, p. 80.
25. Kate Manne, *Down Girl: The Logic of Misogyny*, pp. 79-80.
26. Louise Richardson-Self, "Woman-Hating: On Misogyny, Sexism, and Hate Speech." *Hypatia* 33.2 (2017):256-272.
27. Kathleen Hall Jamieson, *Beyond the Double Bind: Women and Leadership*. Oxford: Oxford University Press, 1995.
28. Alice H. Eagly & Steven J. Karau, "Role Congruity Theory of Prejudice toward Female Leaders." *Psychological Review* 109 (2002): 573-598.
29. Laurie A. Rudman and Peter Glick, "Prescriptive Gender Stereotypes and Backlash Toward Agentic Women" *Journal of Social Issues* 57.4 (2001): 743-762.
30. 陳歆怡，〈理性與感性：蔡英文專訪〉，《台灣光華雜誌》，第 37 卷第 7 期（2012 年 7 月）：頁 32-36。
31. 王詩婷，〈單身歧視的政治文化〉，《三際信息站》，2016 年 1 月 13 日，參見：https://www.3kirikou.org/recommend_detail.php?SerialNo=1454，檢閱日期：2019 年 4 月 20 日。
32. 〈小英：台灣不會因為有女總統　就沒有性別不平等問題〉，《上報》，2016 年 11 月 14 日，參見：https://www.upmedia.mg/news_info.php?SerialNo=7405，檢閱日期：2019 年 4 月 20 日；〈蔡總統：台灣不會因為有女總統　就真的男女平權〉，《蘋果日報》，2016 年 11 月 14 日，參見：https://tw.appledaily.com/new/realtime/20161114/988380/，檢閱日期：2019 年 4 月 20 日。
33. 〈自剖性別歧視經歷　蔡總統讚揚 #MeToo 運動〉，中央通訊社，2018 年 6 月 25 日。參見：https://www.cna.com.tw/news/aipl/201806250342.aspx，檢閱日期：2019 年 4 月 20 日。
34. 〈蔡英文讓我們失望的——不是性別，而是對女孩們未來的想像〉，《關鍵評論》，2016 年 5 月 5 日，參見：https://www.thenewslens.com/article/28894，檢閱日期：2019 年 4 月 20 日。文中指出：「蔡英文沒有一般女性政治人物的『家庭障礙』，但她仍然需要努力拆除女性參政的障礙。在公開場合，她時常叮嚀幕僚，別讓主持人強調『女』總統，甚至，她也多次將幕僚準備的講稿中，女總統的女字劃掉，證明她不太喜歡強調女性身分。為什麼她會這麼做？原因之一在於，女總統不應該被當成特殊的現象，其二是，卸除過多的『女性特質』，才能讓她避免諸如『穿裙子的，怎麼能當總統』的質疑。」
35. 簡竹書、李桐豪，〈【一鏡到底】鋪軌的人　蔡英文〉，《鏡週刊》，2018 年 4 月 18 日，參見：https://

m.mirrormedia.mg/story/20180417pol001/，檢閱日期：2019年4月20日。專訪中指出「我們Google『小英開會』和『震怒』，電腦洋洋灑灑跑出十頁資料，問她開會是多愛生氣，怎麼一天到晚在震怒啊？她語氣依舊不見起伏，僅說每次見媒體寫她震怒，她都會問身邊的人：『我昨天有震怒嗎？』『我長期接受談判訓練，講話有點間接、留餘地，傳達訊息不直接，現在（當了總統）比較重要的事會用直接的方式表達，脫離以前外交官的講話方式，當我直接的時候，大家以為我在震怒，其實是沒有。』」

36. Lauren J. Hall and Ngaire Donaghue, "Nice Girls Don't Carry Knives: Constructions of Ambition in Media Coverage of Australia's First Female Prime Minister." *British Journal of Social Psychology* 52.4 (2013): 631-37; Katharine A. M. Wright and Jack Holland, "Leadership and the Media: Gendered Framings of Julia Gillard's 'Sexism and Misogyny' Speech." *Australian Journal of Political Science* 49.3 (2014): 455-468; Ngaire Donaghue, "Who gets played by 'The Gender Card'? A critical discourse analysis of coverage of Prime Minister Julia Gillard's Sexism and Misogyny Speech in the Australian Print Media." *Australian Feminist Studies* 30 (2015): 161-178; Carol Johnson, "Playing the Gender Card: The Uses and Abuses of Gender in Australian Politics." *Politics & Gender* 11.2 (2015): 291-319.
37. 參見〈4 獨派大老發公開信 籲蔡英文「不要競選連任」〉，《今周刊》，2019 年 1 月 3 日，網址：https://www.businesstoday.com.tw/article/category/161153/post/201901030003/4，檢閱日期：2019 年 5 月 20 日。
38. David Schultz, *Politainment: The Ten Rules of Contemporary Politics-A citizens' Guide to Understanding Campaigns and Elections*, 2012
39. Donatella Campus and Elena Giammaria, "Italian Female Ministers: A Test for the Celebrity Politics?" *Communication Papers-media Literacy & Gender Studies* 3.5 (2014): 49-60.
40. Donatella Campus and Elena Giammaria, "Italian Female Ministers: A Test for the Celebrity Politics?" *Communication Papers-media Literacy & Gender Studies* 3.5 (2014): 49-60; Liesbet Van Zoonen, "The Personal, the Political and the Popular. A Woman's Guide to Celebrity Politics." *European Journal of Cultural Studies* 9.3 (2006): 287-301.
41. Liesbet Van Zoonen, "The Personal, the Political and the Popular. A Woman's Guide to Celebrity Politics." *European Journal of Cultural Studies* 9.3 (2006): 287-301.
42. Ibid.
43. Anne Stevens, *Women, Power, and Politics*. Houndmills: Palgrave, 2007, p. 138.
44. 畢慕瑜，〈北農風波中的性別與親屬修辭：看媒體如何把吳音寧幼體化〉，《想想論壇》，2018 年 6 月 10 日，參見：http://www.thinkingtaiwan.com/content/6996，檢閱日期：2019 年 4 月 20 日。
45. 〈貼標籤「250 萬高級實習生」　吳音寧指控是為了挑動「年輕人」　澄清：我的月薪 14 萬〉，《三立 iNEWS》，2018 年 6 月 5 日，參見：https://www.youtube.com/watch?v=wYSCAgoMnnM，檢閱日期：2019 年 4 月 20 日。
46. Lynne Tirrell, "Genocidal language games," *Speech and Harm: Controversies over Free Speech*, ed. Ishani Maitra and Mary Kate McGowan. Oxford: Oxford University Press, 2012, p.193.
47. "Derogatory terms, in use, engender actions creating and enforcing hierarchy."（Lynne Tirrell, "Genocidal language games," *Speech and Harm: Controversies over Free Speech*, ed. Ishani Maitra and Mary Kate McGowan. Oxford: Oxford University Press, 2012, p.195）。該文旨在探討輕蔑與仇恨性言論如何為言論之外的行動鋪陳基礎，特別是在盧安達的大屠殺之前，所有的輕蔑與仇恨性言論，最終使得語言遊戲變成真實暴力。文中也區分侮辱（insult）和輕蔑（derogation）之別，侮辱帶有立即性（也可能持久）的汙名傷害，輕蔑或許不帶有立即性傷害，容易被忽略，但是會造成持久性的傷害（p.196），也是作者認為更值得重視之故。
48. 〈談柯 P 轉換跑道　陳佩琪暗酸吳音寧「憑什麼」〉，《新頭殼 newtalk》，2018 年 8 月 26 日，參見：https://newtalk.tw/news/view/2018-08-26/136859，檢閱日期：2019 年 4 月 20 日。
49. 〈市場改建未採吳音寧版　柯：她懂什麼東西〉，《TVBS》，2018 年 8 月 30 日，參見：https://news.tvbs.com.tw/politics/983773，檢閱日期：2019 年 4 月 20 日。〈吳音寧提北農版市場改建案　柯文哲怒『她懂什麼』〉，《聯合報》，2018 年 8 月 30 日，參見：https://udn.com/news/story/6656/3339549，檢閱日期：2019 年 4 月 20 日。

50. 〈吳音寧的問題在哪裡？〉，《今周刊》，2018 年 3 月 12 日，參見：https://www.businesstoday.com.tw/article/category/80392/post/201803120065/，檢閱日期：2019 年 4 月 20 日。
51. 李昂，〈李昂專欄：呂秀蓮是『老女人』？〉，《蘋果日報》，2018 年 6 月 2 日，參見：https://tw.appledaily.com/new/realtime/20180602/1365523，檢閱日期：2019 年 4 月 20 日
52. Susan J. Carroll, "Reflections on Gender and Hillary Clinton's Presidential Campaign: The Good, the Bad, and the Misogynic." *Politics & Gender* 5.1 (2009): 1-20.
53. "Yet as men age in commercials, they become more distinguished; as women age, they disappear." (Kathleen Hall Jamieson, Beyond the Double Bind: Women and Leadership. Oxford: Oxford University Press, 1995, p. 152)
54. Catherine Itzin and Christopher Phillipson, "Gendered Ageism: A Double Jeopardy for Women in Organizations." In C. Itzin and J. Newman, (eds) *Gender, Culture and Organizational Change: Putting Theory into Practice*, pp. 81-90. London: Routledge, 1995.
55. Colin Duncan and Wendy Loretto, "Never the Right Age? Gender and Age-Based Discrimination in Employment" *Gender, Work and Organization* 11.1 (2004): 95-115.
56. Ibid.
57. Kathleen Hall Jamieson, Beyond the Double Bind: Women and Leadership. Oxford: Oxford University Press, 1995, p. 5.

第九章　媒體、族群與性別中的愛厭交織——看見原住民女性身影

1. 孫嘉穗，〈原住民新聞中的性別與族群議題〉，《女學學誌》第 38 期（2016）：頁 57-110。
2. 同前註。
3. 台灣原民族資訊網，歲時祭儀年表，阿美族，網址：http://www.tipp.org.tw/ceremony.asp?CD_ID=148。
4. 孫嘉穗，〈原住民媒介逸失的女性身影〉，《性別平等教育季刊》第 64 期（2013 年）：頁 137。
5. Lewallen ann-elise, "Beyond Feminism: Indigenous Ainu Women and Narratives of Empowerment in Japan." In Cheryl Suzack, Shari M. Huhndorf, Jeanne Perreault, and Jean Barman (Eds.), *Indigenous Women and Feminism: Politics, Activism, Culture* (pp.152-177). Vancouver: UBC press, 2010.
6. Rebecca Stringer, *Knowing Victims: Feminism, Agency and Victim Politics in Neoliberal Times*. London and New York: Routledge, 2014.
7. 李修慧，〈女生不能碰船、男生不能去潮間帶？當達悟文化「槓上」性別平等和觀光發展〉，《關鍵評論網》，2019 年 5 月 7 日，網址：https://www.thenewslens.com/article/109566，檢閱日期：2019 年 5 月 20 日。
8. 上野千鶴子，《厭女：日本的女性嫌惡》，楊士堤譯。台北：聯合文學，2015 年。
9. Kate Manne, *Down Girl: The Logic of Misogyny*. Oxford: Oxford University Press, 2018.
10. 卜敏正，〈鄒族頒發「獵人證」女獵人狩獵技巧不輸男性〉，《聯合新聞網》，2019 年 3 月 20 日，網址：https://udn.com/news/story/7326/3709109，檢閱日期：2019 年 5 月 20 日。
11. 此段內容改寫自以下論文：孫嘉穗，〈原住民新聞中的性別與族群議題〉，《女學學誌》第 38 期（2016 年）：頁 57-110。
12. 張錦華，《多元文化主義與族群傳播權——以原住民族為例》，台北：黎明文化，2014 年，頁 76。
13. 陳昭如，〈還是不平等：婦運修法改造父權家庭的困境與未竟之業〉，《女學學誌》第 33 期（2013 年）：頁 119-169。
14. 孫嘉穗，〈原住民新聞中的性別與族群議題〉，《女學學誌》第 38 期（2016 年）：頁 57-110。
15. 此段內容改寫自以下論文：孫嘉穗，〈原住民新聞中的性別與族群議題〉，《女學學誌》第 38 期（2016 年）：

頁 57-110。

16. C. M. Byerly and K. Ross, *Women and Media: A Critical Introduction*. Oxford: Blackwell Publishing, 2006, p. 135-136.
17. K. K. Campbell and D. Z. Keremidchieva, "Gender and Public Address." In B. J. Dow and J. T. Wood (Eds.), *The Sage Handbook of Gender and Communication* (pp. 185-199). Thousand Oaks: Sage, 2006.
18. L. Van Zoonen, *Feminist Media Studies*. London: Sage, 2004, p. 148.
19. 蔡佩含，〈想像一個女獵人：原住民山海書寫裡的性別／空間〉，《台灣學誌》第 11 期（2015 年）：頁 1-15。
20. 洪仲志，《夾縫中的美麗與哀愁——原住民婦女的生命歷程與回響》，花蓮：國立東華大學原住民民族學院，2014 年，頁 51。
21. 孫嘉穗，〈原住民新聞中的性別與族群議題〉，《女學學誌》第 38 期（2016 年）：頁 57-110。
22. 同前註。
23. 孫嘉穗，〈原住民媒介逸失的女性身影〉，《性別平等教育季刊》第 64 期（2013 年）：137。

第十章　報導、判決書與小說的「愛女／厭女」情結——2013 年八里雙屍案

1. 參考網址：http://bit.ly/2H7A8iz，檢索日期：2019 年 4 月 25 日。
2. 同前註，參考維基百科有關八里雙屍案的說明以及當時媒體之報導。
3. 參考司法院法學資料檢索系統所收之最高法院 106 年台上字第 669 號判決以及 104 年度矚上重更（二）字第 3 號。八里雙屍案所牽涉的民事判決目前尚未定案。此案件之民事求償，有兩個截然不同的判決。死者陳進福的兩個兒子向謝依涵、呂炳宏、兩名股東等 4 人連帶求償新台幣 1031 萬元，一審法院判謝依涵須賠償 631 萬元，呂炳宏及兩名股東免賠，案經二審並經最高法院發回更審，台灣高等法院在 2019 年 1 月 9 日更一審判決（106 年度重上更（一）字第 105 號）呂炳宏及股東們不負賠償責任。但此案件之當事人仍可上訴，目前尚未定案。而另一死者張翠萍的母親李寶彩向謝依涵、呂炳宏及兩名股東求償損害賠償，一審法院判謝依涵賠償 368 萬元；二審法院改判呂炳宏及兩名股東與謝依涵連帶賠償 368 萬元，目前這個案件已經最高法院判決定讞。同一案件兩位死者家屬的求償，卻有不同結果，後續發展仍待觀察。
4. David D. Gilmore 著，何雯琪譯，《厭女現象：跨文化的男性病態》（*Misogyny: The Mala Malady*），台北：書林出版公司，2005 年，尤其可從目錄看出該書之討論重點。
5. 參考：游美惠，〈厭女 Misogyny〉「性別教育小詞庫」，《性別平等教育季刊》第 58 期（2012 年 6 月）：頁 109。該文並收錄於：游美惠，《性別教育小詞庫》，高雄：巨流出版社，2014 年。
6. 游美惠在文章中提到的 Allan Johnson 關於「厭女文化」的論述主要取自亞倫．強森（Allan G. Johnson）著，成令方、王秀雲、游美惠、邱大昕、吳嘉苓等譯，《性別打結：拆除父權違建》（*The Gender Knot: Unraveling Our Patriarchal Legacy*），台北：群學出版社，2008 年，頁 74-75。近年關於厭女情結的討論請參考凱特．曼內（Kate Manne）的《貶抑女孩：厭女的邏輯》（*Down Girl: The Logic of Misogyny*）一書，Oxford University Press，2017 年。
7. 〈從「交誼匪淺」到下藥殺人　「蛇蠍女」謝依涵犯案紀實〉，《ETtoday 新聞雲》，2017 年 4 月 20 日，網址：https://www.ettoday.net/news/20170420/908044.htm，檢閱日期：2019 年 4 月 25 日。
8. 〈【凶宅打卡】奪魂媽媽嘴　毒蠍女狠殺富商夫妻〉，《壹週刊》，2016 年 9 月 5 日，網址：https://www.nextmag.com.tw/realtimenews/news/43468810，檢閱日期：2019 年 4 月 25 日。
9. 〈八里媽媽嘴咖啡店毒蛇女店長〉，《恐怖在線》，2016 年 12 月 6 日，網址：https://www.youtube.com/watch?v=Hcm2pAK5T04，檢閱日期：2019 年 4 月 25 日。
10. 〈殺父百刀判死 陳昱安曾說：後悔不存在我心中〉，《聯合新聞網》，2019 年 1 月 18 日，網址：https://udn.com/news/story/7315/3601722，檢閱日期：2019 年 4 月 25 日。
11. 〈逆子爭產 111 刀弒父　母提告剝奪繼承權〉，《蘋果日報》，2019 年 1 月 18 日，網址：https://

tw.appledaily.com/new/realtime/20190118/1503239/，檢閱日期：2019 年 4 月 25 日。

12. 參考台灣高等法院 104 年度矚上重更（二）字第 3 號刑事判決。台灣高等法院在這個判決書中提到：「辯護人於本院更一審理時又請求調閱被告所使用之 0000000000 號行動電話於案發前之通聯紀錄，以證明被告與陳進福間過從甚密，有不倫關係及被告係依據陳進福之指示前往北投農會欲開啟張翠萍保管箱云云（見更一卷一第 210 頁反面、第 258 頁反面至 259 頁）。然被告與陳進福關係良好、交情匪淺，縱彼此間有頻繁之通聯紀錄，亦不足憑為被告與陳進福間有不倫關係之證明。而 102 年 2 月 5 日縱使被告在深夜與陳進福有通聯紀錄，因通聯紀錄僅能證明雙方有所聯繫，並無法查悉通話之內容為何，亦難據以推論被告前往北投農會欲開啟張翠萍保管箱係出於陳進福之指示，是辯護人請求調取上開通聯紀錄，顯無必要。」

13. 台灣各級法院中有關八里雙屍命案的刑事審判文件（包括判決與裁定）共有 20 多份；裁定部分主要是法院延長謝女的拘押的裁定。而除了刑事判決之外，還有關於死者陳男與張女家人對於謝女提出之損害賠償民事訴訟判決。本文主要分析高等法院的刑事判決之內容。尤其以台灣高等法院 104 年度矚上重更（二）字第 3 號刑事判決為主。

14. 台灣高等法院 104 年度矚上重更（二）字第 3 號刑事判決判處謝女強盜殺人，處無期徒刑並至少服刑 25 年的判決。

15. 同前註，此一判決全文共達四萬多字。判決全文可在司法院法學資料檢索系統之網頁取得，此判決書指稱之上訴人就是被告謝依涵，判決內文則以「辛〇〇」稱謝女。判決主文如下：「原判決關於辛〇〇強盜殺人罪、民國一〇二年二月十八日行使偽造私文書罪及一〇二年二月二十七日詐欺取財未遂罪部分暨定應執行刑部分均撤銷。辛〇〇犯強盜殺人罪，處無期徒刑，褫奪公權終身，扣案如附表一編號 1 至 4 所示之物，均沒收，未扣案如附表一編號 5 之犯罪所得新臺幣貳仟元沒收，如全部或一部不能沒收或不宜執行沒收時，追徵其價額。」網站：http://jirs.judicial.gov.tw/Index.htm，檢閱日期：2018 年 8 月 30 日。

16. 士林地方法院 102 年度矚重訴字第 1 號判決主文：「謝 XX 犯竊盜罪，處有期徒刑參月。又犯行使偽造私文書罪，處有期徒刑參月。偽造「張翠萍」之署押壹枚，沒收。又犯強盜殺人罪，處死刑。褫奪公權終身。」台灣高等法院 104 年度矚上重更（一）字第 1 號判決主文：「原判決關於壬〇〇強盜殺人罪、被訴民國一〇二年二月十八日、一〇二年二月二十七日行使偽造私文書罪、詐欺取財未遂罪部分暨定應執行刑部分均撤銷。壬〇〇犯強盜殺人罪，處死刑，褫奪公權終身，扣案之水果刀壹把沒收。又犯行使偽造私文書罪，處有期徒刑拾月。又犯行使偽造私文書罪，處有期徒刑陸月，扣案之假髮壹頂、墨鏡壹副，均沒收。應執行死刑，褫奪公權終身，扣案之水果刀壹把、假髮壹頂、墨鏡壹副均沒收。」關於此二判決請見司法院法學資料檢索系統網頁：http://jirs.judicial.gov.tw/Index.htm，檢閱日期：2018 年 8 月 30 日。

17. 取自台灣高等法院 104 年度矚上重更（二）字第 3 號刑事判決內容

18. 同前註。

19. 台灣高等法院 104 年度矚上重更（二）字第 3 號刑事判決關於此公約的描述如下：「公民與政治權利國際公約（下稱公政公約）內國法化後，關於死刑量刑在實體法上之判準，自應連結公政公約第 6 條第 2 項中所謂『非犯情節最重大之罪，不得科處死刑』之概念與刑法第 57 條量刑事由之關係而適用。」

20. 台灣高等法院在 104 年度矚上重更（二）字第 3 號刑事判決及各級法院相關判決。

21. 104 年度矚上重更（二）字第 3 號刑事判決提到：「陳進福屍體於 102 年 2 月 26 日 11 時 30 分許，經人發現後報案，由於面容已呈現相當程度變化，難以屍體外貌辨識其身份」，「而張翠萍之屍體嗣於 102 年 3 月 2 日 7 時 50 分，經被告發現報案，因屍體面容亦已呈相當程度變化，難以屍體外貌辨識其身份」。除此之外，維基百科中「八里雙屍案」詞條也整理案件歷程，網址：http://bit.ly/2H7A8iz，檢索日期：2019 年 4 月 25 日。

22. 參考台灣高等法院 102 年度矚上重訴字第 44 號與 104 年度矚上重更（二）字第 3 號刑事判決。判決書中提到：「被告謝依涵雖曾於 102 年 3 月 6 日警詢、偵訊指稱：本案係由呂炳宏、鍾典峰、歐石城共同謀劃，並指示其參與部分行為分工（偵卷一第 209-215 頁、第 236-241 頁），但翌日原審訊問時，即坦承先前所述不實（偵卷一第 262-268 頁）。其後被告謝依涵於 102 年 3 月 24 日坦承由其一人獨自殺害陳進福（偵卷第 9-10 頁）。

23. 參考台灣高等法院 102 年度矚上重訴字第 44 號刑事判決主文，主文為：「……又殺人，處無期徒刑，褫奪公權終身，扣案之水果刀壹把沒收。又犯強盜殺人罪，處死刑，褫奪公權終身，扣案之水果刀壹把，沒收。」
24. 在審判過程中，謝女也是如此辯解。台灣高等法院 104 年度矚上重更(二)字第 3 號刑事判決書中也提到：「被告雖一再辯稱：陳進福夫婦到咖啡店消費不一定帶錢包或背包，是殺人後另行起意取走張翠萍皮包，個人不缺錢，沒有謀財害命之動機，絕非強盜殺人犯云云。」
25. 引自 104 年度矚上重更(二)字第 3 號刑事判決。
26. 同前註。
27. 參考台灣高等法院 102 年度矚上重訴字第 44 號刑事判決。
28. 參見 104 年度矚上重更(二)字第 3 號刑事判決。
29. 在 2019 年 1 月 8 日台灣高等法院 106 年度重上更(一)字第 105 號陳男兩位兒子針對呂炳宏等人請求損害賠償的判決書中，有下面一段描述：「(三)上訴人年幼即移民美國，迄今已逾 30 餘年，期間鮮少與陳進福聯絡，甚至陳進福火化當天亦未返國奔喪，則上訴人對陳進福遭謝依涵殺害所受之痛苦及影響為何，應審酌與陳進福間父子關係疏遠以酌減慰撫金數額。又謝依涵對陳進福家中位置擺設過於清楚明瞭，足見關係匪淺，顯有不正常之往來關係，並有金錢上之糾葛，甚至謝依涵陳稱與陳進福謀議犯罪計畫。此外，陳進福以金錢誘惑其他年輕女性，疑似男女關係複雜。是陳進福對於與謝依涵此種異於尋常店員顧客關係，且時常邀請謝依涵至其住家，甚有不明、可疑金錢往來，將招致自身之人身安全，難謂毫無預見或無從防堵，故陳進福對於本件損害之發生與有過失，不論何人與謝依涵成立僱傭關係，均應得酌減損害賠償金額。」這段論述是否屬實，由於並非審判的重點，因此無法查證。
30. 平路，《黑水》，台北：聯經出版公司，2015 年，頁 239。
31. 平路，《黑水》，台北：聯經出版公司，2015 年，頁 168、195、197。
32. 在八里雙屍案中，還有一件值得討論的議題，那就是為何咖啡廳的老闆與工作人員，在 2013 年 2 月 16 日晚上，對於明顯需要被幫助的兩位死者陳男與張女袖手旁觀不提出任何協助。為何他們中沒有人進一步關心看起來身體明顯有不舒服症狀的兩位常客。判決書中，多位工作人員證實他們在 2013 年 2 月 16 日晚上看到兩位死者閉眼坐在椅子上的情形，但似乎沒有人上前關懷他們或詢問他們。咖啡廳的老闆與工作人員知道什麼？感受到什麼？又當 2013 年 2 月 20 日兩位死者家人報警說他們失蹤時，難道他們沒有開始懷疑謝女嗎？他們在判決書中都提到，兩位死者失蹤當晚 9、10 點之間，他們看到謝女穿著濕的衣服回到店裡，他們也提到，謝女說自己是因為跌到水裡，所以衣服弄濕。為何這些人對於兩位死者的失蹤跟謝女之間的可能關聯性，完全不起疑？參見 104 年度矚上重更(二)字第 3 號刑事判決書：「被告於 102 年 3 月 24 日警詢、102 年 3 月 26 日、4 月 2 日偵查及原審審理中陳稱：102 年 2 月 16 日晚上陳進福、張翠萍大約 19 時許來店內，我跟郭乃慈、李昀珊都在，下藥時，李昀珊在廚房，郭乃慈在掃廁所，她們都沒有看見，張翠萍飲料喝下去後 10 到 15 分鐘藥效發作，大約是 19 時 30 分至 20 時許（此部分被告記憶有誤，詳下述），趁郭乃慈、李昀珊在廁所、廚房忙的時候將張翠萍扶出去，約 10 分鐘，回來之後又馬上跟陳進福一起出去，大約在晚上 8 時 30 分左右殺害陳進福、張翠萍，從扶張翠萍出去，到將兩人殺害回到店內，總共花掉約半個鐘頭；之後回到店內郭乃慈在吧台，李昀珊在掃地，我有跟郭乃慈講我掉到水裡，李昀珊晚間 9 時許離開等語。」

第十一章　重讀性暴力受害者——改寫能動性與脆弱性的意義

1. 本文修改自期刊論文：王曉丹，〈破解二元對立，改寫能動主體：性暴力受害者脆弱性的正面意義〉，《女學學誌》第 44 期（2019 年 6 月）。感謝本書另一位作者胡錦媛教授，在寫作的討論過程中提供修改意見，協助深化論述，使本文更為完善。
2. 「sexuality」這個概念指向人群中有關性的一切生物—心理—社會—文化現象。「sexuality」中文翻譯並不容易完整傳達整體意義，可以翻譯為「性」、「性慾特質」、「性慾取向」、「性欲特質」，本文則將之翻譯為「性／欲特質」。本文不採用「性」單字的簡約翻譯，主要強調性暴力的相關行為的動力，不只是性，更多是社會文化的權力。同樣的理由，本文採用「欲」而非「慾」，主要希望弱化情慾與色慾的意涵。「性」「欲」中間加上「／」符號，目的為強調「或，以及」的一種停頓，這一個符號讓讀者可以聚焦於性暴力的社會文化之權力面向，除了性行為的意涵之外，或者／以及包含社會文化中的權力欲望。

3. R. W. Connell, *Masculinities*. Cambridge, UK: Polity, 2005.
4. Carine Mardorossian, *Framing the Rape Victim: Gender and Agency Reconsidered*. New Brunswick: Rutgers University Press, 2014.
5. Chris Barker, *The SAGE Dictionary of Cultural Studies*. London: SAGE Publication Ltd, 2004, pp. 4-5.
6. 羅燦煐，〈解構迷思，奪回暗夜：性暴力之現況與防治〉，《台灣婦女處境白皮書：1995》。台北：時報，1995年，頁41-109；羅燦煐，〈性暴力的文化再現：港台強暴電影的文本分析〉，《新聞學研究》第57期（1998年）：頁159-190；林芳玫，〈師大強暴「疑」案報紙報導之分析：誰是加害者？誰是受害者？〉，《新聞學研究》第51期（1995年）：頁33-55；林芳玫，〈走出「幹」與「被幹」的僵局——女性主義對色情媒介的爭議〉，顧燕翎、鄭至慧主編《女性主義經典》，台北：女書文化，1999年，頁439-442；蔡雁雯、蘇蘅，〈性侵報導的強暴迷思與轉變〉，《新聞學研究》第128期（2016年）：頁85-134。
7. 彭仁郁，〈誰怕性侵受害者？一段理論與創傷真實錯身的故事〉，「芭樂人類學」網站，2016年6月20日，網址：http://guavanthropology.tw/article/6530，檢索日期：2019年4月25日。
8. 王曉丹，〈女性主義實踐為何漏接了房思琪？「自我」的生存之道與逃逸路線〉，《巷仔口社會學》網站，2017年6月6日，網址：https://twstreetcorner.org/2017/06/06/wanghsiaotan/，檢索日期：2019年4月25日。
9. Susan Brownmiller, *Against Our Will: Men, Women, and Rape*. New York: Simon and Schuster, 1975.
10. Catherine MacKinnon, *Feminism Unmodified: Discourses on Life and Law*. Cambridge, MA: Harvard University Press, 1987.
11. Susan Brownmiller, *Against Our Will: Men, Women, and Rape*. New York: Simon and Schuster, 1975.
12. Catherine MacKinnon, *Feminism Unmodified: Discourses on Life and Law*. Cambridge, MA: Harvard University Press, 1987.
13. 王曉丹，〈聆聽「失語」的被害人——從女性主義法學的角度看熟識者強暴司法審判中的性道德〉，《台灣社會研究季刊》第80期（2010年）：頁155-206。
14. Carol Smart, "Law's Power, the Sexed Body, and Feminist Discourse." *Journal of Law and Society* 17 (1990): 194-200; Nicola Lacey, "Unspeakable Subjects, Impossible Rights: Sexuality, Integrity and Criminal Law." *Canadian Journal of Law and Jurisprudence* 11(1998): 47-68; Ann J. Cahill, *Rethinking Rape*. Ithaca, NY: Cornell University Press, 2001; Carine Mardorossian, *Framing the Rape Victim: Gender and Agency Reconsidered*. New Brunswick: Rutgers University Press, 2014; Alison Healicon, *The Politics of Sexual Violence: Rape, Identity and Feminism*. London: Palgrave Pivot, 2016.
15. 勤定芳，《失格的被害人；失真的性侵故事——性侵害判決心證與政論節目言說的論述分析》，政治大學法律科際整合研究所碩士論文，2011年。
16. Nicola Gavey, *Just Sex? The Cultural Scaffolding of Rape*. New York: Routledge, 2005.
17. Ann J. Cahill, "Unjust Sex vs. Rape," *Hypatia* 31.4 (2016): 746-761.
18. Rebecca Whisnant, "Feminist Perspectives on Rape." Stanford Encyclopedia of Philosophy, 2017. Retrieved from https://plato.stanford.edu/entries/feminism-rape/，檢索日期：2019年4月25日。
19. Sharon Cowan, "Choosing Freely: Theoretically Reframing the Concept of Consent." In Rosemary Hunter and Sharon Cowan (Eds.) (2007), *Choice and Consent: Feminist Engagements with Law and Subjectivity* (pp.91-105). London: Routledge-Cavendish; Nicola Lacey, "Unspeakable Subjects, Impossible Rights: Sexuality, Integrity and Criminal Law." *Canadian Journal of Law and Jurisprudence* 11 (1998): 47-68; Jennifer Nedelsky "Reconceiving Autonomy: Sources,

Thoughts, and Possibilities." *Yale Journal of Law and Feminism* 1(1989): 7-36.

20. Carole Pateman, "Women and Consent." *Political Theory* 8.2 (1980): 149-168.
21. Carole Pateman, "Women and Consent." *Political Theory* 8.2 (1980): 153.
22. Catherine MacKinnon, *Feminism Unmodified: Discourses on Life and Law*. Cambridge, MA: Harvard University Press, 1987, p. 82.
23. 陳昭如，〈基進女性主義的強暴論〉，《思想》第 23 期（2013 年）: 頁 207-233。
24. Catherine MacKinnon, "Rape Redefined." *Harvard Law & Policy Review* 10 (2016): 431-477.
25. 「不平等的性」（unequal sex）此種認識與評價的視角落實在具體的性騷擾相關法規上，以「不受歡迎」（unwelcome）或者「不被欲求」（unwanted）做為是否成立性騷擾的判斷標準，其背後的預設就是以受害者的主觀作為要件，以回應性別差異與宰制的不平等結構。
26. Louise du Toit, "The Conditions of Consent." In Rosemary Hunter and Sharon Cowan (Eds.), *Choice and Consent: Feminist Engagements with Law and Subjectivity*. London: Routledge-Cavendish, 2007, pp.58-73.
27. Ibid.
28. 李佳玟，〈說是才算同意（Only Yes Means Yes）——增訂刑法「未得同意性交罪」之芻議〉，《臺北大學法學論叢》第 103 期（2017 年）：頁 89。
29. 林美薰、吳姿瑩，〈沒有同意就是性侵（Only Yes Means Yes）——全球女權運動「積極同意」的倡議、教育與立法運動〉，《現代婦女基金會》，2018 年，網址：https://www.38.org.tw/news2_detail.asp?mem_auto=346&p_kind=%E7%8F%BE%E4%BB%A3%E6%B6%88%E6%81%AF&p_kind2=%E5%BF%83%E6%83%85%E5%AF%AB%E7%9C%9F，檢索日期：2019 年 4 月 25 日。
30. 積極同意的主張認同性／欲取向上的不平等結構，而許多宰制理論的女性主義者也參與推動積極同意的立法與實務，參見：Janet Halley, "The Move to Affirmative Consent." *Sign: Journal of Women in Culture and Society* 42.1 (2016): 256-279。這看起來有跡可循——既然「同意」這個概念先天上就無法顧及性別差異與結構不平等，也就是無法建立女性自我不同處境的敏感座標，以致於經常導致受害女性不但得不到正義卻反受汙名，那麼最簡單而有效的方法就是重劃法律的界線——凡是未取得同意，都算是強暴。然而，並不是所有的宰制論者都支持積極同意的立法。
31. Janet Halley, "The Move to Affirmative Consent." *Sign: Journal of Women in Culture and Society* 42.1 (2016): 256-279.
32. 更弔詭的是，許多潛在加害者承襲此種強勢／弱勢與主動／被動的敘事角色，參照同意或不同意的二元框架，這些潛在加害者獲得的訊息就是，要努力得到心靈同意的那張門票，這進入一個難以言說的弔詭：既然陽剛文化鼓勵盡量攻城掠地，怎麼能夠懲罰這些符合想像、努力攻門的人呢？這麼努力的人就算有疏失，也不應該成為人人喊打的強暴犯？這是許多旁觀者內在真正的聲音，雖然不會直接說出來，卻是使得許多檢察官、法官面對外界批評時，能夠理直氣壯的重要基礎。
33. 王曉丹，〈性暴力法制的歷史交織：一個性別批判的觀點〉，收入陳瑤華主編《台灣婦女處境白皮書：2014》，巨流出版，2014 年，頁 275-308。
34. Ann J. Cahill, *Rethinking Rape*. Ithaca, NY: Cornell University Press, 2001.
35. Kathryn Abrams,"Sex Wars Redux: Agency and Coercion in Feminist Legal Theory."*Columbia Law Review* 95(2) (1995): 304-376; Kathryn Abrams, "From Autonomy to Agency: Feminist Perspectives on Self-Direction." *Wm. & Mary L. Rev.* 40(1999): 805-846.
36. 陳昭如，〈發現受害者或是製造受害者：初探女性主義法學中的受害者政治〉，殷海光基金會主編《自由主義與新世紀台灣》，台北：允晨文化，2007 年，頁 373-409。
37. Bartky, Sandra Lee, "Narcissism, femininity and alienation." *Social Theory and Practice* 8.2 (1982): 127-143.
38. Carine Mardorossian, *Framing the Rape Victim: Gender and Agency Reconsidered*. New Brunswick: Rutgers University Press, 2014.

39. Ibid.
40. Ibid.
41. Rebecca Stringer, "Introduction," *Knowing Victims: Feminism, Agency and Victim Politics in Neoliberal Times*, Hove: Routledge, 2014.
42. Rebecca Stringer, *Knowing Victims: Feminism, Agency and Victim Politics in Neoliberal Times*, Hove: Routledge, 2014, chapter 4.
43. Hilde Lindemann Nelson, *Damaged Identities, Narrative Repair*. Ithaca: Cornell University Press, 2001.
44. 女性主義法學近十年來開始運用「vulnerability」這個概念，瑪莎．費曼（Martha A. Fineman）致力於發展此概念，強調人類易感、易受傷的普遍性（universal）與經常性（constant），揭露法律主體非易感、易受傷特質的性別建構（gendered construction of invulnerability），並以此概念反轉法律上的平等概念，強調依賴（dependence）特質的重要性，參見：Martha Albertson Fineman, "The Vulnerable Subject: Anchoring Equality in the Human Condition."*Yale Journal of Law & Feminism* 20.1 (2008): 1-23。Fineman所處理的議題圍繞著平等概念，包括性別歧視、性別認同、公民權、工作平等、家庭法、性別多元交織、性別政治、國際法庭種族屠殺之性別暴力等，參見：Martha Albertson Fineman, *Transcending the Boundaries of Law: Generations of Feminism and Legal Theory*. USA and Canada: Routledge, 2010。另參見：Debra Bergoffen, "February 22, 2001: Toward a Politics of the Vulnerable Body." *Hypatia* 18.1 (2003): 116-134; Debra Bergoffen, "Exploiting the Dignity of the Vulnerable Body: Rape as a Weapon of War." *Philosophical Papers* 38.3 (2009): 307-325; Debra Bergoffen, *Contesting the Politics of Genocidal Rape: Affirming the Dignity of the Vulnerable Body*. New York: Routledge, 2011; Lorraine Code, A New Epistemology of Rape? *Philosophical Papers* 38.3 (2009): 327-345; Erinn C. Gilson, "Vulnerability and Victimization: Rethinking Key Concepts in Feminist Discourses on Sexual Violence." *Sign: Journal of Women in Culture and Society* 42.1 (2016): 71-98.
45. Erinn C. Gilson, "Vulnerability and Victimization: Rethinking Key Concepts in Feminist Discourses on Sexual Violence." *Sign: Journal of Women in Culture and Society* 42.1 (2016): 71-98.
46. Lorraine Code, A New Epistemology of Rape? *Philosophical Papers* 38.3 (2009): 341.
47. Debra Bergoffen, "Exploiting the Dignity of the Vulnerable Body: Rape as a Weapon of War." *Philosophical Papers* 38.3 (2009): 307-325.
48. Debra Bergoffen, "February 22, 2001: Toward a Politics of the Vulnerable Body." *Hypatia* 18.1 (2003): 116-134.
49. Lorraine Code, A New Epistemology of Rape? *Philosophical Papers* 38.3 (2009): 327-345.
50. Lynn Phillips, *Flirting with Danger: Young Women's Reflections on Sexuality and Domination*. New York: New York University Press, 2000, pp. 65-68.
51. Nicola Gavey, "I Wasn't Raped, but…': Revisiting Definitional Problems in Sexual Victimization." In Sharon Lamb (Ed.), *New Versions of Victims: Feminists Struggle with the Concept* (pp. 57-81). New York: New York University Press, 1999.
52. Linda Martin Alcoff, "Discourses of Sexual Violence in a Global Framework." *Philosophical Topics* 37.2 (2009): 134.
53. 轉引自張娟芬，〈夏林清奇觀【輔大心理系性侵事件系列九】〉，《上報》，2016 年 9 月 23 日，網址：https://www.upmedia.mg/news_info.php?SerialNo=4516，檢索日期：2019 年 4 月 25 日。
54. Erinn C. Gilson, "Vulnerability and Victimization: Rethinking Key Concepts in Feminist Discourses on Sexual Violence." *Sign: Journal of Women in Culture and Society* 42.1 (2016): 71-98.
55. Ibid.
56. Ibid.
57. Judith Butler, *Precarious Life: The Powers of Mourning and Violence*. New York: Verso, 2004.
58. Bob Cover, "Sexual Ethics, Masculinity and Mutual Vulnerability: Judith Butler's Contribution to an Ethics of Non-

Violence." *Australian Feminist Studies* 29.82 (2014): 435-451.

59. Judith Butler, "Rethinking Vulnerability and Resistance." In Judith Butler, Zeynep Gambetti, and Leticia Sabsay (Eds.), *Vulnerability in Resistance* (pp. 12-27). Durham and London: Duke University Press, 2016.
60. 胡錦媛，〈性別／律法／單一正義——《欲望街車》中的敘事〉，《月旦法學雜誌》249 期（2016 年）：頁 42。

第十二章　誰怕蕩婦？——解放乳頭自拍中的去／再情慾化

1. 上野千鶴子，《厭女：日本的女性嫌惡》，楊士堤譯，台北：聯合文學，2015 年。
2. S. Jackson & F. Cram, "Disrupting the Sexual Double Standard: Young Women's Talk about Heterosexuality," *British Journal of Social Psychology*, 42.1 (2003): 113-127; see also J. Ringrose, L. Harvey, R. Gill, & S. Livingstone, "Teen Girls, Sexual Double Standards and 'Sexting': Gendered Value in Digital Image Exchange. *Feminist Theory*, 14.3 (2013): 305-323.
3. E. Daniels & E. Zurbriggen, "It's not the Right Way to Do Stuff on Facebook: An Investigation of Adolescent Girls' and Young Women's Attitudes toward Sexualized Photos on Social Media. *Sexuality & Culture*, 20(2016): 936-964; J. Ringrose, "Sluts, Whores, Fat Slags and Playboy Bunnies: Teen Girls' Negotiations of 'Sexy' on Social Networking Sites and at School," in C. Jackson, C. Paechter & E. Renold (Eds), *Girls and Education 3–16: Continuing Concerns* (pp. 170–182). New Agendas, Basingstoke: Open University Press, 2010.
4. H. Knappe & S. Lang, "Between whisper and voice: online women's movement outreach in the UK and Germany", *European Journal of Women's Studies*, 21.4 (2014): 361-381.
5. H. Baer, "Redoing feminism: digital activism, body politics, and neoliberalism", *Feminist Media Studies*, 16.1 (2016):17–34.
6. F. Attwood, "Sexed Up: Theorizing the Sexualization of Culture." *Sexualities*, 9 (2006): 77-95; A. Evans, S. Riley, & A. Shankar, "Technologies of Sexiness: Theorizing Women's Engagement in the Sexualization of Culture." *Feminism & Psychology*, 20.1 (2010): 114-131.
7. S. Banet-Weiser, *Authentic ™ : The Politics of Ambivalence in a Brand Culture*. New York: New York University, 2012.
8. J. Ringrose, L. Harvey, R. Gill, & S. Livingstone, "Teen Girls, Sexual Double Standards and 'Sexting': Gendered Value in Digital Image Exchange." *Feminist Theory*, 14.3 (2013): 305-323.
9. 康庭瑜，〈只是性感，不是放蕩：社群媒體女性自拍文化的象徵性劃界實踐〉，《中華傳播學刊》，即將刊出。
10. C. Abidin, "#In$tagLam: Instagram as a Repository of Taste, a Brimming Marketplace, a War of Eyeballs." In M. Berry & M. Schleser (Eds.), *Mobile Media Making in the Age of Smartphones* (pp. 119–128). London, UK: Palgrave Pivot, 2014; A. Marwick, "Instafame: Luxury Selfies in the Attention Economy."*Public Culture*, 27.1 (2015): 137–160; K. Tiidenberg, "Odes to Heteronormativity: Presentations of Femininity in Russian-speaking Pregnant Women's Instagram Accounts."*International Journal of Communication*, 9(2015): 1746 1758; K. Tiidenberg & N. K. Baym,"Learn It, Buy It, Work It: Intensive Pregnancy on Instagram." *Social Media + Society*, 3.1 (2017): 1–13.
11. J. Ringrose, & K. E. Barajas, "Gendered Risks and Opportunities? Exploring Teen Girls' Digitized Sexual Identities in Postfeminist Media Context." *International Journal of Media & Cultural Politics*, 7.2 (2011): 121-138; J. Ringrose, L. Harvey, R. Gill, & S. Livingstone, "Teen Girls, Sexual Double Standards and 'Sexting': Gendered Value in Digital Image Exchange. *Feminist Theory*, 14.3 (2013): 305-323.

第十三章　解鎖，開啟新時代的情感教育──從浪漫愛、匯流愛到主體愛

1. 本文改寫自期刊論文：王曉丹、韓宜臻，〈新時代的情感教育──建構思辨主體，揮灑愛戀空間〉，《性別平等教育季刊》85 期（2018 年）：頁 68-77。我們感謝本書另一位作者余貞誼，提供修改意見，協助深化這篇文章的論述。
2. 郭明惠，〈所思所感口難言──身體界線與暴力〉，《性別平等教育季刊》82 期（2018 年）：頁 29-34。
3. 楊幸真、游美惠，〈臺灣性別與情感教育研究之回顧分析：知識生產的挑戰與展望〉，《台灣教育社會學研究》14 卷 2 期（2014 年）：頁 109-163。
4. 游美惠，〈情感教育：仍待積極開展的研究領域與教學實踐〉，《婦研縱橫》101 期（2014 年）：頁 40-44。
5. 上野千鶴子，《厭女：日本的女性嫌惡》，台北：聯合文學，2015 年。
6. Kate Manne, *Down Girl: The Logic of Misogyny*. Oxford: Oxford University Press, 2017.
7. A. Ben-Ze'ev & R. Goussinsky, *In the Name of Love: Romantic Ideology and Its Victims*. Oxford University Press, 2008.
8. 游美惠、林怡吟，〈浪漫愛的意識形態〉，《兩性平等教育季刊》20 期（2002 年）：頁 112-115。
9. 許多西歐社會學家或歷史學家認為浪漫愛是西歐社會特有的產物，其實這是有問題的。西歐特殊論認為，在前現代的西歐社會，婚姻家庭與愛情無涉，而是封建社會中階級的傳承，以及繁衍意義上的傳宗接代。然而，西歐特殊論的觀點忽視了在不同時空、不同社會中，亦皆存在著類似的情感表達。浪漫愛以至於更廣義的愛並非由西歐社會在個人主義與資本主義的發展下所獨創，參見：J. Goody, *The Theft of History*. Cambridge: Cambridge University Press, 2006。例如鄭瑋寧的研究即指出，對傳統魯凱族人而言，情感或愛是組成家庭的關鍵，參見：鄭瑋寧，〈現代性下愛的實踐與情感主體：以魯凱人為例〉，《考古人類學刊》80 期（2014 年）：頁 179-220。
10. A. Giddens, *The Transformation of Intimacy: Sexuality, Love and Eroticism in Modern Society*. Stanford University Press, 1992，中譯本參見：《親密關係的轉變：現代社會的性、愛、慾》，周素鳳譯，台北：巨流出版，2003 年。
11. L. Stone, *The Family, Sex and Marriage in England, 1500-1800*. New York : Harper & Row, 1977.
12. 楊幸真、游美惠，〈臺灣性別與情感教育研究之回顧分析：知識生產的挑戰與展望〉，《台灣教育社會學研究》14 卷 2 期（2014 年）：頁 109-163；游美惠，〈情感教育：仍待積極開展的研究領域與教學實踐〉，《婦研縱橫》101 期（2014 年）：頁 40-44。
13. 楊幸真、游美惠，〈臺灣性別與情感教育研究之回顧分析：知識生產的挑戰與展望〉，《台灣教育社會學研究》14 卷 2 期（2014 年）：頁 109-163；游美惠，〈情感教育：仍待積極開展的研究領域與教學實踐〉，《婦研縱橫》101 期（2014 年）：頁 40-44；劉杏元、楊晴惠，〈愛情講堂：從浪漫愛到匯流愛〉，《學生事務與輔導》56 卷 1 期（2017 年）：頁 6-10；游美惠、蕭昭君，〈當代大學生的浪漫愛想像與經驗：兼論情感教育的開展方向〉，《性別平等教育季刊》82 期（2018 年）：頁 35-48。
14. 何春蕤，〈反思與現代親密關係〉，《親密關係的轉變：現代社會的性、愛、慾》導讀，台北：巨流出版，2003 年，頁 iii-xvii。
15. 關係自我（relational self）質疑一般法律理論中對法律主體（legal subject）的預設，主張個體並非自由、獨立，而是必須在人際關係中互相依存、互相保護。因此，人際互動非常重要，不是因為人生活在群體中，或者人的利益透過關係而形成，而是因為個體本身就是透過關係而建構與發展，從父母、朋友、親密關係，一直到學校、職場、機構、公民國家與全球經濟關係等，都構成了個體的一部分，參見：J. Nedelsky, *Law's Relations: A Relational Theory of Self, Autonomy, and Law*. Oxford University Press, 2011。女性主義法學關心的許多議題，都是立基於關係自我，從而發展女性主義的批判與實踐。
16. 「主體愛」為本文首度提出之概念。

17. 王曉丹，〈《血觀音》的人間世〉，《蘋果日報》，2017 年 12 月 9 日。
18. C. Hansen, "Qing (Emotions) 情 in PreBuddhist Chinese Thought." In J. Marks, R. T. Ames, & R. C. Solomon (Eds.), *Emotions in Asian Thought: A Dialogue in Comparative Philosophy*. (pp.194-203). Albany, NY: SUNY Press, 1995.
19. 此處對象化／客體化自我，與女性自我客體化（objectification）的意義不同，前者指的是翻轉男性凝視的反凝視，透過反凝視而意識到自我的處境；後者則是女性以他者的眼光，將自我客體化為一個物，並內化二元對立之下的各種父權標準。
20. B. Robert et al., *Passerelles: Philosophie Terminales L. ES. S.*, Hachette Éducation, 2013，中譯本參見：《法國高中生哲學讀本 3：我能夠認識並主宰自己嗎？——建構自我的哲學之路》，梁家瑜譯，台北：大家出版社，2017 年，頁 85。
21. 其他具體教案亦可參閱：劉杏元、楊晴惠，〈愛情講堂：從浪漫愛到匯流愛〉，《學生事務與輔導》56 卷 1 期（2017 年）：頁 6-10。
22. 本案例引自 2018 年 5 月 31 日高雄師範大學主辦之「情感教育研討會」主題演講現場之問答。
23. 王曉丹，〈敘事與正義的地方性知識——臺灣人法意識與法律空間的民族誌〉，《月旦法學雜誌》249 期（2016 年）：頁 5-19。

Common 52

這是愛女，也是厭女

如何看穿這世界拉攏與懲戒女人的兩手策略？

主　　編｜王曉丹
作　　者｜王曉丹、余貞誼、方念萱、姜貞吟、韓宜臻、胡錦媛、黃囇莉、楊婉瑩、孫嘉穗、陳惠馨、康庭瑜
責任編輯｜官子程
封面設計｜鄭宇斌
內頁排版｜謝青秀
行銷企畫｜陳詩韻
總 編 輯｜賴淑玲
出 版 者｜大家出版／遠足文化事業股份有限公司
發　　行｜遠足文化事業股份有限公司（讀書共和國出版集團）
地　　址｜231 新北市新店區民權路 108-2 號 9 樓
電　　話｜(02)2218-1417
傳　　真｜(02)8667-1851
劃撥帳號｜19504465　　戶名｜遠足文化事業有限公司
法律顧問｜華洋法律事務所　　蘇文生律師
I S B N｜978-957-9542-76-0
定　　價｜420 元
初　　版｜2019 年 7 月
初版六刷｜2023 年 10 月

國家圖書館出版品預行編目 (CIP) 資料

這是愛女，也是厭女：如何看穿這世界拉攏與懲戒女人的兩手策略？/ 王曉丹主編 . -- 初版 . -- 新北市：大家出版：遠足文化發行 , 2019. 07
面；　公分 . -- (Common ; 52)
ISBN 978-957-9542-76-0 (平裝)

1. 女性 2. 性別研究

544.52　　108009929